古典文獻研究輯刊

十 五 編

潘美月・杜潔祥 主編

第 12 冊

馮夢龍《古今譚概》研究

吳 俐 雯 著

國家圖書館出版品預行編目資料

馮夢龍《古今譚概》研究／吳俐雯　著 — 初版 — 新北市：花
木蘭文化出版社，2012〔民 101〕
目 4+284 面；19×26 公分
（古典文獻研究輯刊 十五編；第 12 冊）
ISBN：978-986-254-995-7（精裝）
1.（明）馮夢龍　2. 筆記小記　3. 文學評論
011.08　　　　　　　　　　　　　　　　　101015065

ISBN-978-986-254-995-7

9 789862 549957

古典文獻研究輯刊
十五編　第十二冊　　　　　ISBN：978-986-254-995-7

馮夢龍《古今譚概》研究

作　　　者　吳俐雯
主　　　編　潘美月　杜潔祥
總 編 輯　杜潔祥
企劃出版　北京大學文化資源研究中心
出　　　版　花木蘭文化出版社
發 行 所　花木蘭文化出版社
發 行 人　高小娟
聯絡地址　新北市永和區中正路五九五號七樓
　　　　　電話：02-2923-1455／傳眞：02-2923-1452
網　　　址　http://www.huamulan.tw 信箱 sut81518@gmail.com
印　　　刷　普羅文化出版廣告事業
初　　　版　2012 年 9 月
定　　　價　十五編 26 冊（精裝）新台幣 42,000 元　　版權所有・請勿翻印

馮夢龍《古今譚概》研究

吳俐雯　著

作者簡介

吳俐雯，臺北市人。東吳大學中國文學研究所博士，現任新北市耕莘健康管理專科學校助理教授。

提　　要

　　馮夢龍為明代文壇中影響後代深遠的文學家之一，其對於通俗文學的貢獻繁多，而其作品亦豐富可觀。《古今譚概》與馮夢龍其他小說相較，文學藝術與社會風俗上的價值，雖不如「三言」等早為人們所熟知的佳作。然其融合笑話與雜錄的性質，結合詼嘲笑謔、諷諭勸懲與徵奇志異的豐富內容，「羅古今於掌上，寄春秋於舌端」，別具特色。所以，在內容、形式上的用心經營，呈現特有的風格，值得肯定。因而，以《古今譚概》一書的研究為論文題目，欲詳其究竟。

　　本論文著眼於馮夢龍及其著作《古今譚概》兩大主軸進行。首先探討馮夢龍的生平與學術背景，從其生卒里籍、家世背景、人生歷程、結社交遊，紬繹其性格節操及精神氣度，再延伸論其著作與文學觀。其次進行《古今譚概》的外圍問題研究，由晚明特殊之政治環境、經濟狀況、文哲思潮及社會風尚，了解《古今譚概》因何能在晚明占有一席之地。並探究馮夢龍編纂此書的動機，以及面對「隱含讀者」─文人時，預設作品的閱讀功能，企盼讀者能從作品中所得到的預期收穫。再分別由《古今譚概》的書名與刊刻流傳等版本問題進行考述，同時從二千五百餘則故事中歸納、爬梳其編纂體例、方式與題材來源。再次進行《古今譚概》的主題研究，分嘲弄形貌缺憾、譏誚人性之偏、批判君臣醜態、瓦解權威形象、反映文學旨趣、呈顯制度風氣、敘述奇聞異事等七個方向析探其內容與意涵。最後，針對《古今譚概》的價值與缺失加以檢討，以了解其作品評價。由前列論述，期能在馮夢龍及其《古今譚概》相關議題的範疇內，有完整的研究成果呈現。

目

次

第一章　緒　論

第一節　笑話與笑書的界義

　　笑話，在古代又稱之爲「笑言」，劉勰《文心雕龍》〈諧讔〉篇：「諧之言皆也。辭淺會俗，皆悅笑也。」〔註1〕可知一切能使人開顏解頤、捧腹噴飯或爲之絕倒的話語皆屬之。因此所謂笑話，是形式短小之敘事體裁，具故事性，情節簡單。具有引人發笑的喜劇性質，及形式短小、寄託諷喻的特色。〔註2〕笑話雖來自民間，但成爲書面文字，甚至以書籍形式流傳則賴文人的創作與整理。〔註3〕明清之際，「笑話」一詞已運用於書面文字，但在當時只是泛稱

〔註1〕　參見〔南朝梁〕劉勰撰，王更生注譯：《文心雕龍讀本》（臺北：文史哲出版
　　　　社，1985年3月），頁257。

〔註2〕　段寶林在《笑話──人間的喜劇藝術》中提及：「笑話，是引人發笑的故事。」、
　　　　「笑話就是喜劇性的故事，它的內容就是美與醜的矛盾衝突，也就是醜的被
　　　　揭露和被戰勝。」（北京：北京大學出版社，1992年6月，前言，頁1、3。）
　　　　王利器說：「笑話的短小精悍的獨特的形式，是民間口頭創作的諷刺小品之
　　　　一。」（《歷代笑話集》前言，收錄於《中國笑話大觀》，北京：北京出版社，
　　　　2001年1月，頁2。）又《中國俗文學史》中也記載：「笑話是民間故事的一
　　　　種。它的特點是形制比較短小，情節比較簡單，人物個性比較單一，一般都
　　　　有所諷，能起到引人發笑的效果。」（門巋、張燕瑾：《中國俗文學史》，臺北：
　　　　文津出版社，1995年6月，頁237。）各家之說雖有出入，卻可見由思想內
　　　　容與體裁形式等不同面向界定「笑話」。

〔註3〕　侯忠義在《中國文言小說史稿》中也提出：「笑話作爲一種文學樣式。是舉說
　　　　違反常理之事，揭露矛盾、荒誕之言行，從而使人們從中受到教育和啓發。……
　　　　我國笑話的形式當來自民間，而逐漸被文人所注目。現存的古代笑話集，多
　　　　是文人的著作。從它的題材來說，一是來自「舊文」，即前人的著作；一是傳
　　　　聞，即民間傳說；一是作家的自撰。以前兩者爲主。」（北京：北京大學出版

「可笑的話」，而非指特定的文學體裁；至於具有笑話實質的文字在當時則多以「諧語」、「諧辭」，或是詼、諧、謔、捧腹、解頤等字眼表達，可見今昔對「笑話」的觀點有別。〔註4〕

　　至魏晉南北朝時期，因禮教的鬆動，使文人的宗經思想與創作文體產生變革。隨著記錄文人軼聞瑣事的志人小說之出現，為文毋需載負聖道，更讓原本就存於志人小說中言語排調的類目，在此活潑氛圍下蘊釀成空戲滑稽為命意的笑書專著，形成固定的撰寫命意與體例，即今人習知的笑書。〔註5〕至明清時期，笑話作品蓬勃湧現，其中更不乏文人創作、搜羅者。明代文人對於笑話集的創作態度十分認真而嚴肅，作品更是極為出色。〔註6〕這類笑話集所以能受到重視，「無非來自於它所蘊含的批判意識、顛覆策略、生活化的語言，保留了若干弱勢文人在主流／雅正文化宰制下以另類話語／.民間文化來打破正統文化理性封閉的世界之軌跡」。〔註7〕

　　而本論文所進行研究的對象——《古今譚概》，是否可歸屬笑書？翻檢書中馮夢龍所錄的故事、寓言，有些儘管看似笑話，但在今日閱讀中卻完全不具引人發笑喜劇性的單純文字敘述。就取材而言，除寓言、志怪、軼事故事外，亦有汲取或修改《啓顏錄》等歷代笑話書。就內容體裁而論，歸納統整七項要素，以為判斷笑話的界定：一、是具有引人發笑的特質；二、具娛樂性與喜劇性；三、形式短小；四、有故事性；五、有寓意於其中；六、有諷刺性；七、是民間故事的一種。〔註8〕檢閱前述要素，《古今譚概》均有。足見無論趣味橫生的純笑話，或是帶有嘲諷性質的寓意笑話，《古今譚概》皆有。再者，馮氏在編輯、改寫笑話的同時，已預設讀者群為知識分子，並欲取得其認同。因此細繹全書

社，1994年3月，頁99。）

〔註4〕 參見盧怡蓉：《中國古代筆笑話研究——以笑話書為範疇》（清華大學中國文學研究所碩士論文，1997年），頁1。

〔註5〕 參見黃東陽：〈辭雖輕回，意歸義正——宋人笑書《開顏集》「雅俗之辨」釋義〉，收錄於《臺北市立教育大學學報》（人文藝術類）第38卷第1期，2007年，頁28。

〔註6〕 陳萬益認為雖然自古以來就有笑話書流傳，但都是笑話觀的通達，寫作態度的認真，作品的出色，明末都是不可忽視的一環。（參見陳萬益：《明清小品——性靈之聲》，臺北：時報文化出版事業有限公司，1981年6月，頁222。）

〔註7〕 參見黃慶聲：〈馮夢龍「笑府」研究〉，收錄於《中華學苑》第48期，1996年7月，頁80。

〔註8〕 參見陳克嫻：《明清長篇世情小說中的笑話研究——以金瓶梅、姑妄言、紅樓夢為中心之考察》（花蓮師範學院民間文學研究所碩士論文，2003年），頁18。

內容，取材與書寫模式不外先加深閱讀難度以排擠非我輩之讀者，且進一步建構並維護知識階級的閱讀意識，使作品能躋身風雅之林。〔註9〕此舉並非首創，歷代不乏笑書作者作出回歸雅正的嘗試。〔註10〕其中，撰成於北宋的《開顏集》，正可代表民間笑書大盛前文人欲將笑書導向風雅的嘗試。序中所言：「《笑林》所載，皆事非稽古，語多猥俗。博覽之士，鄙而不看，蓋無取也。余於書史內鈔出資談笑事，合成兩卷，因名之曰《開顏集》。」〔註11〕即以古籍中可資談笑的敘述為內容，有意與語言猥俗的作品加以區隔。若以文人意識省察此書雅化的內涵，可歸結下列三點原因：一、講究文辭，不能望文生義；二、言必有徵，材料皆自典籍；三、摘錄題材，僅限文人活動。〔註12〕馮氏編纂《古今譚概》時，不乏文藝的記錄與較量，藉機互相嘲弄，甚至引經據典，以為調笑之資。〔註13〕且多於故事中標注出處，〔註14〕言明引自典籍史料，以免除因所鈔錄的笑話雅馴不足時，遭知識分子讀者「事非稽古」之譏。亦藉由文辭的講究與記錄的內容，〔註15〕證明其書屬於知識分子階層的讀物。因此，比較《古今

〔註9〕 詳論請參酌本文第三章第三節「閱讀效果」、第五章第四節「題材來源」。

〔註10〕 早自《啓顏錄》已有嘲諷形貌、才智及虛擬人物等民間笑話的特徵，不過仍與文人雅談相混，觀察王利器所輯《歷代笑話書》，僅以摘錄古籍、收羅文人新聞的笑書專著若唐朱揆《諧噱錄》、宋天和子《善謔集》、徐慥《漫笑錄》或邢居實《拊掌錄》，甚至明清時民間笑書大盛皆有以此為編輯原則的作品，足見此概念影響的深遠，成為笑書特有的門類。

〔註11〕 參見〔宋〕周文玘：《開顏集》，收錄於《四庫全書存目叢書》（臺南：莊嚴文化事業有限公司，1995年9月）子部雜家第250冊，頁子250-539。

〔註12〕 同註5，頁37~39。

〔註13〕 例如酬嘲部〈呂擴謝暉〉：「呂擴、謝暉亦以名相嘲。謝云：『無才終入廣。』呂云：『不日便充軍。』二人因而成隙。」又如文戲部〈廣文嘲語〉：「廣文先生之貧，自古記之。近日士風日趨於薄，有某學先生者，人饋之肉，乃瘟豬也。先生嘲之曰：『秀才送禮，言之可羞，瘦肉一方，堯舜其猶。』又有以銅銀為贄者，又嘲之曰：『薄俗送禮，不過五分，啓封視之，堯舜與人。』或作破云：『時官之責門人也，言必稱堯舜焉。』」（參見〔明〕馮夢龍：《古今譚概》，上海：上海古籍出版社，1993年6月，第40冊，頁999、1111。）前者運用析字手法，彼此以名相嘲；後者運用諧擬手法，歪讀《孟子》的文句。足以說明能理解析字之妙，亦能悟出「堯舜其猶病諸」、「言必稱堯舜」之意者，非知識分子階層莫屬。

〔註14〕 例如無術部〈署名〉：「《北史》：斛律金不識文字，初名敦，苦其難署，改名為金，從其便易。猶以為難，司馬子如乃指屋角令況之。」又如貪穢部〈麻鞋一屋〉：「《顏氏家訓》：鄴下一領軍貪甚，及籍沒，麻鞋亦滿一屋。」（同註13，第39冊，頁248、614。）

〔註15〕 例如文戲部〈貫酸齋　解大紳〉：「錢塘有數衣冠士人遊虎跑泉，飲間賦詩，

譚概》與《開顏集》二書，不論形式、取材俱相類，故可將《古今譚概》歸列
爲笑書，且爲文人笑話。

第二節　研究動機

中國古代的笑論，以《詩經·衛風·淇奧》：「善戲謔兮！不爲虐兮！」
爲發軔，《文心雕龍·諧讔》：「會義適時，頗益諷誡」更提到笑話具有諷刺勸
誡的功用。笑話的來源不一，大抵具有消遣、娛樂、諷刺、勸誡等功能，爲
社會大眾及王公貴人所喜好，因而流傳不輟。中國古代的笑話，每散見於先
秦到兩漢間的諸子、史籍之中，直到三國魏邯鄲淳《笑林》，收錄士大夫軼聞
瑣事、民間笑談，既保留諷諭勸懲傳統，又加入詼啁調謔成分。方有專集出
現，此即爲中國現存最早的笑話書。此後繼起者眾，蔚爲風氣，笑話不再附
庸於子史，始歸屬小說中。

其下各代所編笑話專集，不下百種，或蒐羅市井百姓的詼諧言談和愚闇
醜態，或記錄文人士子的軼事趣聞與文字遊戲。隋唐以後，笑話專集益增，
此時期的笑話創作，多取材於日常生活。在繼承魏晉南北朝時期笑話傳統的
基礎上，越趨生活化、世俗化。宋元以來，隨著城市經濟繁榮，笑話創作呈
現欣欣向榮的景象。例如：侯白《啓顏錄》、朱揆《諧噱錄》、高懌《群居解
頤》、周文玘《開顏集》、佚名《籍川笑林》、《笑海叢珠》、《笑苑千金》……
等十多種。〔註16〕

明代文學的發展，由前期的停滯保守到中期的發展，最後到晚明時期開
放繁盛。此時期的文學風氣呈現新的思潮、新的解放。由於程朱理學失去了
統治地位，封建倫理道德的虛僞性成爲眾矢之的，反對禁欲主義和假道學成

以『泉』字爲韻。中一人但哦『泉泉泉』，久不能就。忽一叟曳杖而至，
問其故，應聲曰：『泉泉泉亂迸珍珠箇箇圓。玉斧欲開頑石髓，金鉤搭出
老龍涎。』眾驚問曰：『公非貫酸齋乎？』曰：『然然然』遂邀同飲，盡醉
而去。」、「壽春道士以小像乞解學士題詠，解作大書『賊賊賊』。士愕然。
續云：『有影無形挐不得，只因偷却呂仙丹，而今反作蓬萊客。』」（同註
13，第 40 冊，頁 1112～1113。）足見以賦詩爲樂的故事，其讀者群必屬
知識分子。

〔註16〕參考王利器輯錄：《歷代笑話集》（上海：上海古籍出版社，1981 年 1 月）、
世界書局編校：《中國笑話書》（臺北：世界書局，1961 年 3 月）、王國良
師：〈「歷代笑話集叢刊」計劃書〉，《國文天地》5 卷 10 期，1990 年 3 月，
頁 38～39。

爲晚明的時尚。在文學和道德領域都出現了性解放的風氣。〔註 17〕而在晚明的文學觀念中，文學藝術的教化功能受到削弱，其娛樂性、愉悅性得到強調。〔註 18〕而笑話在明代因此得到純粹而長足的發展，尤以中葉以後，城市經濟繁榮刺激市民文學的發展，笑話專著更盛，〔註 19〕許多傑出笑話書續出，進入高峰期，成爲中國笑話的重要發展階段。

　　馮夢龍爲明代文壇中影響後代深遠的文學家之一，其對於通俗文學的貢獻繁多，舉凡整理民歌、民謠、笑話等，均使後人研究相關領域時，受益良多。而馮氏創作方面的作品，如民歌、散曲、曲譜、詩集、傳奇、筆記、小品、笑話、擬話本、經史應制著作、時事著作、方志遊戲之作等，亦是豐富可觀。

　　就近人研究的成果而言，以「馮夢龍」或「馮夢龍相關作品」爲題，做全面研究，而爲學位論文，如鄭雅文《兩端之間的游疑與流轉——論馮夢龍世界的塑模》。以晚明社會文化史爲研究方向，藉馮夢龍作品塑構出晚明及馮氏的世界。蔣美華《馮夢龍文學研究》綜論馮夢龍文學成就，包括小說、戲曲、民歌與詩文。劉淑娟《馮夢龍通俗文學志業之研究》鎖定通俗文學爲範圍，指陳馮氏賦予對通俗志業社會性與文學性的使命。通俗的範圍含括小說、戲劇、民歌、笑話及經學、史學，對通俗文學作一宏觀探討，凸顯其在明代的發展。胡萬川《馮夢龍生平及其對小說之貢獻》設定爲小說的成就，考訂小說版本，釐清後人僞託之作，並對「三言」之編纂情形深入論述。宋隆枝《馮夢龍詼諧寓言研究》專門論述詼諧寓言，藉此重新認識中國笑話之功用

〔註 17〕參見吳承學：《晚明小品研究》（南京：江蘇古籍出版社，1999 年 9 月），頁 37。

〔註 18〕同前註，頁 331。

〔註 19〕今可見的明代笑話書，達近五十種之多，有：王世貞《調謔編》、李日華《雅笑編》、楊茂謙《笑林評》與《續笑林評》、開口世人《李卓吾先生評點四書笑》、陸灼《艾子後語》、李贄《雅笑》與《山中一夕話》、劉元卿《應諧錄》、徐渭《諧史》、陳邦俊《廣諧史》、趙仁甫《听子》、郭子章《諧語》、屠本畯《憨子雜俎》、《艾子外語》與《聾觀》、吳安國《累瓦編·應諧》、許自昌《捧腹編》、胡文煥《諧史粹編》、陳禹謨《廣滑稽》、江盈科《談言》、《雪濤小說》與《雪濤諧史》、郁履行《謔浪》、鍾惺《諧叢》、趙南星《笑贊》、陳繼儒《時興笑話》、陳世寶《古今寓言》、潘游龍《笑禪錄》、樂天大笑生《解慍編》、浮白齋主人《雅謔》、浮白主人《笑林》、李開先《詞謔》、王思任《文飯小品》、曹臣《舌華錄》、馮夢龍《笑府》與《古今譚概》、醉月子《精選雅笑》、無名氏《笑海千金》、無名氏《時尚笑談》、無名氏《華筵趣樂談笑酒令》、開口世人《絕纓三笑》、《書笑》、鄧志謨《洒洒篇》、起北赤心子《新話摭粹》、無名氏《資談異語》。

與價值。鹿憶鹿《馮夢龍所輯民歌研究》則以民歌為研究領域，對所輯掛枝兒、山歌、黃鶯兒、夾竹桃等四部民歌總集詳加考述，並綜論明代民歌的藝術特質，藉以肯定明代民歌的文學價值，及其所反映的明代社會思想和對傳統文學的影響；若凌亦文《新列國志研究》、李壽菊《東周列國志研究》、邱韶瑩《馮夢龍「情史類略」研究》、林艾齡《「智囊補」研究》、張仁淑《馮夢龍雙雄記之研究》專談單冊，深入探述，豐富馮夢龍研究的範疇；其中，以「三言」為主題的研究，數量最為龐大，包括：就思想、文化進行闡論，〔註20〕設定主題做專精研究，〔註21〕從比較文學的角度深入探析，〔註22〕研究範圍涵蓋獄訟公案、愛情婚姻、教化功能、人物研究、死亡探討、游民探析等多元面向。

在《三言》的研究領域上，已有眾多學者研究，而研究馮夢龍作品的文獻著書甚多，諸如聶付生《馮夢龍研究》、陸樹侖《馮夢龍散論》、龔篤清《馮夢龍新論》等，大多都是對其生平、著作進行考述，談論馮氏的作品《三言》、情教史等，對於《古今譚概》一書，鮮少有學者為之整理研究。即便是提到《古今譚概》，也大多將其視為笑話書，而忽略其價值意義與藝術層面。《古今譚概》表面上雖是輯錄許多則短篇故事，看似粗糙簡略，以馮夢龍為主題研究的學術論文也甚少對此書有所評價論述，然其書實具有保存歷史文獻、

〔註20〕 例如：黃明芳《馮夢龍編作三言的社會經濟基礎》（中興大學中國文學研究所碩士論文，1993年）、劉純婷《「三言」貞節觀研究》（雲林科技大學漢學資料整理研究所碩士論文，2005年）、許雪珠《「三言」中儒釋道思想與庶民文化試探》（中興大學中國文學研究所碩士論文，2006年）、王芊月《三言果報觀研究》（玄奘大學中國語文學研究所碩士論文，2007年）、賴慧真《馮夢龍所輯民歌之風俗研究》（臺灣師範大學國文研究所碩士論文，1999年）……等。

〔註21〕 例如：崔桓《三言題材研究》（臺灣大學中國文學研究所碩士論文，1984年）、鄭文裕《馮夢龍「三言」故事源流察考》（玄奘大學中國語文研究所碩士論文，2003年）、咸恩仙《三言愛情故事研究》（輔仁大學中國文學研究所碩士論文，1984年）、廖珮芸《邊緣人物的功能與意義──馮夢龍三言中的配角研究》（東海大學中國文學研究所碩士論文，2003年）、陳蕙安《馮夢龍「三言」裡的士子與商人》（臺灣師範大學國文研究所在職進修碩士班碩士論文，2004年）、劉文婷《馮夢龍「三言」商人形象研究》（臺北市立教育大學中國語文研究所碩士論文，2006年）、黃玉君《「三言」娼妓故事研究》（中央大學中國文學研究所在職專班碩士論文，2007年）……等。

〔註22〕 例如：蔡蕙如《「三言」與「十日譚」婚姻愛情故事之比較研究》（高雄師範大學國文研究所博士論文，1999年）、陳嘉珮《「三言」、「兩拍」愛與死故事探討》（中興大學中國文學研究所在職專班碩士論文，2003年）……等。

小說述評、諷刺寓意等可深入研議探究之處。因而，以《古今譚概》一書的研究爲論文題目，欲詳其究竟。

第三節　研究範疇與方法

　　本文以《古今譚概》爲研究主體，嘗試深入探討馮夢龍創作此書承襲「世說體」著作特色時，所展現的思想特色。本文的研究方法如下：首先《古今譚概》的資料可分爲間接與直接兩種。前者爲馮氏所輯錄的故事，後者爲書中的評點。

　　雖然馮夢龍已將其輯錄之資料歸類爲三十六部卷，但此分類尚有未盡之處。因此本文將以歸納法，對書中故事依內容重新加以分析，以概括了解其要旨，歸納出馮氏對文人笑話的定義、觀點及其思想上特出之處。

　　就《古今譚概》一書的屬性而言，可謂兼具軼聞、野史、志怪的綜合體。於是，撰寫論文時，便以學科整合的態度廣納多種方式研究，藉此以更客觀的態度探索《古今譚概》的編纂原則、文獻運用與內容題材等主體問題，以及編纂者的生平與學術背景、成書的時代背景與社會環境、編纂動機、閱讀期待、刻書版本、作品評價等外圍問題。

　　第一章說明研究動機、範疇與方法，主要對前人研究作一論述。在前人研究基礎之上，確立研究方向。

　　第二章探究編纂者生平與學術背景，從考證及歷史的角度著手。運用考證的方式，以推斷此書編纂者的生卒里籍及釐清著作問題，繼而爬梳所有作品，以呈顯其文學觀。

　　第三章探討成書問題與閱讀期待，觀察歷史的背景，輔以政治、經濟、社會、文化演變之跡，從傳統文化、社會結構了解其成書背景，並深究其編纂動機與閱讀期待。

　　第四章進行版本考述，運用考證的方式，以推斷不同版本的時代先後順序，並釐清卷本分合問題，使版本流傳過程明晰，俾便後續研究。並選定一完備版本，做爲本論文撰述之依據。同時，檢視、校訂校點本的闕誤。

　　第五章爲編纂原則與文獻運用的探析，應用結構分析法，解析此書中由分類、評點等構成的編纂體例，並分析其編纂方式與釐清題材來源。

　　第六章做內容析探，以歸納分析法整理紛雜的內容題材，將其分門別類，

便於深入論述。

　　第七章藉由檢視《古今譚概》保存文獻、考證、時俗等方面的功能，及在分類、記載、引書等方面的疏誤，探討此書的價值及缺失。

　　因此，本文嘗試從表層文學現象及深層造成因素兩方面，分析探討。討論《古今譚概》在歷史上的發展定位與價值，諸如此書的屬性與確立位置；再探討馮夢龍《古今譚概》中故事編輯的內容與價值爲何。同時，並探究作品本身的架構、編排、內容、特色。除了解《古今譚概》本身的藝術性外，也能對產生此書的眞實人生、社會背景有所認識。

第四節　研究概況

一、文本的點校整理

　　由海峽文藝出版社出版，劉德權校點的《古今譚概》，〔註 23〕是目前可見對《古今譚概》進行較深入校注者。校點者儘可能找出每一則的出處，通過他校工作，用按語形式說明馮夢龍取用該文時的剪裁加工狀況；偶爾亦將馮氏所據以改編的原文照抄，方便讀者加以比較。同時，通過他校，指出《古今譚概》原刻本的不少訛誤。雖然劉氏與他書對勘時，分別不同情況皆加按語說明，用力頗深，但個人之力不免有所疏漏，書中仍出現不少訛誤。

二、編纂者、著作的陳介

　　以專書形式針對馮夢龍進行研究者，如容肇祖等《馮夢龍和三言》〔註 24〕、陸樹崙《馮夢龍研究》〔註 25〕、王凌《畸人・情種・七品官──馮夢龍探幽》〔註 26〕、傅承洲《馮夢龍與通俗文學》〔註 27〕、聶付生《馮夢龍研究》〔註 28〕、鄭篤清《馮夢龍新論》〔註 29〕、高洪鈞《馮夢龍集箋》，〔註 30〕上述

〔註 23〕　參見〔明〕馮夢龍編，劉德權校點：《古今譚概》（福州：海峽文藝出版社，1985 年 11 月）。
〔註 24〕　參見容肇祖等：《馮夢龍和三言》（臺北：木鐸出版社，1983 年 9 月）。
〔註 25〕　參見陸樹崙：《馮夢龍研究》（上海：復旦大學出版社，1987 年 9 月）。
〔註 26〕　參見王凌：《畸人・情種・七品官──馮夢龍探幽》（福州：海峽文藝出版社，1992 年 3 月）。
〔註 27〕　參見傅承洲：《馮夢龍與通俗文學》（鄭州：大象出版社，2000 年 8 月）。
〔註 28〕　參見聶付生：《馮夢龍研究》（上海：學林出版社，2002 年 12 月）。

各書皆或多或少對馮夢龍的生平、交遊、思想、著作加以考證。

以期刊論文形式對馮夢龍生平、著述進行研究者，如小野四平〈關於馮夢龍〉〔註31〕、徐文助〈馮夢龍之生平及其警世通言〉〔註32〕、高洪鈞〈馮夢龍著述考補遺〉〔註33〕、易名〈「馮夢龍著述考補」補正〉〔註34〕、龔篤清〈馮夢龍生平事跡考略〉〔註35〕、卓連營〈馮夢龍著述方式考述〉〔註36〕、魏同賢〈馮夢龍的生平、著述及其時代特點〉〔註37〕、祝普文〈「廣笑府」作者不是馮夢龍〉〔註38〕、高洪鈞〈馮夢龍的俗文學著作及其編年〉〔註39〕與〈馮夢龍卒地考辨〉〔註40〕、薛宗正〈馮夢龍的生平、著述考察〉〔註41〕。

三、題材、主題的探述

單就《古今譚概》作專題研究者，僅有：蕭佳慧《笑話的書寫與閱讀——馮夢龍「笑府」、「古今笑」探論》〔註42〕與葛思慧《馮夢龍「古今譚概」研究》

〔註29〕 參見鄭篤清：《馮夢龍新論》（長沙：湖南人民出版社，2002 年 11 月）。

〔註30〕 參見高洪鈞：《馮夢龍集箋》（天津：天津古籍出版社，2006 年 5 月）。

〔註31〕 參見小野四平著，魏仲佑譯：〈關於馮夢龍〉，收錄於《中國古典小說研究專集 5》（臺北：聯經出版事業公司，1982 年 11 月），頁 203～226。

〔註32〕 參見徐文助：〈馮夢龍之生平及其警世通言〉，收錄於《師大學報》第 27 期，1982 年 6 月，頁 219～234。

〔註33〕 參見高洪鈞：〈馮夢龍著述考補遺〉，收錄於《津圖學刊》1985 年第 1 期，1985 年 2 月，頁 119～122。

〔註34〕 參見易名：〈「馮夢龍著述考補」補正〉，收錄於《文獻》1985 年第 2 期，1985 年 4 月，頁 54～56。

〔註35〕 參見龔篤清：〈馮夢龍生平事跡考略〉，收錄於《中國文學研究》1986 年第 2 期，1986 年，頁 48～52、129。

〔註36〕 參見卓連營：〈馮夢龍著述方式考述〉，收錄於《北京圖書館館刊》1996 年第 3 期，1996 年，頁 80～86。

〔註37〕 參見魏同賢：〈馮夢龍的生平、著述及其時代特點〉，收錄於《中華文史論叢》1986 年第 2 輯， 1986 年 6 月 1 日，頁 97～116。

〔註38〕 參見祝普文：〈「廣笑府」作者不是馮夢龍〉，收錄於《吉林藝術學院學報》1993 年第 3、4 期，1993 年，頁 106～109。

〔註39〕 參見高洪鈞：〈馮夢龍的俗文學著作及其編年〉，收錄於《天津師大學報》（社會科學版）1997 年第 1 期，1997 年 2 月 20 日，頁 53～58。

〔註40〕 參見高洪鈞：〈馮夢龍卒地考辨〉，收錄於《明清小說研究》2000 年 2 期，2000 年，頁 177～181。

〔註41〕 參見薛宗正：〈馮夢龍的生平、著述考察〉，收錄於《烏魯木齊職業大學學報》第 9 卷第 4 期，2000 年 12 月，頁 45～53。

〔註42〕 參見蕭佳慧：《笑話的書寫與閱讀——馮夢龍「笑府」、「古今笑」探論》，中

〔註43〕兩部學位論文。前者藉由「書寫」與「閱讀」兩個面向，佐以敘事學、接受美學、喜劇心理學、評點學及市場消費學等不同的理論運用，重新審視馮夢龍《笑府》、《古今笑》二書；後者，分別就《古今譚概》的作者、取材體例與類別、諷刺寓意主題及思想意涵、語言修辭藝術等方向，進行探述。二者在文獻的考證上，皆未觸及。對於《古今譚概》的版本流變，以及馮夢龍引書考述，不予討論，恐將影響引用文本的準確性。

　　而相關的期刊論文則數量較可觀，如伍枚〈關於「古今笑史」〉〔註44〕；閭無忌〈未必然與何必不然──說「古今笑」〉〔註45〕，簡介《古今笑》，將其界定為馮夢龍的遊戲之作；金蘇〈「古今笑」與「古今譚概」〉〔註46〕，考證二者成書先後；徐振輝〈編纂高手　評論大師──從「古今譚概」看馮夢龍的編輯成就〉〔註47〕，細究《古今譚概》的編纂體例、特色；張開焱〈「雷霆不能奪我之笑聲」──馮夢龍小說笑謔性思想研究〉〔註48〕，針對笑謔性思想進行論述；徐永斌〈「二拍」與馮夢龍的「情史」、「智囊」、「古今譚概」〉〔註49〕，對凌濛初「二拍」援引《情史》、《智囊》、《古今譚概》的情形詳加考辨；白嶺〈「墨憨齋三笑」芻論〉〔註50〕，將署名墨憨齋主人的《笑府》、《廣笑府》、《古今笑》合稱「三笑」，與馮夢龍「三言」相提並論，顯然誤將《廣笑府》歸為馮氏之作；周觀武〈把笑話請入文學殿堂──從「墨憨齋

　　　正大學中國文學研究所碩士論文，2005 年 7 月。

〔註43〕參見葛思慧：《馮夢龍「古今譚概」研究》，臺南大學語文應用研究所碩士論文，2006 年 7 月。

〔註44〕參見伍枚：〈關於「古今笑史」〉，收錄於《讀書》1986 年 1 期，1986 年，頁 149～150。

〔註45〕參見閭無忌：〈未必然與何必不然──說「古今笑」〉，收錄於《讀書》1988 年 3 期，1988 年，頁 61～63。

〔註46〕參見金蘇：〈「古今笑」與「古今譚概」〉，收錄於《明清小說研究》1988 年 2 期，1988 年，頁 234。

〔註47〕參見徐振輝：〈編纂高手　評論大師──從「古今譚概」看馮夢龍的編輯成就〉，收錄於《河南大學學報》（社會科學版）第 33 卷第 3 期，1993 年 5 月，頁 106～110。

〔註48〕參見張開焱：〈「雷霆不能奪我之笑聲」──馮夢龍小說笑謔性思想研究〉，收錄於《江淮論壇》2007 年第 2 期，2007 年，頁 157～164。

〔註49〕參見徐永斌：〈「二拍」與馮夢龍的「情史」、「智囊」、「古今譚概」〉，收錄於《明清小說研究》2005 年第 2 期，2005 年，頁 158～170。

〔註50〕參見白嶺：〈「墨憨齋三笑」芻論〉，收錄於《中州學刊》1997 年第 2 期，1997 年，頁 101～105。

三笑」的出版談起〉〔註51〕，亦犯相同錯誤，王杰文〈試論馮夢龍的笑話理論及其意義——以馮夢龍輯錄的三部笑話集爲例〉〔註52〕亦然。

四、研究預期的成果

本文之撰述擬從下列幾方面著手，逐一探討，並藉以彰顯《古今譚概》的重要性。

（一）考辨書名

由公私書志的著錄可見，《古今譚概》又名《譚概》、《笑史》、《古今笑》、《古笑史》、《古今笑史》。書名紛雜，也意味其複雜性。因此，藉由檢視各書序跋，以釐清書名。

（二）探討版本問題

藉此了解《古今譚概》在歷代流傳、記載的情況，分爲兩方面進行：一是卷本問題。由歷代著錄的情況觀察，《古今譚概》的卷數在後世流傳的過程中，是否出現歧異的情形，並加以歸納整理。至於版本的部分，則將目前可見且較爲重要的本子，依其性質分爲刻本、排印本，一一討論。再從中挑出最完整的一本，做爲論文寫作的藍本。一是校點本闕誤問題。由劉德權校點，福州海峽文藝出版社於西元 1985 年 11 月所出版的《古今譚概》，翻檢其內容有不少闕誤之處，將之一一釐清。

（三）述評藝術表現

由《古今譚概》的分類、評點等編纂體例，及摘錄和纂輯等編纂方式，以見其「世說體」小說之特色。再藉探本溯源爬梳馮夢龍記錄採摭的資料來源，以見其取材多元，自古迄今，涵括書面與時聞的豐富面向，並整理歸納出題材的主要來源。

（四）分析內容題材

〔註51〕　參見周觀武：〈把笑話請入文學殿堂——從「墨憨齋三笑」的出版談起〉，收錄於《黃河水利職業技術學院學報》第 11 卷第 1 期，1999 年 3 月，頁76～80。

〔註52〕　參見王杰文：〈試論馮夢龍的笑話理論及其意義——以馮夢龍輯錄的三部笑話集爲例〉，收錄於《寶雞文理學院學報》（社會科學版）第 26 卷第 1 期，2006年 2 月，頁 75～81。

　　《古今譚概》一書取材歷代正史，兼收多種稗官野史、筆記叢談。上自歷代君主，下至市井百姓，所取多爲眞人實事。經由馮夢龍纂評，分爲三十六類，一卷一類。因此，依內容將其重新歸納整理。

（五）詳究成書問題、閱讀期待及後世文學評價、影響

　　在完成主體的討論後，再對其外圍問題加以探究。《古今譚概》的成書背景，就當時文藝思潮及社會環境的動向，加以探討。編纂動機，則在前者之基礎上呈顯馮氏的主張。而馮氏的閱讀期待，則涵括詼諧、諷諭、好奇等方面。最後，再分別就形式的襲用與內容的援引，探究《古今譚概》的影響層面。

第二章　《古今譚概》的編纂者生平與學術背景

第一節　編纂者的生平

　　馮夢龍的生平，見諸正史記載不多，僅《蘇州府志》卷八十一〈人物志〉稱其：「才情跌宕，詩文麗藻，尤明經學，以貢選壽寧知縣。」〔註 1〕欲由此簡短文字深入了解馮氏身世、事蹟實屬不易。因此，欲探究其生平，須藉助其豐富著作及其與交游的文字資料，翻檢爬梳始得釐出概要面貌。茲由生卒里籍、家世背景、人生歷程、結社交遊等四方面，統整概述如下。

一、生卒里籍

（一）馮夢龍之字號

　　據馮夢龍《智囊·序》：「馮子，名夢龍。」確知「夢龍」〔註 2〕為馮氏之「名」。再翻檢各典籍書志，可得繁多之字號。其字包括：猶龍〔註 3〕、

〔註 1〕　參見《蘇州府志》（臺北：成文出版社，1970 年 5 月）冊四，卷八十一〈人物八〉，頁 1981。

〔註 2〕　馮氏之名為「夢龍」，亦可見載於沈自晉《重定南詞全譜》首列「古今入譜詞曲傳劇總目」，其〈馮猶龍新灌園〉條：「名夢龍」（參見《南詞新譜》，收錄於《善本戲曲叢刊》（臺北：臺灣學生書局，1989 年 8 月），頁 48。）又《曲譜》卷三〈龍子猶宛轉歌〉：「龍子猶姓馮，龍氏，名夢龍。」

〔註 3〕　馮夢龍《智囊·序》：「馮子，名夢龍，字猶龍。」其餘如《崇禎吳縣志》卷三十七「選舉」：「馮夢龍，字猶龍。」、朱彝尊《靜志居詩話》卷二十、《明詩綜》卷七十一、黃虞稷《千頃堂書目》卷二十八、《御選明詩》「姓名爵里

子猶〔註4〕與耳猶〔註5〕三種。別號較著者，有：綠天館主人〔註6〕、可一居士、可一主人、可以居士〔註7〕、茂苑野史〔註8〕、隴西君〔註9〕、無礙君士〔註10〕、墨浪主人〔註11〕、平平閣主人〔註12〕、龍子猶〔註13〕、詹詹

七」、《四庫全書總目》卷三十「經部」〈春秋類存目一〉、《江南通志》卷一百六十五「人物志」「文苑」〈蘇州〉、《嘉慶黎里志》卷首「題詠姓氏考」、《蘇州府志》卷八十一「人物八」、王易《詞曲史》「入病第八」、吳梅《顧曲麈譚》第四章「談曲」、孟瑤《中國戲曲史》、朱尚文《明代戲曲史》、鄧綏寧《中國戲劇史》，皆有相同記載，可知「猶龍」為馮氏最普遍習用之字。

〔註4〕 鬱藍生《曲品》卷上「舊傳奇部」注云：「子猶」、《南詞全譜》中「古今入譜詞曲傳劇總目」，其〈馮猶龍新灌園〉條：「一字子猶」、王易《詞曲史》「入病第八」、吳梅《顧曲麈譚》第四章「談曲」、鄧綏寧《中國戲劇史》「明代傳奇極盛時期」均作：「字猶龍，一字子猶。」

〔註5〕 鬱藍生《曲品》卷下「新傳奇部」於《雙雄》條前署：「馮耳猶。」而王國維《曲錄》卷四「傳奇部上」：「一字耳猶」、《曲諧》卷三「龍子猶宛轉歌」、孟瑤《中國戲曲史》皆同。

〔註6〕 《古今小說》〈綠天館主人敘〉署：「綠天館主人題」總目題：「綠天館主人評次」。

〔註7〕 《醒世恆言・敘》下署：「隴西可一居士題於白下之棲霞山房」又目次題：「可一居士評」、《警世通言》目次題：「可一主人評」、《書舶庸譚》〈譚一〉上於《醒世恆言》下署「可以居士評」（參見董康：《書舶庸譚》（臺北：世界書局，1971年9月），頁82。）書中所載之「可以」異於「可一」，與今眾本有別。
為《醒世恒言》作序的「可一居士」，學者多以為此人即馮夢龍。若魏子雲認為：「《醒世恒言》的序者，自稱『隴西可一居士』，作序的地方也是『白下之棲霞山房』。（序於天啟丁卯七年）按『隴西可一居士』的《醒世恒言》序是『自序』，乃馮夢龍自己也。」（參見魏子雲：《金瓶梅散論》，臺北：臺灣商務印書館，1990年7月，頁115。）推說作序者為馮夢龍雖無疑義，然而明末既得有名於當世的「可一居士」，馮氏此舉當是想借他人名聲以廣其書銷路，而非自創。此說以《玉劍尊聞》卷二〈言語〉「幼于」後註文為例：
張幼于名獻翼，字敉，別字幼于，長洲人。自謂：「不可無一，不可有二」，因號「可一居士」。以布衣老，任俠好奇，率真獨詣。嘗攜妓令來馬，手自控之。按張獻翼與馮夢龍皆為長洲人，有狂名於當時，活動時間略早於馮夢龍，《醒世恒言》有「可一居士」的序，落款為天啟丁卯（西元1627年）中秋，是年張氏已卒十餘年，雖不可能是張氏序，或為夢龍借其名號以廣其書銷路，而非馮氏全然自創的名號。（參見黃東陽：〈由「玉劍尊聞」考察清初世說體之文類特質〉，《東吳中文學報》第十七期，頁165～166。）

〔註8〕 《古今小說・綠天館主人敘》：「茂苑野史氏，家藏古今通俗小說甚富，因賈人之請，抽其可以嘉惠里耳者，凡四十種，畀為一刻。」

〔註9〕 《警世通言・敘》：「隴西君，海內畸士，與余相遇於棲霞山房，傾蓋莫逆，各敘旅況，因出其新刻數卷佐酒，且曰：『尚未成書，子盍先為我命名乎？』」

〔註10〕 《警世通言・敘》末署：「豫章無礙居士題」，目次題：「無礙君士較」。

〔註11〕 《醒世恆言》目次題：「墨浪主人較」。

外史〔註14〕、詞奴〔註15〕、顧曲散人〔註16〕、香月居主人〔註17〕、墨憨齋主人〔註18〕、七樂生〔註19〕、前周柱史〔註20〕。除上所舉，尚有東山主人、墨浪仙主人、臥廬主人、可觀道人小雅氏、紫霞居主人、崢霄主人、桃源主人、吳越草莽臣等化名，今暫存錄之。〔註21〕

〔註12〕 《警世通言》封面有金陵兼善堂刊識語：「茲刻出自平平閣主人手授」。

〔註13〕 《情史》〈龍子猶序〉署：「吳人龍子猶序」，《中國小說史略》第二十一篇：「《平妖傳》有張無咎序，云：『蓋吾友龍子猶所補也。』首葉有題名，則曰：『馮猶龍先生增定』，因知《三言》亦馮猶龍作，其曰龍子猶者，即錯綜『猶龍』字作之。」（參見魯迅：《中國小說史略》，濟南：齊魯書社，1997年11月，頁158。）另馮夢龍所編寫更定之傳奇與散曲亦多署此名，如《酒家傭》、《永團圓》、《風流夢》等小引署：「古吳龍子猶更定」，其他多有在「龍子猶」前冠上姑蘇、吳邑、吳門、吳國、東吳等署號者。

〔註14〕 《情史》〈詹詹外史序〉署：「詹詹外史」總目題：「江南詹詹外史評輯」，另馮夢龍《情史》中之評亦多以「有情氏」、「情史氏」、「情主人」等自號。

〔註15〕 《情史》〈詹詹外史序〉末所用印記。「詞奴」之號，前多冠有地名，後與「龍子猶」之號連用，如《三報恩·序》：「崇禎壬午季夏古吳詞奴龍子猶題于墨憨齋中」、《新灌園·敘》署：「古吳詞奴龍子猶述」、《萬事足·敘》署：「姑蘇詞奴龍子猶述」。

〔註16〕 《太霞新奏·序》署：「顧曲散人題於香月居中」小引署：「香月居顧曲散人識」。

〔註17〕 《太霞新奏》各卷卷首署：「香月居主人評選」。

〔註18〕 〈敘山歌〉署：「墨憨齋主人題」，《掛枝兒》各卷卷首皆署：「墨憨齋主人題」，而《太霞新奏》中之評語，除署「墨憨齋主人」外，常用「墨憨主人」、「墨憨齋」、「墨憨子」等別號。

〔註19〕 《三教偶拈·序》署：「東吳畸人七樂生」。《靜志居詩話》卷二十言馮氏有詩集《七樂齋稿》，「七樂齋」或即馮氏另一齋名。

〔註20〕 《古今譚概·自敘》末所用印記名號。

〔註21〕 參見宋隆枝：《馮夢龍詼諧寓言研究》（中國文化大學中國文學究所碩士論文，1995年6月），頁28。其中，以「東山主人」、「墨浪仙主人」為馮氏別號之說，陸樹侖亦提出質疑。認為：清懷堂刊本《雲合奇蹤》首有東山主人序，序末有圖章二枚：一曰「東山」，一曰「墨憨」，似馮夢龍曾以「東山主人」自號。孫楷第先生認為東山主人是清人，此係假托。查《曲海總目提要》卷九《合釵記》：「序云東山主人，未知姓名。……作在明萬曆壬寅」，由是肯定：東山主人是明人，不是清人。既然東山主人是明人，孫先生的假托之說，即無法成立。但今無旁證明斷馮夢龍曾以東山主人自號，僅能存疑。又三吳墨浪仙主人《新鐫海烈婦百煉真傳》，首有亦臥廬主人序，序末有圖章一枚，曰「墨憨」。鄭振鐸先生以此為據，認為墨浪仙主人即臥廬主人，二者皆馮夢龍的別號。而《海烈婦百煉真傳》，是馮夢龍創作。然查海烈婦事，是清康熙初年事，是時馮夢龍已逝世十餘年。因此，鄭先生認為馮夢龍曾創作《海烈婦百煉真傳》，以墨浪仙主人亦臥廬主人自號之說，似難成立。（參見陸樹侖：《馮夢龍研究》（上海：上海復旦大學出版社，1987年9月），頁2～3。）

分析馮夢龍的署名情況，可見：凡屬小說、戲劇、笑話、民歌等不被縉紳士大夫所重之通俗文學作品，皆不署眞名，而以龍子猶、墨憨齋、古吳龍子猶、古吳詞奴龍子猶之類的別名。不僅時有所更換，甚有公開假託者，如三言之編者、敘者、評者、較（校）者實皆馮夢龍本人〔註22〕；有關科舉考試、與經史相關之作，皆署眞名，或在友人所寫序言中點出其眞實姓名，例如《智囊·敘》、《智囊補·自敘》、《麟經指月·序》。此法可能係民間文學具有強烈現實性與反抗性，對統治階層極爲不利，馮氏爲避免阻斷功名仕進與假道學者攻訐，所採之自保措施。〔註23〕

（二）馮夢龍之籍貫

關於馮氏的籍貫，歷來說法紛紜，或說吳縣人，或說長洲縣人。〔註24〕

〔註22〕胡萬川在〈三言敘及眉批的作者問題〉一文中有詳盡論證，收錄於《中國古典小說研究專集》2（臺北：聯經出版事業公司，1980年6月），頁281～293。

〔註23〕馮夢龍字號別名眾多，徐朔方在〈馮夢龍年譜〉中認爲：「他先後所用的筆名和別號很多，最初當是由於這些出版物不登大雅之堂而出此下策，但在取得極大成功之後，卻使後人不易識別而爲難。」（此文收錄於《馮夢龍全集》（南京：江蘇古籍出版社，1993年4月）第22冊附錄，或許與此有關。徐氏的論點未引資料佐證，僅供參考。）

〔註24〕主張馮氏爲吳縣人，包括：
（1）《崇禎吳縣志》卷三十七「選舉」，收錄於《天一閣藏明代方志選刊續編》（上海：上海書店，1990年12月）第18冊，頁92。
（2）《壽寧縣誌》卷四「官守」〈宦績〉（臺北：成文出版社，1974年6月），頁134。
（3）《江南通志》卷一百六十五「人物志」「文苑」〈蘇州〉（臺北：京華書局，1967年8月）冊五，頁2788。
（4）《福建通志》卷三十二「名宦四」，收錄於《四庫全書》（臺北：臺灣商務印書館，1973年6月）史部第二八六部，頁564。
（5）《福寧府志》卷十七「寧壽循吏」（臺北：成文出版社，1967年12月），頁332。
（6）《蘇州府志》卷六十二「選舉四」（臺北：成文出版社，1970年5月）冊三，頁1599、卷八十一「人物八」，冊四，頁1981、卷一百三十六「藝文一」，冊六，頁3227。
（7）《丹徒縣志》卷二十一「官師表」（臺北：成文出版社，1970年5月），頁380。
（8）《吳縣志》卷五十六上「藝文考一」（臺北：成文出版社，1970年5月），冊三，頁930。
（9）《四庫全書總目》卷三十「經部」〈春秋類存目一〉（臺北：臺灣商務印書館，1973年6月），冊一，頁614。
（10）黃文暘《曲海總目提要》卷九《夢磊記》（臺北：新興書局，1967年8

即便與其同時代的呂天成（西元 1580～1618 年）和馮氏友人董斯張（西元 1589

月），頁 413。

（11）鬱藍生《曲品》卷上「舊傳奇部」，收錄於《錄鬼簿》「傳奇品等五種」
　　　中（臺北：洪氏出版社，1982 年 1 月），頁 306。

（12）高奕《傳奇品》卷下「新傳奇品」，收錄於《錄鬼簿》「傳奇品等五種」
　　　中（臺北：洪氏出版社，1982 年 1 月），頁 346。

（13）王國維《曲錄》卷四「傳奇部上」（臺北：藝文印書館，1973 年 1 月），
　　　頁 222。

（14）王易《詞曲史》「入病第八」（臺北：廣文書局，1960 年 4 月），頁 438。

（15）吳梅《顧曲麈譚》第四章「談曲」（臺北：臺灣商務印書館，1966 年 1
　　　月），頁 176。

（16）朱尚文《明代戲劇史》第二章「明代傳奇」（臺北：高長印書館，1959
　　　年 10 月），頁 159。

（17）鄧綏寧《中國戲劇史》「明代傳奇極盛時期」（臺北：中華文化出版事
　　　業委員會，1956 年），頁 89。

（18）馬幼垣在〈馮夢龍與壽寧待志〉一文中，對馮夢龍的里籍加以詳細詮
　　　釋：「馮夢龍以長洲縣人自居，卻在吳縣報戶籍。這種情形對現今人來
　　　說，特別是海外僑胞，不難理解。吳縣和長洲雖有地理和行政分畫之
　　　別，說馮夢龍是吳縣人和說他是長洲人，本來同樣是對的。若從法律
　　　觀點看，則只有定他為吳縣人。」（收錄於國立清華大學人文社會學院
　　　中國語文學系編《小說戲曲研究》第三集，臺北：聯經出版事業公司，
　　　1990 年 12 月，頁 171。）

主張馮氏為長洲縣人，包括：

（1）朱彝尊《靜志居詩話》卷二十，收錄於《明代傳記叢刊》（臺北：明文
　　　書局，1991 年），冊十，頁 104。

（2）朱彝尊《明詩綜》卷七十一（臺北：世界書局，1962 年 2 月），頁 23。

（3）黃虞稷《千頃堂書目》卷二十八，收錄於《書目叢編》（臺北：廣文書
　　　局，1967 年 7 月），第 3 冊，頁 1949。

（4）《御選明詩》「姓名爵里七」，收錄於《文津閣四庫全書》（臺北：臺灣商
　　　務印書館，1973 年 6 月）集部總集類第 1445 冊，頁 113。

（5）《黎里志》卷首「題詠姓名考」（江蘇：廣陵古籍刻印社，1989 年）。

（6）黃文暘《曲海總目提要》卷九《新灌園》（臺北：新興書局有限公司，
　　　1967 年 8 月），頁 411。

（7）魯迅《中國小說史略》（濟南：齊魯書社，1997 年 11 月）第二十一篇〈明
　　　之擬宋市人小說及後來選本〉，頁 158。

（8）孟瑤《中國戲曲史》（臺北：文星出版社，1965 年 4 月 25 日），冊二，
　　　頁 305。

而鹿憶鹿在《馮夢龍所輯民歌研究》（東吳大學中國文學研究所碩士論文，1986
年，頁 29。）中指出：「猶龍所撰壽寧待志，自言是直隸州府吳縣籍長洲縣人。
因此，歷來的爭論都是無謂的，吳縣、長洲對他而言只是祖籍與戶籍之別罷
了。」認為區隔馮夢龍為吳縣抑或長洲人，並無實質意義。

～1628 年）亦各有主張，呂天成在《曲品》中稱馮夢龍為吳縣人，董斯張在《宛轉歌》序中則稱馮氏為長洲畸人。究其混淆原因，有二：一是據《蘇州府志》卷二「建置沿革」所載：「長洲縣，本吳縣地，曆萬歲通天元年，置長洲縣，與吳縣分治郭下。乾元二年改置長洲軍，大曆五年復為縣，歷宋元明不改，國朝因之。」〔註25〕又同卷「疆域」亦載：「吳縣附郭在府治西……長洲附郭在府治東。」〔註26〕可知長洲本自吳縣所出，二者分治於蘇州府下，一在城東一居城西，在歷史及地理位置上具有相屬相鄰關係，使人未能嚴格區分；一是馮氏常自署「吳邑」、「古吳」、「吳門」、「姑蘇」、「吳國」、「東吳」等郡望，故世人多以其為吳縣人。

馮夢龍在《麟經指月》〈參閱姓氏〉末署：「兄夢桂若木父、弟夢熊非熊父、男焜贊明父識。」〔註27〕知馮夢龍有兄夢桂、弟夢熊。而徐沁《明畫錄》卷八有馮夢桂小傳：「馮夢桂，字丹芬，長洲人，善畫。」〔註28〕佚名《蘇州詩鈔》有馮夢熊小傳：「馮夢熊，字杜陵，長洲人，太學生。」〔註29〕陳濟生《天啓崇禎兩朝遺詩》錄有馮夢熊詩，題署「長洲馮夢熊」。〔註30〕兄弟皆為長洲人，則馮夢龍籍貫當同。

董斯張《吹景集》卷五：「予入吳，飲馮若木齋頭。酒次，語若木曰：『兄所居蚌門，今俗僞為傅音，何也？』若木曰：『蚌即〈谷風〉蚌菲之蚌。』」〔註31〕又董斯張為馮氏《宛歌集》作序：「虎阜之陽，雀市之側，其中有畸焉。」〔註32〕而馮夢龍《曲律》序下署：「天啓乙丑春二月既望，古吳後學馮夢龍題于蚌溪之不改樂庵。」〔註33〕其中，「蚌門」、「虎阜」、「蚌溪」等地，唐代萬歲通天元年後即屬長洲縣治，可知馮夢龍為長洲縣人，且故居應在蚌門附近之蚌溪畔。

〔註25〕參見李銘皖等修：《蘇州府志》（臺北：成文出版社，1970 年 5 月），頁 58。

〔註26〕同註 25，頁 115。

〔註27〕參見〔明〕馮夢龍：《麟經指月》，收錄於《馮夢龍全集》（南京：江蘇古籍出版社，1993 年 9 月）第 20 冊，頁 7。

〔註28〕收錄於《明代傳記叢刊》（臺北：明文書局，1991 年）第 72 冊，頁 133。

〔註29〕轉引陸樹侖：《馮夢龍研究》（上海：復旦大學出版社，1987 年 9 月），頁 4。

〔註30〕同註 29。

〔註31〕同註 29。

〔註32〕轉引陸樹侖：《馮夢龍散論》（上海：上海古籍出版社，1993 年 6 月），頁 4。

〔註33〕參見〔明〕王驥德：《曲律》，收錄於《百部叢書集成》（臺北：藝文印書館，1968 年）第 54 冊，頁 2。

直至其自撰《壽寧待誌》被發現，據卷下「官司」〈知縣〉載：「直隸蘇州府吳縣籍長洲縣人」，〔註34〕則馮夢龍實應為長洲縣人。

（三）馮夢龍之生卒

馮夢龍的生卒年，正史並無直接記載。因此，各書記載略有出入。經由各片段資料，推知其生於明神宗萬曆甲戌二年（西元 1574 年）春，卒於清世祖順治丙戌三年（明紹宗隆武二年（西元 1646 年））春，享年七十三歲。

馮夢龍之生年，一說萬曆二年，一說萬曆三年，說法不一，然檢視其所編撰之作品：

《甲申紀聞》敘下署：「七一老臣馮夢龍識」、《甲申紀事》敘下署：「七一老人草莽臣馮夢龍述」、《中興實錄》敘下亦署：「七一老臣馮夢龍拜述」、《中興偉略》引言署「七二老臣馮夢龍撰」。前三者均當寫於甲申年，即明崇禎十七年（西元 1644 年），後者作於乙酉年，及其次年。馮氏自稱「七一老臣」，而古人所稱年齡為虛歲，甲申年其實際年齡應為七十歲。依此推算，則應出生於明神宗萬曆二年甲戌（西元 1574 年）。

錢謙益（西元 1582～1664 年）《初學集》卷二十下《東山詩集》〈馮二丈猶龍七十壽〉〔註35〕詩，乃其七十歲生日所作。該詩收錄《東山詩集》四之中，係明崇禎十六年癸未（西元 1643 年）。依古人七十做壽實為六十九歲計算，馮氏應生於明神宗萬曆二年甲戌（西元 1574 年），與上述生年一致。而《東山詩集》四共收五十九首詩，全係癸未年作，起自正月，迄於十二月，按創作年月順序編列。此賀詩列於〈癸未元日〉、〈元日雜題長句八首〉後，〈蟲詩十二章讀嘉禾譚梁生雕蟲賦而作并序〉〔註36〕前。據序記此詩作於「癸未三月十六日」與詩中「鶯花春日為君長」句，則推斷馮氏生日當在正月之後，三月十六日之前的萬曆二年春。

另有一說，以為馮夢龍當生於萬曆三年（西元 1575 年）。北京大學中文

〔註34〕參見〔明〕馮夢龍：《壽寧待誌》，收錄於《馮夢龍全集》（南京：江蘇古籍出版社，1993 年 4 月）第 17 冊，頁 56。

〔註35〕「晉人風度漢循良，七十年華齒力強。七子舊游思應阮，五君新詠削玉山。書生演說鵝籠裡，弟子傳經雁瑟旁。縱酒放歌須努力，鶯花春日為君長。」此詩收錄於《牧齋初學集》（上海：上海古籍出版社，1985 年 5 月），冊上，頁 707。

〔註36〕「禾髠進士譚埽著蟲賦三十七篇，……余讀禾髠之賦，愀然嘆息，作蟲詩十二章以詒之。……癸未三月十六日。」收錄於《牧齋初學集》（上海：上海古籍出版社，1985 年 5 月），冊上，頁 715。

系文學專門化五五級集體編著的《中國文學史》和《中國小說史稿》，皆採此說，不知出何依據。〔註37〕另王重民（西元 1903～1975 年）在〈馮夢龍之生卒年〕〔註38〕一文中，同樣引述《甲申紀事》、《甲申紀聞》、《中興實錄》與《中興偉略》四書所記，認為是書分別刻成於崇禎十七年，馮氏時年七十一歲，成於弘光元年者，則馮氏時為七十有二。因此，以實歲的計算方式據推其生年當為萬曆三年。此與古人習採年齡為虛歲的慣俗不符，今暫存疑，不採此說。

　　馮夢龍之卒年，亦眾說紛紜。吳梅《顧曲麈譚》、任訥《曲諧》、王易《詞曲史》、孟瑤《中國戲曲史》、朱尚文《明清戲曲史》、鄧綏寧《中國戲劇史》，皆謂馮氏殉乙酉之變，即卒於弘光年（西元 1645 年），〔註39〕不知何據。另容肇祖根據《中興偉略》中，有日本正保三年（西元 1646 年）刻本，懷疑馮氏當時或在日本，或在海外，其卒年無從斷定。〔註40〕而由沈自晉《重定南詞全譜》〈凡例續紀〉和王挺〈輓馮猶龍〉詩，〔註41〕可推知：由前者所記乙

<hr>

〔註37〕參見陸樹侖：《馮夢龍研究》（上海：復旦大學出版社，1987 年 9 月），頁 6。

〔註38〕收錄於《中華文史論叢》1985 年第一輯（總第三十三輯），1985 年 2 月 1 日，頁 279～280。

〔註39〕主張馮氏殉乙酉之變者，列敘如下：
　　（1）吳梅《顧曲麈譚》：「馮夢龍……崇禎時官壽寧知縣，未幾即歸，歸而值乙酉之變，遂殉節焉。」
　　（2）任訥《曲諧》卷三〈龍子猶宛轉歌〉：「龍子猶……崇禎間官壽寧縣，未幾即歸，值乙酉之變，殉焉。」
　　（3）王易《詞曲史》：「馮夢龍……崇禎時官壽寧縣，歸而殉乙冶之變。」
　　（4）孟瑤《中國戲曲史》：「夢龍……順治二年，清兵侵江南，夢龍殉節。」
　　（5）朱尚文《明清戲曲史》：「猶龍……崇禎以貢選壽寧知縣，不久殉節。」
　　（6）鄧綏寧《中國戲劇史》：「馮夢龍……清兵下江南，福王降，殉節而死。」

〔註40〕參見容肇祖：〈明馮夢龍的生平及其著述〉，收錄於《馮夢龍和「三言」》（臺北：木鐸出版社，1983 年 9 月），頁 146。

〔註41〕沈自晉《重定南詞全譜》〈凡例續紀〉：「重修詞譜之役，昉於乙酉仲春。而烽火須臾，狂奔未有寧趾。丙戌夏，始得僑寓山居，猶然旦則攤書搜輯，夕則卷束置床頭，以防宵遁也。漸爾編次，乃成帙焉。春來病軀，未遑展卷，擬於長夏，將細訂之。適顧甥來屏寄語，曾入郡訪子猶先生令嗣贊明，出其先人易簀時手書致囑，將所輯《墨憨詞譜》未完之稿及他詞若干，畀我卒業。六月初，始攜書并其遺筆相示。翰墨淋漓，手澤可挹。展完愴然，不勝人琴之感。雖遺編失次而典型具存，其所發明者多矣。先是甲申冬杪，子猶送安撫祁公至江城，……越春初，子猶為苕溪、武林游，道經垂虹言別。杯酒盤桓，連宵話楨，丙夜不識倦也。別時，與予為十旬之約。不意鼙鼓動地，逃竄經年，想望故人，鱗鴻杳絕。丙戌夏，始得僑寓山居。迨

酉年馮夢龍往遊湖州、杭州時，順訪沈自晉，與其有「十旬之約」。但因是年六月蘇州有「湖寇」揭竿「城中鼎沸」，沈氏「逃竄經年」，「丙戌夏，始得僑寓山居」，「迨至山頭，友人爲余言，馮先生已騎箕尾去」。因此，由甲申、乙酉、丙戌三年的行蹤得知，馮氏當卒於乙酉年春遊苕溪、武林後，沈氏丙戌年夏山居前。又沈自晉雖「獐狂鼠竄」，然足跡不出吳郡，故馮夢龍乙酉年「匍匐千餘里」宣傳抗清活動結束後，回吳郡或已是秋冬二季。馮氏若於此時過世，沈氏絕無至半年後方獲消息之理。且從「即欲一致生趨往哭」的悲慟，亦可斷定馮氏逝世離沈氏山居時不遠。同理，由王挺詩中的內容，知其對馮夢龍辭世前之行蹤及辭世原因非常熟悉，可見消息並無閉塞，甚至或有接觸。若馮夢龍卒於乙酉年，王挺何以遲至丙戌年才作輓詩悲悼？故由此推斷，馮氏應卒於丙戌年（西元 1646 年）春季。

至於馮夢龍之卒地，亦有在福州殉難、病逝於蘇州家中等不同說法。其中，高洪鈞提出五項理由，認爲馮氏最後死於福建，此說較爲允當：（一）就地理位置而言，馮氏先前曾任福建壽寧知縣，熟悉當地人事環境。而其最後落腳臺州，此地又鄰近福建。（二）就政治因素而言，唐王當時監國於福州，並組織隆武政權。馮氏在正統思想趨使下，或可能棄監國於浙東之魯王而就唐王。（三）就出版作品而言，《中興偉略》的唐藩刻本，首先在福建出版，且書中收有唐王令諭，說明馮氏確實加入唐王政權。（四）就官銜職稱而言，《中興偉略》署作「七二老臣馮夢龍恭撰」，證明馮氏已任唐王政權之官職。（五）就家族關係而言，馮氏姪孫亦死於此。〔註42〕

至山頭，友人爲余言，馮先生已騎箕尾去。予大驚慟，即欲一致生趨往哭，而以展轉流離，時作獐狂鼠竄，未能行也。……時丁亥秋七月既望吳江沈自晉重書於越溪小隱。」（收錄於《善本戲曲叢刊》（臺北：臺灣學生書局，1989 年 8 月），冊二十九，頁 39～45。）

王挺〈輓馮猶龍〉詩：「學道毋太拘，自古稱狂士。風雲絕等夷，東南有馮子。上下數千年，瀾翻廿一史。修詞逼元人，紀事窮纖委。笑罵成文章，燁然散霞綺。放浪忘形骸，觸詠託心理。石上聽新歌，當隈候月起。逍遙豔冶場，游戲煙花裏。本以娛老年，豈爲有生累？予愛先生狂，先生忘予鄙。從此時過從，扣門輒倒屣。興會逾艾齡，神觀宜久視。去年戒行役，訂晤在鴛水。及汎西子湖，先生又行矣。石梁天姥間，於焉恣遊履。忽忽念故國，匍匐千餘里。感憤填心胸，浩然返太始。」（參見〔清〕陳瑚：《離憂集》卷上，收錄於《叢書集成三編》第 43 冊，臺北：新文豐出版公司，1997 年 3 月，頁 64～65。）

〔註42〕參見高洪鈞：〈馮夢龍卒地考辨〉，《明清小說研究》2000 年 2 期，2000 年，

二、家世背景

　　有關馮夢龍的家世，正史並無記載，僅能由其著作的文獻資料中，側面推敲。馮氏應出生於傳統書香門第，所謂「理學名家」，〔註43〕可能係明初處士馮昌之後。馮夢龍之弟夢熊在《俟後編》跋中，有一段關於父親的記載：

> 孝子以道王先生，與先君子交甚厚。蓋自先生父少參公，即折行交。
> 先君子云：「予舞勺時，數見先生杖履相過；每去，則先君子必提耳
> 命曰：『此孝子王先生，聖賢中人也，小子勉之。』」〔註44〕

文中之「王先生」，是王仁孝，長洲人，名敬臣，字以道，號仁孝，學者稱少湖先生。以孝子而成大儒，世占吳中儒籍。〔註45〕馮父與其密切往來，交誼甚厚，且有通家之好，則馮父亦當儒冠中人。又馮家與當時嘉定顯宦侯家交情匪淺，侯峒曾於《侯忠節公全集》〈友人馮杜陵集序〉中提及馮夢熊：「嗚呼，此余故人杜陵馮君之作也。君初名夢熊，字非熊……往余兄弟與杜陵同事筆墨者累年。」〔註46〕回憶彼此在侯家共同求學讀書之情景。馮夢熊在〈哭通家侯仲子文中茂才〉〔註47〕一詩中，亦提及侯峒曾之次子玄洵。由兩家詩文互見的情形，可見雙方感情深厚。而馮家與江南儒學世家交好有通家世誼，則可推知馮家自非一般門第。

　　馮夢龍的家庭成員，父母名不顯且早卒。〔註48〕據其自撰《麟經指月》：「兄夢桂若木父、弟夢熊非熊、男焴贊明父識」，〔註49〕可知有一兄一弟一子。其兄夢桂善畫，弟夢熊工詩，二人作品均已不傳。兄弟三人號稱「吳下三馮」，〔註50〕才名顯赫當時。馮夢龍與其弟受足情深，個性極爲相似。由「爲人率略似狂，

頁 177～181。

〔註43〕馮夢龍《醒世恆言》序末，有一印章，文曰：「理學名家」。

〔註44〕參見〔明〕王敬臣：《俟後編》跋，收錄於《四庫全書存目叢書》（臺南：莊嚴文化事業有限公司，1995 年 9 月）子部第 107 冊。

〔註45〕同註 37，頁 9。

〔註46〕參見〔明〕侯峒曾：《侯忠節公全集》〈友人馮杜陵集序〉，卷十。

〔註47〕〔明〕陳濟生輯《天啓崇禎兩朝遺詩小傳》（臺北：明文書局，1991 年 3 月）中，所收錄馮夢熊十首詩之一。

〔註48〕參見高洪鈞：〈馮夢龍身世探秘〉，《明清小說研究》1996 年 1 期，1996 年，頁 140。

〔註49〕同註 27。

〔註50〕梅之煥於〈敍麟經指月〉中曾言：「王大可自吳歸，亦爲余言，吳下三馮，仲其最著云。」（收錄於《馮夢龍全集》，南京：江蘇古籍出版社，1993 年 9 月，第 20 冊，頁 1。）

癖狂似狷。譚諧舞笑，動與俗疏。時時有所激昂詆譏，皆傅會書史，以發其佗傺無聊不平之氣」、「其爲人，有獨立之行」、「益詰曲世間，不逐時好」，〔註51〕可見馮夢熊狂狷直率、特立獨行，有慷慨激昂之志。才學上「所爲詩文亦矜奇邁俗。萬曆辛壬之間，名滿江左」〔註52〕而馮夢龍亦嘗被評爲「狂士」、「畸人」，並自稱「東吳畸人」，〔註53〕不與俗同，兄弟個性近似。且夢熊多向馮夢龍請教學問，兩人感情深厚。而其兄馮夢桂的生平事蹟，則鮮少記載。其子馮焴，有文采，通曉音律。其表舅毛玉亭則曾任知府。〔註54〕

三、人生歷程

（一）治經生涯——上下數千年，瀾翻廿一史〔註55〕

馮夢龍長於傳統書香門第，家族往來亦多屬仕宦之家，對其致力修習經史正道，期望取得科舉功名進入仕途，有相當影響。曾自述「不佞童年受經，逢人問道，四方之秘笑，盡得疏觀」，〔註56〕可見其少時接受傳統儒家經學薰陶，專注研讀經史。尤其傾二十餘年勤治《春秋》，研精覃思，功力深厚。〔註57〕由萬曆四十八年（西元 1620 年），麻地儒生向其請教《春秋》一事，即可得知。〔註58〕《蘇州府志》〈人物志〉中評價馮夢龍「尤明經學」，〔註59〕亦即肯定其治經成就。馮夢龍因鑽研《春秋》，深知寄事言理之法，認爲「雖稗官野史，莫非療俗之聖藥」，〔註60〕視稗官野史爲可以寄事言理的載體，賦予其價值所在。

〔註51〕 三段引文皆載於侯峒曾：《侯忠節公全集》〈友人馮杜陵集序〉，卷十。

〔註52〕 同註 46。

〔註53〕 馮夢龍於《智囊‧自敘》中以此自稱。

〔註54〕 參見陸樹侖：《馮夢龍散論》（上海：上海古籍出版社，1993 年 5 月），頁 74。

〔註55〕 參見〔清〕陳瑚：《離憂集》卷上，收錄於《叢書集成三編》第 43 冊，臺北：新文豐出版公司，1997 年 3 月，頁 64。

〔註56〕 參見〔明〕馮夢龍：《麟經指月》，收錄於《馮夢龍全集》（南京：江蘇古籍出版社，1993 年 4 月）第 20 冊，〈發凡〉，頁 1。

〔註57〕 其弟馮夢熊在《麟經指月》序中描述馮夢龍用功之狀：「余兄猶龍，幼治《春秋》，胸中武庫，不減征南。居恆研精覃思，曰：『吾志在《春秋》。牆壁戶牖，皆置刀筆者，積二十餘年而始愜。』」（收錄於《馮夢龍全集》，南京：江蘇古籍出版社，1993 年 4 月，第 20 冊，頁 2。）

〔註58〕 參見〔明〕馮夢龍：《新平妖傳》，收錄於《馮夢龍全集》（南京：江蘇古籍出版社，1993 年 9 月）第 1 冊，前言，頁 4～5。

〔註59〕 參見李銘皖等修：《蘇州府志》（臺北：成文出版社，1970 年 5 月）卷八十一〈人物八〉，頁 1981。

〔註60〕 參見〔明〕馮夢龍：《太平廣記鈔》，收錄於《馮夢龍全集》（南京：江蘇古籍

故當其不得志於科場時，便轉而從事編纂稗史的工作。〔註61〕而整部《春秋》的重點在於「懲戒而勸善」的含意，馮夢龍秉持儒家「勸善懲惡」精神，從事俗文學編輯工作，與研讀《春秋》有很大的關係。〔註62〕《三言》的編纂，便是在此動機與意念下完成。

（二）冶遊經歷──放浪忘形骸，觸詠託心理〔註63〕

馮夢龍約十一歲即高中秀才，〔註64〕但終其一生仕途不順，始終無法考取舉人。對企圖「窮經致用」、「博學成名」的馮夢龍而言打擊甚鉅，科場失意，遂轉而流連青樓楚館，過著與歌妓狎遊放誕不羈的生活。《掛枝兒》中有一段其冶遊生活記錄：

> 每見青樓中凡受人私，皆以為固然，或酷用，或轉贈，若不甚惜。至自己偶以一扇一𥢶贈人，故作珍秘，歲月之餘，猶詢存否。而癡兒亦遂珍之，秘之，什襲藏之。甚則人已去而物存，猶戀戀似有餘香者，真可笑已。余少時從狎邪遊，得所轉贈詩𥢶甚多。夫贈施以𥢶，本冀留諸篋中，永以為好也。而豈意其玄作長條贈人乎？然則汗巾套子耳，雖扯破可矣。〔註65〕

說明馮氏結交妓女，與之贈物互動的事實，並由此推知其在青樓頗受歡迎。

馮夢龍的散曲，頗多懷伎、贈伎之作，《太霞新奏・仙呂入雙調・步步嬌套・青樓怨》即為其中一篇。其在序中提及：「余友東山劉某，與白小樊相善也，已而相違。傾偕予往，道六年別意，淚與聲落，匆匆訂密約而去。去則

出版社，1993 年 4 月）第 8 冊，〈小引〉，頁 2。

〔註61〕 參見黃明芳：《馮夢龍編作三言的社會經濟基礎》，中山大學中國文學研究所碩士論文，1994 年 6 月，頁 12。

〔註62〕 參見趙修霈：〈從情史看馮夢龍「發乎情」的文學觀〉，《東吳中文研究所集刊》第 10 期，2003 年 9 月，頁 259。

〔註63〕 同註 55。

〔註64〕 關於馮夢龍考中秀才的時間，學界不少人認為在二十歲左右，不知何所據。果若如此，則不符文從簡贈詩中所謂「早歲才華眾所驚，名場若個不稱兄」。從明代考試制度證明〈老門生三世報恩〉小說中的主人翁鮮于同八歲舉神童，十一歲中秀才，後因時運不濟，五十七歲始登科中舉，六十一歲登甲中進士。此即馮夢龍自身經歷寫照，因其蹭蹬科場，久困諸生，窮困潦倒，遍歷人間辛酸，至五十七歲始出貢當教官，六十一歲任壽寧知縣。（參見龔篤清：《馮夢龍新論》，長沙：湖南人民出版社，2002 年 11 月，頁 340～346。）

〔註65〕 收錄於《馮夢龍全集》（南京：江蘇古籍出版社，1993 年 4 月）第 18 冊，〈隙部〉，頁 62。

復不相聞。每睏小樊，未嘗不哽咽也。世果有李十郎乎？文寫此詞。」篇末
附注又云：「又作《雙雄記》，以白小樊爲黃素娘，劉生爲劉雙。卒以感動劉
生，爲小樊脫籍。孰謂文人三寸管無靈也。」清晰呈顯馮氏同情伎女、痛恨
負心漢。爲伎女擺脫霍小玉的命運，無霍小玉的唧恨而再三揮動三寸銅管的
態度。馮氏並爲伎女作傳，〈張潤傳〉、〈愛生傳〉、〈萬生傳〉皆屬之，〈愛生
傳〉中更能見到馮氏釀錢埋葬遭凌辱致死的馮愛生的義舉。《三言》中創作或
編纂以伎女爲題材的篇目，便有〈杜十娘怒沉百寶箱〉、〈照春旺重興曹家莊〉、
〈玉堂春落難尋夫〉、〈賣油郎獨占花魁〉等。在《情史》、《智囊》中以批評
的形式更對伎女的濃情與豪俠，推崇備至。因爲馮氏以眞誠的態度對待青樓
女子，爲她們鳴不平，而受到尊敬，當作知交。由《掛枝兒》〈送別〉中即可
窺見：

　　後一篇，名伎馮喜生所傳也。喜美容止，善諧謔，與余稱好友，將
　　適人之前一夕，招余話別。夜半，余且去，問喜曰：「子尚有不了語
　　否？」喜曰：「兒猶記《打草竿》及《掛枝兒》各一，所未語若者，
　　獨此耳。」因爲余歌云。……嗚呼！人面桃花，以成夢境。每閱二
　　詞，依稀繞梁聲在耳畔也。家人難再，千古同憐，傷哉！〔註66〕

馮夢龍憶及與名伎馮喜生共處的美好時光，以及臨別不忍之離情，字裡行間
流露深厚情誼。而其徵逐秦樓楚館時最刻骨銘心的感情，則是與蘇州名伎侯
慧卿的交契。馮、侯兩人曾有白首之約，後因侯女別嫁，令馮氏錐心泣血，
沉痛難捨，從此「遂絕青樓之好」。〔註67〕爲此陸續寫許倭傷感寄情的詩作、
散曲，其中〈怨離詞〉即多達三十首。後又從歌伎處獲取大量俚曲與民歌資
料，編纂《掛枝兒》、《山歌》等作品相繼刊行，並因此受衛道人士「群起詰
之」，幸得熊廷弼解困，遠避湖廣：

　　熊公廷弼當督學江南時，試卷皆親自批閱。……凡有雋才宿學，甄
　　拔無遺。吾吳馮夢龍亦其門下士也。夢龍文多遊戲，《掛枝兒》小曲
　　與《葉子新鬥譜》皆其所撰。浮薄子弟，靡然傾動，至有覆家破產
　　者，其父兄群起詰之，事不可解。適熊公在告，夢龍泛舟西江，求

〔註66〕同註65，頁41。
〔註67〕參見〔明〕馮夢龍：《太霞新奏》〈繡帶兒套〉卷七〈怨離詞——爲侯慧卿〉
　　　　後有靜嘯齋評云：「子猶自失戀卿，遂絕青樓之好。」，收錄於《馮夢龍全集》
　　　　（南京：江蘇古籍出版社，1993年4月）第14冊，頁116～117。

解於熊。相見之頃，熊忽問曰：「海內盛傳馮生《掛枝曲》，曾攜一
二冊以惠老夫乎？」馮踽踽不敢置對，唯唯引咎，因致千里求援之
意。熊曰：「此易事，毋足慮也。我且飯子，徐爲子籌之。」……抵
家後，則熊飛書當路，而被詰之事已釋。……〔註68〕

文中以「事不可解」，傳達馮夢龍父兄對其「品行有汙，疏放不羈」的行徑難
以容忍、諒解。致使馮夢龍落魄奔走，爲生活另謀出路，前往湖北麻城，亦
開展後半生創作的高峰期。梅之煥曾詳說始末：

乃吾友陳無異令吳，獨津津推轂馮生猶龍也。王大可自吳歸，亦爲余
言吳下三馮，仲其最著云，余拊髀者久之。無何，而馮生赴田公子約，
惠來敝邑。敝邑之治《春秋》者，往往反問渡于馮生。《指月》一編，
發傳得未曾有。余于是益重馮生，而信二君子爲知言知人也。〔註69〕

因此，藉由陳無異與王大可向梅之煥舉薦，馮夢龍乃得以受田生芝之邀至麻城
講學《春秋》。因而備受當地治經學者重視，並結交梅之煥、丘長孺、袁宗道、
楊定見等志性相通之文友。更得以通過這些李贄生前友人、門生爲橋樑，深入
接觸其學說，汲取更豐沛的相關資料，使馮夢龍得以私淑李贄之學。〔註70〕

馮夢龍的冶遊生活，除鍾情伎女外，還包括賭博、喝酒，並存有牌經、
酒令等作品。〔註71〕據褚人穫《堅瓠集》載：「古惟扯張鬥虎，至馮猶龍始爲
馬吊」，則知「馬吊」這種賭博形式，爲馮夢龍所創。《堅瓠集》中還有一段
關於馮氏的軼事：

〔註68〕參見〔清〕鈕琇：《觚賸續編》〈英豪舉動〉，收錄於《筆記小說大觀》（臺北：
新興書局有限公司，1979年）第三十編，頁1388。有關熊廷弼與馮夢龍的師
生情緣，可參見喻蓉蓉：〈熊廷弼與馮夢龍——師生佳話　千古不朽〉，《歷史
月刊》2001年2月號，2001年。

〔註69〕參見〔明〕馮夢龍：《麟經指月》，收錄於《馮夢龍全集》（南京：江蘇古籍出
版社，1993年9月）第20冊，〈敘麟經指月〉，頁1。

〔註70〕對此，學者多徵引許自昌《樗齋漫錄》卷六：「吳士人……馮猶龍等，酷嗜李
氏之學，奉爲蓍蔡。」但小野四平在〈關於馮夢龍〉一文中指出，原書並無
此段文字。（收錄於靜宜文理學院中國古典小說研究中心主編：《中國古典小
說研究專集》5，臺北：聯經出版事業公司，1982年11月，頁220）所以，
陳萬益在〈馮夢龍「情教說」試論〉中主張對許自昌之說暫且存疑。（收錄於
《漢學研究》6卷6期，1988年6月，頁298）然馮氏著作確實多處引用李贄
評語，故其間仍有思想承繼關係。例如馮夢龍在麻城期間纂輯的《古今譚概》
一書，多次引用李贄《初潭集》中的資料和批語，並尊其爲「卓老」、「李卓
老」，亦爲一證。

〔註71〕參見第二節編纂者的著作中「遊戲之作」部分。

馮猶龍先生偶與諸少年會飲。少年自恃英俊，傲氣凌人，猶龍覺之。擲色，每人請量，俱云不飲。猶龍飲大觥曰：「取全色。」連飲數觥曰：「全色難得，改取五子一色。」又飲數觥曰：「諸兄俱不飲，學生已醉。請用飯而別。」諸少年銜恨，策曰：「做就險令二聯。」俟某作東，猶龍居第三位，出以難之，令要花名、人名、回文，曰：「十姊妹，十姊妹，二八佳人多姊妹，多姊妹，十姊妹。」過盆曰：「行不出，罰三大觥。」次位曰：「佛見笑，佛見笑，二八佳人開口笑，開口笑，佛見笑。」過猶龍，猶龍曰：「月月紅，月月紅，二八佳人經水通，經水通，月月紅。」諸少年爲法自斃，俱三大觥，收令亦無。猶龍曰：「學生代收之。」曰：「並頭蓮，並頭蓮，二八佳人共枕眠，共枕眠，並頭蓮。」諸少年佩服。〔註72〕

這段放蕩不羈的狎遊經歷，使其有機會接觸中下層市井小民，因而開啓對通俗文學的興趣，對其文學創作產生莫大影響。

（三）仕宦之途──政簡刑清，遇民以恩，待士以禮〔註73〕

馮夢龍秉持「士君子得志，則見諸行事；不得志，則托諸空言」〔註74〕的態度積極入世，然科舉不第，爲實現政治抱負，其一生仕途曲折坎坷。

天啓元年（西元 1620 年）六月，熊廷弼三次巡按遼東，讓馮夢龍以幕僚身分隨行，此乃「子猶宦遊」之始。〔註75〕次年，熊廷弼爲奸人構陷，旋遭處死。迫使馮氏既屆知命之年得以初次從政，仕途竟不到一年即告終。

崇禎三年（西元 1630 年），五十六歲始以貢生授丹徒訓導；七年（西元 1634 年），由祁彪佳、沈幾等人鼎力推薦，以六十高齡出任壽寧知縣，此即其一生最高官職。馮氏殫精竭慮欲有所作爲，四年任內關心民瘼，施行與民休息，政簡刑寬之策。減輕百姓里役負擔，寬其賦稅，訟獄明斷之政，〔註76〕

〔註72〕 參見〔清〕諸人穫：《堅瓠集》九集卷之四〈馮猶龍抑少年〉，收錄於《筆記小說大觀》（臺北：新興書局有限公司，1978 年 10 月）二十三編，頁 5450～5451。

〔註73〕 參見〔清〕趙廷機修，〔清〕柳上芝纂：《壽寧縣志》（臺北：成文出版社，1974 年 6 月）卷四「官守」〈宦績〉，頁 134。

〔註74〕 參見梅之熲：〈敘譚概〉，收錄於《馮夢龍全集》（上海：上海古籍出版社，1993 年 6 月）第 39 冊《古今譚概》，頁 1。

〔註75〕 參見張無咎〈批評北宋三遂新平妖傳敘〉：「書已傳於泰昌改元之年，子猶宦遊，板毀於火，余重訂舊序而刻之。」，收錄於橘君輯注：《馮夢龍詩文》（福州：海峽文藝出版社，1985 年 10 月），頁 3。

〔註76〕 參見〔明〕馮夢龍：《壽寧待誌》卷上「賦稅」：「險其走集，可使無寇；寬其

展現對賢明廉政的憧憬。

首先，改革吏治，條陳制度缺失：

> 圖民有兩大費，往往以輪及破家。其一爲大造黃冊。……其一爲迎
> 新送舊。……〔註77〕

並進一步提出改進大造黃冊和迎送官吏之策略：

> ……議責成二十二圖各甲人戶，照依家冊造成細冊，如有應推應收，
> 不時改定。至於後輪大造，只需審丁，不煩查產，已省大半工程；……
> 至於迎送之費，……合無酌定新任應路費若干，離任應路費若干，
> 畫爲定規，通縣均派，竟送本官自行備辦，此外不許索分毫。……
>
> 〔註78〕

其次，改革風俗上的陋習，發布「禁溺女嬰」公告。明言規定「壽寧縣正堂
馮爲嚴禁淹女，以懲薄俗事」，〔註79〕強調「生男未必孝順，生女未必忤逆」，
〔註80〕反對男女不平等，以重視女子生存權利，並率先捐俸獎勵收養棄嬰。
同時，禁革巫術驅病的迷信，並捐俸作爲施藥之用，以導正風氣。此外，懲
治地紳惡霸、促進山地開闢、發展教育。〔註81〕抱持「一念爲民之心，惟天
可鑒」〔註82〕的仁政愛民情懷，種種挑戰傳統陋習的積極作爲，更凸顯其崇
尙人道主義精神的進步理念，因而名列「循吏」，博得「政簡刑清，首尙文學，
遇民以恩，待士以禮」之美譽。〔註83〕

（四）晚年行徑——感憤填心胸，浩然返太始〔註84〕

崇禎十一年（西元 1638 年），任滿返鄉，過著「縱酒放歌須努力，鶯花
春日爲君長」〔註85〕平靜寧謐的隱居生活。並未忘懷通俗文學志業，主要從

　　　徭役，可使無飢；省其獄牘，可使無訟。」，收錄於《馮夢龍全集》（南京：
　　　江蘇古籍出版社，1993 年 4 月）第 17 冊，頁 271。
〔註77〕 同註76，卷下「里役」，頁 36～37。
〔註78〕 同註77，頁 37～38。
〔註79〕 同註76，卷上「風俗」〈禁溺女告示〉，頁 31。
〔註80〕 同註79。
〔註81〕 同註58，頁 5。
〔註82〕 參見馮夢龍：〈竹米〉詩志，收錄於橘君輯注：《馮夢龍詩文》（福州：海峽文
　　　藝出版社，1985 年 10 月），頁 147。
〔註83〕 同註73。
〔註84〕 同註55，頁 65。
〔註85〕 參見錢謙益《初學集》卷二十下《東山詩集》〈馮二丈猶龍七十壽〉詩，收錄
　　　於《牧齋初學集》（上海：上海古籍出版社，1985 年 5 月），冊上，頁 707。

事文字評點與戲曲改定之工作。同時，通過文學活動培養戲曲新血。例如崇禎十五年（西元 1642 年）更定畢魏的《三報恩》傳奇，目的即在培養此位年甫弱冠有奇才異識的新秀，使能迅速茁壯。

　　然而太平時日未久，旋即面臨清兵入關與國家滅亡的浩劫。崇禎十七年（西元 1644 年），李自成攻陷北京，思宗自縊於煤山，馮氏感到「天崩地裂，悲憤莫喻」，「既博採北來耳目」，草《甲申紀事》，又作《紳志略》，弔忠節之士，斥叛逆之人，期盼福王能成為中興之主。清兵入關，中原淪陷，強烈的民族情感與愛國情操驅使馮氏先後撰寫《中興實錄》、《中興偉略》，鼓吹愛國思想。稱讚在南京即位的弘光皇帝「寬厚而復精明」，勉勵人民「兢兢業業，協心共濟」。〔註86〕僅一年南京失陷，唐王繼位福州，馮氏認為「恢復大明不朽之基業，在茲舉也」。以古稀之齡積極奔走江浙間，投入反清復明行列。為拯救明朝的危亡而奔波，為抵抗清兵的侵略作宣傳，希冀「以餘年及睹太平」，〔註87〕能親見明朝中興。然南明政府昏憒庸懦，並無抗清復明之志，終至徹底覆亡。馮夢龍亦於隆武二年（西元 1646 年），抱憾以終。

四、結社交遊

（一）社　友

　　明代中期後，文人結社往來風氣盛行。〔註88〕馮夢龍曾有多次結社活動，對其思想、品德、愛好和學識，頗有影響。馮氏與朋輩結社往來，可見於下列幾處記載：

1. 文從簡〈馮猶龍〉詩中提及：「一時名士推盟主，千古風流引後生」。
　　〔註89〕

〔註86〕參見〔明〕馮夢龍：《甲申紀事》，收錄於《馮夢龍全集》（南京：江蘇古籍出版社，1993 年 4 月）第 17 冊，〈敘〉，頁 1。

〔註87〕參見〔明〕馮夢龍：《中興實錄》，收錄於《馮夢龍全集》（上海：上海古籍出版社，1993 年 6 月）第 14 冊，〈敘〉，頁 18。

〔註88〕據眉史氏《復社紀略》卷之一載：「今甲以科目取人，而制義始重。士既重于其事，咸思厚自濯唐，以求付功令。因共尊師取友，互相砥礪。多者數十人，少者數人，謂文社。即以文會友，以友輔仁之遺則也。好修之士，以是學問之地，馳騖之徒，亦以是為功名之門，所從來舊矣。」可知文人結社之目的。自結社形成風尚後，除仍秉持「以文會友，以友輔仁」的原則外，其目的已由廣博學問之地、獲取功名之門，擴展為飲酒作詩、遊山玩水等更多元豐富的內容。

〔註89〕參見〔明〕陳濟生：《天啟崇禎兩朝遺詩小傳》（臺北：明文書局，1991 年 3

2. 馮夢龍《麟經指月》〈發凡〉：「頃歲讀書楚黃，與同社諸兄弟掩關畢業。……同社批點，並列之。」〔註90〕

3. 毛瑩〈馮夢龍先生席上同楚中耿孝廉夜話〉一詩，言：「千里雲停懷舊社，一時星聚結新知」。〔註91〕

4. 馮夢龍《智囊補》自序中提及：「書成，值余將赴閩中，而社友德仲氏以送余故，同至松陵，德仲先行，余指月、衡庫諸書，蓋嗜痂之尤者。因述是語爲敘而畀之。吳門馮夢龍題於松陵之舟中。」〔註92〕

5. 董斯張〈怨離詞評〉云：「子猶自失慧卿，遂絕青樓之好。有〈怨離詩〉三十首，同社和者甚多。總名《鬱陶集》。」

6. 梅之熉〈敘譚概〉下署：「古亭社弟梅之熉惠連述」。〔註93〕

7. 錢謙益〈馮二丈猶龍七十壽〉詩中自注：「馮爲同社長兄，文閣學、姚宮詹皆社中人也。」可知錢謙益、文震孟、姚希孟與馮夢龍，俱爲同社社友。〔註94〕

由以上敘述得知，馮夢龍青年時期與董斯張等組織「韻社」，〔註95〕中年時期又參與另一「韻社」。〔註96〕並曾成立研讀《春秋》的文社，成員皆爲已中舉或正爲科考的知識分子，包括：錢謙益、文震孟、姚希孟、陳無異、梅之熉等人。馮夢龍結社活動範圍廣〔註97〕、時間久，因而彼此思想、志趣

月）卷八〈文彥可詩〉。

〔註90〕收錄於《馮夢龍全集》（南京：江蘇古籍出版社，1993 年 9 月）第 21 冊。

〔註91〕此詩原見毛瑩：《晚宣樓集》卷五，轉引自陸樹崙《馮夢龍研究》（上海：復旦大學出版社，1987 年 9 月），頁 63。

〔註92〕收錄於《馮夢龍全集》（上海：上海古籍出版社，1993 年 6 月）第 35 冊，頁 6～8。

〔註93〕收錄於《馮夢龍全集》（上海：上海古籍出版社，1993 年 6 月）第 39 冊，頁 1。

〔註94〕參見〔清〕錢謙益：《牧齋初學集》（上海：上海古籍出版社，1985 年 5 月），冊上，頁 707。

〔註95〕據推斷馮夢龍與侯慧卿分離，在三十五歲以前，故韻社的成立，應在其青年時期。而「韻社」除寫詩外，似還包括寫散曲及搜集、擬作民歌等。（參見王凌：〈馮夢龍與侯慧卿〉、〈也考馮夢龍的"社"籍〉，收錄於《畸人、情種、七品官——馮夢龍探幽》，福州：海峽文藝出版社，1992 年 3 月，頁 26、75。）

〔註96〕萬曆四十八年（1620 年）前後組織「韻社」，相聚論文作詩，笑談古今，成員一致「推社長子猶爲笑宗」。（參見韻社第五人〈題古今笑〉，收錄於《馮夢龍全集》（上海：上海古籍出版社，1993 年 6 月）第 40 冊附錄，頁 1。）

〔註97〕胡萬川曾撰〈馮夢龍與復社人物〉（收錄於《中國古典小說研究專集》1，臺北：聯經出版事業公司，1979 年 8 月，頁 123～136。）詳盡考述馮夢龍的交

相互影響，實有相似之處。再者，馮氏具「苦心濟世」、「負通方適用之才」，〔註 98〕能羅古今於掌上，寄《春秋》於舌端的學識膽，〔註 99〕使人折節推服，「津津推轂」、「逞逞問渡」，〔註 100〕而居「盟主」地位。〔註 101〕

　　其社友如董斯張，出身官宦世家，個性孤介狂狷，廣聞博學，勤於著述，生平交契多為一時之士，卻不得志於科場，以廩貢生終其一生。〔註 102〕喜愛時尚小曲，與馮夢龍結社聯吟十分契合。馮氏曾收董擬作之《掛枝兒‧噴嚏》於《掛枝兒》中，讚許其「曠世才人，千古情人」。董亦曾為馮氏《宛轉歌》作序，並在序中稱揚其才情和散曲成就。董亦是《麟經指月》的參閱者、卷六的校訂者。馮、董二人皆好民歌俗曲、寫作詩詞，有共同的喜好及相近的文學觀；二人皆狂放不羈、「逍遙豔冶場，游戲煙花裏」，有相似的生活態度；二人雖才華洋溢，卻久困諸生。後董氏為國子監生，馮氏為貢生，有近似的生活經歷。因此，建立深厚情誼。

　　梅之熉亦為馮夢龍社友，二人結識始於馮氏應田公子生芝之約到麻城切磋《春秋》之時。梅在當時頗具名氣，品德高尚，博覽群書，對八股制藝很有造詣的人。他雖科場不利，卻不願安享父親之福，不肯受「恩蔭」襲職。〔註 103〕

　　遊，雖與其往來者多為復社成員，但尚無文獻可證明馮氏亦為復社一員。而金德門〈馮夢龍社籍考〉（收錄於《中華文史論叢》1985 年第 1 輯，1985 年）、姚政〈馮夢龍與韻社成員名單〉（收錄於《中華文史論叢》1987 年第 1 期，1987年），均以為馮夢龍並非復社人物，實屬韻社一員。

〔註 98〕 參見沈幾：〈智囊序〉，收錄於《馮夢龍全集》（南京：江蘇古籍出版社，1993年 4 月）第 10 冊，頁 4。

〔註 99〕 參見梅之熉：〈敘譚概〉，收錄於《馮夢龍全集》（上海：上海古籍出版社，1993年 6 月）第 39 冊，頁 2。

〔註 100〕 同註 69。

〔註 101〕 參見韻社第五人：〈題古今笑〉，收錄於《馮夢龍全集》（上海：上海古籍出版社，1993 年 6 月）第 40 冊附錄，頁 1。

〔註 102〕 《南潯鎮志》卷十二言及董氏一門三代四進士，「豪富冠東南」。又周慶雲《南潯志》中曾對董斯張詳加介紹：「董斯張，原名嗣暲，字然明，號遐周，又號借庵。道醇第六子，廩貢生。清羸善病，獨行孤嘯，自號瘦居士。于生計最拙，獨耽于書，手錄不下百帙，泛覽百家，旁通二氏。生平契厚，皆海內名士，如吳郡范長倩，雲間董元宰，同郡潘昭展、韓求仲、凌茗柯、沈千秋諸公，日與往還，商榷著述。而篤好論詩，與曹能始、吳北海、王亦房、韓人谷、范東孫、吳凝夫、孫孟樸，結社聯吟，力扶詩教。留心吳興掌故，一為《藝文補》，一為《備志》。伏床喀血，獨兀兀點筆。」

〔註 103〕 參見余晉芳纂：《麻城縣志前編》（臺北：中國地方文獻學會，1975 年）（二）卷九「耆舊」〈名賢〉稱其「持身方正，勵學湛深，博極群書，工制舉藝」，

平日不多言，但有決大疑、任大事的能力和勇氣。崇禎自殺後，隱居不出，自號檮木，意即明亡後，身心俱死，形如檮木。晚年削髮爲僧。梅是《麟經指月》的參閱者，曾爲馮氏審閱《古今譚概》，並爲之作序。梅氏給予極高評價，並對馮夢龍作書之用意有很深刻的理解。指出要「譚」，必須有「學、識、膽」，更要有牢騷積於胸而無處發洩時才能做，士君子也只有在不得志才會托諸空言。他之所以能對馮夢龍的作意剖析入木三分，正因兩人有類似經歷。同因八股時文名重一時，才高學博，卻皆久困科場。再者，梅之熉爲復社成員。馮夢龍與復社中很多人是好友，且思想觀念極爲契合。復社宗旨即是以研求經術，明理實用以致君澤民。馮、梅正是通經術，講求學意致用的幹才。因此，相同的思想情感、觀點與分析世事的視角，使其交契深厚。

（二）文學同好

俞琬綸與馮夢龍同郡，兩人皆狂放風流，經常出入秦樓楚館，聽曲觀戲。皆喜搜集民歌俗曲，愛好民間各種俗文化。俞曾評馮氏《掛枝兒》，強調二人搜集「街市歌頭」，「手爲編輯，更付善梓」，使其流傳不朽，皆謂童癡。並因「更多情種」，皆「情多而寡緣，無日無牢愁。東風吹夢，歌眼泣衣，吾兩人大略相類」以爲「天下多情者寧獨吾兩人乎」，「歌不足傳，以情傳」，進一步說明二人有相同的文學觀。〔註104〕可見俞、馮兩人皆性情中人，對於民歌蒐羅均竭盡心力。無論價值取向、人格心態、行爲方式、喜好言行，皆有相同之處，宜其爲友。

袁韞玉《西樓記》成帙，曾就正於馮夢龍，馮爲之批點，並增《錯夢》一齣。馮夢龍《萬事足》係袁樂句。《南詞新譜》收有「袁韞玉鸝鵜裘」，稱

久不襲職，原想從科甲出身，雖所作時文深獲好評，卻屢試不第，方「俯就襲職」。

〔註104〕 參見俞琬綸：《自娛集》卷八〈打棗竿小引〉：「街市歌頭耳，何煩手爲編輯，更付善梓若不朽者，可謂童癡。吾亦素作此興，嘗爲琵琶婦陸蘭卿集二百餘首，間用改竄。不謂猶龍已早爲之。掌錄甚富，點綴甚工，而蘭卿所得者可廢去已。蓋吾與猶龍俱有童癡，更多情種。情多而寡緣，無日無牢愁。東風吹夢，歌眼泣衣，吾兩人大略相類。此歌大半牢愁語，聊以爲是爲估客樂。每一宛唱，便如歸風信鴿，平時闊絕者恍然面對。天下多情者寧獨吾兩人乎。如以春鞋秋蟬，聽之而笑爲嗤鄙，笑者則嗤鄙矣。歌不足傳，以情傳。巴歌、櫂歌、踏歌、白苧歌、吳歈歌，或入琴箋，或供詩料，至今有其名，是豈在歌也。」（收錄於《馮夢龍全集》第22冊，南京：江蘇古籍出版社，1993年4月，頁18。）

「所著有劍嘯閣傳奇五種」。二人在戲曲上，互為推服。

沈自晉曾為馮夢龍《雙雄記》校訂。《南詞新譜》所附沈自友之〈鞠通生小傳〉云：「一時名手如范、如卜、如袁、如馮，互相推服，卜袁為作傳奇序，馮所選《太霞新奏》推為壓卷。」馮夢龍晚年曾再三敦促其修訂曲譜；易簀時曾有遺書致沈氏，並將《墨憨詞譜》的未完稿相授，囑其卒業。沈氏曾謹遵遺托，並作〈和馮夢龍辭世詩二律〉。〔註105〕《南詞新譜》中並收有馮夢龍《新灌園記》及墨憨齋散曲。

第二節　編纂者的著作

馮夢龍在早年所作《雙雄記》序中提及：「余發憤此道良久，思有以正時尚之訛。因搜戲中情節可觀而不甚妍律者，稍加竄正。年來積數十種，將次第行之，以授知音。」又張無咎在《三遂平妖傳》重刊序中亦載：「子猶著作滿人間，小說其一斑。而茲刻特小說中之一斑云。」由此可推知其作品數量豐富。現可考定者，除單篇詩文外，涵蓋經、史、子、集。可分為五類（即通俗文學、戲曲、詩文筆記、經史、雜著）十五項（時尚小曲、通俗小說、笑話、戲劇、散曲、曲譜、詩、文、筆記、經學、紀事、注釋、方志、畫及其他雜著），總計八十餘種。〔註106〕以更定、增補、編輯者居多，創作為次。其中，小說、戲曲、歌謠所佔比率最高，流傳甚廣，因而博得「通俗文學大師」的美譽。

然其大量著作迄今仍無法明確考察出完整全貌，其原因有四：（一）馮夢龍編著作品很少具真名，大多用字、號或別名，由於化名過多，至今無法考證之作可能就被遺漏。（二）馮夢龍著作很受歡迎，有些文人和書商便冒用其名編刻刊印。（三）馮夢龍大部分作品為通俗文學或民間文學，這些作品大都流傳於下層市井間，輾轉傳閱，日久便破爛失散。況且在正統文人雅士心目中，這些書籍根本不受重視，連專藏宋本元刻的藏書樓也不屑收藏。（四）清朝對思想統治十分嚴酷，馮夢龍有些編著被視為「淫詞小說」而遭查禁，以致湮沒不傳。〔註107〕茲就經學、史學、文學分類，臚列作品如下：〔註108〕

〔註105〕參見沈自晉：《南詞新譜》〈凡例續〉，收錄於《善本戲曲叢刊》（臺北：臺灣學生書局，1984年8月）第三輯。

〔註106〕同註37，附錄：著作的種類，頁82～160。

〔註107〕參見繆咏禾：〈馮夢龍與三言〉，收錄於《馮夢龍和「三言」》（臺北：木鐸出

一、經學著作

1. 《麟經指月》，又名《春秋指月》，十二卷。
2. 《春秋衡庫》三十卷、《附錄》三卷、《備錄》一卷。
3. 《別本春秋大全》三十卷。
4. 《春秋定旨參新》三十卷。
5. 《四書指月》。〔註109〕
6. 《譚餘》。
8. 《權書揣摩》，未見。

二、史學著作

1. 《甲申紀事》十三卷。
2. 《甲申紀聞》一卷。
3. 《紳志略》一卷。
4. 《中興實錄》一卷。
5. 《中興偉略》一卷。
6. 《中興從信錄》四卷，未見。
7. 《綱鑑統一》三十九卷。〔註110〕
8. 《北事補遺》一卷。

版社，1983 年 9 月），頁 15～16。

〔註108〕馮夢龍著作豐富且待考問題不少，以下各篇都對此加以考證、探討：容肇祖〈明馮夢龍生平及其著述〉與〈明馮夢龍生平及其著述續考〉、謝巍〈馮夢龍著述考補〉（以上收錄於《馮夢龍和「三言」》，臺北：木鐸出版社，1983 年 9 月，頁 136～262）、易名〈〈馮夢龍著述考補〉補正〉、謝巍〈〈馮夢龍著述考補〉訂補〉（以上收錄於《文獻》1985 年第 2 期，1985 年 4 月，頁 54～59）、高洪鈞〈馮夢龍著述考補遺〉（收錄於《津圖學刊》1985 年第一期，1985 年 2 月）、魏同賢〈馮夢龍的生、著述及其時代特點〉（收錄於《中華文史論叢》1986 年第二輯，1986 年 6 月 1 日，頁 97～116）、陸樹侖《馮夢龍研究》附錄：著作的種類（上海：復旦大學出版社，1987 年 9 月）、聶付生《馮夢龍研究》下編〈著述研究〉（上海：學林出版社，2002 年 12 月）、胡萬川《馮夢龍生平及其對小說之貢獻》第一章第二節馮氏著作略考（政治大學中國文學研究所碩士論文，1973 年 6 月，頁 16～23）。

〔註109〕此書現藏北京國家圖書館，明末刻本，《論語》六卷、《孟子》七卷，四冊。

〔註110〕此書現藏北京大學圖書館，容肇祖、謝巍皆未著錄。（參見高洪鈞：〈馮夢龍著述考補遺〉，《津圖學刊》1985 年第一期，1985 年 2 月，頁 119）

9.《揚州變略》一卷。

10.《京口變略》一卷。

11.《再生紀略》二卷。〔註111〕

12.《淮城紀事》一卷。〔註112〕

13.《燕都日記》。〔註113〕

三、文學著作

馮夢龍提倡通俗文學，有計畫地搜集、整理、編纂、刊布民歌、戲劇、小說、笑話等作品。不僅提供豐富的作品、系統的理論與見解，更將作品與民眾、時代特性緊密聯繫。茲將其作品依類別略述如下：

（一）通俗文學

1. 時尚小曲

（1）《廣掛枝兒》，未見，卷數、內容不明。

（2）《掛枝兒》，又名《童癡一弄》，十卷。

（3）《山歌》，又名《童癡二弄》，十卷。

（4）《夾竹桃》，全名《夾竹桃頂針千家詩山歌》，一卷。

（5）《黃鶯兒》一卷，未見。

2. 通俗小說

（1）《古今小說》，即《喻世明言》，四十卷。

（2）《警世通言》四十卷。

（3）《醒世恆言》四十卷。

（4）《燕居筆記》十三卷。原書十卷為何大掄所編，馮氏增補為十三卷。

（5）《忠義水滸全傳》一百二十回。

（6）《新平妖傳》四十回，馮氏增補羅貫中《三遂平妖傳》二十回而成。

（7）《新列國志》一百零八回，據余邵魚《列國志傳》增刪重編而成。

（8）《三教偶拈》三卷。第一卷《皇明大儒王陽明先生出身靖難錄》三

〔註111〕陸樹侖《馮夢龍研究》（上海：復旦大學出版社，1987 年 9 月）載，馮氏對陳濟生《再生紀略》予以刪節而付刻。

〔註112〕陸樹侖《馮夢龍研究》（上海：復旦大學出版社，1987 年 9 月）載，馮氏對滕一飛《淮城紀事》予以潤飾而付刻。

〔註113〕〔日〕鹽谷溫將此書列於馮夢龍名下。

卷，又名《王陽明出身靖難錄》；第二卷《濟顛羅漢淨慈顯聖記》
一卷；〔註114〕《許眞君旌陽宮斬蛟傳》一卷。〔註115〕

（9）《兩漢志傳》，未見。

（10）《隋煬帝豔史》八卷四十回。〔註116〕

（11）《西漢演義》。〔註117〕

（12）《魏忠賢小說斥奸書》四十回。〔註118〕

（13）鑒定的小說：

　①《石點頭》十四卷。〔註119〕

　②《按鑒演義帝王御世盤古至唐虞傳》二卷十四則。〔註120〕

　③《按鑒演義帝王御世有夏志傳》四卷十九則。〔註121〕

　④《按鑒演義帝王御世有商志傳》四卷十二則。〔註122〕

（14）爲廣招徠讀者而假馮夢龍名義刊布梓行的小說：

　①《五朝小說》

　②《二刻醒世恆言》二十四種。〔註123〕

　③《十二笑》十二種。〔註124〕

〔註114〕此書容肇祖未著錄。所知有明刊《三教偶拈》本，書存日本東京大學。内容
　　　　屬靈怪類小說。（參見謝巍：〈《馮夢龍著述考補》訂補〉，《文獻》1985年第2
　　　　期，1985年4月，頁58）

〔註115〕此書容肇祖未著錄。所知有明刊《三教偶拈》本，書存日本東京大學。内容
　　　　屬神魔類小說。（參見謝巍：〈《馮夢龍著述考補》訂補〉，《文獻》1985年第2
　　　　期，1985年4月，頁58～59）

〔註116〕孫楷第《中國通俗小說書目》（臺北：木鐸出版社，1983年7月）卷二「明
　　　　清講史部」載：「魯迅先生以爲馮夢龍撰，不知何據。」由於未能獲得確切證
　　　　據，此處備作存疑。

〔註117〕題《西漢通俗演義》，署：「甄偉撰，鍾惺評，龍子猶訂補」。

〔註118〕謝國楨《增訂晚明史籍考》卷五著錄（臺北：藝文印書館，1968年4月，頁
　　　　385～386），其歸馮氏之由乃因作者署名「草莽臣」，此曾爲馮氏取以自號。
　　　　此書北京圖書館藏，容肇祖、謝巍皆未著錄。（參見高洪鈞：〈馮夢龍著述考
　　　　補遺〉，《津圖學刊》1985年第一期，1985年2月，頁121～122）

〔註119〕首題「天然癡叟著，墨憨主人評」。

〔註120〕首題「景陵鍾惺景伯編輯，古吳馮夢龍猶龍父鑒定」。

〔註121〕首題「景陵鍾惺景伯編輯，古吳馮夢龍猶龍父鑒定」。

〔註122〕首題「鍾惺伯敬父編輯，馮夢龍猶龍父鑒定」。

〔註123〕題「苨齋主人評，心遠主人編次」，並書「墨憨齋遺稿」。

〔註124〕見殘本，題《墨憨齋主人新編十二笑》，容肇祖、謝巍皆未著錄。（參見高洪
　　　　鈞：〈馮夢龍著述考補遺〉，《津圖學刊》1985年第一期，1985年2月，頁121）

　　④《醒名花》十六回。〔註125〕

　　⑤《古今列女傳演義》六卷。〔註126〕

3. 笑話

（1）《笑府》十三卷。

（2）《廣笑府》十三卷。〔註127〕

（3）《古今譚概》三十六卷。

（二）戲　曲

1. 戲劇

馮氏編寫、改訂的傳奇，一般認為共計十九種，流傳至今十四種。其中，由其編寫者兩種，改訂他人之作十二種：

（1）《墨憨齋新灌園傳奇》，二卷三十六齣，署「古吳張伯起創稿，同郡龍子猶更定」。

（2）《墨憨齋詳定酒家傭傳奇》，二卷三十七齣，署「姑蘇陸無從、欽虹江二稿，同郡龍子猶更定」。

（3）《墨憨齋重定女丈夫傳奇》（上），署「長洲張伯起、劉晉元二稿，吳邑龍子猶更定」。

　　《墨憨齋重定女丈夫傳奇》（下），署「長洲張伯起、西吳凌初成二稿，古吳龍子猶竄定」。

（4）《墨憨齋重定量江記》，二卷三十六齣，署「池陽聿雲氏原稿，姑蘇龍子猶評定」。

（5）《墨憨齋新訂精忠旗傳奇》，二卷三十齣，署「西陵李梅實草創，

〔註125〕題《墨憨齋新編鏞像醒名花》。

〔註126〕存。卷第下署「東海猶龍子演義，西湖鬟眉客評閱」。

〔註127〕《廣笑府》一書，在馮夢龍相關著述目錄或明、清兩代藏書家書目中，從未見著錄。唯謝巍〈馮夢龍著述考補〉（收錄於《馮夢龍和「三言」》，臺北：木鐸出版社，1983 年 9 月，頁 229）與〈「馮夢龍著述考補」訂補〉（《文獻》1985 年第 2 期，1985 年 4 月）、易名〈「馮夢龍著述考補」補正〉（《文獻》1985 年第 2 期，1985 年 4 月）、陸樹崙《馮夢龍研究》（上海：上海復旦大學出版社，1987 年 9 月，頁 110～111）著錄《廣笑府》十三卷，所據均係 1935 年襟霞閣排印本，不足為據。《廣笑府》實由書商改造而成的贋本，並非馮夢龍作品。王國良師在〈從「解慍編」到「廣笑府」——談一部明刊笑話書的流傳與改編〉（《漢學研究集刊》第六期，2008 年 6 月，頁 113～128）一文中，對《廣笑府》的刊印緣由與改編真相已有詳善的剖析。

東吳龍子猶詳定」。

（6）《墨憨齋重定雙雄記傳奇》，二卷三十六齣，署「古吳龍子猶編，
松陵沈伯明校」。又名《善惡圖》，此劇爲馮氏早期作品。

（7）《墨憨齋訂定萬事足傳奇》，二卷三十六齣，署「姑蘇龍子猶新編，
同邑袁幔亭樂句」。

（8）《墨憨齋重定夢磊記傳奇》，二卷三十五齣，署「會稽史叔考創稿，
吳門龍子猶詳定」。

（9）《墨憨齋新定灑雪堂傳奇》，二卷四十齣，署「楚黃梅孝己草創，
吳國龍子猶竄定」。

（10）《墨憨齋重定西樓楚江情傳奇》，二卷三十六齣，署「姑蘇袁白賓
創稿，同邑龍子猶重定」。

以上十種，合稱《墨憨齋定本傳奇十種》。

（11）《墨憨齋重定三會親風流夢傳奇》，二卷三十五齣，署「臨川玉茗
堂創稿，古吳龍子猶更定」。

（12）《墨憨齋重定邯鄲夢傳奇》，二卷三十四齣，署「臨川湯若士創稿，
姑蘇龍子猶更定」。

（13）《墨憨齋訂定人獸關傳奇》，二卷三十三齣，署「蘇門一笠庵新編，
同郡龍子猶竄定」。

（14）《墨憨齋重訂永團圓傳奇》，二卷三十二齣，署「吳門一笠庵創稿，
同郡龍子猶竄定」。

以上十四種，爲流傳至今者。

（15）《三報恩》，二卷三十六齣，原畢魏據馮氏所撰平話小說《老門生
三世報恩》改編而成，《曲海總目提要》卷十六云：「落場詩云：『誰
將稗史譜宮商，少小書生第二狂，點化紅書爐經妙手，墨憨端不
讓周郎。』夢龍有墨憨齋曲本，則此又係夢龍所改定。蓋同時商
酌而成者。」

（16）《殺狗記》，汲古閣本卷首署「龍子猶訂定」〔註128〕、《太霞新奏》
卷五〈中呂〉〈擬贈戒指〉附評：「此即《殺狗記》行不由徑一曲」，
此劇爲馮氏更定之可能性極高。

〔註128〕參見金夢華：《汲古閣六十種曲敍錄》（臺北：嘉新水泥公司文化基金會，1969
年 7 月），頁 281。

（17）《占花魁》

（18）《一捧雪》，與上劇同改自李玉之作。王季烈《螾廬曲談》：「《人獸關》、《永團圓》、《占花魁》，皆李玉所撰。此三種與《一捧雪》合稱『一人永占』。李玉所著傳奇，以此四種爲最著名。然今所見者，皆墨憨齋定本，蓋馮子猶改本也。豈李氏原本，當日未經刊行歟？」〔註129〕

（19）《雙丸記》，任訥《曲諧》卷三〈齒雪留香〉條：「又墨憨齋定本傳奇內，有史槃《雙丸記》一種。」〔註130〕

2. 散曲

大都已散失，現僅存二十餘首和一些更定作品。多屬情詞，內容不外冶遊生活、離別相思、愛情上被遺棄者的慘懷、健全或恢復某某間的關係。

（1）《宛轉歌》，一卷，早期的散曲集。〔註131〕

（2）《太霞新奏》十四卷，此爲散曲選集。

（3）《墨憨齋散曲》，此爲馮氏之散曲總集，未見。

（4）《龍子猶散曲》一卷。〔註132〕

3. 曲譜

（1）《墨憨齋新譜》，又名《墨憨齋新定譜》，未見。

（2）《墨憨詞譜》，此爲馮氏未完成之遺稿，尚存若干於《南詞全譜》中。

（三）詩文筆記

1. 詩

（1）《七樂齋集》，又名《七樂齋稿》，未見。

（2）《鬱陶集》，馮氏早期詩集，未見。

（3）《游閩吟草》一卷。

（4）《感憤弔忠集》一卷。

〔註129〕參見王季烈：《螾廬曲談》（臺北：臺灣商務印書館，1971年7月）卷四〈餘論〉，頁21。

〔註130〕參見吳梅：《顧曲麈譚》（臺北：臺灣商務印書館，1970年1月）《曲諧》條。

〔註131〕參見任訥、盧前同輯校：《宛轉歌》（長沙：商務印書館，1941年）。

〔註132〕容肇祖在〈明馮夢龍的生平及其著述續考〉中，考得《太霞新奏》選龍子猶所作散曲套數十六首、小令六首，所考定者十七首。謝巍在〈馮夢龍著述考補〉中，名之爲《龍子猶散曲》。

（5）《抗戰詩鈔》。〔註133〕

2. 文

（1）序言二十九：〈古今小說序〉、〈醒世恆言序〉、〈山歌序〉、〈太霞新奏序〉、〈雙雄記序〉、〈萬事足序〉、〈新灌園序〉、〈酒家傭序〉、〈女丈夫序〉（殘）、〈量江記序〉（殘）、〈精忠旗序〉（殘）、〈夢磊記序〉（殘）、〈楚江情序〉（殘）、〈風流夢小引〉、〈三報恩序〉（殘）、〈人獸關序〉（殘）、〈永團圓序〉（殘）、〈智囊序〉、〈智囊補序〉、〈情史序〉二、〈笑府序〉二、〈甲申紀事序〉、〈中興實錄序〉、〈中興偉略小引〉、〈石點頭序〉、〈步雪初聲序〉、〈曲律序〉。

（2）傳記三：〈張潤傳〉、〈愛生傳〉、〈萬生傳〉。

（3）論說一：〈錢法議〉。

（4）文抄十五：〈承天寺代化大悲像疏〉、〈雍熙寺重修大殿碑文〉、〈慧慶寺募修大悲殿疏〉、〈磧砂古寺募緣重建疏〉、〈代人為萬吳縣考績序〉、〈吳邑令萬公志思碑〉、〈眞義里俞通守志思碑〉、〈貞節姚母旌表序〉、〈代人贈陳吳縣人觀序〉、〈代人贈陳吳縣觀行序〉、〈代人為謝嘉定考績序〉、〈代人賀范長白得子序〉、〈俟後編跋〉、〈撫吳疏檄草序〉、〈侯雍瞻西堂初稿序〉。〔註134〕

3. 筆記

（1）《智囊》二十七卷。

（2）《智囊補》二十八卷。

（3）《情史》，一名《情史類略》、《情天寶鑑》，二十四卷。

（4）《太平廣記鈔》八十卷，此書保存《太平廣記》精華，在文學與史料上極具價值。

4. 其他——注釋

《楚辭句解評林》十七卷、《附》一卷。〔註135〕

〔註133〕清兵入關之際，馮夢龍曾刊抗敵小冊散發各地，以收激勵民心之效。鄭振鐸言日本見存二種，為翻刻本，然未知其名。陸樹崙《馮夢龍研究》中，暫以《抗戰詩鈔》名之。

〔註134〕錄自嘉、道初抄本顧沅輯之《吳郡文編》，蘇州市博物館藏。（參見易名：〈「馮夢龍著述考補」補正〉，《文獻》1985年第2期，1985年4月，頁56。）

〔註135〕容肇祖〈明馮夢龍的生平及其著述續考〉、董康《書舶庸譚》，皆以此書為馮夢龍所編。然陳希音由明萬曆丁亥（西元1587年）刻本及其扉頁上署「明後學武林馮紹祖繩武父校正」，提出質疑：（一）就時間而言，丁亥年馮夢龍僅

四、雜　著

（一）方　志

1.《壽寧待誌》二卷二十八目。〔註 136〕

2.《雜志》，未見。

（二）畫

畫史、畫錄一類書籍均不見載。

（三）遊戲之作

1.《牌經》十三編。

2.《馬吊腳例》。

3.《牌譜》一卷。

4.《葉子新鬥譜》。

5.《黃山謎》一卷。

6.《吳儂巧偶》一卷、《補遺》一卷。

7.《酒令》一卷。〔註 137〕

8.《剌俗》。〔註 138〕

（四）其　他

1.《折梅箋》八卷。〔註 139〕

十四歲。（二）就籍貫而言，馮夢龍爲長洲人，而非錢塘武林。因此，認爲此
書當非馮夢龍所作。（參見陳希音：〈馮夢龍質疑兩則〉，《讀書》1982 年 9 期，
1982 年，頁 151～152。）

〔註 136〕此書容肇祖、謝巍均題爲《壽寧縣志》，皆謂未見。然中國天文史料普查整編
組所編《中國地方志聯合目錄》中，即著錄此書，謂原刊本藏日本上野圖書
館，中國科學院圖書館攝有微捲。（參見高洪鈞：〈馮夢龍著述考補遺〉，《津
圖學刊》1985 年第一期，1985 年 2 月，頁 120。）此外，國家圖書館所藏的
《壽寧縣志》二卷（臺北：漢學研究中心，1990 年），影印自日本國會圖書
館。該書版心即題「壽寧待誌」，經翻檢比對與《壽寧待誌》實爲同書之異名。

〔註 137〕馮夢龍原輯，安閒道人增訂的《山中一夕話》，與李贄所輯之《山中一夕話》
係同名異書。是書內容包括《笑林》、《雅謔》、《謎語》、《嘲奴》（一題《黃鶯
兒》）、《巧偶》、《山歌》、《酒令》、《牌譜》、《夾竹桃》、《掛枝兒》等十篇。容
肇祖、謝巍均未著錄此匯刊本。（參見高洪鈞：〈馮夢龍著述考補遺〉，《津圖
學刊》1985 年第一期，1985 年 2 月，頁 121。）

〔註 138〕作者著名浮白齋主人。此書容肇祖未著錄。所知有明刊本，書存日本東京大
學。（參見謝巍：〈「馮夢龍著述考補」訂補〉，《文獻》1985 年第 2 期，1985
年 4 月，頁 58。）

2.《如面談》十六卷。〔註140〕

3.《文學尺牘大全集》二十卷。〔註141〕

4.《史餘》，此書集野史而成，以補正史之不足。

第三節　編纂者的編輯觀

　　馮夢龍是晚明思潮的代表人物之一，他的文學觀也具有鮮明的時代特點。在《笑府・序》中，他嘲弄「經書子史」為「鬼話」，「詩賦文章」為「淡話」，對於代表封建文化價值的文獻典籍以及文學作品表示大膽的輕蔑。而在《情史》〈龍子猶序〉中，他又竭力強調「情」在人類生活中具有根本性的意義，以出於天性、自然流露的「情」，與「理」即既存倫理教條相對抗。《山歌》〈敘山歌〉中更明白地提出，他正是要「借男女之眞情，發名教之僞藥」。在馮夢龍看來，「發於中情，自然而然」（《太霞新奏・序》）的文學，才是最有價值的文學。所以，他在通俗文學領域的活動，固然有經濟方面的原因，但同時，這也是最能夠實現其文學理想的途徑。〔註142〕

　　馮夢龍並沒有通俗文學理論方面的專著，有關通俗文學的論述則主要見諸其作品之序跋和批語。其在通俗文學上的成就以「三言」爲最高，因此「三言序」便成爲研究其通俗文學觀的重要資料。

一、教化觀

　　就小說地位而言，馮夢龍提出「史統散而小說興」的觀點，將其由「正史之補」、「羽翼信史而不違」中解放出來，既是基於文學發展的現狀，也

〔註139〕此書屬尺牘之作，從契帖、禮單、賀文、祭文、書信、情書格式，無不齊備。（參見王朝客：〈論馮夢龍的出版思想〉，《江西財經大學學報》2003 年第 4 期，2003 年，頁 115。）

〔註140〕明鍾惺輯，馮夢龍訂釋。內容多為「慶賀」、「饋遺」類的書信、賀詞等，容肇祖、謝巍皆未著錄。（參見高洪鈞：〈馮夢龍著述考補遺〉，《津圖學刊》1985 年第一期，1985 年 2 月，頁 122。）

〔註141〕明鍾惺輯，馮夢龍訂釋。有民國十年五月上海求古齋書牌帖局刊行本，容肇祖、謝巍皆未著錄。（參見高洪鈞：〈馮夢龍著述考補遺〉，《津圖學刊》1985 年第一期，1985 年 2 月，頁 122。）

〔註142〕參見章培恆、駱玉明：《中國文學史》（上海：上海復旦大學出版社，1996 年 3 月），第七編「明代文學」第六章「明代後期短篇小說」第二節「馮夢龍與"三言"」，頁 333。

是對文學演變規律的總結。並對小說興盛的原因進行探討：

> 大抵唐人選言，入於文心；宋人通俗，諧於里耳。天下之文心少而
> 里耳多，則小說之資於選言者少，而資於通俗者多。試今說話人當
> 場描寫：可喜可愕，可悲可涕，可歌可舞，再欲捉刀，再欲下拜，
> 再欲決脰，再欲捐金。怯者勇，淫者貞，薄者敦，頑鈍者汗下，雖
> 日誦《孝經》、《論語》，其感人未必如是之捷且深也。噫！不通俗而
> 能之乎？〔註143〕

將「文心」與「里耳」對比，指出通俗小說的消費對象是廣大的群眾，小說
「諧於里耳」的方式和強大的藝術感染力，正是與史傳文學的差異。對懷有
教民化俗理念的馮氏而言，由於通俗文學易被市井小民接受與了解，似乎更
能達到「觸里耳而振恆心」之效，因此極力強調其社會教育作用。可見其以
儒家入世教化立場，大加提倡感人深遠的通俗文學。

> 六經《語》、《孟》，譚者紛如，歸於令人爲忠臣、爲孝子、爲賢牧、
> 爲良友、爲義夫、爲節婦、爲樹德之士、爲積善之家，如是而已矣。
> 經書著其理，史傳述其事，其揆一也。理著而世不皆切磋之彥，事
> 述而世不皆博雅之儒。於是乎村夫稚子、里婦估兒，以甲是乙非爲
> 喜怒，以前因後果爲勸懲，以道聽途說爲學問。而通俗演義一種，
> 遂足以佐經書史傳之窮。〔註144〕

只要能感民化俗，便可作爲經書史傳之輔。小說的功用不僅止「佐經書史傳
之窮」，經傳史籍「其感人未必如是之捷且深也」，將其地位提升。認爲六經
典籍能教誨眾人，使之成爲忠孝節義之士；小說同樣能將教人爲忠臣、孝子、
義夫、節婦的道理寓於通俗趣味中，實踐潛移默化的教化目標。而證明通俗
小說成功塑造的人物形象，通過其思想言行影響讀者，達到實際教化效果，
馮氏舉一生動事例：

> 里中兒代庖而創其指，不呼痛，或怪之。曰：「吾頃從玄妙觀聽說《三
> 國志》來，關雲長刮骨療毒，且談笑自若，我何痛爲！」夫能使里
> 中兒頓有刮骨療毒之勇，推此說孝而孝，說忠而忠，說節義而節義，

〔註143〕參見〔明〕馮夢龍：《古今小說》，收錄於《馮夢龍全集》（南京：江蘇古籍出
　　　　版社，1993年3月）第2冊，〈綠天館主人敘〉，頁2～3。
〔註144〕參見〔明〕馮夢龍：《警世通言》，收錄於《馮夢龍全集》（南京：江蘇古籍出
　　　　版社，1993年3月）第3冊，附錄二〈敘〉，頁663。

　　　　觸性性通，導情情出。〔註145〕
說明藉由通俗小說的途徑推行教化工作，無論忠孝節義，皆可導出內心深處
意識中的情感認同，因為是由氣性的通達與情志的引導為基礎，由內而外由
性情改變行為，故特別深刻而徹底。〔註146〕
　　馮夢龍除認識小說教化功能的重要，更指明編著《三言》的目的就在「導
愚」，連書名都著眼於對讀者的教化影響：

　　　　明者，取其可以導愚也；通者，取其可以適俗也。恆則習之而不厭，
　　　　傳之而可久。三刻殊名，其義一耳。……惕孺為醒，下石為醉；卻
　　　　嚌為醒，食嗟為醉；剖玉為醒，題石為醉。又推之，忠孝為醒，而
　　　　悖逆為醉；節儉為醒，而淫蕩為醉；耳穌目章、口順心貞為醒，而
　　　　即聾從昧，與頑用囂為醉。……自昔濁亂之世，謂之天醉。天不自
　　　　醉人醉之，則天不自醒人醒之。以醒天之權與人，而以醒人之權與
　　　　言。言恆而人恆，人恆而天亦得其恆。萬世太平之福，其可量乎？……
　　　　崇儒之代，不廢二教，亦謂導愚適俗，或有藉焉。以二教為儒之輔，
　　　　可也。以《明言》、《通言》、《恆言》為六經國史之輔，不亦可乎？
　　　　〔註147〕

所謂「明」即希望把讀者從愚暗導向明智；「通」乃是使用便於讀者接受的形式
來保證作品產生「導愚」的教化作用；「恆」則是使作品保持長久的吸引力，從
而產生持續且深遠之「導愚」的教化作用，這便是「三刻殊名，其義一耳」的
真義所在。又針對世上醉者多，醒者少的現實，提出「醒世說」，認為小說可醒
人、醒世、醒天。「天醉」即為濁世，亦即世風頹敗，包括落井下石、是非顛倒、
寡廉鮮恥、悖逆淫蕩、即聾從昧、與頑用囂等具體亂象。因此醒天最終是要醒
人、醒世，以文學語言喚醒沉醉的世人，而文學語言又以通俗小說最能發揮社
會教育作用。因此，通俗小說具美刺時俗、警醒社會、挽回頹風等醒世導愚的
教化責任與作用，同於六經國史及釋道二教，可作為輔佐儒家的利器。
　　同時，藉由《太平廣記鈔》〈小引〉的敘述，除呈顯《太平廣記》的重要
外，更可見馮夢龍對小說的重視：

〔註145〕同註144。
〔註146〕參見林玉珊：《馮夢龍「情教說」之研究》，中興大學中國文學研究所碩士論
　　　　文，2000年8月頁154。
〔註147〕參見〔明〕馮夢龍：《醒世恆言》，收錄於《馮夢龍全集》（南京：江蘇古籍出
　　　　版社，1993年3月）第4冊，〈敘〉，頁1～2。

> 宋人云：「酒飯腸不用古今澆灌，則俗氣薰蒸。」夫窮經致用，真儒
> 無俗用；博學成名，才士無俗名。凡宇宙間齷齪不肖之事，皆一切
> 俗腸所構也。故筆札自會計簿書外，雖稗官野史，莫非療俗之聖藥，
> 《廣記》獨非藥籠中之一大劑哉？〔註148〕

將文言小說《太平廣記》視為治療世間一切不肖事之聖藥，用世、治世的苦心全澆灌於小說上，亦可知其深具儒家思想的文學觀。而在《酒家傭‧敘》中：

> ……蓋書成而因歎清議之可畏也。馬季常經術名儒，一為不義，千
> 載而下討，不得一副乾淨面孔。而文姬、王成、郭亮、吳祐，至今
> 凜凜有清霜烈日之色，令當場奏伎，雖婦人女子，胸中好醜，亦自
> 了了。傳奇之褒鉞，何減《春秋》筆哉？世人勿但以故事閱傳奇，
> 直把作一具青銅，朝夕炤自家面孔可矣。

將小說、戲曲比為銅鏡，可以觀照美善醜惡，以約束自己的行為；又比作聖藥，可以醫治社會弊病。更可見馮夢龍以史家態度、《春秋》筆法警惕世俗，強調通俗文學的用世功能。

二、適俗觀

　　適俗觀，是馮夢龍通俗文學觀的核心。其「適俗」與泰州學派「以日用觀在指點良心」的「適俗」性思維是一脈相承的。余英時指出，泰州學派「『良知說』的『簡易直接』使它極易接受通俗化和社會化的處理，因而打破了朱子『讀書明理』之教在新儒家倫理和農工商賈之間所造成的隔閡」。〔註149〕馮夢龍「適俗」觀念的意義也在於此，而其核心內容即為「諧於里耳」、「嘉惠里耳」，亦即搜集、編撰和刊刻的白話短篇小說、通俗演義小說、傳奇、散曲、民歌、笑話等作品，都是風行於當時農工商階級的文學形式。因為要做到與俗相適，就必須獲得最廣大群眾的支持與歡迎，並達到教化濟眾的創作目標。甚至將通俗小說喻為「村醪市脯」（《警世通言‧敘》），認為小說應是最大眾化的普通精神糧食。具體實踐「通俗」的方法，則強調思想內容和藝

〔註148〕參見〔明〕馮夢龍：《太平廣記鈔》，收錄於《馮夢龍全集》（南京：江蘇古籍出版社，1993年3月）第8冊，〈小引〉，頁1～2。

〔註149〕參見余英時：《士與中國文化》（上海：上海人民出版社，1987年12月），頁516。

術形式上的通俗：

> 六經國史而外，凡著述皆小說也。而尚理或病於艱深，修詞或傷於
> 藻繪，則不足以觸里耳而振恆心。〔註150〕

在思想內容層面，所謂「尚理或病於艱深」便是作品若因講求哲理思路致艱
澀難懂，必無法觸動人心，進而難以發揮教化作用。

首先，馮夢龍注意到新興市民「尚奇」的心理特點。從「耳目之外」之
奇到「耳目之內」之奇，再到「無奇之所以爲奇」，到「目前可紀之事」，說
明明代對「奇」認識的深化，反映在文學上，表現爲對「閭里新聞」的重視。
〔註151〕遵循這樣的社會要求，承上啓下提出「常中出奇」的小說創作原則。

其次，市民受歷史的局限，對事物的看法更具有直觀感性。在描摹人情
世態上，馮夢龍多以涇渭分明的態度對世間善惡好壞作出評價。強調：「村夫
稚子，里婦估兒，以甲是乙非爲喜怒，以前因後果爲勸懲，以道聽途說爲學
問。」〔註152〕因爲平民百姓容易接受的是比較直觀性的知識和道理，通俗文
學應該是非分明，以完整明白的故事和生動形象的人物取勝。另一方面，又
以犀利之筆對世間的醜惡進行批判。馮氏強烈的愛憎分明，與市井之民要求
不受禮教約束、「嬉笑怒罵皆由我」的思想一致，所以承認民歌很俗，但「正
以俗，故存之」。〔註153〕例如《三言》在內容選材上，表現群眾日常生活方面
的題材占極多數。在思想立意上，則以反映當時的市民理想、平民的是非觀
念和人生哲理爲主，其中市民理想的表現之一是從平等觀念出發，希望透過

〔註150〕同註147，〈敘〉，頁1。

〔註151〕例如李贄在〈覆耿侗老書〉中提出「新奇在於平常」的觀念：「世人厭平常而
喜新奇，不知言天下之至新奇，莫過於平常也……是新奇正在于平常，世人
不察，反於平常之外覓新奇，是豈得謂之新奇乎！」（參見《焚書》卷二，北
京：社會科學文獻出版社，2000年5月，頁60。）由此啓發了通俗作家將目
光轉向日常生活，從中提煉出所謂「耳目之內」之奇，凌濛初在《拍案驚奇・
序》中認爲：「今之人，但知耳目之外，牛鬼蛇神之爲奇，而不知耳目之內，
日用起居，其爲譎詭幻怪，非可以常理測者固多也。」（參見《拍案驚奇》，
臺北：三民書局股份有限公司，1990年10月。）而後睡鄉居士在《二刻拍
案驚奇・序》中說：「今小說之行世者，無慮百種，然而失眞之病，起於好奇
——奇之爲奇，而不知無奇之所以爲奇。舍目前可紀之事，而馳驚於不論不
議之鄉。」（參見《二刻拍案驚奇》，臺北：三民書局股份有限公司，1991年
4月，頁1。）

〔註152〕同註144，附錄二〈敘〉，頁663。

〔註153〕參見〔明〕馮夢龍：《掛枝兒・叫梅香》，收錄於《馮夢龍全集》（南京：江蘇
古籍出版社，1993年4月）第18冊。

自己的奮鬥展示一己才華，升官發財甚至封侯拜相，以求揚眉吐氣；表現之二是從男女平等的觀念出發，希望婚戀自由自主，組織美滿家庭，過自由幸福生活；表現之三是從自身利益出發，希望社會安定，政治清明，官吏廉潔公正；表現之四是從安分守己的立場出發，希望通過自己的誠實待人、辛勤勞動，以確立自己的社會地位，取得與自己社會地位相對應的平靜市民生活。〔註154〕這些市民理想與願望得以透過小說反映，表示馮夢龍早已化身群眾代言人的角色，深刻體現濟眾適俗的小說創作觀。至於平民是非觀念的表現則往往「以甲是乙非爲喜怒」（《警世通言・敘》），因此小說內容思想最直接的表達莫過於植入「以前因後果爲勸懲」的因果報應觀，藉以達成勸善懲惡的教化意圖，無疑是最「適俗」的。

再者，雖然通俗文學具有傳授知識的社會功能，但追求娛樂卻是市井文化活動的最終指向。筆記小品中，除《古今譚概》、《笑府》等屬笑話集外，馮夢龍亦將《情史》視爲消遣之作，指出其「僅當諧史」。〔註155〕巧妙選擇嘲笑的物件，用大量故事嘲笑讀書人，甚至是高高在上的文壇巨匠，既以此警醒儒士文人，也在某種程度上平衡了市民因備受傳統蔑視而失衡的心理。對比新興的市民，讀書人缺乏靈活應變的能力，也全無俗世生存的技巧，不能不導致某種整體社會性的失落。在對士子的嘲笑中，市民發覺了自身的優勢，得到了極大的滿足。

在藝術形式層面，小說語言應「文必通俗」，〔註156〕所謂「話須通俗方傳遠」，〔註157〕馮夢龍一再強調唯有適俗，在內容和形式上做到市井百姓可接受、理解和欣賞的要求，才能發揮感人至深的作用，方有傳之長久廣遠，甚至獲得不朽的文學價值可言。例如《三言》的語言，因爲「修詞或傷於藻繪」，強調必須通俗曉暢，淺白易懂，否則爲了文字美感而破壞形式的通俗性，即使內容有益世道也無法「觸里耳而振恆心」。〔註158〕又口語化的文字形式，具有濃郁的生活氣息，通俗易懂，形象生動，質樸無華，最富表現力，特別是

〔註154〕參見王恆展：《中國小說發展史概論》（濟南：山東教育出版社，1999年9月），頁327。
〔註155〕參見〔明〕馮夢龍：《情史》，收錄於《馮夢龍全集》（南京：江蘇古籍出版社，1993年3月）第7冊，〈詹詹外史序〉，頁3。
〔註156〕同註143，〈綠天館主人敘〉，頁2。
〔註157〕同註144，第12回〈范鰍兒雙鏡重圓〉，頁162。
〔註158〕同註143，〈綠天館主人敘〉，頁3。

像《三言》這樣的擬話本小說中的主人公多是平民、市民，用這樣的語言刻畫人物，便顯得自然貼切，尤其描述人物的對話，往往能使人物個性鮮明，口吻畢肖，栩栩如生。〔註 159〕

三、情教觀

王陽明曾說：「你們拏一個聖人去與人講學，人見聖人來，都怕走了，如何講得行？須做得個愚夫愚婦，方可與人講學。」〔註 160〕馮夢龍取其「做個愚夫愚婦」之法，以「適俗」的文學形式「諧於里耳」、「嘉惠里耳」，達致潛移默化之效。其「情教」正是基於此種認識而提出，最終目的是使儒家的倫理規範融入百姓的日常生活，將某種強制的道德規範化作內心情感的自然選擇。

受到晚明主情之人文思潮影響，馮夢龍認爲詩文、詞曲、民歌、雜劇、傳奇，皆性情之表現。所謂「性情」，主要指情感，常與「中情」、「至情」、「眞情」、「情」相互通用。例如：

> 文之善達性情者，無如詩，三百篇之可以興人者，唯其發於中情，自然而然故也。（《太霞新奏・序》）

> 學者死於詩而活於詞，一時絲之肉之，漸熟其抑揚節奏之趣。於是增損而爲曲，重疊而爲套數，浸淫而爲雜劇、傳奇。固亦性情之所必至矣。（《步雪新聲・序》）

> 民間性情之響，遂不得列於詩壇，於是別之曰山歌。（〈敘山歌〉）

「情」，在馮氏筆下有三層涵意：一是指男女之情。「六經皆以情教也。《易》尊夫婦，《詩》有關雎，《書》序嬪虞之文，《禮》謹聘奔之別，《春秋》于姬姜之際。詳然言之，豈非以情始於男女。」〔註 161〕二是指人類的一切情感，包括君臣、父子、兄弟、朋友之情。「子有情於父，臣有情於君，推之種種相，俱作如是觀。」〔註 162〕三是指產生天地萬物的根源和維繫天地萬物的紐帶。「天地若無情，不生一切物。一切物無情，不能環相生。生生而不滅，由情不滅故。」、

〔註 159〕同註 154，頁 332。

〔註 160〕參見王陽明：《傳習錄》（臺北：三民書局股份有限公司，2004 年 1 月）下，頁 521。

〔註 161〕同註 155，〈龍子猶序〉，頁 1。

〔註 162〕同註 155，〈詹詹外史序〉，頁 3。

「萬物如散錢，一情爲線索，散錢就索穿，天涯成眷屬。」〔註163〕因此在諸多情感中，馮夢龍將男女之情置於首要地位。並將「情」與「眞」僅密聯繫，強調情感的眞實性。認爲最能表達眞情的是通俗文學，推崇《詩經》，「詩三百篇，字句長短原不一格，可弦可歌，皆詞曲也。」（《步雪新聲·序》）。對明人散曲頗爲不滿，提出「今日之曲，又將爲昔日之詩。詞膚調亂，而不足以達人之性情，勢必再變而之《粉紅蓮》、《打棗竿》矣。」〔註164〕而對明代流行之山歌則極爲讚賞：「今雖季世，而但有假詩文，無假山歌。」〔註165〕認爲山歌才是眞性情的表現。

　　馮氏言明編輯《山歌》之旨趣在於「借男女之眞情，發名教之僞藥」，〔註166〕強調以庶民之「情眞」揭發名教之「虛假」，反傳統意味濃厚，惟其內容多爲男女言情之作，因此對於「情」的界定尚屬狹隘。但隨後在此基礎上，馮夢龍對早期「情眞」說加以延伸，將男女「私情」推而廣之，演化爲主宰天地萬物，無所不在的「公情」，使「情」具有哲學本體論的意涵：「天地若無情，不生一切物。一切物無情，不能環相生。生生而不滅，由情不滅故。四大皆幻設，惟情不虛假，有情疏者親，無情親者疏。」。〔註167〕「情」既超越世間一切，是生人資物的形上本體，那麼「情」就具有了超越有限生命的性質：「人，生死於情者也；情，不生死於人者也。人生，而情能死之；人死，而情又能生之。即令形不復生，而情終不死。」，〔註168〕若失去「情」此一生機之根本來源，那麼生命也就毫無價值，不具備生命崇高的精神內涵：「生在而情在焉。故人而無情，雖曰生人，吾直謂之死矣。」。〔註169〕

　　「情」不僅被視爲衡量生命意義的一種標準，還是與「立德、立功、立言」三不朽並立的另一不朽物，藉由對情的堅持，使生命得到一種不朽的形上價值：「古有『三不朽』，以今觀之，情又其一矣。無情而人，寧有情而鬼。……且人生而情死，非人；人死而情生，非鬼。」〔註170〕無異又將「情」提昇至

〔註163〕同註155，〈龍子猶序〉，頁1～2。
〔註164〕同註67，〈序〉，頁1。
〔註165〕參見〔明〕馮夢龍：《山歌》，收錄於《馮夢龍全集》（南京：江蘇古籍出版社，1993年3月）第18冊，〈敘山歌〉，頁1。
〔註166〕同註166。
〔註167〕同註155，〈龍子猶序〉，頁1。
〔註168〕同註155，卷十「情靈類」卷末總評「情史氏曰」，頁361。
〔註169〕同註155，卷二十三「情通類」卷末總評「情史氏曰」，頁932。
〔註170〕同註67，卷一〈情偲曲〉，頁16。

道德層面。因爲「情」的力量之大，除了是生命力的根源：「草木之生意，動而爲芽。情亦人之生意也，誰能不芽者？」，〔註171〕還可激起人們原始潛能，產生克服困難、奮發向上的勇氣，甚至成爲節行義事的動力來源：「虞侯押衙，爲情犯難；虬鬚崑崙，爲情露巧；馮燕荆娘，爲情發憤。情不至，義不激，事不奇」。〔註172〕爲此，馮夢龍提出「以情立教」的情教觀，把「情」作爲調和現實社會種種尖銳矛盾的彌合劑：

> 我欲立情教，教誨諸眾生。子有情於父，臣有情於君，推之種種相，俱作如是觀。萬物如散錢，一情爲線索，散錢就索穿，天涯成眷屬。若有賊害等，則自傷其情。如睹春花發，齊生歡喜意，盜賊必不作，奸究必不起。〔註173〕

> 六經皆以情教也，《易》尊夫婦，《詩》有關雎，《書》序嬪虞之文，《禮》謹聘奔之別，《春秋》于姬姜之際，詳然言之，豈非以情始於男女？凡民之所必開者，聖人亦因而導之，俾勿作于涼，於是流注于君臣、父子、兄弟、朋友之間而汪然有餘乎！異端之學，欲人鰥曠以求清淨，其究不至無君父不止，情之功效亦可知已。是編也，始乎「貞」，令人慕義；繼乎「緣」，令人知命；「私」「愛」以暢其悅；「仇」「憾」以伸其氣；「豪」「俠」以大其胸；「靈」「感」以神其事；「癡」「幻」以開其悟；「穢」「累」以窒其淫；「通」「化」以達其類；「芽」非以誣聖賢，而「癡」亦不敢以誣鬼神。譬諸詩云：興、觀、群、怨、多識，種種俱足，或亦有情者之朗鑒，而無情者之磁石乎！〔註174〕

馮夢龍所標舉的「情教」理想，是將「情」賦予道德的實踐義，以「情」爲一切人生價值與道德根源的基礎下，透過通俗文學創作的傳布作用教化人心，感動人情，「使人知情之可久，於是乎無情化有，私情化公，庶鄉國天下，藹然以情相與，於澆俗冀有更焉。」〔註175〕如此以「情」佐儒家經典，用「情」來感化人心以達改善社會風氣的功效，實際上已將「情」的概念重新納入儒家詩教「溫柔敦厚」的既定範疇，從而使「情」的理論最終合於「發乎情，

〔註171〕同註155，卷十五「情芽類」卷末總評「情史氏曰」，頁550。
〔註172〕同註155，卷四「情俠類」卷末總評「情史氏曰」，頁158。
〔註173〕同註155，〈龍子猶序〉，頁1～2。
〔註174〕同註155，〈詹詹外史序〉，頁3
〔註175〕同註155，〈龍子猶序〉，頁1

止乎禮義」的傳統道德規範。

　　換言之，馮夢龍在肯定通俗文學裨益風教的基礎下，更強調以「眞情」爲教化的具體內涵。「情」是人類共具的本能，人性有情的需要，所以推動情教使人感發情志；而人性有追求情之圓成的呼喚，所以普天下皆有情，就可使最多數的人達到最大的善。畢竟「情」的性質爲善，情在社會價值中的展現就是被人類定義爲道德倫常的人我相處之道，所以情與道德的關係可說是大包小的關係，發揚情的美，實踐情的眞，就能成就道德的善。當「情教」成功推展的極至，就是情在各方面和諧演出的狀態，包括在人性上順應自然人性，在男女情愛上以情爲婚戀基礎，在人倫關係上以情爲中心，在道德行爲上以情爲指歸，在人生處境上緣情爲判準，在政治方面從情爲考量等等，「情教」的推動，原來完全就是一種順應人性自然的需求。〔註176〕

────────────

〔註176〕同註146，頁143、151。

第三章　《古今譚概》的成書問題與閱讀效果

第一節　成書背景

　　欲探討作品的深層意涵，必須由其創作的時代背景觀察，即使作品的呈現方式十分客觀，仍無法避免透顯出作者的主觀意識，與其所生長的地域、文化及時代精神。因此，《古今譚概》雖是一部羅列歷朝人物陋習惡癖、痼疾醜行的笑話書，但不僅止於諧謔訕笑的記錄，在編選與詮釋的角度上，仍可見編纂者馮夢龍對事件所持的立場與觀點。本節欲以成書的晚明之政治環境、經濟狀況、文哲思潮及社會風尚等時代背景的外緣研究，挖掘此書的創作底蘊與時代精神。

一、腐敗頹敝的政治環境

（一）上下怠政

　　明神宗即位，年號萬曆。前十年，首輔張居正統掌朝廷大權。對內整頓吏治，提高行政效率，朝政清明。對外整飭邊防，任用能將，使邊境太平。明人稱其輔政十年「中外乂安，海內殷阜，紀綱法度，莫不修明，力在社稷」。〔註1〕萬曆十年（西元 1582 年），張居正去世，神宗親政，初年尚能勵精圖

〔註 1〕　參見〔清〕張廷玉等撰：《新校本明史并附編六種》（臺北：鼎文書局，1982年 11 月）卷 213，頁 5652。

治，萬曆十四年（西元 1586 年）後則出現了長達三十多年的怠政狀態。不
上朝聽政、不批奏疏、官吏出缺不補、不親自按時祭享太廟，置國政於不顧。
貪圖享受，大肆揮霍，宮中開支入不敷出，遂於萬曆二十四年（西元 1596
年）起派遣大批宦官充當礦監稅使，橫徵暴斂，致使民不聊生，一時民變四
起。〔註2〕在此情況下，國家中樞機構運作幾停滯，「人滯於官」、「官曹空虛」
愈益嚴重，對朝廷的向心力益趨瓦解。加之張居正的遭際，被視為「威柄之
操，幾於震主，卒至禍發身後」，〔註3〕因而群臣為求自保，往往故做平庸，
《明史》卷二百十八列傳第一百六贊曰：

> 神宗之朝，於時為豫，於象為蠱。時行諸人有鳴豫之凶，而無幹蠱
> 之略，外畏清議，內固恩寵，依阿自守，掩飾取名，弼諧無聞，循
> 默避事。〔註4〕

深刻呈現官僚缺乏責任感、苟且求安的心態，以致吏治敗壞，貪污腐化嚴重，
朝政已然缺乏實質的運作功能。

（二）朋黨傾軋

神宗朝政不修，集權統治力量衰微，使群臣不受禮治約束，形成朋黨林
立，相互傾軋的局面。先有浙黨王錫爵、沈一貫、方從哲等人掌握軍中大權，
剷除異己；後有萬曆二十一年（西元 1593 年）顧憲成藉京察之機「盡黜執政
私人」，〔註5〕後因忤帝意遭削籍回鄉，於東林書院藉講學之名「諷議朝政，
裁量人物，朝士慕其風者，多遙相應和」，〔註6〕形成東林黨，控制天下輿論。

〔註2〕 萬曆二十七年（西元1599年）、二十九年（西元1601年）、三十年（西元1602
年），皆發生反對礦監、稅使的抗爭事件。例如：（萬曆二十七年）江西礦監潘
相激浮梁景德鎮民變，焚燒廠房。饒州通判陳奇可諭散之，相反劾逮奇可。相
檄上饒縣勘礦洞，知縣李鴻戒邑人敢以食物市者死。相竟日饑渴，懟而歸，乃
螫鴻，罷其官。蘇、杭織造太監兼管稅務孫隆激民變，遍焚諸扎委稅官家，隆
急走杭州以免。（同註1，卷三百五列傳第一百九十三「宦官二」〈梁永〉，頁7812
～7813。）又如：（萬曆二十七年）夏四月甲戌，御午門，受倭俘。是月，臨清
民變，焚稅使馬堂署，殺其參隨三十四人。……十二月丁丑，武昌、漢陽民變，
擊傷稅使陳奉（同註1，卷二十一本紀第二十一「神宗二光宗」〈神宗萬曆二十
七年〉，頁281。）、（萬曆）二十九年，兩畿饑。阜平縣饑，有食其稚子者。蘇
州饑，民毆殺稅使七人。（同註1，卷三十志第六「五行三土」〈年饑〉，頁511。）
〔註3〕 同註1。
〔註4〕 同註1，卷218，頁5768。
〔註5〕 同註1，卷231，頁6031。
〔註6〕 同註1，卷231，頁6032。

「憲成講學，天下趨之，一貫持權求勝，受黜者身去而名益高，此東林、浙黨所自始也」〔註7〕朝中其他官僚亦依己見與利益分別附和之。〔註8〕浙黨與東林黨相互惡鬥，達五十年之久，國無寧日。

　　而晚明又陸續發生「衛國本」、「梃擊案」、「紅丸案」、「移宮案」等宮廷事件，〔註9〕例如「衛國本」一事，原為浙黨與東林黨一致要求神宗早日冊封皇太子，最後卻演變成相互逐罷的局面；「梃擊」、「紅丸」兩案均遭東林黨人解讀為鄭貴妃欲加害光宗而令福王取而代之的陰謀；隨即又發生楊漣、左光斗等大臣逼光宗寵妾李侍選移居噦鸞宮，使熹宗順利繼位的「移宮案」，至此各黨派已經歷無數爭論惡鬥。熹宗即位，浙黨領袖方從哲等被迫致仕，東林黨人漸受重用。報復嚴斥異己，黨派之爭更形劇烈，遭壓抑排斥的非東林黨者轉與魏忠賢結合，宦官閹黨勢力坐大，終使明朝步上滅亡之途。

　　（三）閹黨擅權

　　明代政治的紛亂，除黨爭外，莫過於宦官操弄干政。熹宗時魏忠賢為害亦甚，任司禮秉筆太監，總督東廠，操控朝政。再與非東林黨朝臣結合，形

〔註7〕〔明〕蔣平階：《東林始末》，收錄於《百部叢書集成》（臺北：藝文印書館，1967年8月）第24冊，頁5。

〔註8〕附和東林黨，如秦黨；附和浙黨的如齊黨、楚黨、宣黨。（參見傅衣凌：《明史新編》第六章〈從正歸內閣到朋黨樹立〉，臺北：昭明出版社，1999年9月，頁278～283。）

〔註9〕初，神宗在位久，怠於政事，章奏多不省。廷臣漸立門戶，以危言激論相尚，國本之爭，指斥宮禁。宰輔大臣為言者所彈擊，輒引疾避去。吏部郎顧憲成講學東林書院，海內士大夫多附之，「東林」之名自是始。既而「梃擊」、「紅丸」、「移宮」三案起，盈廷如聚訟。與東林忤者，目之為邪黨。（同註1，卷三百五列傳第一百九十三「宦官二」〈魏忠賢〉，頁7817。）

鄭貴妃生子常洵，有寵。儲位久不定，廷臣交章固請，皆不聽。（萬曆）二十九年十月，乃立為皇太子。三十一年，獲妖書，言神宗欲易太子，指斥鄭貴妃。神宗怒。捕逮株連者甚，最後得皦生光者，磔之，獄乃解。四十一年六月，姦人王曰乾上變，告孔學等為巫蠱，將謀不利於東宮，語連鄭貴妃、福王，事具葉向高傳。四十三年夏五月己酉，薊州男子張差持梃入慈慶宮，事復連貴妃內璫。太子請以屬史。獄具，戮差於市，斃內璫二人於禁中。自是遂有「梃擊」之案。（同註1，卷二十一本紀第二十一「神宗二光宗」〈光宗〉，頁293～294。）

（萬曆）四十八年七月，神宗崩。……（太子）八月丙午朔，即（光宗）皇帝位。……戊辰，召對英國公張惟賢、大學士方從哲等十有三人於乾清宮，命皇長子出見。甲戌，大漸，復召從哲等受顧命。是日，鴻臚寺官李可灼進紅丸。（同註1，卷二十一本紀第二十一「神宗二光宗」〈光宗〉，頁294。）

成「閹黨」勢力，深得熹宗信任。天啓四年（西元 1624 年），副都御史楊漣上疏彈劾魏忠賢二十四條罪狀，反遭罷黜貶抑。此後東林黨人備受迫害，「六君子之獄」、「七君子之獄」使朝中正直之士幾無倖免。〔註 10〕朝臣有敢言事者皆爲所害，如「中書吳懷賢讀楊漣疏，擊節稱歎。奴告之，斃懷賢，籍其家。」〔註 11〕甚至「民間偶語，或觸忠賢，輒被擒僇，甚至剝皮、封舌，所殺不可勝數，道路以目。」〔註 12〕直至崇禎即位，迅速剗除閹黨勢力，魏忠

〔註 10〕 「六君子之獄」發生在天啓五年，六君子指的是楊漣、左光斗、魏大中、袁化中、顧大章、周朝瑞六人。起因是閹黨有計劃地再興汪文言獄，以此僞造供狀誅連楊漣、左光斗等六人，遭誣受楊鎬熊廷弼之賄，不久，六君子均下詔獄，受到非人的待遇至死。例如《明史》卷二十二「本紀」第二十二〈熹宗天啓五年〉載：「五年……（三月）丁丑，讞汪文言獄，逮楊漣、左光斗、袁化中、魏大中、周朝瑞、顧大章，削尚書趙南星等籍。未幾，漣等逮至，下鎮撫司獄，相繼死獄中。」（同註 1，頁 303。）
「七君子之獄」發生在天啓六年，七君子指的是高攀龍、周宗建、繆昌期、李應升、周順昌、黃尊素、周起元七人。近因是蘇杭織造太監李實與黃尊素互有來往，於是風言黃尊素「欲效楊一清誅劉瑾，用李實爲張永，授以秘計」，李實爲逃脫關係，給閹黨已具名的空疏，而此疏遂成爲閹黨借刀殺人的工具。七君子除高攀龍投水自盡外，其餘六人均慘死獄中。例如《明史》卷二百四十五「列傳」第一百三十三〈周起元〉載：「六年二月，忠賢欲殺高攀龍、周順昌、繆昌期、黃尊素、李應昇、周宗建六人，取實空印疏，令其黨李永貞、李朝欽誣起元爲巡撫時乾沒帑金十餘萬，日與攀龍輩往來講學，因行居間．矯旨逮起元，至則順昌等已斃獄中。許顯純酷搒掠，竟如實疏，懸贓十萬．罄貲不足，親故多破其家。九月斃之獄中，吳士民及其鄉人無不垂涕者。」（同註 1，頁 6351）又卷二百四十五「列傳」第一百三十三〈黃尊素〉載：「汪文言初下獄，忠賢即欲羅織諸人。已，知爲尊素所解，恨甚。其黨亦以尊素多智慮，欲殺之。會吳中訛言尊素欲效楊一清誅劉瑾，用李實爲張永，授以秘計。忠賢大懼，遣刺事者至吳中凡四輩。侍郎烏程沈演家居，奏記忠賢曰：「事有跡矣。」於是日遣使譙訶實，取其空印白疏，入尊素等七人姓名，遂被逮。使者至蘇州，適城中擊殺逮周順昌旂尉，其城外人並擊逮尊素者。逮者失駕帖，不敢至。尊素聞，即囚服詣吏自投詔獄。許顯純、崔應元搒掠備至，勒贓二千八百，五日一追比。已，知獄卒將害己，叩首謝君父，賦詩一章，遂死，時六年閏六月朔日也，年四十三。」（同註 1，頁 6363～6364。）而卷二十二「本紀」第二十二〈熹宗天啓六年〉亦載：「六年……（二月）戊戌，以蘇杭織造太監李實奏，逮前應天巡撫周起元，吏部主事周順昌，左都御史高攀龍，諭德繆昌期，御史李應昇、周宗建、黃尊素。攀龍赴水死，起元等下鎮撫司獄，相繼死獄中。」（同註 1，頁 304。）
足見「六君子之獄」與「七君子之獄」是黨禍高潮的典型事例，東林黨的主力在這兩次事件中損失殆盡。
〔註 11〕 同註 1，卷 305，頁 7820。
〔註 12〕 同註 11。

賢自縊身亡。思宗雖力圖振作，然時變勢移，積重難返，為時已晚。

綜觀晚明政治，君王昏昧怠政，黨爭惡鬥，宦官擅權干政，吏治腐敗至極。因此，當百姓無力對抗時局、改善現況時，藉由笑話創作、編纂嬉笑怒罵、嘲諷譏刺，便成為批判病態社會、黑暗政治的一個途徑。

二、尊情抑理的人文思潮

明中葉以後，隨著政治腐敗、社會風氣轉變與百姓反抗專制統治的群眾運動興起，使士人開始將攻擊矛頭指向程朱理學。王陽明以強調本心為出發點的「心學」對程朱理學提出了批評與對抗，一時間心學風行天下，動搖程朱理學在當時的地位。嘉靖、萬曆以後，以王艮為代表的泰州學派繼承王學中反道學的異端思想，將傳統儒學中高不可攀的道發展為「百姓日用之道」，指出「愚夫愚婦，與知能行即是道」，而所謂「聖人之道」則「無異於百姓日用，凡有異者，皆是異端」、「百姓日用條理處，即是聖人之條理處，聖人知，便不失；百姓不知，便會失。」〔註 13〕此說拉近聖、愚間之距離，將「道」落實至平易近人的平民意識中，消融天理與人欲的對立。此外，王艮還提出了「安身立本」、「尊身尊道」「明哲保身」等學說，反覆強調出自身的重要性，相當程度地提高了個人的價值與個人尊嚴的維護。

被斥為「異端之尤」的李贄，在王艮、何心隱、羅汝芳等泰州學人之後，繼承並發揮了王艮「百姓日用之道即聖人之道」的論點，更精確提出「穿衣吃飯即是人倫物理」：

> 穿衣吃飯，即是人倫物理；除卻穿衣吃飯，無倫物矣。世間種種皆衣與飯類耳，故舉衣與飯而世間種種自然在其中，非衣飯之外更有所謂種種絕與百姓不相同者也。〔註 14〕

以人們追求物慾的基本需求代替程朱理學中所強調的「天理」，所謂的「道」，不再具有凌駕於人類之上的神秘力量，而在人民的物質生活中體現，根本否定了「天理」的權威與「道」的神聖。又延續泰州學派何心隱「心不能無欲」的觀點：

〔註 13〕參見〔明〕王艮：《王心齋全集》卷三〈語錄〉（臺北：廣文書局，1975 年 3 月）。

〔註 14〕參見〔明〕李贄：《焚書》（北京：社會科學文獻出版社，2000 年 5 月）卷一〈答鄧石陽〉，頁 4。

> 夫私者人之心也。人必有私而後其心乃見，若無私則無心矣。如服
> 田者，私有秋之獲而後治田必力；居家者私積倉之獲而後治家必力；
> 爲學者私進取之獲而後舉業之治也必力。……此自然之理，必至之
> 符，非可以架空而臆說也。〔註15〕

認爲受欲望的追求的私心支配，使人們積極去從事得以滿足欲望的工作，而此等爲求生存、求得私心之滿足之舉動，是再自然不過的行爲。將私心作爲人的自然本性和社會發展的內在動力，不再如程朱理學般將人欲視爲罪惡，絕對地肯定了對「人欲」追求的正當性與必然性，即使是聖人亦不能免之。〔註16〕

　　這一連串的哲學思潮，再三地將宋明理學裡被視爲最高規範的「理」、「道」和日常起居畫上等號，也把被視爲罪惡、要求摒棄的「欲」向上提昇，好色、好貨、多積金寶以及追求其他的慾望嗜好均是理所當然的；順著逐欲的脈絡發展，進一步即是要求個人個性的自由與解放，反對封建倫理和制度的束縛，尊「情」抑「理」的觀念更是甚囂塵上。

　　再者，既然打破了對「理」至高無上的迷思，要求平等的觀念逐步成形，李贄即認爲人人平等，甚至男女平等：

> 謂人有男女則可，謂見有男女豈乎？謂見有長短則可，謂男子之見
> 盡長，女子之見盡短又豈可乎？〔註17〕

既此，階級間不再涇渭分明，絕對遵守封建教條、服從權威的思想也漸受到動搖。

　　在城市商業繁榮，造成市民階層興起的時代背景下，這股思潮肯定市井百姓追求物質利益的思想，市民階層在謀求自身利益時，必然會與封建倫理和制度發生矛盾衝突，而此一思潮所建立起追求社會平等、否定封建特權新思想，便符合了市民階層不願再屈服於封建地主壓迫，進而要求自由與思想解放的心理因素，因而得到許多的支持與回響，進而廣泛地傳播。晚明社會的發展與此思潮產生極密切的關聯，亦造成不小的影響，其中尤以對文學的影響爲甚。

〔註15〕 參見〔明〕李贄：《藏書》（北京：社會科學文獻出版社，2000年5月）卷三十二〈德業儒臣後論〉，頁626。
〔註16〕 參見〔明〕李贄、劉東星：《明燈道古錄》（臺北：廣文書局，1983年12月，頁22）卷上十章云：「聖人亦人耳，既不能高飛遠舉，棄人間世，則自不能不衣不食，絕粒衣草而自逃荒野也。故雖聖人不能無勢利之心。……財之與勢，固英雄之所必資，而大聖人之所必用也。何可言無也？吾故曰：雖大聖人不能無勢利之心，則知勢利之心，亦吾人秉賦之自然矣。」
〔註17〕 同註14，卷二〈答以女人學道見短書〉，頁54～55。

三、蓬勃興盛的諧謔文風

　　明代笑書盛行，成爲文學史上一大特色。主要作品例如：郭子章《諧語》、江盈科《雪濤諧史》、郁履行《謔浪》、鍾惺《諧叢》、趙南星《笑贊》、潘游龍《笑禪錄》、馮夢龍《笑府》和《古今譚概》……等。此現象表明作者竭力發掘文學的娛樂性功能，並以詼諧方式表達對生活的態度和感受。加之晚明文人注重人性的揭示，自我意識明顯加強，求樂、求眞成爲一致的美學追求。李贄認爲：「大凡我書，皆謂求以快樂自己，非爲人也。」〔註18〕王世貞〈答周阻〉提及：「僕於詩，質本不近，而意甚篤好之，然聊以自愉快而已。」〔註19〕俞宛綸將文集命名爲《自娛集》。潘之恆爲江盈科《雪濤諧史》所作之引語中說：「善乎！李君實先生之言曰：『孔父大聖，不廢莞爾；武公抑畏，猶資善謔。』仁義素張，何妨一弛；鬱陶不開，非以滌性。唯達者坐空萬象，恣玩太虛，深不隱機，淺不觸的；猶夫竹林森峙，外直中通，清風忽來，枝葉披亞，有無窮之笑焉，豈復有禁哉？」〔註20〕對諧謔的審美意義作充分肯定。中國文言小說的功能，有二：一是社會功能，表現爲統治者用來觀風俗知得失，進而勸懲教化；人民則可以作爲治家理身的誡鑑，此乃主流，貫穿始終。二是消遣娛樂功能，表現爲廣見聞，助談資，消愁解悶。此功能體現小說自身的特點。〔註21〕

　　晚明哲學思潮蓬勃，在王學左派和李贄等人所提出的肯定物欲，強調個性，反對專制束縛的理論基礎下，文學被認爲是作者主觀意識的產物，反對虛僞矯飾、爲文造情。李贄的〈童心說〉便是其中影響最劇者：

> 夫童心者，絕假純眞，最初一念之本心也。若失去童心，便失卻眞心；失卻眞心，便失卻眞人。人而非眞，全不復有初也。
>
> 天下之至文，未有不出於童心焉者也。苟童心常存，則道理不行，聞見不立，無時不文，無人不文，無一樣創制體格文字而非文者。詩何必古選，文何必先秦。降而爲六朝，變而爲近體，又變而爲傳奇，變而爲院本，爲雜劇，爲《西廂曲》《水滸傳》，爲今之舉子業，

〔註18〕同註14，卷二〈寄京友書〉，頁70。

〔註19〕參見〔明〕王世貞：《弇州四部稿》卷一百二十八文部，收錄於《文淵閣四庫全書》（臺北：臺灣商務印書館，1986年3月）集部別集類第1281冊，頁154。

〔註20〕參見陳文新：《快談四書》（武漢：湖北辭書出版社，1998年4月），頁273。

〔註21〕參見秦川：〈中國古代文言小說總集的類型特徵〉《南昌大學學報》（人社版）第32卷第2期，2001年4月，頁98。

　　皆古今至文，不可得而時勢先後論也。故吾因是而有感於童心者之

　　自文也，更說甚麼《六經》，更說甚麼《語》《孟》乎？〔註22〕

針對前後七子所倡之摹擬和復古弊病，肯定發自胸臆的眞實情感，認爲文章
應直抒情感，只要是出自於童心眞情者，便是「天下之至文」，反對一味地仿
古。之後，此一始自李贄「童心說」，三袁「性靈說」繼之，馮夢龍〔註23〕、
湯顯祖〔註24〕、王驥德〔註25〕、徐渭〔註26〕等文人共襄盛舉的文學思潮，遂
由文人延伸至民間。在這股思潮所帶來的重視個人主觀意識、肯定人欲物質
的生活態度之下，個人精神意識不再受到外在名銜、傳統教條所箝制，更勇
於表現自我、隨心所欲，晚明因而出現一股詼諧文藝風潮。

　　以文人而言，不避諱聲稱自己的好謔喜笑，袁宏道自云：「少年工諧謔，頗
弱《滑稽傳》」，〔註27〕說明自小即好諧謔滑稽；王思任則好謔成性，自號爲「謔

〔註22〕　同註 14，卷三〈童心說〉，頁 92～93。

〔註23〕　《古今小說》〈綠天館主人敍〉：「天下之文心少而里耳多，則小說資於選言者少，
　　　　而資於通俗者多。試令說話人當場描寫，可喜可愕，可悲可涕，可敬可舞，再
　　　　欲捉刀，再欲下拜，再欲決脰，再欲捐金。怯者勇，淫者貞，薄者敦，頑鈍者
　　　　汗下，雖小誦《孝經》、《論語》，其感人未必如是之捷且深也。」（收錄於《馮
　　　　夢龍全集》第 2 冊，南京：江蘇古籍出版社，1993 年 3 月，頁 2～3。）

〔註24〕　湯顯祖在文學創作上注重意趣和才情，《湯顯祖詩文集》卷三十二〈合奇序〉：
　　　　「世間惟拘儒老生不可與言文。耳多未聞，目多未見。而出其鄙委牽拘之識，
　　　　相天下文章，寧復有文章乎？予謂文章之妙不在步趨形似之間。自然靈氣，
　　　　恍惚而來，不思而至。怪怪奇奇，莫可名狀。非物尋常得以合之」《湯顯祖
　　　　詩文集》卷五十〈焚香記總評〉：「作者精神命脈，全在桂英冥訴幾折，摹寫
　　　　得九死一生光景，宛轉激烈。其填詞皆尚眞色，所以入人最深，遂令後世之
　　　　聽者淚，讀者顰，無情者心動，有情者腸裂。何物情種，具此傳神乎。」（參
　　　　見〔明〕湯顯祖撰、徐朔方箋校：《湯顯祖詩文集》，上海：上海古籍出版社，
　　　　1982 年 6 月，頁 1078、1486。）

〔註25〕　王驥德《曲律》〈論家數第十四〉：「曲之始，止本色一家，……夫曲以模寫物
　　　　情，體貼人理，所取委曲宛轉，以代說詞，一涉藻繢，便蔽本來。」（參見〔明〕
　　　　王驥德：《曲律》，收錄於《百部叢書集成》第 54 冊，臺北：藝文印書館，1968
　　　　年，頁 21。）

〔註26〕　徐渭《徐文長佚草》卷一〈西廂序〉：「世事莫不有『本色』，有『相色』。
　　　　本色猶俗言正身也，相色，替身也。替身者，即書評中『婢作夫人，終
　　　　覺羞澀』之謂也。婢作夫人者，欲塗抹成主母而多插帶，反掩其素之謂
　　　　也。故余于此本中賤相色，貴本色，眾人嘖嘖者我呴呴也。」在《徐文
　　　　長三集》卷十九〈葉子肅詩序〉中提出本色的標準即「出於己之所自得」。
　　　　（參見〔明〕徐渭：《徐渭集》，北京：新華書局，1983 年 4 月，頁 1089、
　　　　頁 519～520。）

〔註27〕　參見〔明〕袁宏道撰、錢伯城箋校：《袁宏道集箋校》（上海：上海古籍出版

庵」；李贄「滑稽排調、衝口而出」，其言「既能解頤，亦可刺骨」，〔註28〕個性「詼諧謔浪，大類坡公」。〔註29〕此外，尤有甚者，詼諧取樂當與眾分享，張岱《陶庵夢憶》卷六記載了張岱叔父葆生在北京與漏仲容、沈虎臣、韓求仲等組織「噱社」，「嗃喋數言，必絕纓噴飯」；〔註30〕馮夢龍《古今譚概》書中韻社第五人序中也提及「韻社」社員相聚，「爭以笑尚」，推馮夢龍為笑宗之事。由前述可見，諧謔調笑已成為文人名士間的一種風向。

　　而為文諧謔亦成風氣，王思任筆下的人物各個幽默充滿情趣，如〈冒伯麐詩序〉中「容儀不整」、「疏步高談」，不屑「以口舌求相印」的冒伯麐、〈袁臨侯詩集序〉中「善戲謔」、經常「呼予痛飲」的袁臨侯，以及〈屠田叔笑詞序〉中「用醉眼一縫」世態、能「破涕為笑」的屠田叔。而巧妙運用轉化手法，將景物擬人化、人物擬物化，更使其遊記文章充滿滑稽幽默情趣。成功融情趣、幽默、詼諧於一，堪為當代幽默大師。〔註31〕此外，李贄、徐渭、江盈科、馮夢龍、張岱、沈承、顧大韶等人皆尚俳謔，詩文亦皆展現出不同程度的幽默、詼諧、滑稽與微諷色彩。此時代之長篇小說，如《西遊記》、《水滸傳》，也不免出現具有較多滑稽言行、性格的人物塑造。〔註32〕同時，晚明

社，1981年7月）卷九〈聽朱先生說「水滸傳」〉，頁418。

〔註28〕 參見〔明〕袁中道撰，錢伯城點校：《珂雪齋集》卷十七〈李溫陵傳〉（上海：上海古籍出版社，1989年1月），頁721。

〔註29〕 同註26，附錄〈刻徐文長佚書序〉，頁1349。

〔註30〕 參見〔明〕張岱：《陶庵夢憶》（臺北：開明書店，1957年2月）卷六，頁86～87。

〔註31〕 參見尹恭弘：《小品高潮與晚明文化：晚明小品七十三家評述》（臺北：華文出版社，2001年5月），頁342～343。

〔註32〕 以《西遊記》中的丑角——八戒為例，「一個長嘴大耳朵的獸子，腦後又一溜鬃毛，身體粗糙怕人，頭臉像個豬的模樣。食腸卻又甚大，一頓要吃三五斗米飯；早間點心，也得百十個燒餅纔彀。喜得還吃齋素：若再吃葷酒，便是老拙這些家業田產之類，不上半年，就吃個罄淨！」（第十八回，頁156～157）作者賦予八戒的正是一種「絕對的滑稽」（Comique-absolu，即滑稽的目的只是滑稽的本身，不含任何用意或目的。參見姚一葦：《美的範疇論》〈論滑稽〉，臺北：開明書店，1978年9月，頁249）。另有透過八戒本身的自我揶揄，製造娛樂效果。例如在寶林寺對月唱出「缺之不久又團圓，似我生來不十全。」（第三十六回，頁321）並反駁「我們乃生成的，那個是好要醜哩！」（第八十回，頁718）連唐僧的埋怨，也振振有詞的強調：「不瞞師父說，老豬自從跟了你，這些時俊了許多哩。若像往常在高老莊時，把嘴朝前一掬，把耳兩頭一擺，常嚇殺二三十人哩。」（第二十回，頁171）紅孩兒以三昧真火攻擊悟空、八戒，八戒大叫：「哥哥，不停當！這一鑽在火裡，莫想得活；把老豬弄做個燒熟的，加上香料，

時期笑話專集及笑話作者數量均居歷代之冠。因此，詼諧文學及文字堪稱此一時代的特殊產物。

　　此種幽默諧謔風潮更擴及於市井階層，造就各種詼諧表演藝術。由春秋時期的俳優，至漢代的「角觝戲」，在晉有參軍戲，南北朝時有踏謠娘，到了明代則有所謂的「過錦戲」。此類表演，竟達「百回」之多，可見詼諧戲劇的演出在當時有廣大的消費市場。而明代王驥德在《曲律》〈論插科第三十五〉中提及：

> 插科打諢，須作得極巧，又下得恰好。如善說笑話者，不動聲色而令人絕倒，方妙。大略曲冷不鬧場處，得淨丑間插一科，可博人鬨堂，亦是戲劇眼目。〔註33〕

可見插科打諢是戲劇中極其重要的元素，凡此可知，晚明時期，不僅在文學表現上充滿詼諧色彩，其詼諧的表演藝術亦在歷代發展的奠基下，以貫徹「務以滑稽」、「以為笑樂」的目的延續。

儘他受用哩！快走！快走！」（第四十一回，頁 361）八戒自認「不全」是「自然生成」，在取經途中已「俊了許多」，並以「烤豬」自嘲。在在說明其不但不以醜相自棄，反而故意強調而獲得一種暴露自己弱點的快感。而成為喜劇人物的關鍵，則在於其動作與言辭的滑稽。尤以第三十二回平頂山巡山，因「錯認對象」（參見雷斯克 Christopher Russell Reaske 撰，林國源譯《戲劇的分析》（臺北：成文出版社有限公司，1977 年 7 月）第六章）所引發的喜劇效果最足代表。當悟空設計八戒巡山，打探妖怪消息，自己卻變作蟭蟟蟲釘在身後監視。八戒在不知情的情況下，先是把悟空幻化成的啄木鳥錯認為真鳥，後又誤將一切風吹草動均視為悟空的變化。因此，在錯認對象的情況下表現滑稽突梯的言行，引人發噱。此外，八戒尚具有笨拙、粗俗、自貶身分等丑角人物「卑抑的動作」（參見姚一葦：《美的範疇論》〈論滑稽〉，臺北：開明書店，1978 年 9 月，頁 239），也深具喜劇效果。例如誤飲子母河水導致身懷鬼胎一事，八戒先是扭腰撒胯的哼道：「爺爺呀！要生孩子，我們卻是男身！那裡開得產門？如何脫得出來？」繼而戰兢兢，忍不得疼痛道：「罷了，罷了！死了，死了！」然後眼中噙淚，扯著行者央求預先尋幾個產婆道：「這半會一陣陣的動蕩得緊，想是摧陣疼。快了！快了！」（第五十三回，頁 472）因此，八戒插科打諢的丑角性格，更凸顯《西遊記》的喜劇風格。（參見〔明〕吳承恩：《西遊記》，臺北：三民書局股份有限公司，1990 年 1 月。）
又如《水滸傳》第二回寫魯達打鄭屠：「打得鮮血迸流，鼻子歪在半邊，卻便似開了個油醬舖，鹹的，酸的，辣的，一發都滾出來。……提起拳頭來就眼眶際眉梢只一拳，打得眼稜縫裂，烏珠迸出，也似開了個彩帛舖的，紅的，黑的，紫的，都綻將出來。」（參見〔元〕施耐庵：《水滸傳》，臺北：三民書局股份有限公司，1991 年 9 月，頁 35～36）其妙處不僅在於運用讀者熟悉的東西作貼切的比喻，鮮明寫出鄭屠被打的形象和其自身的感覺，更明顯表現出對惡霸鄭屠受到正義懲罰的快意。

〔註33〕同註26，頁 12。

因此，馮夢龍編纂《古今譚概》一書，藉由笑話以遊戲態度表達「人之喜怒哀樂嗜好情欲」，以一針見血的犀利筆調嘲誚譏刺調侃可笑的眾生百態，正是在這股追求「童心」、「心靈」思潮與詼諧文藝興盛時代背景下的產物。

四、趨商品化的通俗文學

在傳統文學中，向來以雅正詩文為正宗，也受到歷來文人學者的重視與肯定，而下層勞動群眾的餘興之作，雖是源源不絕地在民間蓬勃發展，但因其久缺對文字的掌握能力，又無積極創作的誘因，是以即使有所謂「文學」，也僅以不甚正式、簡單粗略的形式流傳，若有躍升為書面文字者，殆半是文人的好奇記錄。胡應麟《少室山房筆叢》丙部〈九流緒論下〉指出：

> 漢《藝文志》所謂小說，雖曰街談巷語，實與後世《博物》、《志怪》
> 等書迥別，蓋亦雜家者流，稍錯以事耳。……子之為類，略有十家，
> 昔人所取凡九，而其一小說弗與焉。然古今著述，小說家特盛，而
> 古今書籍，小說家獨傳，何以故哉？怪力亂神，俗流喜道，而亦博
> 物所珍也；玄虛廣莫，好事偏攻，而亦洽聞所昵也。…至於大雅君
> 子，心知其妄，而口競傳之，旦斥其非，而暮引用之。〔註34〕

由此看來，小說傳奇等著作，其內容多在怪力亂神，所謂雅文學的擁護者表面上知其妄假，予以強烈批評否定，但卻也在不知不覺中擔任了這些非雅文學的記錄和傳播者。〔註35〕

通俗文學在此基礎上存在於民間，隨時代、政治、經濟、社會環境的變化以及文學觀念的消長日益成形，發展為小說、戲曲、民歌……等各種獨立而成熟的文學形式。至晚明，其聲勢已如日中天，而呈蓬勃之勢則與社會環境密切相關。笑話在當時亦屬膾炙人口的通俗文學，其發展當然與此脫不了關係。

（一）市民階層的興起

明嘉靖、萬曆年間，農業生產力提升，推動商業和手工業的發展，促成商品經濟極度繁榮，國內外貿易空前活躍。因商品流通頻繁，在物產豐富和

〔註34〕參見〔明〕胡應麟：《少室山房筆叢》（臺北：世界書局，1980 年 5 月）卷二十九丙部〈九流緒論下〉，頁 371～374。

〔註35〕參見王三慶：〈論文學之「雅正」與「通俗」〉，收錄於《第二屆通俗文學與雅正文學全國學術研討會論文集》（國立中興大學中國文學系主編，臺北：新文豐出版股份有限公司，2001 年 2 月），頁 9。

交通便利之地，便形成大小不等各個商業中心。以商業為主的城市，如蘇州、杭州、廣州、武漢、蕪湖等，更繁榮蓬勃。其中，馮夢龍的故鄉蘇州更被譽為富饒之鄉，是當時著名的手工業品產地。張岱《陶庵夢憶》中亦記載吳中手工業發達的情況：

> 吳中絕技：陸子岡之治玉，鮑天愁之治犀，周柱之治嵌鑲，趙良璧之治梳，朱碧山之治金銀，馬勳荷葉李之治扇，張寄修之治琴，范崑白之治三弦子，俱可上下百年，保無敵手。〔註36〕

江南沿海的商業市鎮多在明中葉後竄起，絲織、採礦、陶瓷、榨油、造紙、印刷、製糖、釀酒、製鹽、冶煉、造船、建築等行業，蓬勃發展。商業與手工業的發展，加以稅賦繇役的繁苛，使農村人口大量流向城市，「昔日逐末之人尚少，今去農而改業為工商者，三倍於前矣。昔日原無遊手之人，今去農而遊手趁食者，又十之二三矣。大抵以十分百姓言之，已六七分去農。」〔註37〕因此「市民」成為城鎮中最龐大重要的新興階層。市民階層因謀生較易，滿足物質生活之餘，進而對文化娛樂的需求提升，加上其具購買能力，遂促進藝術消費的增長。

當時的市井平民對文化娛樂活動有極高興致，識字者喜歡閱讀通俗小說、彈詞唱本等。因市民強烈的閱讀需求，推動著作家與書商積極編撰與販售。為迎合其審美情趣的商業目的，大量刊刻通俗讀物，其中以小說和戲曲最受歡迎。由葉盛（西元1420～1474年）《水東日記》卷二十一〈小說戲文〉中可見當時社會在官府不禁、士人不非的情形下，諸如小說戲曲之類的雜書和文藝大行其道，炙手可熱：

> 今書坊相傳射利之徒偽為小說雜書，南人喜談如漢小王光武、蔡伯喈邕、楊六使文廣，北人喜談如繼母大賢等事甚多。農工商販，抄寫繪畫，家畜而人有之。癡騃女婦，尤所酷好，好事者因目為《女通鑑》，有以也。……有官者不以為禁，士大夫不以為非；或者以為警世之為，而忍為推波助瀾者，亦有之矣。……如《西廂記》、《碧雲騢》之類，流傳之久，遂以汎濫而莫之捄戢。〔註38〕

〔註36〕參見〔明〕張岱：《陶庵夢憶》（臺北：臺灣開明書店，1957年2月）卷一，頁13。

〔註37〕參見〔明〕何良俊：《四友齋叢說》卷之十三，收錄於《百部叢書集成》（臺北：藝文印書館，1966年）第16冊，頁12。

〔註38〕參見〔明〕葉盛：《水東日記》，收錄於《筆記小說大觀》（臺北：新興書局有

（二）帝王士人的喜愛

明初帝王爲鞏固專制統治地位，對於知識分子與平民百姓均採取了高壓的手段嚴密控制，尤其在意識型態上進行了極其嚴格縝密的防堵，並以四書五經爲限進行八股取士的科舉制度，致使文學遭受到極大的抑制，唯有應制稱頌的臺閣體得以流行百年之久，通俗文學上即有《三國演義》、《水滸傳》等傑出作品的出現，也沒有人敢冒著殺頭大罪印賣收藏，而與通俗小說密切相關的戲曲創作也同樣地遭到壓制。〔註39〕

此一政治風氣雖阻礙了通俗文學的發展，但是卻不是絕對的滯礙難行。就戲曲而言，太祖來自民間，喜好南戲，對於高明《琵琶記》劇中「子孝共妻賢」的封建道德觀大爲讚賞；明成祖曾建立規模宏大的勾欄，亦榮寵明初雜劇十六子；後有憲宗好聽雜劇和散詞，曾大量搜羅海外詞本；武宗時，每有進獻戲本者，則必予以厚賞，至此戲曲創作死灰復燃之勢已萌。除了英宗不好此道外，明代帝王幾乎皆爲戲劇之愛好者，因而造成風行草偃之效。即使表面上曾明令禁止，如成化年間出版的《說唱詞話》，不但由開設在北京城裡的永順堂刊印，更是朝廷命官宣昶妻子所好者，不但甘冒大不諱公然閱讀禁書，甚而將之隨葬。〔註40〕

對通俗小說而言，明武宗甚至公開地要求閱讀，錢希言《桐薪》卷三曾提及武宗夜半傳旨欲讀《金統殘唐記》，令中官於肆中重金購得之事。後有明神宗愛讀《水滸傳》，明熹宗愛看民間戲曲。顯見專制政權對通俗文學的態度已由嚴禁轉爲接受喜愛，宦官夜半奉旨於民間重價搜購之事必定盛傳於百姓口耳間，對於通俗文學的流行產生相當作用。嘉靖後，更有第一部出於司禮監經廠刊印的通俗小說刊本《三國演義》，都察院及南京國子監等也曾出版過此書，《忠義水滸全傳》則是由武定侯郭勛代表官方率先刊刻，朝中官員與當代名士閱讀小說者不勝枚舉，〔註41〕佐以文學思潮上各家對於通

限公司，1984年1月）第36編第3冊，頁371～374。

〔註39〕永樂九年七月一日，朝廷頒布命令：「……但有褻瀆帝王聖賢之詞曲、駕頭雜劇，非律所該載者，敢有收藏、傳誦、印賣，一時拿送法司究治。……敢有收藏的，全家殺了。」（參見〔明〕顧起元：《客座贅語》卷十〈國初榜文〉，收錄於《四庫全書存目叢書》（臺南：莊嚴文化事業有限公司，1995年9月）子部雜家第243冊。）

〔註40〕參見張仁淑：《馮夢龍雙雄記之研究》，政治大學中國文學研究所碩士論文，1989年6月，頁69～70。

〔註41〕陳大康《通俗小說的歷史軌跡》（長沙：湖南出版社，1993年1月，頁148～

俗文學地位的肯定，此風氣更加昌盛而無法遏抑了。〔註42〕

　　隨時局變遷，民間通俗文學勃然欲發的力量已漸非政治權力所能控制，加上明代帝王、朝廷官員及名士文人喜愛閱讀戲曲、小說等通俗文學，因其身分地位的特殊，對通俗文學發展的環境產生積極推動與減少阻礙的作用，對於閱讀群眾亦興起帶頭與示範的作用。

（三）印刷技術的精良

　　中國印刷刊刻的極盛時代非明代莫屬。陸容（西元 1436～1494 年）曾於《菽園雜記》中提及：

> 宣德、正統間，書籍印版尚未廣。今所在書版，日增月益，天下古文之象，愈隆於前已。但今士習浮靡，能刻正大古書以惠後學者少，所刻皆無益，今人可厭。〔註43〕

成化以後，印刷刊刻技術日益精進，此一行業蓬勃發展，「所在書版，日增月益」，然所刊刻書籍品類，就陸容而言儘管數目繁多，惜「能刻正大古書以惠後學者少，所刻皆無益」。雖無法確切得知其所謂「無益」、「可厭」的書籍為何，但被向來傳統士人視為文學末流的通俗文學恐位列其中。

　　嘉靖後，隨著手工業的發展與專業分工，書籍製成過程中相關行業的隆盛降低書籍成本，加上市民群眾大量的消費需求，使各地書籍的刊刻印刷更加繁盛。以印刷材料紙張而言，造紙技術進步，產品種類繁多，印書所用紙張便有「永豐棉紙」、「常山柬紙」、「順昌書紙」、「福建竹紙」等的優劣差別，〔註44〕產量大價格低廉。最為耗時費力的雕刻工作，亦因刻工工資低廉而降低成本。〔註45〕技術上自弘治、正德年間，開始嘗試「銅活字」、「鉛活字」等金屬活字印刷的運用；在字體上亦逐漸發展出較為規範化的「明匠體字」，尚有版畫插圖的加入、套印技術的改良等特色，使當時書籍印刷更顯豐富而

152）曾列表詳說當時官員士人與通俗小說之關係，其所舉者不過百一，但數量已非常可觀，可見當時通俗小說閱讀之盛。

〔註42〕同註41，頁 146～148。

〔註43〕參見〔明〕陸容：《菽園雜記》（臺北：廣文書局，1970 年 12 月）卷十，頁 12。

〔註44〕同註34，卷四甲部〈經籍會通四〉，頁 57。

〔註45〕《書林清話》卷七〈明時刻書工價之廉〉條引蔡澄《雞窗叢話》云：「前明書皆可私刻，刻工極廉。」又言：「聞前輩何東海云：『刻一部古注十三經，費僅百餘金』，故刻稿者紛紛矣。」（參見〔清〕葉德輝：《書林清話》，北京：古籍出版社，1957 年 1 月，頁 185。）

日趨便捷。因此，刊刻書籍成本低廉便捷，人人得以爲之。葉德輝（西元 1864
～1927 年）《書林清話》卷七〈明時刻書工價之廉〉載：

> 嘗聞王遵巖、唐荊川兩先生曾相謂曰：「數十年讀書人，能中一榜，
> 必有一部刻稿；屠沽小兒，身衣飽煖，歿時必有一篇墓誌。此等板
> 籍，幸不久即減，假使盡存，則雖以大地爲架子，亦貯不下矣。」
> 又聞遵巖謂荊川曰：「近時之稿板，以祖龍手段施之，則南山柴炭必
> 賤。」〔註46〕

雖表達出對濫刻書稿的不滿，但亦可見當時印刷業的普及及時人流行自刻詩
文之風氣。

　　由此看來，晚明由於印刷技術的進步，佐以原料與人力資源的物美價廉，
使刊刻事業繁盛，書籍得以商品形式於市場中大量販售。

（四）書坊擴大銷路

　　明代刻書分官刻、家刻及坊刻三類，前二者不以營利爲目的，而坊刻本
通常以刊印民間日用參考用書、科舉應試用書及通俗文學爲多，以獲利爲出
版書籍的唯一動機。成化年間，杭州通判沈澄因刊刻時文集而獲重利，各書
坊紛紛跟進。明中葉後，書坊主基於市場需求，將目標轉向市民階層所喜好
的小說、戲曲等通俗文學，擁有良好的書籍生產條件與廣大銷售市場，爲求
重利，書坊主莫不絞盡腦汁，乘時以趨利。

　　書坊主或親自從事編寫工作，或與文人建立酬僱關係。如余象斗、熊大
木等文學素養較高的書坊主，爲迎合讀者嗜好、爲再多求利潤，索性自己動
手從事通俗小說的編寫，〔註47〕然此類作品，往往受限於書坊主作者文化素
質與藝術修養以及其強烈牟利動機，使作品質量及藝術價值不很高。〔註48〕
日後，書坊主與士人交往密切，建立酬僱關係，只要利潤可靠豐厚，書坊主
不惜重金投資，如晚明通俗文學作家代表馮夢龍，其所出版書籍膾炙人口，

〔註46〕同註45，頁 185～186。
〔註47〕余邵魚編寫《列國志傳》，其在《列國志傳》〈引〉言：「自《三國》、《水滸》外，
　　　　奇書不復多見。」而熊大木據文言小說《精忠錄》改寫《大宋演義中興英烈傳》，
　　　　就其所言，所做只是「以王本傳行狀之實迹，按《通鑑綱目》而取義」而已。
　　　　參見〔明〕余邵魚：《列國志傳》，收錄於《古今小說集成》（上海：上海古籍出
　　　　版社，1994 年）第 67 冊，頁 3；〔明〕熊大木：《大宋演義中興英烈傳》，收錄
　　　　於《古今小說集成》（上海：上海古籍出版社，1994 年）第 71 冊，頁 2。
〔註48〕同註41，頁 74～77。

在《古今小說‧序》中，便言明「家藏古今通俗小說甚富，因賈人之請，抽其可以嘉惠里耳者，凡四十種，畀爲一刻。」書坊主以馮夢龍的知名度及通俗小說內容必受歡迎的商機，積極邀稿。

除此，書坊主不得不顧及市民階層的知識水平與欣賞嗜好，設法使「書籍」這一商品更符合大眾口味與需求，例如在書籍中加入標點、評點、或插畫等，又有特別強調版本之精良，確保其書之品質無虞者，也有爲標新立異而加上諸多名堂以吸引更多讀者的青睞，如「新刻增異」、「殘本新刻」、「全像按鑑」、「增廣」……等，實際上未必與原書有多大差異，〔註49〕而最下者，則有爲求厚利，盜印翻刻、偷工減料或假託名人文士者，郎瑛《七修類稿》卷四十五事物類〈書冊〉即言：

> 我朝太平日久，舊書多出，此大幸也，亦惜爲福建書坊所壞。蓋閩專以貨利爲計，但遇各省所刻好書價，聞價高即便翻刊，卷數目錄相同，而於篇中多所減去，使人不知，故一部止貨半部之價，人爭購之。〔註50〕

胡應麟亦提及：

> 余二十年前，所見《水滸傳》傳本，尚極足尋味。十數載來，爲閩中坊賈刊落，止錄事實，中間遊詞餘韻，神情寄寓處，一概刪之，遂幾不堪覆瓿。復數十年，無原本印證，此書將永廢矣。〔註51〕

可見各地書坊爲謀利，無所不用其極。

此外，書坊、書林或書鋪等書籍銷售網絡的建立亦爲暢通銷路的重要管道。以馮夢龍所在的蘇州而言，「凡姑蘇書肆，多在閶門內外及吳縣前，書多精整，然率其地梓也。」〔註52〕明代此地書坊已知者達三十七家之多，〔註53〕書坊刻書業發達。加上蘇州人文薈萃，藏書家眾多，不但高價收購善本，更不惜重資刊刻印行，其書品質之高更成爲各地書商從事遠途販售的重要商

〔註49〕陳昭珍：《明代書坊之研究》，臺灣大學圖書資訊研究所碩士論文，1984 年 7 月，頁 57。
〔註50〕參見〔明〕郎瑛：《七修類稿》，收錄於《筆記小說大觀》（臺北：新興書局有限公司，1983 年 1 月）第 33 編第 1 冊，頁 665。
〔註51〕同註 34，卷四十一辛部〈莊嶽委談下〉。
〔註52〕參見繆咏禾：《明代出版史稿》（南京：江蘇人民出版社，2000 年 10 月），頁 388。
〔註53〕參見張秀民：《中國印刷史》（上海：上海人民出版社，1989 年 9 月），頁 369～372。

品。因此，文化事業發達或刊刻業興盛之地便易形成書籍集散的銷售中心。

　　當時全國重要的書籍集散市場，就胡應麟所指，乃燕市（北京）、金陵（南京）、閶闔（蘇州城）、臨安（杭州）四個城市，其中以蘇州、南京二地規模最大，「海內商賈所資，二方十七」，〔註 54〕至於所餘十分之三者，則來自福建。嘉靖年間《建陽縣志》即載：「書籍出麻沙、崇化兩坊，昔號圖書之府。」「書市在崇化里，比屋皆鬻書籍，天下客商販者如織，每月以一、六日集。」〔註 55〕除書市外，尚有沿水路到各地販售的「書船」〔註 56〕以及為了爭取無錢買書的讀者所設置的「租書」〔註 57〕業務等，都是書坊書商為逐金錢利益所設立的管道。

　　從上文的探討可知，明代通俗文學出版，在各方條件的齊備下，至晚明已呈現繁盛景況。笑話書以通俗文學樣貌躋身書籍市場，廣受市民階層喜愛，因而不斷有人願意投身編撰之列，促成笑話書的盛產。而馮夢龍生於通俗文學興盛的時代，處於人文薈萃、書籍刊印流通頻繁的蘇州，加上個人對通俗文學的努力、書坊讀者的支持擁護，更提升其出版通俗文學作品的質與量。

第二節　編纂動機

一、排憂解頤，文以自娛

　　娛樂，是部分笑話書作者的編撰動機。或自娛，「聊舒悶懷」，〔註 58〕「以

〔註 54〕同註 34，卷四甲部〈經籍會通四〉，頁 55。
〔註 55〕參見〔明〕趙文、黃璿纂修，袁鉌續修：《嘉靖建陽縣志》卷四〈物產〉（臺南：莊嚴文化事業公司，1996 年 8 月）。
〔註 56〕書船的產生是為了因應遠途販賣圖書的需要，沿水路到各地兌售，書船與藏書家時有往來，熟知門道和行情。（參見同註 51，頁 391～392。）
〔註 57〕據陳大康所言，現已無從考察明末租書的具體情形，但從清代的典籍中可覓得清朝租書情況的蛛絲馬跡，例如諸明齋《生涯百詠》卷一〈租書〉：「藏書何必多，《西遊》《水滸》架上鋪；借非一瓻，還則需青蚨。喜人家記性無，昨日看完，明日又租，真個詩書不負我，擁此數卷腹可果。」轉引自陳大康：《通俗小說的歷史軌跡》（長沙：湖南出版社，1993 年 1 月），頁 81。又阿英：《小說三談》（上海：上海古籍出版社，1979 年 8 月）〈小說搜奇錄〉記載清道光間四宜齋在小說《鐵冠圖》上所印的租書啟事的印記：「書業生涯，本大利細，塗抹撕扯，全部賠抵，勤換早還，輪流更替，三日為期；過期倍計，諸祈鑒原，特此告啟。」，頁 45。
〔註 58〕參見〔明〕葉權撰、凌毅點校：《賢博編》（北京：中華書局，1987 年 8 月）

寄岑寂逍遙之況」；〔註59〕或娛人，「可資抵掌」，〔註60〕「猥雜街談巷語，以資杯酒諧謔之用」，令「厭常喜新者讀之欣然」。〔註61〕馮夢龍即藉由《古今譚概》的編纂，以為娛樂，成「千古笑宗」。

（一）以典籍書冊中可笑事自娛

馮夢龍雖然科場失利，仍同於晚明一般文士不放棄讀書的實用目的與功利取向，但對於讀書取樂的意識卻大為增強。此一心態，李贄在〈讀書樂並引〉一詩中便清楚道出：

> 讀書伊何？會我者多。一與心會，自笑自歌。歌詠不已，繼以呼呵。
>
> 慟哭呼呵，涕泗滂沱。歌匪無因，書中有人，我觀其人，實獲我心。……
>
> 束書不觀，吾何以歡，怡性養神，正在此間。〔註62〕

讀者與書中人物進行交流，將平日鬱積的情緒藉由閱讀活動宣洩，產生一種滿足的快感。李贄對讀書樂的直接心靈感受，可視為當時文人的閱讀審美記錄。明人關於讀書樂趣的論述，包含著深刻的美學思想。他們認為審美快感的本質是情感上精神上的愉悅和提高，而不是刺激官能所獲得那種低級快樂；審美快感的機制，在於審美主體對象的神交心會。〔註63〕此為士人的審美層次與閱讀期待。如同韻社第五人〈題古今笑〉所言：

> 韻社諸兄弟抑鬱無聊，不堪復讀〈離騷〉，計唯一笑足以自娛，於是爭以笑尚，推社長子猶為笑宗焉。子猶固博物者，至稗編叢說，流覽無不遍，凡揮塵而談，雜以近聞，諸兄弟則放聲狂笑。粲風起而鬱雲開，夕鳥驚而寒鱗躍，山花為之遍放，林葉為之振落。日夕相聚，撫掌掀髯，不復知有南面樂矣。〔註64〕

〈題記〉，頁 5。

〔註59〕 參見〔明〕朱國禎：《湧幢小品》，收錄於《四庫全書存目叢書》（臺南：莊嚴文化事業有限公司，1995 年 9 月）子部 雜家類第 106 冊，頁子 106-165～106-166。

〔註60〕 參見〔明〕朱孟震：《汾上續談》〈引〉，收錄於《四庫全書存目叢書》（臺南：莊嚴文化事業有限公司，1995 年 9 月）子部 雜家類第 104 冊，頁子 104-679。

〔註61〕 參見〔明〕王同軌：《新刻耳談》〈序〉，收錄於《四庫全書存目叢書》（臺南：莊嚴文化事業有限公司，1995 年 9 月）子部 小說家類第 248 冊，頁 248～536。

〔註62〕 同註 14，卷六，頁 213～214。

〔註63〕 參見夏咸淳：《晚明士風與文學》（北京：中國社會科學出版社，1997 年 7 月），頁 86。

〔註64〕 參見〔明〕馮夢龍：《古今譚概》（上海：上海古籍出版社，1993 年 6 月）第 40 冊附錄，頁 1～2。

可見野史筆記的諧謔蒐集，是文人爲科考功名苦讀之餘的快樂源泉。例如儇弄部〈馬郁〉：

> 後唐馬郁，滑稽狎侮。每赴監軍張承業宴，出異方珍果，食之必盡。一日，承業私戒主膳者惟以乾蓮子置前，郁知不可啖。異日，靴中置鐵鎚，出以擊之。承業大笑曰：「爲公易饌，勿敗予案。」〔註65〕

此則改寫自《舊五代史》卷七十一「唐書」四十七列傳二十三〈馬郁傳〉，〔註66〕記載馬郁的滑稽狎侮行徑。

（二）以現實生活中可笑事自娛

文人相互調侃，可視爲文人雅謔傳統的繼承。例如酬嘲部〈楊李二公〉：

> 遼翁冬天氣盛，而西涯怯寒，二公同坐，西涯屢以足頓地作聲。遼翁曰：「地凍馬蹄聲得得。」西涯見其吐氣如蒸，戲云：「天寒驢嘴氣騰騰。」〔註67〕

楊邃翁與李西涯互以馬、驢相戲謔二人嚴冬的驅寒之舉。又〈地諱〉：

> 李時嘗以「臘雞獨擅江南味」戲夏言，夏即應以「響馬能空冀北羣」。人嘲江西以臘雞、畿輔以響馬，故二公各指爲戲。

> 李西涯在翰林時，與河南一學士相謔。河南公謁李，見簷曝有枯魚，嘲曰：「曉日斜穿學士頭。」李應聲曰：「秋風正灌先生耳。」蓋湖廣有乾魚頭，河南有偷驢賊之謠，又諺云「秋風灌驢耳」故也。見《舊雨記談》。《耳譚》以爲高中玄、張泰嶽，殊誤。〔註68〕

而塞語部〈字說〉，藉由劉貢父、蘇軾與王安石的對話，體現文人的雅謔：

> 王荊公作《字說》，穿鑿杜撰。劉貢父問之曰：「牛之體壯於鹿，鹿之行速於牛，今犇麤二字，其意皆反之，何也？」坡公亦問曰：「以竹鞭馬爲篤，不知以竹鞭犬，有何可笑？」又嘗舉坡字問荊公何義。公曰：「坡者，土之皮。」坡公笑曰：「然則滑者，水之骨乎？」荊公竝無以答。

> 又東坡嘗語荊公：「鳩從九亦有說。」荊公欣然就問。東坡曰：「『鳲

〔註65〕同註64，第40冊，頁886～887。
〔註66〕參見《舊五代史》（臺北：鼎文書局，1985年12月）卷七十一「唐書」四十七列傳二十三〈馬郁傳〉，頁938。
〔註67〕同註64，第40冊，頁1001～1002。
〔註68〕同註64，第40冊，頁1002～1003。

鳩在桑，其子七兮」，連娘帶爺，恰是九箇。」張文潛嘗問張安道方
平：「司馬君實直言王介甫不曉事，是如何？」安道云：「賢只消去
看《字說》。」文潛云：「《字說》也只是二三分不合人意。」安道云：
「若然，則足下亦有七八分不曉事矣。」〔註69〕

（三）以社會民情中可笑事自娛

馮夢龍編纂《古今譚概》，除取材自典籍史冊、野史筆記外，也有採錄當
時民間的巷議街談奇聞軼事。例如雜志部〈嫁娶奇合〉：

> 嘉靖間，崑山民爲男聘婦，而男得痼疾，民信俗有「沖喜」之說，
> 遣媒議娶。女家度壻且死，不從；強之，乃飾其少子爲女，歸焉，
> 將以爲旨日計。既草率成禮，男父母謂男病不當近色，命其幼女伴
> 嫂寢，而二人竟私爲夫婦矣。踰月，男疾漸瘳，女家恐事敗，詒以
> 他故，邀假女去。事寂無知者。因女有娠，父母窮問得之。訟之官，
> 獄連年不解。有葉御史者，判牒云：「嫁女得媳，娶婦得壻，顚之倒
> 之，左右一義。」遂聽爲夫婦焉。吳江沈寧庵吏部，作《四異記》
> 傳奇。〔註70〕

此外，也可見馮夢龍企圖以玩世不恭的態度，掙脫傳統束縛的纂作心態。在
《古今笑・自敘》強調：

> 孰知螢光石火，不足當高人之一笑也。一笑而富貴假，而驕吝忮求
> 之路絕；一笑而功名假，而貪妒毀譽之路絕；一笑而道德亦假，而
> 標榜倡狂之路絕；推之一笑而子孫眷屬亦假，而經營顧慮之路絕；
> 一笑而山河大地皆假，而背叛侵凌之路絕。〔註71〕

將傳統士子所追求的功名富貴、道德理想、香火觀念，甚至朝代更替，都付
之一笑，使原本堅固的價值體系瞬間瓦解。例如：避諱，即古人在言談和書
寫時要避免君父尊親的名字。對孔子及帝王之名，眾所共諱，稱公諱；人子
避祖父之名，稱家諱。避諱之法，一般或取同義或同音字以代本字，或用原
字而省缺筆畫。避諱的對象，包括：帝王、聖人與賢人、官諱、家諱、太子、
皇親國戚。〔註72〕因固執於爲尊者諱、爲長者諱、爲賢者諱而引發的笑話，

〔註69〕同註64，第40冊，頁1028～1029。
〔註70〕同註64，第40冊，頁1568～1569。
〔註71〕同註64，第40冊附錄，頁9～11。
〔註72〕參見王新華：《避諱研究》（濟南：齊魯書社，2007年1月），頁1、32～

如容悅部〈敬名〉：

> 馮道門客講《道德》首章，有「道可道，非常道。」門客見「道」
> 字是馮名，乃曰：「不敢說，可不敢說，非常不敢說。」〔註73〕

門客爲奉承馮道，採改字的替代法，而將《道德經》首章改得突梯滑稽。又
微詞部〈趙良臣〉：

> 《西堂紀聞》：梅西野嘗與邑大夫會飲，論及時事云：「先時百姓稱
> 官長，止云『某老爹』。今則不問尊卑，俱呼『爺爺』矣。」因言：
> 「吾鄉有趙良臣者，延一西賓教子，其賓避主人諱，至《孟子》〈我
> 能辟土地章〉，改『良臣』二字爲『爺爺』，命其子讀云：『今之所爲
> 爺爺，古之所爲民賊也。』」〔註74〕

出於對尊者的敬意，爲長官避諱，亦採相同的避諱方式，卻弄巧成拙，反稱
官爲賊。此則明爲避官諱，實則運用反諷手法，對爲官者魚肉百姓，如賊竊
盜財物，進行譏刺。

以上以尊長爲主要避諱對象，然描摹的焦點乃是盲目避諱所造成的笑
柄。即使對孔子也不迷信：

> 有一道學每曰：「天不生仲尼，萬古如長夜。」劉翰林諧曰：「怪得
> 羲皇以上聖人，盡日然燭而行也。」（塞語部〈道學語〉）〔註75〕

其中最突出的例子是對儒家經典的曲解歪讀。

> 隋侯白嘗與楊素竝馬，見路傍有槐樹，顦顇欲死。素曰：「侯秀才道
> 理過人，能令此樹活否？」白曰：「取槐子懸樹枝，即活。」素問其
> 說，答曰：「《論語》云：『子在，回何敢死？』」回，槐同音。（機警
> 部〈侯白〉）〔註76〕

二、遊戲之筆，諧謔反思

（一）對歷史的反思

孔子作《春秋》「上明三王之道，下辨人事之紀，別嫌疑，明是非，定猶

76。
〔註73〕同註64，第39冊，頁678。
〔註74〕同註64，第40冊，頁1292。
〔註75〕同註64，第40冊，頁1026。
〔註76〕同註64，第40冊，頁942。

豫，善善惡惡，賢賢賤不肖，存亡國，繼絕世，補敝起廢，王道之大者也。」「故春秋者，禮義之大宗也。夫禮禁未然之前，法施已然之後；法之所爲用者易見，而禮之所爲禁者難知。」〔註77〕司馬遷在《史記》中闡釋孔子作《春秋》的意義所在，並表明自己繼承《春秋》傳統的志向。可見在正史的記載中，明道闡義是其義不容辭的責任，善可爲後世之模範，惡可爲後世之誡訓。但在嬉笑怒罵的晚明笑話中，馮夢龍對史述標準提出不同意見：

> 丙吉爲丞相，嘗出，逢鬪者，死傷橫道，吉過之，不問。已而逢人逐牛，牛喘吐舌，吉止駐，使騎吏問逐牛行幾里矣。掾吏謂丞相前後失問。吉曰：「民鬪相殺傷，長安令、京兆尹職所當禁備逐捕。歲竟，丞相課其殿最，奏行賞罰而已。宰相不親小事。非所當於道路間也。事關人命，不猶大於牛喘耶？方春少陽用事，未可太熱，恐牛近行，用暑故喘。此時氣失節，恐有傷害。三公典調陰陽，職所當憂，是以問之。」（迂腐部〈問牛〉）〔註78〕

此事見於《漢書》卷七十四〈魏相丙吉傳〉第四十四，〔註79〕經丙吉的分析，「掾吏乃服，以吉知大體」。後世對丙吉的態度也大致稱其「知大體」，但元代薛昂夫在〈中呂・朝天曲〉提出不同的看法：

> 丙吉，宰執，燮理陰陽氣。有司不問爾相推，人命關天地。牛喘非時，何須留意？原來養得肥。早知，好吃，殺了供食堂。

馮夢龍的見解正可與此相應：

> 死傷橫道，反不干陰陽之和，而專討畜生口氣，迂腐莫甚於此。友人詰余曰：「誠如子言，漢人何以吉爲知大體？」余應曰：「牛體不

〔註77〕參見〔漢〕司馬遷撰，〔日〕瀧川龜太郎校注：《史記會注考證》（臺北：洪氏出版社，1986年9月）卷一百三十〈太史公自序第七十〉，頁1370、1371。
〔註78〕同註64，第39冊，頁8。
〔註79〕參見〔漢〕班固《漢書》卷七十四〈魏相丙吉傳〉第四十四：
吉又嘗出，逢清道群鬪者，死傷橫道，吉過之不問，掾史獨怪之。吉前行，逢人逐牛，牛喘吐舌。吉止駐，使騎吏問：「逐牛行幾里矣？」掾史獨謂丞相前後失問，或以譏吉，吉曰：「民鬪相殺傷，長安令、京兆尹職所當禁備逐捕，歲竟丞相課其殿最，奏行賞罰而已。宰相不親小事，非所當於道路問也。方春少陽用事，未可大熱，恐牛近行用暑故喘，此時氣失節，恐有所傷害也。三公典調和陰陽，職當憂，是以問之。」掾史乃服，以吉知大體。（臺北：世界書局，1978年11月，頁3147。）
僅個別字句稍異。例如：「未可大熱」，《古今譚概》作「未可太熱」。

大於人耶？」友人大笑。〔註80〕

此處友人的疑問正代表許多迂腐者的疑問，因此，馮氏藉由「體」的多義性，巧借「牛體大於人體」的客觀事實予以戲謔的回答。

（二）對經典的反思

晚明人的讀書目的在傳統的功能論之外有所衍生。雖然熟讀經典仍是入仕求官的必經之路，但不願僅將此作為一種沒有樂趣的工具使用。馮夢龍在《笑府・序》中譏誚對文人所尊崇經典的荒謬：

> 古今來莫非話也，話莫非笑也。兩儀之混沌開闢，列聖之揖讓征誅，見者其誰耶？夫亦話之而已耳。後之話今，亦猶今之話昔。話之而疑之，可笑也。話之而信之，猶可笑也。經書子史，鬼話也，而爭傳焉；詩賦文章，淡話也，而爭工焉；褒譏伸抑，亂話也，而爭趨避焉。或笑人，或笑於人。笑人者亦復笑於人，笑於人者亦復笑人。人之相笑寧有已時？

馮氏一方面明白表達其遊戲任誕心態，另一方面也對禁錮文人思維的經書典籍提出懷疑、進行反思。

笑話與經典實為兩個相悖的極端，一是稗官野史的末流，一是雅厚純正的正統。馮夢龍編纂《古今譚概》不僅利用笑話割裂原典，扭曲歪讀以解構經典，更以為「夫雷霆不能奪我之笑聲，鬼神不能定我之笑局，混沌不能息我之笑機。眼孔小者，吾將笑之使大；心孔塞者，吾將笑之使達。方且破煩蠲忿，夷難解惑，豈特療腐而已哉！」韻社第五人〈題古今笑〉遂視笑話為療腐良方。例如無術部〈三十而立〉：

> 魏博節度使韓簡，性鹿質，每對文士，不曉其說，心常恥之。乃召一士人講《論語》，至〈為政〉篇。明日，喜同官曰：「近方知古人稟質瘦弱，年至三十，方能行立。」〔註81〕

韓簡望文生義，將「三十而立」直接譯釋為「年至三十，方能行立」，歪讀誤解《論語》，產生令人發噱的效果。

因此，較之經典，笑話似乎更能發人深省，正是從相對角度闡發對世俗所奉行的經典之懷疑。

〔註80〕同註64，第39冊，頁8～9。
〔註81〕同註64，第39冊，頁258～259。

（三）對自我的反思

　　《古今譚概》中有不少對儒生的嘲諷，馮夢龍鞭辟入裡的剖析，實際上也是對自己所處的文士群體的反思。晚明儒生面臨儒學本質、社會性和權利等三重失落的人生，〔註82〕因此笑話中呈現對腐儒之譏、對白丁之嘲、對酸秀才之諷，也算是馮氏自我病態的披露。其仕途不順，始終無法考取舉人。對企圖「窮經致用」、「博學成名」而言，打擊甚鉅。因此收錄於文戲部的〈榜後詩〉：

> 孫山應舉，綴名榜末，朋儕以書問山得失，答曰：「解名盡處是孫山，餘人更在孫山外。」覽者大笑。〔註83〕

對馮氏而言，在諧謔的對話中卻隱含屢試不第文士的辛酸血淚。

　　明代統治者出於興起教化、維護統治的目的，極力擴大社會受教育的範圍與機會，尤其是學官的不斷擴充與科舉資格的相對放寬，造成士人群體的數量急劇膨脹。全國僅生員人數從宣德年間約三萬人上升至明末的五十餘萬，增加六、七十倍，而鄉、會試的錄取比例卻只成長二至三倍。增長不均衡，終導致科舉體制的壅滯，從而使更多士子被摒斥於「科舉——仕途」的大門外。〔註84〕士人雖具求道與求仕的生存目標與文化特徵，但仕途受阻後，其所從事的社會職業便呈現多樣化，包括教授、入幕、賣文，等而下之則僅能以醫卜命相為生。因此，《古今譚概》中輯錄不少愚師、庸醫的笑話，而隱藏笑談謔語背後，實為文士經濟生活的貧困與治生無力的躓踣處境。

　　從生存狀態的角度而言，士人居四民之首的社會地位，實質上是「以詩書自致」的一種文化身分。由於在現實生活中缺乏與之相稱的社會經濟地位支持，因此地位相悖與身分懸浮，便成為阻礙士人身存與發展的內在根源。

三、裨補時規，勸懲醒世

　　「本體不雅」，〔註85〕是笑書不受文人重視的主因。因此，馮夢龍編纂《古

〔註82〕參見龔鵬程：〈腐儒、白丁、酸秀才——市井笑談裡的讀書人〉，收錄於《人物類型與中國市井文化》（臺北：臺灣學生書局，1995年1月），頁9。

〔註83〕同註64，第40冊，頁1131。

〔註84〕參見劉曉東：〈科舉危機與晚明士人社會的分化〉，《山東大學學報》（人文社會科學版）2002年第2期，2002年。

〔註85〕參見〔南朝梁〕劉勰著，王更生注譯：《文心雕龍讀本》（臺北：文史哲出版社，1985年3月）上篇〈諧讔第十五〉，頁257。

今譚概》時即以避免淪於「空戲滑稽，德音大壞」〔註86〕之弊，而能「抑止昏暴」〔註87〕並達「微諷足觀」〔註88〕爲宗旨。有鑑於此，「裨補時規」便成爲選擇笑話的首要考量。此類於滑稽中藏有隱喻，蘊涵命意，原本即是俳諧文重要的特徵，且能直接承繼具「文以載道」、「經世致用」淑世目的的文論傳統。

以專愚部〈鬥蠅　背龍〉爲例：

> 《北史》：庫狄伏連居室患蠅，杖門者曰：「何故聽入！」〔註89〕

出自《北史》卷五十三列傳第四十一〈庫狄伏連傳〉。記載庫狄伏連因居室患蠅之事仗打守門人，責其未盡把關職分。全文十八字，僅見爲官者顓頇昏暴、不近情理的行徑，絲毫未能察見其詼諧笑謔之所在。加上馮夢龍藉文末評語諷刺庫狄伏連「左右皆蠅營之輩，偏自不覺」，令人難以發笑的嚴肅命意隨之浮現。

又如貪穢部〈銅臭〉一文，記崔烈買官事，亦爲深具諷喻意味之作：

> 崔烈入錢五百萬，爲司徒。及辭帝，帝曰：「悔不少靳，可至千萬。」
>
> 子均字孔平，亦有時名。烈問均曰：「我作公，天下謂何如？」對曰：
>
> 「大人少大高名，不謂不當爲公。但海內嫌其銅臭。」〔註90〕

事見《後漢書》卷五十二崔駰列傳第四十二〈崔烈傳〉。〔註91〕崔烈以五百萬買官，其子崔鈞以「論者嫌其銅臭」譏諷其作爲。行文至此，戛然而止，對欲由其中獲得解頤啓顏的讀者而言，恐不符預想期望。

檢視《古今譚概》一書，如委蛻、酬嘲、雅浪、文戲、巧言、談資等部卷中多爲單純詼諧調笑、以文爲戲的內容。但因《古今譚概》多取材於史籍，書中自不乏以嘲諷世事爲要的記載。足見馮夢龍編纂此書不僅止於記錄笑談，無疑希望藉由嬉笑怒罵式的幽默，矯正世風，濟世利人。

第三節　閱讀效果

韻社第五人在〈題古今笑〉中指出：

〔註86〕同註85，頁259。

〔註87〕同註85。

〔註88〕同註85。

〔註89〕同註64，第39冊，頁158。

〔註90〕同註64，第39冊，頁619。

〔註91〕參見〔南朝宋〕范曄：《後漢書》（臺北：鼎文書局，1977年9月）卷五十二崔駰列傳第四十二〈崔烈傳〉，頁1731。

> 韻社諸兄弟抑鬱無聊，不堪復讀〈離騷〉，計爲一笑足以自娛，於是
> 爭以笑尚，推社長子猶爲笑宗焉。……諸兄弟前曰：「吾兄無以笑爲
> 社中私，請輯一部鼓吹，以開當世之眉宇。」子猶曰：「可。」乃授
> 簡小青衣，無問杯餘茶罷，有暇，輒疏所睹記，錯綜成帙，顏曰：「古
> 今笑」。〔註92〕

這段序文透露關於創作與閱讀的訊息：一是馮夢龍在編纂《古今譚概》時，
已預設讀者亦爲知識分子，建立「應是吾輩」的群體意識，〔註93〕取得認同。
換言之，即使馮氏選輯不少僅博君一粲別無任何命意的作品，仍能讓同爲知
識分子的讀者認同，將之歸屬爲「雅」之作品。同時，作者與讀者的聯繫，
已提早於創作進行，甚至醞釀靈感時便已存在。且在整個創作過程中，讀者
的閱讀期待會不斷影響作者。正如托爾斯泰所言：「讀者的性格和對讀者的
態度，就決定著藝術創作的形式和比重。讀者就是藝術的一個組成部分。」
〔註94〕因此，勢必影響創作時的取材、用語與主題。

　　而讀者的想像會因其自身的性格、素養與興趣，產生不同的結果，對於
接受主體而言，文本只在於與其能力、興趣相應的程度上存在，故不同人觀
看同一文本便有深淺不同的詮釋。愈凝練的文字，感受力愈強。且具閱讀素
養的知識分子讀者往往能構連出文字背後蘊涵的意義，尤其是對典故的詮
解。典故隨時代流傳過程中，經寫定者的個人詮釋，其實已加入經驗的詮解
與時代的元素。其意義由單一的對應不斷衍異、擴增，故處理典故文本時必
須注意其與原始樣貌異動的部分。

　　《古今譚概》中常用以激起讀者文學想像的筆法有二：一是書中寫人，
往往能以隻字片語勾勒出角色的精神面目，此種手法具有蒙太奇的效果。例
如悅容部〈咽唾〉、〈諛足〉之類作品，極具代表性。此類諷刺性作品，與《世

〔註92〕同註64，第40冊，頁1～3。
〔註93〕創作時便有意識將讀者設定爲知識分子，此即德國理論家 Wolfgang Iser 所提
　　　　出的「隱含讀者」觀念：
　　　　作家在寫作的過程中，腦中始終有一個「隱含讀者」，寫作的過程便是向隱含
　　　　讀者敘述故事並與之對話。「隱含讀者」非指一具體、現實的讀者，而是作家
　　　　在文本結構中預先設計和規定的閱讀的能動性，因此，「文本的每一個具體化
　　　　都表現了對『隱含讀者』的一種有選擇的實現」。
　　　　（參見 Wolfgang Iser：《審美過程研究》，北京：中國人民大學出版社，1988
　　　　年，頁50。）
〔註94〕參見托爾斯泰：《論文學》（北京：人民出版社，1980年），頁24。

說新語》的寫法在風格上有所不同。《世說》講究文字清雅、含蓄，而《古今譚概》則是辛辣、直露。略貌取神，運用蒙太奇中大特寫的手法，抓住一點，極力誇張，取得令人難忘的效果。以〈咽唾〉爲例：

> 日陸眷本出西遼，初爲庫辱官家奴。諸大人會集，皆持唾壺，惟庫辱官獨無，乃唾入陸眷口，陸眷悉咽之，曰：「願使主君之智慧祿相盡攜入我腹中。」〔註 95〕

全篇即依「全景——中景——近景——特寫」的順序組接鏡頭。「諸大人會集」爲全景；鏡頭稍近，見「皆持唾壺」，爲中景；再轉近縮小範圍，則「惟庫辱官獨無」；最終利用大特寫，竟見「乃唾入陸眷口，陸眷悉咽之，曰：『願使主君之智慧祿相盡攜入我腹中。』」利用此種鏡頭剪輯的連接手法，流暢連貫而下，製造出人意表的結局，充滿戲劇張力。二是使用象徵或譬喻筆法，「留給讀者較大的想像空間，客觀上要求讀者必須積極介入，充分發揮創造性，『睹一事於句中，反三隅於字外』」，〔註 96〕以達言有盡而意無窮之境。例如妖異部〈應聲蟲〉，馮夢龍於文末評其「應聲蟲，本病也，而丐者以爲衣食之資，死而不悔，又安知世間功名富貴，達人不以爲應聲蟲乎」將故事中「衣食」比擬爲「財富功名」，願意拋棄功名富貴顯達，而歸於平淡閒適者極少，藉此慨歎世人對功名富貴不肯割捨的態度，發人省思。〔註 97〕又如唐瀛州饒陽縣令竇知範貪汙，馮氏將其喻爲「此令乃化緣和尚現宰官身者」。又〔註 98〕南漢高從誨爲賜予而稱臣，馮氏評其「所向稱臣，如乞兒叫老爹奶奶，便不直錢了」，以乞丐喻之。〔註 99〕而〈逃債□埋錢〉一文，周赧王登臺避債，名爲「逃債臺」；宋明帝奢費過度，府藏空虛，埋錢殿內以爲私藏。馮氏譏誚其「周赧王是債主，宋明帝是地藏王」，分別以「債主」、「地藏王」喻昏君。〔註 100〕另有以「長墩」妙喻陰子春腳上常年不洗積長塊壘的汙垢，〔註 101〕以「狒猵」諷喻諂媚小人如南荒野獸「見人衣冠鮮采，輒跪拜而隨之，雖驅擊，不痛不去」。〔註 102〕

〔註 95〕同註 64，第 39 冊，頁 684。

〔註 96〕參見龍協濤：《文學讀解與美的再創造》（臺北：時報文化出版企業有限公司，1993 年 8 月），頁 35。

〔註 97〕同註 64，第 40 冊，頁 1500～1501。

〔註 98〕同註 64，第 39 冊，貪穢部〈科錢造像〉，頁 605。。

〔註 99〕同註 64，第 39 冊，貪穢部〈利賜予〉，頁 610。

〔註 100〕同註 64，第 39 冊，專愚部〈逃債 埋錢〉，頁 145～146。

〔註 101〕同註 64，第 39 冊，不韻部〈不洗腳〉，頁 332。

〔註 102〕同註 64，第 39 冊，容悅部小序，頁 661。

　　就文本的功能性而言，馮夢龍在創作時面對「隱含讀者」──知識分子，心中已預設作品的閱讀功能，企盼讀者藉由閱讀行為，從作品中得到預期的收穫。以下就《古今譚概》的內容分為三大功能屬性：

一、詼啁笑謔

　　由韻社第五人在〈題古今笑〉中所論可知，韻社諸人「爭以笑尚，推社長子猶為笑宗焉」，此在晚明是一種知識分子結社的常態。群聚的目的，往往從語言對話機鋒中擺脫典籍史冊的道德束縛，尋得文字遊戲的趣味性。或令人絕纓噴飯，或透顯人生哲理。藉由嘻笑怒罵皆成文章中，表現「資人諧戲」的遊戲心理及「以謔用事」的處世原則，解構生命嚴肅與深層的意義面，並得以祛除生命的苦悶與無奈。例如癖嗜部〈躭飲〉一則：

> 劉伶病酒，渴甚，從婦求酒。妻捐酒毀器，涕泣諫曰：「君過飲，非攝生之道，必宜斷之。」伶曰：「善！吾不能自禁，惟當誓鬼神耳。便可具酒肉。」婦從之。伶跪而誓曰：「天生劉伶，以酒為名。一飲一斛，五斗解酲。婦人之言，慎不可聽。」仍飲酒御肉，頹然復醉。〔註103〕

劉伶煞有介事的立誓，卻說「婦人之言，慎不可聽」，「仍飲酒御肉，頹然復醉」。利用認真嚴肅與漫不經心的反差，產生詼諧謔笑的趣味，使人刺心不忘。

　　馮夢龍對所認知的笑的來源，曾在儇弄部小序中有所論述：

> 傀儡場中，大家搬演將去，得開口處，便落便宜。謂之弄人可，謂之自弄可，謂之造化弄我，我弄造化，俱無不可。〔註104〕

每個人在人生舞臺上扮演自己的角色，一旦開口，彼此便互為儇弄，相以為笑。正如《笑府・序》中所言「古今世界，一大笑府，我與若皆在其中，供人笑柄」。

　　對於笑話中專以語言文字為遊戲元素而產生笑聲者，馮夢龍在苦海部小序中，也予以肯定：

> 夫為詞而足以資人之諧戲，此詞便是天地間一種少不得語，猶勝於塵腐蹈襲。如楊升庵所謂：「雖布帛菽粟，陳陳相因，不可衣食也。」

〔註103〕同註64，第39冊，頁373。
〔註104〕同註64，第40冊，頁869。

　　　故余喜而採之。〔註105〕

甚至以激賞鼓勵的態度，認爲「其能以文爲戲者，必才士也」、「視文如戲，
則文之興益豪」。〔註106〕因此，對馮夢龍與晚明文士而言，以遊戲心態面對笑
話閱讀更是一種生活態度。例如文戲部所載皆爲古人以詩文相嘲的故事：

　　　蘇詩：「無事此靜坐，一日似兩日，若活七十年，便是百四十。」近
　　　有任達者更之曰：「無事此游戲，一日似三日，若活七十年，便是二
　　　百一。」(〈改蘇詩〉)〔註107〕

此則運用「襲改法」〔註108〕改動舊詩，依個人想表現的新意略加改作，便產
生不同笑料。馮夢龍於文末附評亦展身手試作一首，自言「子猶嘗反其詩云：
『多事此勞擾，一日如一刻。便活九十九，湊不上一日。』」

　　　此外，在巧言部中亦屢見運用拆字分析，以姓名、官職相戲謔，遊戲文
字之妙趣。尚有大量以言語遊戲爲樂的故事，多數以套用儒釋典籍、成語、
歇後語等玩笑取樂。雖記滑稽可笑之事，但已汲取經典、詩文、佛經資料爲
書寫題材，呈顯鮮明的文人特色。而在談資部中，則見輯錄古人「可以侈目，
可以解頤」的酒令、對子、燈謎、字謎等文字遊戲之作。例如：

　　　「十謁朱門九不開，滿頭風雪却回來。歸家懶覩妻兒面，撥盡寒爐
　　　一夜灰。」一藥名：常山，砒霜，狼毒，焰硝。一病名：喉閉，傷
　　　寒，暴頭，火丹。(談資部〈燈謎〉)〔註109〕

　　　陳亞自爲亞字謎曰：「若教有口便啞，且要無心爲惡。中間全沒肚腸，
　　　外面任生稜角。」(談資部〈陳亞謎〉)〔註110〕

藉由言辭、文字的講究，亦可窺見馮氏欲疏離世俗達到趨於雅馴的目的，證
明《古今譚概》屬於知識分子階層的讀物。

二、諷諭勸懲

〔註105〕同註64，第39冊，頁289。
〔註106〕同註64，第40冊，文戲部小序，頁1101。
〔註107〕同註64，第40冊，頁1102～1103。
〔註108〕「襲改法」，可分爲「改」、「套」兩種。「改」，僅更動詩文原句中的個別詞語；
　　　　「套」，是保留原作的格式，對於原句文字進行較大的變動。(參見余德泉：《笑
　　　　話裡外觀》(成都：四川人民出版社，1988年2月)，頁334。)
〔註109〕同註64，第40冊，頁1243。
〔註110〕同註64，第40冊，頁1243～1244。

　　馮夢龍在《古今譚概》中「羅古今於掌上，寄春秋於舌端。美可以代興人之誦，而刺亦不違鄉校之公」，以遊戲之筆嘲弄政治的腐敗、官僚的貪婪、人性的偏執，包括：迂腐、昏愚、狂妄、怯懦、驕矜、汰奢、儉吝、貪鄙、殘暴、偽善等。雖然在理論上否定現實世界，但深藏在傳統文人士大夫內心的政治熱情並未消解，只是換一種形式表現。若劉基的寓言作品，是對社會動亂的憂患和政治弊端矯正的努力；江盈科的寓言，是對王朝衰落的焦慮和統治危機警告的苦心；馮夢龍的作品中，則蘊藏更多對專制統治的絕望和末世情緒的發洩。在超然態度的背後，是對統治弊端的洞察與控訴。由其〈自敘〉中可知，馮氏希望以笑消解富貴、功名、道德、子孫、山河大地等代表傳統官方價值體系的正當性，從而暴露其荒誕和不合理。因為馮氏認為人所有的貪欲皆根源於此，只要此價值體系存在，社會矛盾與政治弊端便無法根除。

　　在迂腐、癡絕、專愚、癖嗜、貧儉、貪穢、汰侈、閨誡等部中，馮夢龍輯錄各式刻畫人性貪、癡、愚、欲的記載。例如專愚部〈馬速非良〉：

　　　　李東陽嘗得良馬，送陳師召騎入朝。歸，成詩二章。怪而還其馬，
　　　　曰：「吾舊所乘馬，朝回必成六詩，此馬止二詩，非良也。」東陽笑
　　　　曰：「馬以善走為良。」公思之良久，悟之。復騎而去。〔註111〕

馮夢龍藉由李東陽之口嘲誚陳師召的愚妄。《古今譚概》中對於此類迂腐愚闇者，如權龍襄、党進、周用齋等，多加嘲諷。〔註112〕

　　馮夢龍於書中亦大力抨擊官場的黑暗，尤以揭露元、明兩代之事最為尖銳。例如顏甲部〈廖恩無過〉：

　　　　熙寧中，福建賊廖恩，聚徒黨於山林，已，聽招撫出降。朝廷赦罪，
　　　　授右班殿直。既至，有司供脚色一項，云：「歷任以來，竝無公私過
　　　　犯。」見者哂之。〔註113〕

馮氏於文末評其「人但知廖恩可笑，孰知薦剡中說清說廉，墓誌上稱功稱德，皆是廖恩脚色。安然不慚，獨何也」，欲藉由廖恩之事，道出表面「說清說廉」的官僚，實則厚顏無恥，以揭露官場腐敗。除此馮氏對各行各業不具專業知

〔註111〕同註64，第39冊，頁104～165。
〔註112〕例如党進的事蹟可見無術部〈党進讀書〉及〈說韓信〉、不韻部〈党進畫具〉。
　　　　權龍襄的事蹟可見無術部〈多感元年〉、苦海部〈權龍襄〉。周用齋的事蹟可
　　　　見迂腐部〈雅言〉、專愚部〈周用齋事〉。陳師召的事蹟尚可見專愚部〈不知
　　　　骰色〉、謬誤部〈陳太常〉、酬嘲部〈太常卿大學士〉。
〔註113〕同註64，第39冊，頁703～704。

能、違反戒律者，如愚師、庸醫、淫僧亦大加撻伐。

　　明代自太祖始即公開設立大型妓院「富樂院」，縱慾好色的淫靡風氣逐漸形成。中葉以後，經濟繁榮、城市發展使妓院更加盛行。同時，李贄、湯顯祖等人批判程朱理學，挑戰傳統道德規範、制度，要求恢復人的本性。至晚明社會則充滿矛盾與對立，社會極為開放，文社、復社等各式文人社團紛立，形成百家齊鳴局面，卻也造成許多不良風氣。《古今譚概》便藉由輯錄歷朝舊聞事件，以古諷今，反映出夫妻反目、婆媳不和、兄弟鬩牆、子孫不孝、重男輕女等人倫失序現象，以及王綱解紐、法令繁苛、盜賊橫行、買賣奴隸、放高利貸等治安敗壞狀況。例如雜志部〈世事相反〉：

> 今世人事亦有相反者：達官不憂天下，草莽之士憂之；文官多談兵，武官卻不肯廝殺；有才學人不說文章，無學人偏說；富人不肯使錢，貧人卻肯使；僧道茹葷，平人卻多持素；閭閻會飲卻通文，秀才卻麤鹵；有司官多裁豪，鄉宦卻把持郡縣；官愈尊則愈言欲退休；官愈不達則愈自述宦蹟。〔註114〕

馮夢龍便以辛辣之筆，一語中的，道破世間看似迷障的誤謬。

三、徵奇志異

　　好奇尚異，是中國古典小說創作的一大美學特色。從《列異傳》、《搜神記》、《異苑》、《玄怪錄》、《傳奇》等書名中，可窺見此種藝術風尚由來已久，成為一種尚奇的藝術觀。求新尚奇，是人類的本性。明代鄭元勳在《幽媚閣文娛初集・自序》中提及：

> 夫人情喜新厭故，喜慧厭拙，率為其常。……六經不可加，而諸文可加。猶花鳥非必日用不離，而但取怡悅，不無今昔開落之異。若以代開代落之物，必勿許薦新而去陳，則亦幽滯者之大惑已。〔註115〕

正因為讀者的喜新厭故，造就文學作品求新求變的特質。而明代徐如翰在《雲合奇蹤・序》中，也針對「奇」的觀點加以論述：

> 天地間有奇人，始有奇事；有奇事，乃有奇文。夫所謂奇者，非奇衺、奇怪、奇詭、奇僻之奇，正惟奇正相生，足為英雄吐氣，豪傑

〔註114〕同註64，第40冊，頁1604～1605。

〔註115〕參見〔明〕鄭元勳：《幽媚閣文娛初集》，收錄於《四庫禁燬書叢刊》（北京：北京出版社，2005年8月）集部172，頁集172-7～集172-8。

壯譚，非若驚世駭俗，咋指而不可方物者。〔註 116〕

凌濛初在《拍案驚奇・序》中也提出：

> 今之人但知耳目之外牛鬼蛇神之為奇，而不知耳目之內日用起居，
> 其為譎詭幻怪非可以常理測者固多也。〔註 117〕

在《二刻拍案驚奇・序》中甚至批評所謂「奇」的觀念：

> 今小說之行世者無慮百種，然而失真之病，起於好奇。知奇之為奇，
> 而不知無奇之所以為奇。捨目前可紀知事，而馳騖於不論不議之鄉，
> 如畫家不圖犬馬而圖鬼魅者。〔註 118〕

由上述可知，明人認知的「奇」是「奇正相生」下的「奇」，是從能譎詭幻怪的「耳目之內日用起居」中的「奇」。

此種慕新好奇的觀念，亦反映於《古今譚概》中。靈蹟部一卷所載多為神奇故事，自〈頂穴乳穴〉至〈臨安術士〉皆為神怪傳奇故事；〔註 119〕荒唐部中，除《妖亂志》呂用之事》至〈卜東方朔〉敘述裝神弄鬼之事，〔註 120〕〈藻兼〉以下各則，則為荒誕奇異之事；〔註 121〕非族部一卷，則記錄異國、異族的奇風異俗與物產；雜志部〈勇可習〉至〈戴探花〉各則，〔註 122〕亦多屬奇聞怪事。由非族部小序所言：

> 子猶曰：學者少所見，多所怪。窮髮之國，穴胸、反趾、獨臂、兩
> 舌，殊風異尚，怪怪奇奇，見於紀載者侈矣。不閱此，不知天地之
> 大；不閱此，不知中國之尊。予特採其尤可駭笑者著焉，而附以蛇
> 虎之屬，若曰夷狄禽獸云爾。〔註 123〕

可知馮夢龍編纂創作時，於歷代典籍書冊中蒐羅「以異聞怪事為奇」的題材，開拓讀者視野，增廣其見聞。在荒唐部小序中，〔註 124〕甚至肯定了笑談荒誕

〔註 116〕參見〔明〕徐渭：《雲合奇蹤》，收錄於《古本小說集成》（上海：上海古籍出版社，1992 年 11 月）第 12 冊，頁 1～2。

〔註 117〕參見〔明〕凌濛初：《拍案驚奇》（臺北：三民書局股份有限公司，1990 年 10 月），頁 1。

〔註 118〕參見〔明〕凌濛初：《二刻拍案驚奇》（臺北：三民書局股份有限公司，1991 年 4 月），頁 41。

〔註 119〕同註 64，第 40 冊，頁 1365～1405。

〔註 120〕同註 64，第 40 冊，頁 1431～1440。

〔註 121〕同註 64，第 40 冊，頁 1441～1465。

〔註 122〕同註 64，第 40 冊，頁 1561～1577。

〔註 123〕同註 64，第 40 冊，頁 1515。

〔註 124〕荒唐部小序：

不經且不免害理之事的遊戲態度，期待能滿足讀者「新奇」的審美需求。例
如〈樹中樂聲〉：

> 萬曆丁酉，河南鞏縣大道，有木匠持斧往役於人。憩樹下，忽聞鼓
> 樂聲，不知其自。諦聽之，乃出樹中，遂將斧擊樹數下，其內曰：「不
> 好不好，必砍進矣。」匠益重加斧，乃有細人長三四寸，各執樂器
> 自樹中出地上，猶自作樂數疊，來觀者益多，乃仆地。〔註125〕

樹中傳出鼓樂聲，已能引人好奇。進一步探究，始知樂聲來自樹中之人，且
身長僅三四寸，結果更令人驚嘆。故事藉由一步步層遞追索，終於眞相大白。
既能開啓想像的空間，又能滿足讀者窺伺的好奇心理。

又如妖異部〈產法馬〉：

> 萬曆丁未，吳縣石湖民陳妻許氏產夜叉白魚。後又妊，過期不產。
> 一日請治平寺僧在家，轉經祈祐，其夕功未畢，內呼腹痛急，忽產
> 下一胞，訝是何物，破而視之，乃一秤銀銅法馬子也。舉家大駭。
> 權之，重十兩。視其背有鑄成字樣，驗是「萬曆二十二年置」七字，
> 跡甚分明，至今尚在。比鄰章秀才偕同學方生親詣其廬，傳玩而異
> 之。或疑銅精所交，或疑五郎所紿，未可知。〔註126〕

婦人懷孕，卻先後產下夜叉白魚與法馬。過程中並襯以「過期不產」，引發讀
者的懸想。不產子，卻接連兩次產出異物，結果確實令人驚訝。故事中不僅
言明事件發生的地點、人物，並引章秀才與同學方生親詣其廬，證明所言不
虛。文末再以「傳」、「或疑」、「未可知」等字眼，增添事件的神祕性。既能
開啓懸疑想像的空間，又能滿足讀者的好奇心理。

> 子猶曰：相傳海上有駕舟入魚腹，舟中人曰：「天色何陡暗也？」取炬然之，
> 火熱而魚驚，遂吞而入水。是則然矣。然舟人之言，與其取炬也，孰聞而
> 孰見之？《本草》曰：「獨活有風不動，無風自搖；石牌入水即乾，出水則
> 濕。」出水則濕，誠有之矣；入水即乾，何從得知？言固有習聞而不覺其
> 害於理者，可笑也。既可笑，又欲不害理，難矣。章子厚作相，有太學生
> 在門下，有口辯。子厚一日至書室，叩以《易》理，其人縱橫辯論，雜以
> 荒唐不經之說。子厚大怒曰：「何故對我亂道？」命左右擒下杖之。其人哀
> 鳴叩頭乃免。而同時坡仙，乃強人妄言以爲笑樂。以理論，子厚似無害，
> 究竟子厚一生正經安在，贏得死後作貓兒！何如坡仙得遊戲三昧也。集荒
> 唐第三十三。
>
> （同註64，第40冊，頁1421～1422。）

〔註125〕同註64，第40冊，頁1449～1450。
〔註126〕同註64，第40冊，頁1506～1507。

第四章　《古今譚概》的版本考述

第一節　《古今譚概》版本述略

一、書名考辨

馮夢龍在博覽歷代正史，兼收多種稗官野史、筆記叢談的基礎上輯撰了一部文言小說集《古今譚概》。此書名稱記載有歧，一說爲書初刊行未獲廣泛迴響，重刻並易名爲《古今笑》；〔註 1〕一說更名爲《古今笑》後，又經朱石鐘等人刪訂，李漁作序，題爲《古今笑史》。〔註 2〕因此，《古今譚概》又名《譚概》、《笑史》、《古今笑》、《古笑史》、《古今笑史》。書名紛雜，〔註 3〕也正意味《古今譚概》的複雜性。

書名《譚概》，可由梅之熉〈敘譚概〉中窺見一二：「譚言微中，可以解紛。則譚何容易！不有學也，不足譚；不有識也，不能譚；不有膽也，不敢譚；不有牢騷鬱積於中而無路發攄也，亦不欲譚。」〔註 4〕這是對「譚」的闡釋。馮夢龍自稱「無學無識」，且「膽銷志冷」，不能深談，「談其一二無害者，

〔註 1〕此爲徐朔方的論點，參見〈馮夢龍年譜〉，收錄於〔明〕馮夢龍編撰《馮夢龍全集》（南京：江蘇古籍出版社，1993 年 9 月）第 22 冊，附錄。

〔註 2〕此爲胡萬川的論點，參見《馮夢龍生平及其對小說之貢獻》，政治大學中國文學研究所碩士論文，1973 年 6 月，頁 48～49。

〔註 3〕參見本節頁 79～83，清代、民國時期公私書志的著錄狀況表格。

〔註 4〕參見〔明〕馮夢龍：《古今譚概》（上海：上海古籍出版社，1993 年 6 月）第 39 冊〈敘譚概〉，頁 1～2。

是謂槩」。儘管敍者與編撰者對書名加以解釋，但對市井讀者而言，單就書名仍未必能了解內容。即使於書名前加上「古今」二字，關注者依舊有限。

康熙間朱石鐘、朱姜玉、朱宮聲兄弟對明本作了刪削，因「其網羅之事，盡屬詼諧，求為正色而談者，百不得一，名為《譚概》，而實則《笑府》」，故以《古今笑》之名重刊。然《古今笑》之名，並非始見朱石鐘剞劂本，沈自晉《南詞新譜》卷十六〈越調・山麻楷〉眉批：「師父，當作司務，諸色藝人之通稱也。此段可入馮猶龍《古今笑》。」〔註5〕

檢視李漁〈序古笑史〉與同題李漁所作之《古今笑史・序》略有出入，今節其差異之重要部分，逐錄如下：

〈序古笑史〉：

彼笑曰：「予，酒人也。……但馮子猶龍之輯是編，述也，非作也。予雖稍有撙節，然不敢旁贅一詞，又竊比於我老馮，而述其所述者也。述而不作，仍古史也，在昔為今者，在今則又為古，遂名《古笑史》。」予曰：「善！古不云乎：『嘻笑怒罵，皆成文章』，是集非他，皆古來絕妙文章，但去其怒罵者而已，名《古笑史》，誰曰不宜？」〔註6〕

《古今笑史・序》：

石鐘曰：「予，酒人也。……但馮子猶龍之輯是編，述也，非作也，予稍有撙節，然不敢旁贅一詞，又述其所述者也。述而不作，仍古史也。試增一詞，為《古今笑史》，能免蛇足之譏否？」予曰：「善！古不云乎：『嘻笑怒罵，皆成文章』，是集非他，皆古今絕妙文章，但去其怒罵者而已。命曰《笑史》，誰云不宜？」〔註7〕

此二序之敍述中言及「古笑史」、「古今笑史」、「笑史」等不同名稱，故使《譚概》除《古今笑》外，另有多項異稱。

其中，李漁認為此書「述而不作，仍古史也」，遂加一字，稱《古今笑史》。〔註8〕但後世有人對此說提出反對論點：伍枚在〈關於《古今笑史》〉〔註9〕

〔註5〕 參見〔清〕沈自晉：《南詞新譜》（臺北：臺灣學生書局，1984 年 8 月）卷十六〈越調・山麻楷〉，頁 595。

〔註6〕 參見〔明〕馮夢龍：《古今譚概》之附錄，收錄於《馮夢龍全集》（上海：上海古籍出版社，1993 年 6 月）第 40 冊，頁 24～27。

〔註7〕 參見〔清〕李漁：《李漁全集》卷一《笠翁一家言文集》（杭州：浙江古籍出版社，1992 年 10 月）冊一，頁 30。

〔註8〕 參見朱一玄、寧稼雨、陳桂聲編著《中國古代小說總目提要》（北京：人民文學出版社，2005 年 12 月）。

一文中加以反駁：以王利器只肯定李漁序一書爲《古今笑》或《笑史》、《古笑史》，並不談及《古今笑史》。加之本身在上海圖書館所見康熙刻本《古笑史》，內有李漁序，題爲《序古笑史》，文中均名爲《古笑史》，並無《古今笑史》一名。認爲以《古今笑史》爲李漁增定的書名，恐怕證據不足。

由上述推知，《古今笑》後經朱石鐘等人刪訂，李漁作序，題爲《古今笑史》一說，恐難成立。

二、刊刻與流傳

（一）卷數分合

馮夢龍《古今笑》先自刻於明萬曆四十八年（西元 1620 年），後於天啓間由葉昆池重版，易名爲《古今譚概》。二書內容未變，卷數依馮夢龍〈自敘〉及韻社第五人〈題古今笑〉所言：「集《古今笑》三十六卷」、「分部三十六」，均爲三十六卷，屬同書異名的兩個不同本子。清初朱石鐘兄弟據以刪削成三十四卷，改稱《古今笑史》。

不過，《古今譚概》在後世流傳過程中，卷數的多寡，則出現歧異的情形。將清代、民國時期公私書志的著錄狀況，臚列於下，以見其分合之別：

朝代	出　處	書名	卷數	輯撰者	備註
清	《欽定續文獻通考》〔註10〕經籍　子　雜家下　雜纂	譚槩	三十六	馮夢龍	
	《四庫全書總目提要》〔註11〕卷一百三十二　子部　雜家類存目九	譚概	三十六	馮夢龍	
	《欽定四庫全書存目》〔註12〕（下）欽定四庫全書附存目錄卷六　子部　雜家類　雜纂之屬	譚槩	三十六	馮夢龍	

〔註 9〕 此文收錄於《讀書》1986 年 1 期，1986 年，頁 149。
〔註10〕《欽定續文獻通考》，收錄於〔清〕嵇璜、曹仁虎等奉敕撰：《文津閣四庫全書》（北京：商務印書館，2005 年）史部政書類第 209 冊。
〔註11〕〔清〕永瑢、紀昀等編：《四庫全書總目提要》（臺北：臺灣商務印書館，1983 年 10 月）第四冊。
〔註12〕是書〔清〕胡虔編，據清乾隆 58 年刊本影印，收錄於嚴靈峯、趙萬里：《書目類編》（臺北：成文出版社有限公司，1978 年 7 月）第 8 冊。

《四庫各省採進書目》〔註13〕 兩淮商人馬裕家呈送書目	古今譚概	三十六	馮夢龍	
《嘉慶黎里志》〔註14〕 卷首　題詠姓氏考　馮夢龍條	古今譚概	三十四 四庫總目 三十六卷	馮夢龍	
《蘇州府志》〔註15〕 卷一三六　藝文一	古今譚概	三十四 四庫總目 三十六卷	馮夢龍	
《奕慶藏書樓書目》〔註16〕 卷三　子之目　子之九稗乘家一 說彙	古今談槩	三十六	馮夢龍	
	古今笑	六		
《八千卷樓書目》〔註17〕 卷十四　子部　小說家類　瑣語 之屬	古笑史	三十四	李漁	
《清史稿》〔註18〕 藝文志三　子部　小說類	古今笑	三十四	李漁 〔註19〕	
民國　《北京圖書館善本書目》〔註20〕 （上） 卷四　子部上　雜家類　雜纂	古今笑	三十六	馮夢龍	明末馮 氏墨憨 齋刻本 六冊

〔註13〕是書吳慰祖編，據民國 49 年排印本影印，收錄於嚴靈峯、趙萬里：《書目類
編》（臺北：成文出版社有限公司，1978 年 7 月）第 13 冊。

〔註14〕《嘉慶黎里志》、《蘇州府志》與《民國吳縣志》（詳後）均載有「《古今譚概》
三十四卷」，其下小注：「《四庫總目》三十六卷。」雖卷數不同，當爲同一書。
且疑著錄爲三十四卷者，當即康熙年間《譚概》刪節本《古今笑》，蓋取其書
名之雅者，故從其舊名。

〔註15〕〔清〕李銘皖等修、馬桂芬等纂：《蘇州府志》（六）（臺北：成文出版社有限
公司，1970 年 5 月）卷一百三十六〈藝文一〉，據光緒 9 年刊本影印。

〔註16〕是書〔清〕祁理孫編，據民國 47 年排印本影印，收錄於嚴靈峯、趙萬里：
《書目類編》（臺北：成文出版社有限公司，1978 年 7 月）第 31 冊。又據
同冊編輯說明，〔清〕沈復粲編《鳴野山房書目》即祁理孫的《慶奕藏書樓
書目》。

〔註17〕參見〔清〕丁仁：《八千卷樓書目》（臺北：廣文書局，1970 年 6 月）。

〔註18〕參見趙爾巽等編《清史稿》（臺北：新文豐出版公司，1986 年 5 月）。

〔註19〕此處誤將爲《古今譚概》刪節本《古今笑》作序的李漁視爲作者。又彭國棟
纂修《重修清史藝文志》（臺北：臺灣商務印書館，1968 年 6 月，頁 257），
著錄與《清史稿》同，亦未加校正。

〔註20〕是書，無名氏編，據民國 48 年排印本影印，收錄於嚴靈峯、趙萬里：《書目
類編》（臺北：成文出版社有限公司，1978 年 7 月）第 19 冊。

《北京大學圖書館藏古籍善本書目》〔註21〕 子部　雜家類　雜纂	古今譚槩	三十六	馮夢龍	明刻本 十六冊
《書舶庸譚》〔註22〕 譚一·下　一月二十四日	古今譚概	三十六	馮夢龍亦名龍子猶，或稱墨憨齋	
《西諦書目》〔註23〕（上） 卷二　子部　雜家類　雜纂	古今談概	五（一冊，存卷五至九）	馮夢龍	
	古今笑史	不分卷（二冊）		
卷二　子部　小說家類　瑣記	古笑史	二十六（三冊，存卷一至十九、二十八至三十四）	李漁	
《影印善本書目錄》〔註24〕 集部　小說類	古今譚概	三十六	馮夢龍	
《故宮普通書目》〔註25〕（上） 卷三　子部　小說家類　瑣語之屬	古笑史	三十四冊（原刊本六冊）	清竹笑居士刪輯李漁鑒定	

〔註21〕北京大學圖書館：《北京大學圖書館藏古籍善本書目》（北京：北京大學出版社，1999 年 6 月）。

〔註22〕董康：《書舶庸譚》（臺北：世界書局，1971 年 9 月）。

〔註23〕是書趙萬里編，據民國 52 年排印本影印，收錄於嚴靈峯、趙萬里：《書目類編》（臺北：成文出版社有限公司，1978 年 7 月）第 44 冊。

〔註24〕北京圖書館善本組：《影印善本書目錄》（北京：中華書局，1992 年 6 月），1955 年北京文學古籍刊行社影印明葉昆池刻本。

〔註25〕是書江瀚編，據民國 23 年排印本影印，收錄於嚴靈峯、趙萬里：《書目類編》（臺北：成文出版社有限公司，1978 年 7 月）第 17 冊。

《四川省圖書館館藏古籍目錄》〔註26〕 集部下　六小說　三筆記　四諷刺	古今譚槩	二冊	馮夢龍	
《中國古籍善本書目》〔註27〕子部（上）（下） 卷十九　小說類　筆記　雜事	古今譚概	三十六（存二十卷一至六、十至二十四、三十一至三十六）	馮夢龍	明末蘇州閶門葉昆池刻本
卷十九　小說類　筆記　諧謔	古今笑	三十六	馮夢龍明馮夢龍輯清竹笑居士刪訂	明末馮氏墨憨齋刻本
	古笑史	三十四		清康熙六年刻本
《稿本中國古籍善本書目》〔註28〕子部　雜家	古今譚槩	三十六	馮夢龍	明刻本九行二十一字白口左右雙邊

〔註26〕是書無名氏編，據民國 47 年油印本重排本影印，收錄於嚴靈峯、趙萬里：《書目類編》（臺北：成文出版社有限公司，1978 年 7 月）第 26 冊，1955 年文學古籍刊行社影明葉昆池刊本。

〔註27〕中國古籍善本書目編輯委員會：《中國古籍善本書目》（上海：上海古籍出版社，1996 年 12 月），包括：明末蘇州閶門葉昆池刻本、明末馮氏墨憨齋刻本、清康熙六年刻本。

〔註28〕天津圖書館：《稿本中國古籍善本書目》（濟南：齊魯書社，2003 年 4 月）。

小說家　諧謔	古今笑	三十六	馮夢龍	明末馮夢龍墨憨齋刻本九行二十一字白口左右雙邊
	古笑史	三十四	明馮夢龍輯清竹笑居士刪訂	清康熙六年刻本
《內閣文庫漢籍分類目錄》〔註29〕	古今譚槩	三十三	馮夢龍	
《京都大學人文科學研究所漢籍目錄》〔註30〕 第十雜家類　四、雜纂之屬	古今譚槩	三十六	馮夢龍	
《東京大學東洋文化研究所漢籍分類目錄》〔註31〕 子部　第十二部小說家類　三諧謔之屬　◎明	古今談概	三十三	馮夢龍	

由上述歸結版本分三十三卷本、三十四卷本和三十六卷本三個系統。

（二）版本源流

1. 明刻本

（1）明墨憨齋刻《古今笑》，乃一完整的三十六卷本，計有迂腐、怪誕、癡絕、專愚、謬誤、無術、苦海、不韻、癖嗜、越情、佻達、矜嫚、貧儉、汰侈、貪穢、鷙忍、容悅、顏甲、閨誡、委蛻、譎知、儇弄、機警、酬嘲、塞語、雅浪、文戲、巧言、談資、微詞、口碑、靈蹟、荒唐、妖異、非族、雜志。

〔註29〕內閣文庫：《內閣文庫漢籍分類目錄》（臺北：進學書局，1970 年 8 月）。
〔註30〕人文科學研究協會：《京都大學人文科學研究所漢籍目錄》（京都：株式會社同朋舍，昭和 56 年（西元 1981 年）12 月 10 日），一九五五年北京文學古籍刊行社用王氏藏明葉昆池刊本景印。
〔註31〕東京大學東洋文化研究所：《東京大學東洋文化研究所漢籍分類目錄》（東京：汲古書院，昭和 56 年（西元 1981 年）3 月 30 日）。

萬曆四十八年刻，其行款為上下單欄，左右雙欄，無版心。每半葉九行，行二十一字。行與行之間有界格，無標點，有行側批。此版本加入署名「韻社第五人題于蕭林之碧泓」的〈題古今笑〉和署名「庚申春朝書於墨憨齋」的馮夢龍〈自敘〉，〈自敘〉後署「吳下詞奴」、「前周柱史」。總目下明確標示「姑蘇龍子猶新纂，同郡袁韔公批點」，據此可知行間的評語和圈點似應全出自袁于令之手。〔註32〕篇中與篇末的評語或補充，則大多應是馮夢龍自己的文字。現藏北京圖書館。

（2）明末蘇州閶門葉昆池刻本，三十六卷三十六部，計有迂腐、怪誕、癡絕、專愚、謬誤、無術、苦海、不韻、癖嗜、越情、佻達、矜嫚、貪儉、汰侈、貪穢、鷙忍、容悅、顏甲、閨誡、委蛻、譎知、儇弄、機警、酬嘲、

〔註32〕然就馮夢龍評點的《智囊補》一書觀察，此書「評」的方式統一，包括總敘、卷前引語、旁批、尾評。其中，行間之批語簡短有力，有助閱讀及了解，如「奇」、「更奇」、「要緊」、「要著」、「具眼」、「快甚」……等指導閱讀之語。以上智部「見大」〈狄武襄〉為例：

狄青起行伍十餘年，既貴顯，面涅猶存，曰：「留以勸軍中。」（旁批：大識量）（參見〔明〕馮夢龍：《智囊補》，收錄於《馮夢龍全集》（上海：上海古籍出版社，1993 年 6 月）第 35 冊，頁 41～42。）

狄青顯貴後仍留面涅痕跡，激勵兵士「英雄不怕出身低」，馮夢龍因此肯定其具有見識及領導者的器量。以「大識量」一語作評，深中肯綮。由此可見，旁批表面上是形式，對內容卻具指導性意義。

其次就圈點而論，加圈的位置，有下列二種：一、題目上加圈：如上智部「見大」〈太公　孔子〉，題目上用「○○」。可分為不加圈、加一圈、加雙圈、加三圈四種，可讀性及趣味性隨圈數提高。二、文旁加圈、點：標示作品的重點。以上智部「見大」〈選押伴使〉為例：

三徐名著江所，皆以博洽聞中朝，而騎省鉉尤著。會江左使鉉來脩貢例，差官押伴，朝臣皆以辭令不及為憚，宰相亦艱其選，請於藝祖。藝祖曰：「姑退，朕自擇之。」有頃，左璫傳宣殿前司，具殿侍中不識字者十人，以名入，宸筆點其一，曰：「此人可。」在廷皆驚，中書不敢復請，趣使行殿，侍者莫知所以，弗獲已，竟往。渡江始，鉉詞峰如雲，旁觀駭愕，其人不能答，徒唯唯。鉉不測，強聒而與之言。居數日，既無酬復，鉉亦倦且默矣。

藝祖之遣殿侍者，以愚困智也。以智彊愚，愚者不解。以智角智，智者不服。從加圈處可見兩個重點：一、加圈處點出重點即是文心，亦即僅檢視加圈處，便可略窺全貌。二、宋藝祖從不識字者中隨意點出一人應付最善辭令者，結果卻出人意表，使此善於辭令者竟「倦且默」。三、造成「倦且默」之結果，乃在「以愚困智」、「以智角智，智者不服」，此即馮夢龍的「智觀」。

試將《智囊補》與《古今笑》作一比較，不論旁批、圈點的形式與思想內容的表達，二書大致相同。因此，可推斷明墨憨齋刻《古今笑》行間的評語和圈點雖似應出自袁于令之手，然其手法、思想皆與馮夢龍雷同。

塞語、雅浪、文戲、巧言、談資、微詞、口碑、靈蹟、荒唐、妖異、非族、
雜志。全書各部之下共有一千八百二十四篇，囊括二千五百多個故事。扉頁
上端無題，框內右上方署「馮猶龍先生纂」，中間爲大字「古今譚槩」，左下
方署「閶門葉昆池發」。首有署爲「古亭社弟梅之焴惠連述」之〈敘譚槩〉，
後有總目，總目下署「古吳馮夢龍纂」、「古亭梅之焴閱」。

　　每一部開頭有細目，細目中，一目之下有數則故事者以小字註明「計○
條」；細目後爲正文，正文前均有以「子猶曰」起句之小序，小序低於正文一
格。正文標題低於正文二格，標題之上有「○」或「○○」的記號以辨別。正
文之後多有評語，評語亦低於正文一格。行間或有批點及夾注，專有名詞在
字的右方有私名號。有些故事後亦註明出處。〔註 33〕其行款爲上下單欄，左
右雙欄，無版心。每半葉九行，行二十一字。行與行之間有界格，無標點，
有行側批。

　　西元 1955 年北京文學古籍刊行社《古今譚概》二冊，據此影印。本書以
王利器先生藏本爲底本，其中有若干闕葉、奪文和印刷模糊處，則據北京圖
書館藏本補正。然此藏本殘闕處亦多，部分甚至較底本尤甚。不過因殘闕處
所或不盡相同，故凡可參照修訂處均予一一補正。〔註 34〕但北京圖書館藏本
與王利器藏本自卷八不韻部〈元世祖定刑〉篇末批點始，以下依然闕文，對
勘目錄，知有目無文者尚有〈管子治齊〉、〈七世廟諱〉、〈蜀先生〉、〈諢衣〉、
〈廁籌〉、〈效顰計三條〉數篇，至〈擬古人名字〉篇末批點「長安米貴」句前
皆闕文。又酬嘲部第二十二葉下半葉〈戴釜山鹿鳴〉以下闕略、微詞部目錄
至第三葉〈叢公屬禁〉，這些無從查對，暫時任其闕佚。

　　西元 1993 年上海古籍出版社《馮夢龍全集》第三十九、四十冊《古今譚
概》大部分據此刻本影印，另將「韻社第五人」的〈題古今笑〉、馮夢龍的〈自
敘〉、「湖上笠翁」的〈序古笑史〉附於書後，以作參考。該書有三處殘闕略
佚，均據《古今笑》配補：〔註 35〕（一）不韻部自第十五葉〈元世祖定刑〉
篇末批點始，尚有〈管子治齊〉、〈七世廟諱〉、〈蜀先生〉、〈諢衣〉、〈廁籌〉、

〔註 33〕例如癖嗜部〈奕〉第二條鄭俠的故事，馮夢龍於文末以小字註明「出陸放翁
　　　　《渭南集》」。
〔註 34〕例如微詞部〈刺李西涯〉：「劉大夏自作《壽藏記》」，原闕「劉大」，據《古今
　　　　笑》補。又〈邊面〉：「亦此意」，原闕「亦」字，據《古今笑》補。
〔註 35〕據魏同賢主編：《馮夢龍全集》（上海：上海古籍出版社，1993 年 6 月）第 39
　　　　冊〈古今譚概影印說明〉。

〈效顰計三條〉數篇，至第十六葉〈擬古人名字〉篇末批點「長安米貴」句前之闕文。（二）酬嘲部第二十二葉下半葉〈戴釜山鹿鳴〉，篇末補「異也 謬極」四字。（三）微詞部目錄僅至第三葉〈叢公屬禁〉，以下補〈六千兵〉、〈預借〉、〈妲己賜周公〉、〈滕甫類虞舜〉、〈馬希聲〉、〈鴛鴦樓〉、〈妖鳥啼春〉、〈河豚贗本〉、〈元欽師〉、〈棘刺丸〉、〈刺醫〉、〈光福地〉、〈陸念先〉、〈張伯起〉、〈舜禹詩〉、〈忠孝奴〉、〈鄉老墾荒〉、〈三星〉、〈洗兒詩〉、〈打甲帳〉、〈寓言計五條〉等二十一篇。

　　《四庫全書存目叢書》第 136 冊〔註 36〕據北京大學圖書館藏明刻本影印。書首同有〈敘譚槩〉，末附《四庫全書總目・譚槩三十六卷》提要。然其行款稍異，為上下單欄，左右雙欄，花口，單魚尾。版心依序題「古今譚槩」、卷數、頁數。每半葉九行，行二十一字。然此藏本多處殘闕，包括：（一）癖嗜部缺第八、九葉，自〈王弇州朝野異聞計六條〉第六條篇末批點「少加鹽醯」始，繼有〈徐肺沈脾〉、〈瓜薑〉、〈脯腊〉、〈噉梅〉，至〈食性異常計二條〉第二條「問其故答」句前。（二）佻達部自第十二葉〈徐昌穀別墅〉有目無文始，以下〈陶彭澤〉、〈阮籍〉、〈投梭〉、〈追婢〉，至〈挾妓遊行〉「行道中，傲然不服」句前，皆闕佚無文。（三）貪穢部〈一門貪鄙〉僅存篇目，以下缺第九葉〈裴佶姑夫〉、〈元誕不貪〉、〈尉景〉「者石董桶戲之」句前。（四）酬嘲部〈小試冒籍〉僅存篇目，以下皆佚。（五）微詞部〈六千兵〉、〈預借〉、〈妲己賜周公〉、〈滕甫類虞舜〉、〈馬希聲〉、〈鴛鴦樓〉、〈妖鳥啼春〉、〈河豚贗本〉、〈元欽師〉、〈棘刺丸〉、〈刺醫〉、〈光福地〉、〈陸念先〉、〈張伯起〉、〈舜禹詩〉、〈忠孝奴〉、〈鄉老墾荒〉、〈三星〉、〈洗兒詩〉、〈打甲帳〉、〈寓言計五條〉等二十一則二十五條，其篇目、內容皆依墨憨齋本《古今笑》補齊。此外，文字漫滅不清者亦多見，例如貧儉部〈飲牛〉「……高介，然性儉」，開端數字即模糊難辨。

　　《續修四庫全書》第 1195 冊〔註 37〕亦據明刻本影印，原書版框高 220 毫米，寬 276 毫米，行款皆同。又新興書局與新文豐出版社《古今譚概》，〔註 38〕皆據明蘇州閶門葉昆池刻本影印。

〔註 36〕《四庫全書存目叢書》（臺南：莊嚴文化事業有限公司，1995 年 9 月）子部　雜家第 136 冊。

〔註 37〕《續修四庫全書》（上海：上海古籍出版社，2002 年 3 月）子部　雜家類第 1195 冊。

〔註 38〕分別為西元 1977 年 9 月及 1979 年 10 月初版。

（3）日本內閣文庫著錄《古今譚概》一書，共三十三卷，分裝十冊，爲明末刊本。〔註 39〕

由上述可知，明刻本有三十三卷與三十六卷之別。前者今未得見，後者則有《古今笑》與《古今譚概》。因清代李漁〈序古今笑史〉云：「同一書也，始名《譚概》而問者寥寥，易名《古今笑》而雅俗並嗜，購之惟恨不早，是人情畏談而喜笑也明矣。」〔註 40〕今人即據此認爲《古今譚概》刻成後流傳不廣，故於萬曆「庚申（西元 1620 年）春」重刻，改名《古今笑》。〔註 41〕言下之意即西元 1620 年《古今笑》出版前，已有《古今譚概》，事實不然。馮夢龍所編之《古今笑》，先自刻於明萬曆四十八年，後於天啓年間由葉昆池重版，易名爲《古今譚概》；二書內容未變，均爲三十六卷。清初朱石鐘昆仲據以刪削成三十四卷，改稱《古今笑史》。又此書於乾隆時期收入《四庫全書》時，取用《古今譚概》之名。因獲皇帝欽定，標用該名之版本迄今流傳更廣。因此，不論就成書過程、書序中表露之思想情感而言，抑或從出版時間、流傳情況而論，李漁所謂先有《古今譚概》，後改名《古今笑》之說均不成立。〔註 42〕以下試就四方面析論：〔註 43〕

（1）就成書過程而言，《古今笑》前韻社第五人〈題古今笑〉云：「韻社諸兄弟抑鬱無聊，……諸兄弟前曰：『吾兄無以笑爲社中私，請輯一部鼓吹，

〔註 39〕《內閣文庫漢籍分類目錄》（臺北：進學書局，1970 年 8 月）著錄：「古今譚槩　三三卷　明馮夢龍　明末刊　昌（昌平坂學問所本）」。

〔註 40〕參見魏同賢主編：《馮夢龍全集》（上海：上海古籍出版社，1993 年 6 月）第 40 冊《古今譚概》附錄。

〔註 41〕同註 40。

〔註 42〕金蘇在〈「古今笑」與「古今譚概」〉（收錄於《明清小說研究》1988 年 2 期，1988 年，頁 234。）中，由《古今笑》所收沈演（韻社第五人）〈題古今笑〉及馮夢龍〈自敘〉等兩篇序文，推斷在「庚申春朝書於墨憨齋」前並無其他類似作品，包括《古今譚概》在內。再者，《古今譚概》僅有梅之熉一序，序文內無成書經過、繫年，乃因《古今笑》已有刻本行世，《古今譚概》爲其易名重印而已。另高洪鈞於〈馮夢龍的俗文學著作及其編年〉（收錄於《天津師大學報》（社會科學版）1997 年第 1 期，1997 年 2 月 20 日，頁 54～56。）一文中，分別就成書過程、書序中表露的思想感情、出版時間、流傳情況四方面，考辨《古今笑》與《古今譚概》成書年代之先後。因此，由上述二文之分析可知《古今笑》自刻在先，後才改題《古今譚概》行世。

〔註 43〕高洪鈞於〈馮夢龍的俗文學著作及其編年〉（收錄於《天津師大學報》（社會科學版）1997 年第 1 期，1997 年 2 月 20 日，頁 54～56。）一文中，分別就成書過程、書序中表露的思想感情、出版時間、流傳情況四方面，考辨《古今笑》與《古今譚概》成書年代之先後。

以開當世之眉宇。』子猶曰：『可』，乃授簡小青衣，無問杯餘茶罷，有暇輒疏所睹記，錯綜成帙，顏曰《古今笑》。」馮夢龍於〈自敘〉中亦言：「於是乎集《古今笑》三十六卷」。此說明《古今笑》乃應韻社兄弟請求而編，書成即顏曰《古今笑》，並未提及係《古今譚概》改版易名。若前已有《古今譚概》，諸社兄弟不必請輯，馮夢龍亦毋需「授簡小青衣」。

（2）就書序中表露之思想情感而言，馮夢龍在〈題古今笑〉中以笑話能「破煩蠲忿，夷難解惑，豈特療腐而已哉」，表現自信自負。但在《古今譚概》中則自稱「無學無識」，且「膽銷志冷」，不能深談，「談其一二無害者，是謂槩」。顯然是《古今笑》自刻在先，遭受非議，在梅之熉的寬慰、擔保下，「知我罪我，吾直爲子任之」，才改題《古今譚概》行世。

（3）就出版時間而言，《古今笑》是墨憨齋自刻本，前有馮氏萬曆四十八年「庚申春朝書於墨憨齋」的自序，但並未明言爲「重刻」。而《古今譚概》是葉昆池能遠居刻本，有梅之熉校閱作序。以梅的年紀能肩此重任，則刊刻時間當晚至天啓年間。

（4）就流傳情況而言，由明末〈壽寧馮父母詩序〉、清修《四庫全書總目》著錄可知，至明末清初，社會流傳、藏書家所見、國家書目著錄者，皆爲《古今譚概》。顯見《古今笑》出版在前，時人已少見，或已爲《古今譚概》取代。其爲《古今笑》的改版易名，重刻在後，並非「問者寥寥」。此與李漁所言，正好相反。

2. 清刻本

《古笑史》，康熙丁未（西元 1667 年）仲春，朱石鐘、朱姜玉、朱宮聲兄弟將《古今笑》加以刪削剞劂，並請李漁作〈序〉刊行。共三十四卷，計有癡絕、專愚、迂腐、怪誕、謬誤、無術、苦海、不韻、癖嗜、越情、佻達、矜嫚、貧儉、汰侈、貪穢、鷙忍、容悅、顏甲、閨誡、委蛻、譎知、儇弄、機警、酬嘲、塞語、雅浪、文戲、巧言、談資、微詞、口碑、靈蹟、荒唐、雜志。此版本扉頁上端題「湖上笠翁鑒定」，框內右上方署「竹笑居士重訂」，中間爲大字「古笑史」，左上方署「龍子猶原本」，左下方有「本衙藏板　翻刻必究」等字樣。首有署爲「時康熙丁未之仲春　湖上笠翁漫述」之〈序古笑史〉，後有總目。書口作「《笑史》」，全書僅卷一有書題，作「《古笑史》卷之一，湖上笠翁鑒定，竹笑居士刪輯」。其行款爲每半葉九行，行二十一字。

白口，單線魚尾，四周單欄。〔註44〕

序中敘述馮夢龍改《譚概》名爲《古今笑》之緣由，及朱石鐘昆仲加以刪削、李漁於書名增字之經過：

予友竹笑居士，……其仲季諸君輩，亦具飲癖而量稍殺，皆雅好讀書，讀之不已，又從而筆削之，筆削之不已，又從而剞劂之。厥意維何？慮其間或有讀而不快，快而不甚快者，是何異于旨酒既設，殽核雜陳，而忽有俗客闖筵，腐儒罵座，使飲興爲之中阻，不可謂非奇厄勢，必逐而去之，以俟洗盞更酌，此《古今笑》之不得不刪，刪而不得不重謀剞劂也。……是編之輯，出于馮子猶龍，其初名爲《譚概》，後人謂其網羅之事，盡屬詼諧，求爲正色而談者，百不得一，名爲談概而實則笑府，亦何渾樸其貌而妖冶其中乎？遂以《古今笑》易名，趨時尚也。……竹笑居士筆削既竣，而問序于予，予請所以命名者，仍舊貫乎？從時尚乎？彼笑曰：「……但馮子猶龍之輯是編，述也，非作也，予雖稍有撙節，然不敢旁贅一詞，又竊比于我老馮，而述其所述者也。述而不作，仍古史也，在昔爲今者，在今則又爲古，遂名《古笑史》。」予曰：「善！古不云乎：『嬉笑怒罵，皆成文章』，是集非他，皆古來絕妙文章，但去其怒罵者而已，名《古笑史》，誰曰不宜？」

因「其網羅之事，盡屬詼諧，求爲正色而談者，百無得一，名爲談概而實則笑府」，故以《古今笑》之名重刊。李漁認爲此書「述而不作，仍古史也」，遂加一字，稱《古今笑史》。書之編排乃將〈癡絕〉第三移至第一，〈專愚〉第四置爲第二，〈迂腐〉第一改爲第三，〈怪誕〉第二挪至第四，又刪除〈妖異〉第三十四、〈非族〉第三十五，將〈雜志〉第三十六移至第三十四，遂爲三十四卷，各卷條目復有刪削。〔註45〕然據李漁〈序〉引竹笑居士曰：「予雖稍有撙節，然不敢旁贅一詞，又竊比于我老馮，而述其所述者也」，其改動程度應該不大。

3. 排印本

〔註44〕參見吳希賢編：《所見中國古代小說戲曲版本圖錄》（北京：中華全國圖書館文獻縮微複製中心，1995年1月）古代小說（一）上編　古代小說　一、文言，頁337。

〔註45〕參見楊家駱主編：《中國笑話書》（臺北：世界書局，2002年11月）卷首，頁14～15。

　　（1）完足本

《古今譚概》

（明）馮夢龍　纂　劉德權　校點

福州：海峽文藝出版社　1985 年 11 月　1207 頁

　（a）以明閶門葉昆池刻本影印的《古今譚概》作底本，殘闕部分據清朱
　　　石鐘、朱姜玉、朱宮聲昆仲三人刪削的三十四卷本《古今笑》補足。
　　　與他書對勘時，分別不同情況加按語說明。並統一原刻本目錄與正
　　　文標題中有目無文、有文無目、文目不同等狀況。

　（b）分 36 部，書末附錄，包括：署為「古亭社弟梅之熉惠連述」之〈敘
　　　譚槩〉、署名「韻社第五人題于蕭林之碧泓」的〈題古今笑〉、署為
　　　「庚申春朝書於墨憨齋」的馮夢龍〈自敘〉、署為「時康熙丁未之
　　　仲春　湖上笠翁漫述」之〈序古笑史〉與〈古今笑史序〉，以及《四
　　　庫全書總目提要》、《清史稿藝文志》中《譚概》、《古笑史》的著錄。

《笑史》

（明）馮夢龍　編輯　卜維義、吳滌塵　校點

瀋陽：春風文藝出版社　1989 年 3 月　536 頁

　（a）本書取《笑史》之名，卻未據清代朱石鐘昆仲的三十四卷本《古笑
　　　史》，而是依王利器所藏之明閶門葉昆池本校點出版。

　（b）首有署為「古亭社弟梅之熉惠連述」的〈敘譚槩〉、目錄。分 36
　　　部，計 1853 則 2348 條。〔註46〕

〔註46〕全書分 36 部，計 1853 則 2348 條：迂腐部第一，70 則 88 條；怪誕部第二，
　　　27 則 50 條；癡絕部第三，21 則 61 條；專愚部第四，38 則 94 條；謬誤部第
　　　五，52 則 74 條；無術部第六，50 則 63 條；苦海部第七，34 則 63 條；不韻
　　　部第八，54 則 58 條；癖嗜部第九，58 則 91 條；越情部第十，18 則 44 條；
　　　佻達部第十一，46 則 58 條；矜嫚部第十二，65 則 74 條；貧儉部第十三，40
　　　則 41 條；汰侈部第十四，25 則 28 條；貪穢部第十五，38 則 43 條；鷙忍部
　　　第十六，45 則 57 條；容悅部第十七，42 則 54 條；顏甲部第十八，67 則 70
　　　條；闒誠部第十九，33 則 34 條；委蛻部第二十，57 則 93 條；譎知部第二十
　　　一，36 則 40 條；儇弄部第二十二，68 則 84 條；機警部第二十三，37 則 44
　　　條；酬嘲部第二十四，70 則 78 條；塞語部第二十五，49 則 54 條；雅浪部第
　　　二十六，77 則 79 條；文戲部第二十七，78 則 103 條；巧言部第二十八，60
　　　則 79 條；談資部第二十九，52 則 58 條；微詞部第三十，91 則 102 條；口碑
　　　部第三十一，70 則 72 條；靈蹟部第三十二，53 則 61 條；荒唐部第三十三，
　　　50 則 52 條；妖異部第三十四，59 則 62 條；非族部第三十五，67 則 78 條；

《古今譚概》

（明）馮夢龍　編撰　陸國斌、吳小平　校點

南京：江蘇古籍出版社　1993 年 4 月　779 頁

（a）收錄於《馮夢龍全集》第 6 冊

（b）首有署為「古亭社弟梅之熉惠連述」的〈敘譚槩〉、目錄（細目）。
　　全書共 36 部，每部前有小序。為方便閱讀，保持體例一致，刪去
　　原書中注、按、評等文字，改以新式標點重排。

《談概》

（明）馮夢龍　著，楊軍　校

長春：長春出版社　1994 年 1 月　1353 頁

（a）收錄於《馮夢龍四大異書》中。

（b）明代著名通俗文學家馮夢龍有四部筆記小品傳世，即《智囊》、《談
　　概》、《情史》、《笑府》，被後世稱為馮夢龍四大異書。其中，《談概》
　　應名《古今談概》、《古今笑》、《古今笑史》。此書版本以墨憨齋所
　　刻三十六卷本《古今笑》最為完整，而且謬誤較少。本書審校，即
　　以此為底本。著重考訂原書中脫、衍、誤、漏之字及有明顯錯誤的
　　詞句。為方便讀者，保持體例一致，刪去原書中注、按、評等項文
　　字，加以新式標點重排。

（c）首無目錄，全書共 36 部。

《白話古今笑》

（明）馮夢龍　輯撰，肖望、肖遲等　譯

北京：農業出版社　1994 年 3 月　717 頁

（a）本書主要根據河北人民出版社出版的《古今笑》，以其他版本作參
　　考加以翻譯。全書三十六部，除每部、篇名不譯外，其餘全部譯出。

（b）首有署為「古亭社弟梅之熉惠連述」的〈敘譚槩〉，署名「韻社第
　　五人題于蕭林之碧泓」的〈題古今笑〉和署為「庚申春朝書於墨憨
　　齋」的馮夢龍〈自敘〉，一併譯出。後附李漁〈古今笑史序〉，僅予
　　校點，不譯，作附錄置於書後以供參考。

（c）原書的夾注，不再作夾注譯出，根據其意義與正文一併翻譯。正文
　　後之評語，一律置於〔　〕中，以示與正文區別。本書作者所加解

雜志部第三十六，56 則 64 條。

釋，則在文中的（　　）中。

《古今笑》三十六卷

（明）馮夢龍　陳維禮、郭俊峰　主編

長春：時代文藝出版社　1996 年 12 月　713 頁

（a）收錄於《中國歷代笑話集成》（第二卷）（上）（下）

（b）本書據墨憨齋本全錄，共 36 部，計 1853 則 2402 條。〔註 47〕

（c）首有署爲「古亭社弟梅之熉惠連述」的〈敍譚槩〉，署名「韻社第
　　五人題于蕭林之碧泓」的〈題古今笑〉和署爲「庚申春朝書於墨憨
　　齋」的馮夢龍〈自敍〉。後有兩方鈐印，一方爲「吳下詞奴」，一方
　　爲「前周柱史」。後附李漁〈古今笑史序〉。

《古今笑》

（明）馮夢龍　纂輯　白嶺、箏鳴　校譯

鄭州：河南人民出版社　1998 年 3 月

（a）收錄《墨憨齋三笑》中。

（b）前有〈題古今笑〉（韻社第五人題於蕭林之碧泓）、〈自敍〉（庚申
　　春朝書於墨憨齋吳下詞奴（印）　前周柱史（印））。各部類前皆有
　　「子猶曰」小序，附上譯文。每則故事與評語，皆有翻譯。

（c）對故事之文字，亦加改訂。例如委蛻部〈身短面長〉文末評語：「習
　　鑿齒有蹇疾，符堅（嶺按：符應作苻）亦謂之半人。」

（d）自加注、說明，以〔〕表示。例如：委蛻部〈中古冠〉：「文中丞

〔註 47〕全書分 36 部，計 1853 則 2402 條：迂腐部第一，70 則 93 條；怪誕部第二，27
　　則 51 條；癡絕部第三，21 則 62 條；專愚部第四，38 則 95 條；謬誤部第五，
　　52 則 76 條；無術部第六，50 則 64 條；苦海部第七，34 則 63 條；不韻部第八，
　　54 則 59 條；癖嗜部第九，59 則 101 條；越情部第十，18 則 46 條；佻達部第十
　　一，46 則 58 條；矜嫚部第十二，64 則 74 條；貧儉部第十三，40 則 41 條；汰
　　侈部第十四，25 則 28 條；貪穢部第十五，38 則 43 條；鷙忍部第十六，45 則
　　58 條；容悅部第十七，42 則 60 條；顏甲部第十八，67 則 72 條；闒誠部第十九，
　　33 則 36 條；委蛻部第二十，57 則 93 條；譎知部第二十一，36 則 42 條；儇弄
　　部第二十二，68 則 84 條；機警部第二十三，37 則 43 條；酬嘲部第二十四，70
　　則 78 條；塞語部第二十五，49 則 53 條；雅浪部第二十六，77 則 82 條；文戲
　　部第二十七，78 則 103 條；巧言部第二十八，60 則 80 條；談資部第二十九，
　　52 則 58 條；微詞部第三十，91 則 102 條；口碑部第三十一，70 則 73 條；靈蹟
　　部第三十二，53 則 63 條；荒唐部第三十三，50 則 62 條；妖異部第三十四，59
　　則 64 條；非族部第三十五，67 則 78 條；雜志部第三十六，56 則 64 條。

白湖，頭止七寸，時人稱其帽爲『中古冠』。〔《孟子》云：「中古棺七寸。」〕」

《古今笑》

（明）馮夢龍　編著　趙建民　校點

西安：三秦出版社　1998 年 9 月

（a）收錄《明清笑話十種》中。

（b）首有署爲「古亭社弟梅之熉惠連述」的〈敘譚概〉、署名「韻社第五人題於蕭林之碧泓」的〈題古今笑〉、署名「庚申春朝書於墨憨齋」的馮夢龍〈自敘〉，及李漁〈古今笑史序〉。後附目次（總目、細目），共三十六部，1854 則 2397 條。〔註 48〕

《古今譚概》①②

（明）馮夢龍　著　魏同賢、王汝梅、孟凌君　主編　孫玉祥　校點

瀋陽：遼海出版社　2002 年 11 月　785 頁

（a）收錄《馮夢龍文學全集》⑰⑱中。

（b）首有署爲「古亭社弟梅之熉惠連述」的〈敘譚概〉，次有目錄（總目、細目），共三十六部，計 1852 則 2444 條。〔註 49〕各部首有「子

〔註 48〕全書分 36 部，計 1854 則 2397 條：迂腐部第一，69 則 91 條：怪誕部第二，28 則 52 條：癡絕部第三，21 則 61 條：專愚部第四，37 則 95 條：謬誤部第五，53 則 80 條：無術部第六，51 則 66 條：苦海部第七，34 則 58 條：不韻部第八，54 則 58 條：癖嗜部第九，59 則 100 條：越情部第十，18 則 47 條：佻達部第十一，46 則 58 條：矜嫚部第十二，65 則 74 條：貧儉部第十三，40 則 42 條：汰侈部第十四，25 則 28 條：貪穢部第十五，38 則 44 條：鷙忍部第十六，45 則 58 條：容悅部第十七，42 則 58 條：顏甲部第十八，67 則 71 條：闇誠部第十九，33 則 35 條：委蛻部第二十，57 則 95 條：譎知部第二十一，36 則 41 條：儇弄部第二十二，68 則 84 條：機警部第二十三，37 則 44 條：酬嘲部第二十四，70 則 78 條：塞語部第二十五，49 則 54 條：雅浪部第二十六，77 則 82 條：文戲部第二十七，78 則 103 條：巧言部第二十八，60 則 80 條：談資部第二十九，52 則 58 條：微詞部第三十，91 則 102 條：口碑部第三十一，70 則 72 條：靈蹟部第三十二，53 則 63 條：荒唐部第三十三，50 則 61 條：妖異部第三十四，59 則 63 條：非族部第三十五，66 則 77 條：雜志部第三十六，56 則 64 條。

〔註 49〕全書分 36 部，計 1853 則 2348 條：迂腐部第一，70 則 96 條：怪誕部第二，27 則 55 條：癡絕部第三，21 則 60 條：專愚部第四，38 則 98 條：謬誤部第五，52 則 77 條：無術部第六，50 則 66 條：苦海部第七，34 則 65 條：不韻部第八，54 則 63 條：癖嗜部第九，59 則 104 條：越情部第十，18 則 47 條：佻達部第十一，46 則 59 條：矜嫚部第十二，65 則 77 條：貧儉部第十三，40

猶曰」小序，各則僅於文末列評語，無其他注語。校點者僅加標新
式標點，未加校注。

《談概》

（明）馮夢龍　著　楊軍等　點評

長春：長春出版社　2004 年 1 月　2456 頁

（a）收錄《馮夢龍三大異書》第二冊。

（b）首有總目，自迂腐部第一至雜志部第三十六，共三十六部。每一
　　　部類「子猶曰」前有小序，簡介該部類的性質與內容；末有評語，
　　　並舉中外事例呼應。例如以科學家牛頓沈思時誤將手錶當雞蛋放入
　　　鍋中烹煮，愛因斯坦順手將三千美金支票當書籤使用的事件，呼應
　　　迂腐部〈舒太守笑〉中，王安石因於宴席上豁悟〈咸〉、〈常〉二卦
　　　微旨，忽而大笑的行徑。

《古今譚概》

（明）馮夢龍　編著　欒保群　點校

北京：中華書局　2007 年 8 月　492 頁

（a）以明末蘇州閶門葉昆池刻本《古今譚概》為底本，用周作人藏《古
　　　今笑》校補而成。

（b）首有署為「古亭社弟梅之熉惠連述」的〈敘譚概〉，署名「韻社第
　　　五人題于蕭林之碧泓」的〈題古今笑〉、李漁〈古今笑史序〉和署
　　　名「庚申春朝書於墨憨齋」的馮夢龍〈自敘〉，以及總目、細目。
　　　共 36 部，計 1853 則 2400 條。〔註 50〕

則 43 條；汰侈部第十四，25 則 28 條；貪穢部第十五，38 則 45 條；鷙忍部
第十六，45 則 59 條；容悅部第十七，42 則 66 條；顏甲部第十八，66 則 71
條；閨誡部第十九，33 則 36 條；委蛻部第二十，57 則 95 條；謬知部第二十
一，36 則 42 條；儇弄部第二十二，68 則 86 條；機警部第二十三，37 則 44
條；酬嘲部第二十四，70 則 77 條；塞語部第二十五，49 則 55 條；雅浪部第
二十六，77 則 82 條；文戲部第二十七，78 則 103 條；巧言部第二十八，60
則 80 條；談資部第二十九，52 則 60 條；微詞部第三十，91 則 101 條；口碑
部第三十一，70 則 73 條；靈蹟部第三十二，53 則 62 條；荒唐部第三十三，
50 則 63 條；妖異部第三十四，59 則 63 條；非族部第三十五，67 則 79 條；
雜志部第三十六，56 則 64 條。

〔註 50〕共 36 部，計 1853 則 2400 條：迂腐部第一，70 則 94 條；怪誕部第二，27 則
　　　　50 條；癡絕部第三，21 則 61 條；專愚部第四，38 則 97 條；謬誤部第五，52
　　　　則 76 條；無術部第六，50 則 66 條；苦海部第七，33 則 62 條；不韻部第八，

完足本的各個版本，所收篇目略有出入。其原因大致可歸結如下：或因誤將馮夢龍批注評語納入正文，例如迂腐部〈忌諱〉中，誤將「湖友華濟之」條作第三條；或反之將正文放入批注評語內，例如容悅部〈敬名〉中，將「熊安生」條誤為評語；或誤將一則析分成若干條，例如謬誤部〈誤福〉，錯分為「畢士安」、「李吉甫」二條；或將數條合併為一，例如不韻部〈效顰〉，原分「郭林宗」、「潘岳」、「謝安」三條，誤合而為一。

（2）刪節本

《古今譚概》三十三卷

（明）馮夢龍　楊家駱　主編

臺北：世界書局　1961 年 2 月初版

（a）收錄於《中國笑話書》

（b）各部前有馮夢龍小序，各篇篇中或篇末時有評語和補充。除靈蹟部第三十二、妖異部第三十四、非族部第三十五等三部未選及外，其餘三十三部皆有選錄，共選錄 164 則，後附李漁〈古今笑史序〉。

《古今笑史》

（明）馮夢龍　纂　劉英民、趙同璧、周寶中　選注

石家莊：花山文藝出版社　1985 年 2 月　591 頁

（a）本書以古籍出版社 1955 年影印的明蘇州閶門葉昆池刻《古今譚概》為底本。並對原刻本的錯字，及內容中人名、地名的誤謬，予以糾正。

（b）刪去趣味不高、思想內容貧乏或過於晦澀的篇目，但對故事中的歷史人物，做較詳盡的介紹，使內容更符合馮夢龍的原著精神。

54 則 59 條；癖嗜部第九，59 則 99 條；越情部第十，18 則 46 條；佻達部第十一，46 則 57 條；矜嫚部第十二，65 則 74 條；貧儉部第十三，40 則 40 條；汰侈部第十四，25 則 28 條；貪穢部第十五，38 則 43 條；鷙忍部第十六，45 則 58 條；容悅部第十七，42 則 60 條；顏甲部第十八，67 則 72 條；閨誠部第十九，33 則 36 條；委蛻部第二十，57 則 94 條；謫知部第二十一，36 則 42 條；儇弄部第二十二，68 則 84 條；機警部第二十三，37 則 43 條；酬嘲部第二十四，70 則 78 條；塞語部第二十五，49 則 53 條；雅浪部第二十六，77 則 82 條；文戲部第二十七，78 則 102 條；巧言部第二十八，60 則 80 條；談資部第二十九，52 則 58 條；微詞部第三十，91 則 102 條；口碑部第三十一，70 則 73 條；靈蹟部第三十二，53 則 63 條；荒唐部第三十三，50 則 63 條；妖異部第三十四，59 則 64 條；非族部第三十五，67 則 77 條；雜志部第三十六，56 則 64 條。

（c）首有目錄（總目、細目），共三十六部。次有署為「古亭社弟梅之
　　煩惠連述」的〈敘談概〉。保留各部小序，選出 832 則。本書的體
　　例是，每篇題下先列原文，次為注釋。

《插圖本白話笑史》（上）（下）

（明）馮夢龍　原著　康乾、蔚秀、宋升　編譯　馬良　繪圖

北京：知識出版社　1991 年 9 月　656 頁

（a）由馮夢龍原書中遴選出五百餘則思想性、藝術性較高的故事，以白
　　話鋪陳。並將對其中涉及的人物生平、風俗習尚、典章制度、官制
　　名號等介紹融入白話改寫中，再請畫家馬良先生精心配製近百幅漫
　　畫而成。

（b）全書不分部卷，標題由編譯者自行編訂，部分篇目文末附評語。
　　例如迂腐部〈罰人食肉〉，題為〈罰人吃肉〉，文末附「今評」：「看
　　來『己所不欲，勿施於人』這則名言也不是絕對真理。『以君子之
　　腹度小人之心』或反之，都是錯誤的。」

《古今譚概故事》

高路、孫亞文　編寫

北京：中國國際廣播出版社　1992 年　360 頁

（a）由《古今譚概》中，節錄 834 則改寫為白話故事。

（b）全書分為三十六部，刪除各部小序，保留文末評語批注，一併翻
　　譯。

《古今譚概》

（明）馮夢龍　撰

石家莊：河北教育出版社　1995 年 11 月

（a）收錄《歷代筆記小說集成》第 47～48 冊，《明代筆記小說》第 16
　　～17 冊中。僅收委蛻部第二十——雜志部第三十六。

（b）扉頁上端無題，框內右上方署「馮猶龍先生纂」，中間為大字「古
　　今譚槩」，左下方署「閶門葉昆池發」。

《笑史》

（明）馮夢龍　纂　馬松源　主編

北京：中國戲劇出版社　2000 年

（a）收錄於《馮夢龍全書》第三卷。

（b）首有目錄（總目），共三十六部。次有署爲「古亭社弟梅之熲惠連述」的〈敘談概〉，各部前有馮夢龍小序，篇末有評語和補充，共選錄 826 篇。

《笑史》（上）（下）

（明）馮夢龍　纂　張樹天、王槐茂　主編

蒙古：內蒙古文化出版社　2000 年

（a）收錄《馮夢龍全集》第 9～10 冊中。

（b）首有目錄（總目、細目），次有署爲「古亭社弟梅之熲惠連述」的〈敘談概〉，共三十六部，計 832 則。各部首有「子猶曰」小序，各則僅於文末列評語，無其他注語。校點者僅加標新式標點，未加校注。

《古今譚概》三十三卷

（明）馮夢龍　纂　王利器、王貞珉　選編

北京：北京出版社　2001 年 1 月第 3 次印刷

（a）收錄於《中國笑話大觀》

（b）首有署爲「古亭社弟梅之熲惠連述」的〈敘譚概〉，後附錄李漁〈古今笑史序〉。各部前有馮夢龍小序，各篇篇中或篇末時有評語和補充。據明閶門葉昆池刊本選錄，除靈蹟部第三十二、妖異部第三十四、非族部第三十五等三部未選及外，其餘三十三部皆有選錄，共選錄 147 則。

《古今譚概》（又名《古今笑》）

（明）馮夢龍　編纂　冀勤　評注

北京：學苑出版社　2002 年 10 月　452 頁

（a）本書以文學古籍刊行社 1955 年影印的明蘇州閶門葉昆池刻《古今譚概》爲底本。

（b）首有署爲「古亭社弟梅之熲惠連述」的〈敘譚槩〉。各部前有馮夢龍小序，各篇篇中或篇末時有評語和補充。本書在所選原文中仍依其舊（於篇中、篇末者用楷體排，間者依宋體，外加括號標示），借以保存原書面貌。至於行間的圈點，因不易排版，遂予刪除。保留各部小序，選出 368 篇。本書的體例是，每篇題下先列原文，次爲注釋，後爲評析。書中各則故事之出處探源，則針對劉德權校點

本（海峽文藝出版社 1985 年出版）未道及者加以補充。

《古今笑》（插圖本）

（明）馮夢龍著　季靜評注

北京：中華書局　2007 年 9 月　261 頁

（a）本書以文學古籍刊行社 1955 年影印的明蘇州閶門葉昆池刻《古今譚概》爲底本。

（b）受限於篇幅，刪除原書首署爲「古亭社弟梅之熉惠連述」的〈敘譚槩〉，及各部小序。各篇篇中或篇末時有評語和補充，然行間的圈點，因排版不易已刪除。本書共選錄 216 篇，每篇題下先列原文，次爲注釋，後爲評點。書中各則故事之出處探源，則針對劉德權校點本（海峽文藝出版社 1985 年出版）未道及者加以補充。

第二節　校點本闕誤瑣議

校點者劉德權所做的大量工作是儘可能找出每一則的出處，通過他校工作，用按語形式說明馮夢龍取用該文時的剪裁加工狀況；偶爾亦將馮氏所據以改編的原文照抄，方便讀者加以比較。同時，通過他校，指出《古今譚概》原刻本的不少訛誤。爲做好他校工作，雖四處訪書尋書，至今尚有不少未見者，如《朝野異聞》、《西堂紀聞》等。

劉氏以明閶門葉昆池刻本影印的《古今譚概》作底本，殘闕部分據清朱石鐘、朱姜玉、朱宮聲昆仲三人刪削的三十四卷本《古今笑》補足。與他書對勘時，分別不同情況加按語說明：一、據以他校的古籍，都在每條下說明，並作簡明校勘記。如迂腐部〈羅擒虎張尋龍〉條，原作「嘉定」誤作「嘉靖」，據《鶴林玉露》改正，並引明人《西湖遊覽志餘》作旁證。又如〈黠豎子〉條，原文沒說這位狂誕的豎子是誰，今按語據《六如居士外集》知此人係唐伯虎。二、雖懷疑有誤，但據以他校之各種古籍記載不一，校者莫衷一是的，大多在按語中用舉例形式指出，或只羅列異文，如〈獻薑〉條，原說「獻乾姜二片」，《南齊書》作二十斤，《南史》作二千斤等。三、因馮夢龍編書時，多據平時瀏覽所及，隨筆札記，大多未注明出處，校點者雖查到出處，但不敢確切斷定馮氏所據，也以按語說明。四、原刻本已注明出處，但書已不易找到的，只在該書第一次出現時加以說明。五、尚未找到依據的，不得已也

轉引第二手資料；一時無可查考的，只標點整理，暫闕按語。〔註51〕

一、書名、篇目、作者字誤

例如《讀聞錄》（貪穢部〈張鷺鷥〉）當為《該聞錄》；《荀子》（委蛻部〈面狹長〉）當為《荀子》；何光蓮《鑒戒錄》（癖嗜部〈吟癖〉）當為何光遠《鑑戒錄》，此為文字形似而誤。〔註52〕此種錯謬於書中數見不鮮，正反映校點者鈔錄時漫不經心的態度。

例如《江鄰居雜志》（不韻部〈党進畫眞〉）當為《江鄰幾雜志》，此為文字音近而誤。〔註53〕

例如《七修類稿》卷四十九「奇謔類」〈詩人恥〉（微詞部〈一片白雲〉）當為〈詩人無恥〉，此為脫漏。〔註54〕

例如羅點武《陵見聞錄》（微詞部〈善天文〉）查為羅點《武陵見聞錄》，此為誤衍。〔註55〕

至若書名之「記」、「集」等字，尤隨意混淆。例如《景龍文館集》（雜志部〈拔河戲〉）當為《景龍文館記》。〔註56〕

二、同書作者，標示不一

例如《錢氏私志》的作者，迂腐部〈誦經稱小人〉條標示為錢愐，汰侈部〈宋景文〉條則作錢世昭，前後不一。〔註57〕

《錢氏私志》，舊本或題錢彥遠錢愐或錢世昭撰，而錢曾《讀書敏求記》定為錢愐。但據《四庫全書總目》所載：則是書固非彥遠所為，亦非盡愐所纂。蓋愐嘗記所聞見，而世昭敘而集之爾。」因此，校點時應先說明，以免造成前後矛盾。〔註58〕

〔註51〕 參見馮夢龍撰、劉德權校點：《古今譚概》（福州：海峽文藝出版社，1985年11月）前言，頁8。
〔註52〕 同註51，分見於頁454、590、298。
〔註53〕 同註51，頁256。
〔註54〕 同註51，頁957。
〔註55〕 同註51，頁960。
〔註56〕 同註51，頁1182。
〔註57〕 同註51，分見於頁40、430。
〔註58〕 參見《四庫全書總目提要》卷一百四十子部小說家類一：「舊本或題錢彥遠撰，或題錢愐撰，或題錢世昭撰。錢曾《讀書敏求記》定為錢愐。其說曰：愐為

　　《拊掌錄》的作者，或題元代元懷，或標宋朝邢居實。例如怪誕部〈異服〉與苦海部〈宋宗子〉，題為元代元懷；癡絕部〈貪癡〉、苦海部〈賦〉及〈前人詩文之病〉、癖嗜部〈好草聖〉、顏甲部〈換羊書〉、閨誡部〈安鴻漸〉、委蛻部〈西字臉〉、儇弄部〈李章題壁〉、塞語部〈重絮裘〉、雅浪部〈石學士〉及〈徒以上罪〉、〈阿房宮賦兩句〉等，則標為宋朝邢居實。〔註59〕

　　《拊掌錄》一卷，《四庫全書總目》一百四十四卷小說類存目二著錄，謂舊本題元人撰〔註60〕，《雪濤諧史》則題「宋邢居實撰，陶宗儀輯」。清順治三年刊本《說郛》卷三十四所載與《雪濤諧史》同，撰人則題「宋元懷」。涵芬樓排印明本《說郛》作「元□□□，號輾然子」。因此，校點時應說明所據之本。

　　《玉堂閒話》的作者，出現唐代范資與唐末五代王仁裕兩說。前者包括顏甲部〈驢乞假〉、委蛻部〈陳癩子〉、譎知部〈京都道人〉等三則，後者見儇弄部〈張咸光〉條。〔註61〕

彭城王第三子，昭陵之甥，故記熙寧尚主玉仙求嗣事獨詳。其稱大父寶謨閣知台州回者，乃冀國公諱暄，字載陽，以父蔭累官駕部郎中，知撫州，移台州進少府監，權鹽鐵副使時也。彭城王諱景臻，字道遠，冀國公第九子。建炎二年追封，故稱先王。俗子以為起居舍人彥遠之筆，不知彥遠乃忠遜之孫，翰林學士易之子，與彭城為再從叔任。世次犁然，安得反有先王之稱？所辨良是。然此書末有錢世昭序，謂叔父太尉昭陵之甥。凡耳目之所接，事出一時，語流千載者，皆廣記而備言之。世昭敬請其說，得數萬言，敍而集之，名曰《錢氏私志》。據此，則是書固非彥遠所為，亦非盡恰所纂。蓋恰嘗記所聞見，而世昭敍而集之爾。序稱叔父太尉，則世昭恰之猶子也。《宋史・秦魯國大長公主本傳》，主為仁宗第十四女，以延祐五年封慶壽，即是書中所云錢某可尚慶壽公主。而《通考》前列秦魯國大長公主適錢景臻，後列慶壽公主而不言所適，則以慶壽公主與秦魯國大長公主分為二人，證以是書，與《宋史》相合，可知《通考》之誤。惟其以《五代史・吳越世家》及《歸田錄》貶斥錢氏之嫌，詆歐陽修甚力，似非公論。然其末自稱皆報東門之役，則亦不自諱其挾怨矣」（臺北：臺灣商務印書館，1983年10月，第三冊，頁960。）

〔註59〕同註51，分見於頁58、219、96、231、239、293、554、567、591、660、761、795、804、812。
〔註60〕參見《四庫全書總目提要》：「《拊掌錄》一卷（編修程晉芳家藏本），舊本題元人撰，不著名氏。後有至正丙戌華亭孫道明跋，亦不言作者為誰。《說郛》載此書題為宋元懷，前有自序，稱延祐改元立春日輾然子書，蓋元懷自號也。此本見曹溶《學海類編》，中失去前序，遂以為無名氏耳。書中所記，皆一時可笑之事。自序謂『補東萊呂居仁《軒渠錄》之遺，故目之曰《拊掌錄》』云。」（臺北：臺灣商務印書館，1983年10月，第三冊，頁1058。）
〔註61〕同註51，分見於頁554、609、628、663。

《崇文總目》卷二史部傳記類下云：「《玉堂閑話》十卷，王仁裕撰（粵雅堂叢書本）。」又《宋史》卷二百六〈藝文志〉子類小說家類載：「《玉堂閑話》三卷，王仁裕撰。」二書皆題為「王仁裕撰」。後因南宋吳曾《能改齋漫錄》題為「范質撰」，錯訛至今未絕，甚至有再錯為「范資撰」，形成現今《玉堂閒話》作者有三說的局面。〔註62〕范資，《新、舊五代史》、《宋史》未傳其人，其它史傳或書目亦未有范資撰《玉堂閒話》的記載。因為五代「范資」本就純屬子虛烏有，為後人以訛傳訛、刊刻筆誤的產物。「范資」，源出范質撰《玉堂閒話》之訛，因「質」、「資」形近而在刊刻或抄錄時生誤。此錯訛明代已存在，馮夢龍《情史》第四卷「情俠類」收錄《玉堂閒話》〈葛周〉，注作「范資《玉堂閒話》」，同時改寫成白話短篇小說〈葛令公生遣弄珠兒〉，編入《古今小說》第六卷。清代王仁俊輯《經籍佚文》本《玉堂閒話》題五代范資撰。由此形成濁流，漫漶至今。〔註63〕以致劉氏引用時未能辨明，造成同一書作者前後不一之誤。

三、引書出處有誤

（一）誤標卷數

劉德權校點時，雖標示出處，但在卷數上不免生誤。例如謬誤部〈疑姓〉，見唐代封演《封氏聞見記》卷十，而非卷六；佻達部〈皇甫亮〉條，翻檢《北史》卷三十六並無〈皇甫亮傳〉。「亮三日不上省，文宣親詰其故。亮曰：一日雨，一日醉，一日病酒。」一段，實應引自卷三十八列傳第二十六〈裴佗傳〉，文字悉同；微詞部〈油衣〉條下標註「此條見《舊唐書》卷一八九上〈谷那律傳〉，字句稍異。又見《新唐書》卷一八九〈谷那律傳〉亦載。」經查諫議大夫谷那律從太宗出獵一事，《新唐書》載於卷一百九十八列傳第一百二十三「儒學上」。此處誤將新、舊唐書俱載同卷。〔註64〕

又如無術部〈襲舊〉，出自《太平廣記》卷第二百五十九，而非卷第二百九十五；顏甲部〈奠金別用〉，出自《孔氏談苑》卷二，而非卷三；委蛻部〈偏

〔註62〕《玉堂閒話》的作者問題，迄今仍眾說紛云，例如：1981 年袁行霈、侯忠義《中國文言小說書目》指出：《玉堂閒話》，王仁裕撰。但 1990 年版《漢語大詞典》第十冊第 538 頁「蹣跚」條第五義項引作五代范資《玉堂閒話・高輦》：「夢見一老僧著屐，於臥榻上蹣跚而行。」

〔註63〕有關《玉堂閒話》一書的作者辨正，參見蒲向明〈關於「玉堂閒話」研究的最新進展〉，「天水在線」網站，2008 年 4 月 11 日。

〔註64〕同註51，分見於頁149、354、933。

盲〉第三條有關邵陵王語，應見於《太平御覽》卷七百四十「疾病部三」〈盲〉，而非卷七十四。〔註65〕上述狀況可能係劉氏手書之誤，或排版之失，卻徒增讀者檢閱時之困擾。

　　卷數有誤之狀況，層出不窮，多達十七處，〔註66〕難免削弱參閱的正確性。

〔註65〕同註51，分見於頁207、555、599。
〔註66〕將劉德權引書卷數標注錯誤之處，表列如下：

部類	篇名	錯誤出處	正確出處
謬誤部	疑姓	《封氏聞見記》卷六	《封氏聞見記》卷十
謬誤部	不誤為誤	又《新五代史》卷三七〈莊宗本紀〉亦載	又《新五代史》卷三十七伶官傳第二十五〈周匝〉亦載
無術部	襲舊	又《太平廣記》卷二九五亦載	又《太平廣記》卷第二百五十九亦載
佻達部	皇甫亮	《北史》卷三十六〈皇甫亮傳〉	《北史》卷三十八列傳第二十六〈裴佗傳附皇甫亮〉
容悅部	貢女	又《太平廣記》卷二六一〈宇文翃〉條亦載	又《太平廣記》卷二百六十二「諂佞五」〈宇文翃〉條亦載
顏甲部	奠金別用	《孔氏談苑》卷三〈丁諷病客至加多〉、〈丁諷久居〉條	《孔氏談苑》卷二〈丁諷病客至加多〉、〈丁諷久居〉條
委蛻部	偏盲第3條	有關邵陵王語見《太平御覽》卷七四「疾病部三」〈盲〉	有關邵陵王語見《太平御覽》卷七百四十「疾病部三」〈盲〉
儇弄部	石動㗥	《太平廣記》卷二四九〈石動㗥〉	《太平廣記》卷第二百四十七「詼諧三」〈石動筒〉
酬嘲部	徐陵聘魏	又《南史》卷六四〈徐陵傳〉亦載	又《南史》卷六十二列傳第五十二〈徐陵傳〉亦載
酬嘲部	歐陽長孫	又《大唐新語》卷十三諧謔第二七亦載	又《大唐新語》卷十三諧謔第二八亦載
塞語部	駱猾犛好勇	《墨子》卷四六〈耕柱〉	《墨子》卷十一〈耕柱〉
雅浪部	梅河豚〈鄭都官〉條	《總龜》前三十九卷	《詩話總龜》前集四十一卷「詼諧門下」
文戲部	東坡戲聯第1條	《侯鯖錄》卷五	《侯鯖錄》卷三
文戲部	長妓瘦妓	《雲谿友議》卷七	《雲谿友議》卷中〈澧陽讖〉

（二）誤注出處

劉德權校點時，對原文來源掌握不清，以致有錯標出處，甚至出現誤改《古今譚概》正確之處的情形。

例如無術部〈邑丞通文〉，馮夢龍標示出自《笑林評》，卻遭劉氏誤改爲《笑林》，且云「此條所引《笑林》已逸」；而妖異部〈蛤精疾〉，劉氏謂「此條不見《北齊書》」。〔註 67〕然檢對《北齊書》卷三十三補列傳第二十五〈徐之才〉，除無開頭「北齊書右僕射徐之才善醫術」句外，其餘文字基本相同。

劉氏未能細究即輕斷馮夢龍「不知所據何本」之例，亦見於巧言部〈李趍兒明鼓兒〉一則。有關「李趍兒」事，劉氏以爲應見於唐代趙璘《因話錄》，而《太平廣記》〈姚峴〉條亦載。然查其事，實應出自《唐宋遺史》。

《古今譚概》	《唐宋遺史》	《因話錄》	《太平廣記》
陳亞少曾爲於潛令，好以利口戲浪人。或厭之，太守馬忠肅召戒於庭。俄有通刺謁者，稱大詞即李過庭。公罵曰：「何人家子弟？」亞卒爾云：「想是李趍兒。」公徐悟之，大笑。〔註 68〕	陳亞少卿，維揚人，善詩什，滑稽尤甚。嘗與蔡君謨會於金山僧舍，酒酣，君謨題詩屏間曰：「陳亞有心終是惡。」即索筆對曰：「蔡襄無口便成衰。」少時爲杭州於潛令，以利口讕浪；人或厭之。太守馬忠肅因其趍府，戒之，陳懼受教。俄有通刺謁者稱太祠郎	姚峴有文學而好滑稽，遇機即發。姚僕射南仲，廉察陝郊。峴初釋艱服，候見，以宗從之舊，延於中堂。弔訖，未語及他事。陝當兩京之路，賓客謁無時。門外忽有投刺者，云：「李過庭。」僕射曰：「過庭之名甚新，未知誰家子弟？」客將左右皆稱不知。又問峴知之否？峴初	唐姚峴有文學而好滑稽，遇機即發。僕射姚南仲，廉察陝郊。峴初釋艱服後見，以宗從之舊。延於中堂，弔罷，未語及他事。陝當兩京之路，賓客無時。門外忽投刺云：「李過庭。」南仲曰：「過庭之名甚新，未知誰家子弟？」左右皆稱不知，又問峴知之乎？峴初猶俯首顰眉，頃之，自不可

微詞部	油衣	又《新唐書》卷一八九〈谷那律傳〉亦載	又《新唐書》卷一百九十八列傳第一百二十三「儒學上」〈谷那律傳〉亦載
微詞部	束薪監察	《太平廣記》卷二五六〈趙仁獎〉	《太平廣記》卷第二百五十九「嗤鄙二」〈趙仁獎〉
靈蹟部	卜天津橋 萬壽寺第 1 條	《酉陽雜俎》卷六〈藝絕〉	《酉陽雜俎》卷五〈怪術〉

〔註67〕 同註 51，分見於頁 201、1110。
〔註68〕 參見〔明〕馮夢龍：《古今譚概》，收錄於《馮夢龍全集》（上海：上海古籍出版社，1993 年 6 月）第 40 冊，頁 1198～1199。

	李過庭。公罵曰：「何人家子弟？」亞率爾云：「李趨兒。」馬公徐悟之，大笑。〔註69〕	猶俛首嚬眉，頃之，自不可忍，斂手言曰：「恐是李趨兒。」僕射久方悟，而大笑。〔註70〕	忍，斂手言曰：「恐是李趨兒。」南仲久方悟而大笑。〔註71〕

由上述表列得知，《古今譚概》與《唐宋遺史》同作宋人陳亞之事，《因話錄》與《太平廣記》皆作唐人姚峴之事。可能因姚、陳二人，皆善詩文且性滑稽，而產生歧誤，也因而造成劉氏校點時的疏失。

又如靈蹟部〈種瓜〉，標示此條見《太平廣記》卷第一百一十九「報應十八冤報」〈徐光〉（出《還冤記》）。並評論此條稍加改寫，形象更爲生動。然經查核後，實爲錯謬。其源應出《搜神記》卷一，僅節引前半段，字句稍異，例如「吳時有徐光者」後無「嘗行術於市里」一句。

《古今譚概》	《搜神記》	《太平廣記》
吳時有徐光者，常從人乞瓜。其主勿與，便索瓜子種之。俄而瓜生蔓延，生花成實，乃取食之，因遍給觀者。鬻者反視，所出賣皆亡耗矣。〔註72〕	吳時有徐光者，嘗行術於市里：從人乞瓜，其主勿與，便從索瓣，杖地種之；俄而瓜生，蔓延，生花，成實；乃取食之，因賜觀者。鬻者反視所出賣，皆亡耗矣。凡言水旱甚驗。過大將軍孫綝門，褰衣而趨，左右唾踐。或問其故。答曰：「流血臭腥不可耐。」綝聞惡而殺之。斬其首，無血。及綝廢幼帝，更立景帝，將拜陵，上車，有大風蕩綝車，車爲之傾。見光在松樹上拊手指揮嗤笑之，綝問侍從，皆無見者。俄而景帝誅綝。〔註73〕	徐光在吳，常行術市里間。種梨橘棗栗，立得食，而市肆賣者，皆已耗矣。凡言水旱甚驗，常過大將軍孫綝門，褰衣而趨，左右唾踐。或問其故，答曰：「流血臭腥不可耐。」綝聞而殺之。斬其首無血。及綝廢幼帝，更立景帝，將拜陵，上車，車爲之傾。因顧見徐光在松栢樹上，附手指揮，嗤笑之。綝問侍從，無見者。綝惡之，俄而景帝誅綝。〔註74〕

〔註69〕出自〔北宋〕阮閱編、周本淳校點《詩話總龜》（北京：人民文學出版社，1998年2月，頁383。）卷之四十「詼諧門上」，記陳亞事。

〔註70〕參見〔唐〕趙璘：《因話錄》卷四〈諧戲附〉，收錄於《筆記小說大觀》（臺北：新興書局有限公司，1978年9月）二十二編，頁202。

〔註71〕參見〔宋〕李昉等編《太平廣記》（臺北：明倫出版社，1971年10月）第三冊，卷第二百五十「詼諧六」〈姚峴〉，頁1944。

〔註72〕同註68，第40冊，頁1372。

〔註73〕參見〔晉〕干寶：《搜神記》（臺北：木鐸出版社，版次不明）卷一，頁11。

〔註74〕同註71，第二冊，卷第一百一十九「報應十八冤報」〈徐光〉，頁833。

　　因此，點校本中所謂出自《太平廣記》部分，雖亦見於《搜神記》後半段，但與《古今譚概》〈徐光〉條所錄，不相關涉。足見劉氏於校注出處時，只取事件主角同爲徐光，並未細究所載事蹟之別與版本之異。〔註75〕

　　再者，書中亦有劉氏自言某條出自某書，卻於該書中查無此條內容的狀況。例如矜嫚部〈檳榔〉，〔註76〕劉穆之向妻兄江氏乞食檳榔事，不見於《宋書》卷四十二〈劉穆之傳〉；容悅部〈熨衣〉，寫何敬容「以膠清刷鬢，伏牀熨衣」事，及〈七歲尙書〉，〔註77〕記袁昂四十七歲始任民部尙書事，俱未載於《梁書》卷三十七〈何敬容傳〉與三十一〈袁昂傳〉；《玉堂叢語》卷八「詼諧」亦查無酬嘲部〈洗馬〉〔註78〕中劉定之與王偉相嘲謔之對話。可推知劉氏僅著眼事件主角，而未細查情節內容，其校注之態度可議。

　　此外，劉氏校注荒唐部〈神異經四事〉第三條時，亦生歧誤。

《古今譚概》	《神異經》	《初學記》
西北海外有人長二千里，兩脚中間相去千里，腹圍一千六百里。但日飲天酒五斗，即甘露也。名曰「無路之人」。〔註79〕	西北海外有人，長二千里，兩脚中間相去千里，腹圍一千六百里。但日飲天酒五斗，^{張華酒，甘云：天露也。}不食五穀魚肉，唯飲天酒。忽有饑時，向天仍飲。好遊山海間，不犯百姓，不干萬物，與天地同生，名曰無路之人，一名仁，一名信，一名神。〔註80〕	西北海外有人焉，長二千里，兩脚中間相去千里，腹圍一千五百里。但日飲天酒五斗，不食五穀魚肉，唯飲酒。好游山海間，不犯百姓，不干萬物，與天地同生。名無路之人，一名仁，一名信，一名神。〔註81〕

　　題目已標明引文出處，劉氏仍注「見唐徐堅《初學記》卷二〈露〉和卷一九〈長人〉條，個別字句稍異。」〔註82〕比對《古今譚概》、《神異經》〈西

〔註75〕《還冤記》，原名《冤魂志》，傳本或題《還冤志》。題《還冤記》，今傳者有《續百川學海》本、《唐宋叢書》本、《重編說郛》（第七十二）本、《五朝小說》本、王謨《增訂漢魏叢書》本；題《還冤志》，則有《寶顏堂祕笈》本、《四庫全書》本，皆爲一卷。然〈種瓜〉條，不見於上述傳本。
〔註76〕同註68，第39冊，頁516～517。
〔註77〕同註68，第39冊，頁665～666。
〔註78〕同註68，第40冊，頁976。
〔註79〕同註68，第40冊，頁1457。
〔註80〕參見〔漢〕東方朔：《神異經》〈西北荒經〉，收錄於《筆記小說大觀》（臺北：新興書局有限公司，1976年7月）十三編，頁36。
〔註81〕參見〔唐〕徐堅：《初學記》（北京：中華書局，2004年2月）卷第十九〈人部下〉〈長人第四〉，頁460。
〔註82〕同註51，頁1082。

北荒經〉與《初學記》卷十九〈人部下〉〈長人第四〉條，則知《古今譚概》略加剪裁，字句稍簡。其中，《古》、《神》二書皆作「腹圍一千六百里」，唯《初學記》作「腹圍一千五百里」。因此，本則馮夢龍應採自《神異經》原文，而非間接取用類書《初學記》。

又劉氏於機警部〈黃幡綽〉下標示「此條見唐李德裕《次柳氏舊聞》，此多加刪削，字句稍異。又《明皇十七事》亦載。」〔註83〕實則《次柳氏舊聞》又名《柳氏史》、《明皇十七事》，今傳本有《顧氏文房小說》本、《重輯百川學海》本、《歷代小史》本、《寶顏堂祕笈》本、《重較說郛》本、《五朝小說》本、《唐人小說薈本》、《唐代叢書》本、《古今說部叢書》本、《說庫》本、《叢書集成》本、《唐開元小說六種》本（以上題「次柳氏舊聞」）；《稗乘》本、《重較說郛》本、《五朝小說》本、《學海類編》本、《廣四十家小說》本（以上題「明皇十七事」）。諸本雖皆十七條，然分合各異，內容亦稍有出入。〔註84〕而校點者將《次柳氏舊聞》與《明皇十七事》分置，未加詳述，易使人誤解爲不同的二書，經此更凸顯其校點態度不夠嚴謹。

四、捨早出而引晚出之書

例如無術部〈班固王僧孺〉，標注此條見明代謝肇淛《五雜組》卷十六「事部四」，只載班固事，字句小異。〔註85〕然其早見於唐代劉肅《大唐新語》卷十一「懲戒」第二十五，北宋《太平廣記》卷第二百五十八「嗤鄙一」〈張由古〉條亦載。

《古今譚概》	《大唐新語》	《太平廣記》	《五雜組》
張由古有吏才而無學術，累歷臺省，於眾中歎班固有大才，而文章不入選。或曰：「《兩都賦》《燕山銘》《典引》等，並入《文選》，何得	張由古有吏才而無學術，累歷臺省。嘗於眾中歎班固大才，文章不入《文選》。或謂之曰：「〈兩都賦〉、〈燕山銘〉、〈典引〉等並入《文	唐張由古有吏才而無學術，累歷臺省。嘗于眾中，歎班固有大才，而文章不入《文選》。或謂之曰：「〈兩都	張由古有吏才，而無學術，累歷臺省。常於眾中歎班固有大才而文章不入選，或謂之曰：「〈兩都賦〉、〈燕山銘〉等竝入選，何因言無？」

〔註83〕同註51，頁710。
〔註84〕王國良師撰：《唐代小說敘錄》（臺北：嘉新水泥公司文化基金會，1979年11月），頁5～6。
〔註85〕同註51，頁192。

言無？」張曰：「此是班孟堅。吾所笑者，班固也。」又嘗謂同官曰：「昨買得《王僧孺集》誤以孺爲襦，大有道理。」杜文範知其誤，應聲曰：「文範亦買得佛袍集，倍勝僧襦。」〔註86〕	選》，何爲言無？」由古曰：「此並班孟堅文章，何關班固事！」聞者掩口而笑。又謂同官曰：「昨買得《王僧孺集》，大有道理。」杜文範知其誤，應聲曰：「文範亦買得《張佛袍集》，勝於僧孺遠矣。」由古竟不之覺。仕進者可不勉歟！〔註87〕	賦〉、〈燕山銘〉、〈典引〉等，并入《文選》，何爲言無？」由古曰：「此并班孟堅文章，何關班固事。」聞者掩口而笑。又謂同官曰：「昨買得《王僧孺集》，蓋僧孺也大有道理。」杜文範知其誤，應聲曰：「文範亦買得《佛袍集》，倍勝《僧襦襦原作襦，據許本改集》。」由古竟不知覺。累遷司計員外。以罪放于庭州。時中書令許敬宗綜理詔獄。帖召之。由古喜，至則爲所責，懼而手戰，笏墜於地，口不能言。初爲殿中正班，以尚書郎有錯立者，謂引駕曰：「員外郎小兒難共語，可鼻衝上打。」朝士鄙之。〔註88〕	由古曰：「此是班孟堅文章，何關班固事？」〔註89〕

《大唐新語》字句稍異於《古今譚概》，例如文末多出「由古竟不之覺，

〔註86〕同註68，第39冊，頁263。

〔註87〕參見〔唐〕劉肅撰，許德楠、李鼎霞點校：《大唐新語》（北京：中華書局，1984年6月）卷之十一「懲戒第二十五」，頁171。

〔註88〕同註71，第三冊，卷第二百五十八「嗤鄙一」〈張由古〉，頁2011。

〔註89〕參見〔明〕謝肇淛：《五雜組》卷之十六「事部四」，收錄於《筆記小說大觀》（臺北：新興書局有限公司，1975年9月）八編，頁4472。

仕進者可不勉歟」等句。《古今譚概》僅節引《太平廣記》部分（請參以上引文文字上的標示），《五雜組》只載「班固」事。可見點校本在探本溯源上的疏失。

又如苦海部〈詩僧〉，注引「明代謝肇淛《五雜組》卷十六『事部四』」。〔註90〕二書字句多異，例如主角有「曹琰」與「何承裕」之別，投卷者則由「舉人」變爲「僧」。並非馮夢龍引錄時大肆刪改，其源應採自北宋吳處厚《青箱雜記》，係劉氏校勘過程不夠精審，捨早出而引晚出典籍之故。

《古今譚概》	《青箱雜記》	《五雜組》
郎中曹琰，有僧以詩卷投謁。閱首篇，是〈登潤州甘露閣〉，云：「下觀揚子小。」琰曰：「何不道「卑吠狗兒肥」？」次閱一篇〈送僧〉云：「猿啼旅思凄。」琰曰：「何不道『犬吠張三嫂』？」坐中大笑。〔註91〕	郎中曹琰亦滑稽辯捷，嘗有僧以詩卷投獻，琰閱其首篇〈登潤州甘露閣〉云：「下觀揚子小。」琰曰：「何不道『卑吠狗兒肥』？」次又閱一篇〈送僧〉云：「猿啼旅思悽。」琰曰：「何不道『犬吠張三嫂』？」座中無不大笑。〔註92〕	何承裕知商州，有舉人投卷，覽其詩，有「日暮猿啼旅思悽」之句，遽曰：「足下此句甚佳，但上句屬對未切，奉爲改之。何不云『月明犬吠張三婦，日暮猿啼呂四妻』？」舉人大慙而去。〔註93〕

此外，劉氏往往直接標注出自某類書，卻未能細查援引資料的時代先後與文字詳略，此情況尤以《太平廣記》爲最，以機警部〈薛綜〉爲例說明。云「見《太平廣記》卷二四五〈薛綜〉條（引《啓顏錄》）」，查其事早載於《三國志》卷五十三〈吳書〉八〈張嚴程闞薛傳第八〉。字句小異，僅「說」作「列」，與「橫月勾身」作「橫目苟身」一句之別。無論就時間或文字爲判準，均應捨《太平廣記》而取《三國志》。

五、未標注出處之篇章爲數不少

點校本中有部分未標示出處者，此乃美中不足之處。例如非族部〈種羊〉，實出自元代姚桐壽《樂郊私語》，馮夢龍僅摘錄「種羊」事，字句較簡略。

〔註90〕同註51，頁221。
〔註91〕同註68，第39冊，頁299。
〔註92〕參見〔宋〕吳處厚撰，李裕民點校：《青箱雜記》（北京：中華書局，1985年6月）卷一，頁6。
〔註93〕同註89，頁4488。

《古今譚概》	《樂郊私語》
大漠迤西人能種羊，取羊骨，以初冬未日埋地中，初春未日爲吹笳呪語，即有小羊從地中出。〔註94〕	楚石大師，爲沙門尊宿，嘗從駕上都，有〈漠北懷古〉諸作。余嘗讀其「自言羊可種，不信繭成絲」之句，疑以爲羊可種乎？固以問師。師曰：「大漠迤西，俗能種羊。凡屠羊用其皮肉，惟留骨，以初冬未日，埋著地中。至春陽季月上末日，爲吹笳呪語，有子羊從土中出。凡埋骨一具，可得子羊數隻。此蓋四生胎外之化也，亦不足怪。特非中國所有，致生疑耳。」後讀浦江吳立夫《西域種羊皮書褥歌》云：「波斯國中神夜語，波斯牧羊俱離房。當道剚刀羊可食，土城留種羊脛骨。四圍築垣聞杵聲，羊子還從脛骨生。青草叢抽臍未斷，馬蹄踏鐵繞垣行。羊子跳踉卻在草，鼠王如拳不計老。飫肉筵開塞饌肥，裁皮褥作書林寶。南州俠客遇西人，昔得手褥今無倫。君不見永蚕之錦欲盈尺，康洽年來貧不貧？」此又云「以脛骨種之」，與琦師目見之者不同也。蓋波斯國別有種法，如吳詩所聞耳。〔註95〕

　　又如非族部〈含塗國〉，〔註96〕實出自晉朝王嘉《拾遺記》卷六〈前漢下〉。〔註97〕除「山河海濱」作「山阿海濱」、「握取」作「掘取」外，餘文皆同。此外，記載回鶻酋長「親敬」儀式的〈回鶻〉〔註98〕條，摘錄北宋洪皓《松漠紀聞》，〔註99〕字句較簡略；〈古莽〉〔註100〕條則是刪簡《列子》〈周穆王〉第三之文字而成。〔註101〕

〔註94〕同註68，第40冊，頁1524。

〔註95〕參見〔元〕姚桐壽：《樂郊私語》，收錄於《筆記小說大觀》（臺北：新興書局有限公司，1974年7月）四編，頁2557。

〔註96〕同註68，第40冊，頁1535～1536。

〔註97〕參見〔晉〕王嘉撰，〔梁〕蕭綺錄，〔民國〕齊治平注《拾遺記》（臺北：木鐸出版社，1982年2月）卷六〈前漢下〉，頁134。

〔註98〕同註94。

〔註99〕參見〔宋〕洪皓撰，張劍光、劉麗整理：《松漠紀聞》（鄭州：大象出版社，2008年1月），頁118。

〔註100〕同註68，第40冊，頁1525。

〔註101〕參見莊萬壽：《新譯列子讀本》（臺北：三民書局股份有限公司，1979年1月）〈周穆王〉第三，頁118。

第五章 《古今譚概》的編纂原則與文獻運用

第一節 體例淵源

　　《古今譚概》將所輯錄的內容「以類相從」，分門安置。此種編輯方式即襲自《世說新語》，後世稱之爲「世說體」，並將其定義爲「以《世說新語》爲代表的志人小說的一種結構方式。這種方式，把書中的故事按內容分成干門類。每一門類中以不同人物的故事，表現相同主題。」〔註1〕指出編輯過程及方法是作者意識的呈現，此種人爲的分類與品評標準，標誌作者的內心與外在世界的相互性。

　　同時，蔡麗玲在《從晚明「世說體」著作的流行論張岱的《快園道古》》中，也對「世說體」作一定義：

> 模仿《世說》體例，輯錄歷代遺聞軼事的著作，包括小說家類、雜家類與史鈔類的著作，只要採集歷代史部、說部、雜纂，甚至文集中的軼事瑣語，足比表現歷史人物或當代人物言、行之吉光片羽者，均在考慮之列，不過光是摘錄軼事、瑣語還不夠，必須分立門類，以類相從者才算。〔註2〕

〔註1〕 此爲寧稼雨先生的主張，參見氏著《世說新語與中古文化》（石家莊：河北教育出版社，1994年11月），頁284。

〔註2〕 參見蔡麗玲：《從晚明「世說體」著作的流行論張岱的「快園道古」》，清華大學中國文學研究所碩士論文，1993年7月，頁27。

指出《世說新語》透過人物的品鑒及門類的區分,安排博雜的內容。《世說新語》是介於文學與史學間的一種篇幅短小,採隨筆式的條列型態,內容駁雜,形式則爲散文體,故歷代著錄多入雜家與小說家。其內容以志人爲主,而《隋書經籍志》以下大都將之歸於子部小說家類。《四庫全書總目提要》云:「上起後漢,下迄東晉,皆軼事瑣語,足爲談助。」〔註3〕指出此書與傳統經史文章不同,乃道聽塗說,巷議街談。但此一特色正符合晚明人的自覺與其俯拾皆趣的偏好,因而仿作風潮極盛。「世說體」另一仿作指標爲形式,《世說新語》爲品鑒人物的方便,透過門類區分,條目羅列的體例,適切捕捉晉人的面貌及其生命力。

除形式、內容、審美趨向外,以作者、讀者、反應對象來分析《世說新語》,則此書是「知識份子的文學」,即「由於作者和書中描寫的對象均以知識份子爲主,它所形成的審美趣味和價值取向也必定適于知識份子這個階層。」〔註4〕此觀念確定之後,受到後世作者認同和模仿,從而體現「知識份子的文學」概念。

綜述上論,所謂「世說體」,可涵括以下三方面:就形式而言,具有筆記條列與分類的共同形式;就內容而言,交融趣味而有韻致的志人、記事、小說、雜著等元素;就審美情趣而言,體現文人在政治、思想、文學上玄遠俊逸的意境。「世說體」的內容是開放、博雜的,藉由特殊體例將之條理化、清晰化,使目標宗旨具明確性,而歷代因時空的不同,作者所要呈現的意趣不同,形式與著重的內容皆有些許差異,但「志人」、「博雜」、「分類」仍是「世說體」共同遵守的規範。

《古今譚概》二千五百多則故事,皆依循「世說體」體例的共同規範排列。馮夢龍透過此書的編排,對歷史再造,表現不同於一般史的意義,包含自我經驗模式的介入,透過個人的內化重新建構一部以笑自娛,譚古概今,諷古刺今的笑書,此自覺的著作亦符合「知識份子的文學」概念。所以分類、品鑒對象、標準有同於《世說新語》,也有推陳出新之處。

另一體例來源爲晚明流行的小品,王思任曾指出《世說新語》如珍錯小

〔註3〕 《四庫全書總目提要》(臺北:臺灣商務印書館,1983年10月)第三冊,頁940。

〔註4〕 參見寧稼雨:〈「世說新語」是志人小說觀念成熟的標誌〉,《天津大學學報》1998年第5期,1998年。

品，〔註5〕謝國楨更直接稱呼晚明仿作《世說》者爲「明末小品這一類的書籍」。
〔註6〕專收明末清初諸家筆記小品的《檀几叢書》凡例明言：「是書專載小品，
不及大文」〔註7〕其中，「小品」內容廣泛「有翼經者，有論史者，有莊語者，
有諧語者，有談飲饌者，有識物產者，有能維風化者，有能廣見聞者，有足
供吟嘯者，有足資考訂者」。〔註8〕可見明代小品不專指「文」，也包括筆記、
隨筆。因此，將「世說體」作一歷代性的考察，整理各朝「世說體」的編撰
動機，歸納出：存故實資談助、補正史之不足、裨教化之鑒戒、寓褒貶之微
意、開創藝術典範五個方向。〔註9〕反映「世說體」的內容方向，與《檀几叢
書》定義的小品性質極相似，顯示《世說新語》這類的小說在晚明人的認定
下，有更開闊的內容方向。

　　「世說體」固定化、格式化的分類方法，稱之爲「有意味的形式」。〔註10〕
而這樣的創作形式，是有些物體或形象一旦被紀錄反映下來，這種反映形式就
會被定格，成爲一種固定的形式，而後人即依此形式加以補充或改造。通過歷
代的繼承，體現出一定的思想傾向，而這種思想傾向呈現在內容中，形成形式
與內容的互相滲透，即以分類名稱確定了故事內容的共同性。〔註11〕

　　既然「世說體」的門類排列是「有意味的形式」，則所呈現的分門標目及
次序意涵，以《世說新語》而言：

〔註5〕　王思任在《王季重雜著・雜序》〈世說新語序〉指出：「蘭苕翡翠，雖不似碧
　　　　海之鯤鯨，然而明脂大肉，食三日，定當厭去。若見珍錯小品，則啖之惟恐
　　　　其不繼也。」（臺北：偉文圖書出版社有限公司，1977 年 9 月，頁 222～223。）
〔註6〕　參見是氏：《江浙訪書記》（北京：三聯書局，1985 年 12 月），頁 37。
〔註7〕　參見〔清〕王晫、張潮：《檀几叢書》（上海：上海古籍出版社，1992 年 6 月），
　　　　頁 4。
〔註8〕　同註 7，張潮〈檀几叢書序〉，頁 1。
〔註9〕　參見鄭幸雅：〈試論「世說新語」的編撰指向〉，收錄於《第二屆成功大學中
　　　　國文學系系友暨南區四校中文系研究生學術論文研討會論文集》，1997 年 5
　　　　月，頁 175～192。
〔註10〕英國美學家克萊夫・貝爾認爲這種形式是一切文學藝術作品產生魅力的共同
　　　　性質。他說：「能激起我們審情感的所有對象中所共有的性質是什麼？……只
　　　　有一個能的回答——有意味的形式（Significant form）。在每件作品中，激起
　　　　我們審美感情的是一種獨特的方式組合起來的線條和色彩，以及某些形式及
　　　　其相互關係。這些線條和色彩之間的相互關係與組合，這些給人以審美感受
　　　　的形式，我們稱之爲『有意味的形式』。」〈有意味的形式〉載於《美學與藝
　　　　術評論》第一集，上海：復旦大學出版社，1984 年。（轉引自寧稼雨：《世說
　　　　新語與中古文化》，石家莊：河北教育出版社，1994 年 11 月，頁 289。）
〔註11〕同註 10，頁 291。

> 《世說新語》藉著分門體例，將後漢以至晉之間人物言行，加以品
> 評，以門相從，分類繫事。而在分標目及次序上，寄託褒貶之意。
> 並且由於時代之政治、學術、價值觀的轉變，使得個人之個性因而
> 出現轉變、發展，產生新個性類型。漢末以來人物品評等級之劃分，
> 使得《世說新語》之編撰以三十六門來具體表現人物之類型，得窺
> 見編撰者之用心。〔註12〕

可見《世說新語》的門類寄寓對人物的褒貶，而門類亦因時代及個人的轉變
而產生新的型態。此種因時、地、人轉換的體例，正是「世說體」被歷代仿
作之因。

　　《古今譚概》雖仍沿襲《世說》三十六門之舊，唯類名除「汰侈」外，
餘皆不同。蓋其門類已由《世說新語》的志人擴大到社會人事各個方面，廣
涉學術，重於史實，嚴於考證。

第二節　編纂體例

　　《古今譚概》的體例是「有意味的形式」，它使全書內容得以清楚明晰地
呈現。一部書之體例即是編輯理念的具體呈現。全書分為三十六部，每部前
皆有小序，馮夢龍藉此總述自己對於此部相關的觀點。各條故事之中偶有小
字註解內容，〔註13〕不少條目後有按語作材料補充或評論，共計五百三十餘
條。尤其是大量的按語和尾評，在在顯示馮夢龍卓越的才情膽識。〔註14〕以
下依編纂體例分析說明：

一、門類名稱

　　「世說體」的特徵，即是將同質性的故事置於同一部或卷，或將相似度

〔註12〕參見曾文樑：〈「世說新語」分門體例初探〉，《輔仁國文學報》第 14 期，1999
　　　　年 3 月，頁 45～58。

〔註13〕馮氏小註之作用，以補正文遺誤、故事出處、補充說明故事內容，包含主人
　　　　公資料、文字解釋等。

〔註14〕由於馮夢龍重視通俗文學，所編書也多為世情內容，故其所作的評語，似乎
　　　　也多集中在世情方面。也就是說，他所作的評語，大多是針對文學作品的內
　　　　容而加的，而極少去評文學作品的藝術特色或章法結構。……而馮夢龍的評
　　　　點則幾乎全是一種倫理說教或人生感想。（參見孫琴安：《中國評點文學史》，
　　　　上海：上海社會科學院出版社，1999 年 6 月，頁 118。）

極高的故事置於同一則中。《古今譚概》一書，輯錄材料眩博，然後分門別類
為三十六部，每部均有其篇目名稱，大抵是收錄故事的要旨，以便讀者閱讀，
它們分別為：迂腐、怪誕、癡絕、專愚、謬誤、無術、苦海、不韻、癖嗜、
越情、佻達、矜嫚、貧儉、汰侈、貪穢、鷙忍、容悅、顏甲、閨誡、委蛻、
譎知、儇弄、機警、酬嘲、塞語、雅浪、文戲、巧言、談資、微詞、口碑、
靈蹟、荒唐、妖異、非族、雜志。

其中，迂腐、怪誕、癡絕、專愚、謬誤、無術、不韻、癖嗜、越情、佻
達、矜嫚、貧儉、汰侈、貪穢、鷙忍、容悅、顏甲、閨誡、委蛻、譎知、儇
弄、雜志部，記錄因個人身分、學識、性格、習慣、資質、形貌、愛憎、行
止、生活或時代及社會風氣下所造成的笑話，主要表現譏諷戲謔；靈蹟、荒
唐、妖異、非族部，主要記載異聞奇事；苦海、機警、酬嘲、塞語、雅浪、
文戲、巧言、談資、微詞、口碑部，則包括透過語言文字所形成的謬誤、捷
辯或酒令謎語遊戲。

馮夢龍用標題區分內容，形成三十六門類。此點與其他「世說體」著作
相同，以門類排比資料就會產生新的意義，是最簡單明瞭的分類法。馮氏雖
採「世說體」以類相從的分類法，但在編輯時，並未採用《世說》舊有之分
類部目，〔註15〕其以創新的類目，作為編輯的依據，使故事的排列匯聚突破
傳統，以呈現其原則及特色。

二、評　點

評點是文學批評的一種方式，「評」是評語，就形式而言有眉批、夾評、
總論等語言文字的評論；「點」是圈點，以圈、點、抹、畫等符號作為提示或
標記，雖未有直接語言批判，亦能增加讀者的尋味空間。「評點」即是結合標
示符號與文字評論的文學批評。中國的評點文學，最初起自於詩文的選本。
由於唐以後詩文選本增多，加上訓詁注解的發達、歷史評議風氣的盛行及讀
書隨筆圈點丹黃漸成習慣等因素，使得以「評」「點」加諸詩文之風氣興起。
南宋以後，詩文批評形式增多，並擴及了散文、詞及小說。〔註16〕而南宋末

〔註15〕明仿「世說體」著作之分類名稱，參見官廷森《晚明世說體著作研究》，政治
　　　　大學中國文學研究所碩士論文，1998 年 6 月，頁 20～24。
〔註16〕參見孫琴安：《中國評點文學史》（上海：上海社會科學院出版社，1999 年 6
　　　　月），第二、三章。

年劉辰翁對《世說新語》的評點，堪稱小說評點之始，直到晚明乃形成一時之風氣。小說評點經歷了不同的發展階段，早期評點以注音釋字爲主，同時對人物節發表簡單評說。後來，評點不僅論及作品內容，更揭示藝術技巧，成爲獨具特色的文學闡釋和文學批評，此一變遷在晚明表現得更徹底。

　　馮夢龍選擇二千五百餘則故事，必定有其用意，而其中的評語更是發揮思想精髓之所。爲更了解其深層意涵，以下就評點、註解之形式及內容加以說明。

（一）評

　　馮氏對《古今譚概》一書「評」的方式十分統一，包括：小序、旁批及尾評。

1. 小序

　　指部卷前之序文，旨在說明各部要旨及所錄故事之分類大要，具總覽概觀作用。以雅浪部爲例，所記皆古人所開無傷大雅的玩笑。子猶於小序中曰：「謔浪，人所時有也。過則虐，虐則不堪。是故，雅之爲貴，雅行不驚俗，雅言不駭耳，雅謔不傷心。」〔註 17〕可見雅的玩笑，是指讓被開玩笑者不動怒爲度，其關鍵在於適度、得體。又如談資部小序言：「古人酒有令，句有對，燈有謎，字有離合，皆聰明之所寄也。工者不勝書，書其趣者，可以侈目，可以解頤。」〔註 18〕因此，本卷可稱爲古人的文字遊戲，分爲酒令、對子、燈謎三類。

2. 旁批

　　指文中行間之批語，簡潔有力，有助閱讀及了解，如「工甚」、「必然」、「扯淡」、「妙絕」、「太過」……等指導閱讀之語。例如迂腐部〈賢良相面〉：

> 唐肅宗時，切詔賢良。一微君首應，上極喜。召對無他詞，但再三瞻望上顏，遽奏曰：「微臣有所見，陛下知不？」上曰：「不知。」對曰：「臣見聖顏瘦於在靈武時。」上曰：「宵旰所致耳。」舉朝大笑。帝亦知其爲妄人，恐塞賢路，乃除授一令。（旁批：又學燕昭王。）

〔註 19〕

燕昭王藉禮遇老臣郭隗，而得以成功延攬趙國大將樂毅。馮夢龍以此典故譏

〔註 17〕參見〔明〕馮夢龍：《古今譚概》，收錄於《馮夢龍全集》（上海：上海古籍出版社，1993 年 6 月）第 40 冊，頁 1049。
〔註 18〕同註 17，頁 1209。
〔註 19〕同註 17，第 39 冊，頁 14。

誚唐肅宗之用人。又如談資部〈仙對〉：

> 江西有提學出對云：「風擺梭櫚，千手佛搖摺疊扇。」諸生不能應，
> 乃相與祈鸞仙，降書自稱李太白，對云：「霜凋荷葉，獨腳鬼戴逍遙
> 巾。」（旁批：匪夷所思）〔註20〕

馮夢龍以「匪夷所思」評斷鸞仙降書所對。可見旁批表面上是形式，但對內容卻有指導性意義。

3. 尾評

顧名思義置此語於文末，類似「太史公曰」、「史臣曰」的論贊形式，是作者最主要呈現思想之所。字數短則不足十字，〔註21〕長則二、三百字，〔註22〕皆可見馮氏之思想。

《古今譚概》中的尾評，在表達過程中大多採互訓的方式，〔註23〕以同

〔註20〕同註17，第40冊，頁1222。

〔註21〕例如閨誡部〈潘妃〉：「真正杖夫。」，共計四字。（同註17，第39冊，頁753。）

〔註22〕例如談資部〈俗語對〉，長達358字：

> 他如「狗毛雨，雞腳冰」、「口串錢，腳寫字」、「掘壁洞，開天牕」、「立地變，報天知」、「將見將，人喫人」、「護兒狗，拋娘雞」、「伸後腳，討饒頭」、「賊摸笑，鬼見愁」、「半纜腳，直櫨頭」、「奶婆種，長工坯」、「下鑊漲，上場渾」、「眼裏火，耳邊風」、「趕茶娘，偷飯鬼」、「抒腳屋，瀉肚街」、「王姑李，郁婆蘁」、「長腳狗，矮弎豬」、「開路神，壓壁鬼」、「硬頭皮，老腳底」、「拔短梯，使暗箭」、「一腳箭，兩面刀」、「坐壇遣將，排門起夫」、「剁肉做瘡，忍屎湊飽」、「酒肉兄弟，柴米夫妻」、「三燈火旺，六缸水渾」、「兩手脫空，四柱著實」、「將酒勸人，賠錢養漢」、「灰勃六禿，泥拌千秋」、「大話小結果，東事西出頭」、「貓口裏挖食，虎頭上做窠」、「鍾馗捉小鬼，童子拜觀音」、「口懇心裏苦，眼飽肚中饑」、「吹鼓打喇叭，喫燈看圓子」、「捏鼻頭做夢，空耳聹當招」、「板板六十四，撅撅么二三」、「好心弗得好報，癡人自有癡福」、「看孤山，守白浪」、「喫家飯，阿野屎」、「東手接來西手去，大船撐在小船邊」、「強將手下無弱兵，死人身邊有活鬼」、「缺嘴口裏咬跳蚤，顤頭頭上拍蒼蠅」、「好漢喫拳弗叫痛，敗子回頭便做家」、「茶弗來，酒弗來，那得山歌唱出來；爺在裏，娘在裏，搓條蘺繩縛在裏」，俱稱絕對。
>
> （同註17，第40冊，頁1232～1234。）

〔註23〕尾評的表現形式，包括：

> （一）直接評論：如口碑部〈世修降表〉：「真正獨行生意。」（同註17，第40冊，頁1320。）
>
> （二）引他人言：此法有如評箋。如迂腐部〈許子伯哭〉：「卓老曰：『人以為憺，我以為趣。』」（同註17，第39冊，頁23。）
>
> （三）迻錄俗語：如迂腐部〈諱己名〉：「俗語云：『只許州官放火，不許百姓點燈。』本此。」（同註17，第39冊，頁41。）

類事例作為正文的補充，表明同類現象並非鮮見，並且在補充事例時，常會用「事類此」、「事同」、「皆此類耳」做結語。〔註24〕例如怪誕部〈曬腹書〉，〔註25〕記郝隆謂「七月七日出日中仰臥為曬書」，並引「東坡謂晨飲為澆書，李黃門謂午睡為攤飯」兩事為證。又如委蛻部〈口吃〉：

> 後周鄭偉口吃，少時逐鹿失之，問牧豎，牧豎亦吃，偉以牧故為效己，竟撲殺之。〔註26〕

記鄭偉誤會同為口吃的牧豎故意模倣自己而撲殺之。尾評舉俞漳水跛足，卻遭跛嫗誤以為其戲效而受辱罵事。二者同例，相互為解，因置於同一則中，使讀者更明其意。

> 吾吳俞漳水工畫荻，而足跛。嘗過王府基，有跛嫗先行，傍一童子戲效之，嫗方怒詈，俞適踵至，遂大恚曰：「彼頑童作短命事耳，乃衣冠者亦復為之耶？」因極口罵辱。俞自陳再四，終不聽信。事類此。〔註27〕

總而言之，馮夢龍評《古今譚概》的方式，每則間雖有差異，但整體而言，「評」是為凸顯所舉故事的意旨。

（二）圈　點

圈點，最主要是標示文眼、有趣之處與值得欣賞之修辭。加圈的位置，有下列二種：

1. 題目上加圈

如迂腐部〈問牛〉，題目上用「○○」，表示作品的可讀性及趣味性。其中，有不加圈、加一圈、加雙圈三種，〔註28〕可讀性及趣味性隨圈數提高。

（四）藉書佐證：如怪誕部〈刺眉〉：「笑林評曰：『見晉王克用，即當剔目。遭婁相師德，更須折足矣。』」（同註17，第39冊，頁72。）

（五）按語評議：如謬誤部〈犯名〉：「按：皋字仲聞，貌類父混。既孤，不復視鏡，真硬漢也。」（同註17，第39冊，頁217。）

（六）徵援史實：如謬誤部〈不伏誤〉：「天順間，錢塘張錫作文，極捷，而事多杜撰。有問者，則高聲應曰：『出《太平廣記》。』以其快多難卒辨也。類此。」（同註17，第39冊，頁233。）

〔註24〕用「此類事」這些語詞在《古今譚概》的前半部較少，於後半部常見此類用語。前大半部大部分僅將類似的故事加上，並無字語做結。

〔註25〕同註17，第39冊，頁99。

〔註26〕同註17，第40冊，頁802。

〔註27〕同註17，第40冊，頁802～803。

〔註28〕不加圈者，例如：迂腐部〈束帶耕田〉（同註17，第39冊，頁43。）；加一

2. 文旁加圈、點

此為評點最常使用的方式，意在標示作品的重點。例如迂腐部〈問安求嗣〉：

> 《國朝史餘》云：陳獻章入內室，必請命於太夫人曰：「獻`章`求`嗣`。」顧主事餘慶面質之，因正色曰：「是何言？太夫人孀婦也。」陳嘿然。常熟周木，嘗朝叩父寢室，父問：「誰？」曰：「周`木`問`安`。」父不應。頃之，又往曰：「周木問安。」父怒起，叱之曰：「老人酣寢，何用問為？」時人取以為對曰：「周木問安，獻章求嗣。」〔註29〕

從加圈處可見兩個重點：

一、加圈處點出重點即是文心，亦即僅檢視加圈處，便可略窺全貌。二、陳獻章欲求嗣必請命於孀居之太夫人，周木則執意早起省親問安，重點在於凸顯二人食古不化，拘泥於儀節不知變通，反影響父母的起居、心情。

又如貧儉部〈齒聲〉：

> 供奉官羅承嗣住州西，鄰人每`夜`聞`擊`物`聲`，達`旦`不`輟`。穴隙視之，乃`知`寒`凍`，齒相擊耳。〔註30〕

從加圈、點處亦可見兩重點：一、加圈點處，即是全篇重心所在。二、鄰人徹夜聽聞之擊物聲，實乃羅承嗣因寒凍打顫，齒牙相碰擊所生。末句並緊扣題目，點出發聲之因。身為供奉官，居所衣著卻無法遮風避寒，重點在於凸顯其貧儉之狀。

（三）註　解

註解，是作為說明之用，在不影響行文論述的條理下，於文中以小字成兩行書寫。內容包括：

1. 補述生平字號

如談資部〈李先主雪令〉：「李先主（南唐烈主李昪）」、怪誕部〈假面假衣服〉第二條：「張粄（幼于晚年改名粄）」。〔註31〕此二則，前者說明李先主的姓名、身分，後者補充說明張幼

圈者，例如：迂腐部〈宋羅江〉（同註17，第39冊，頁12。）；加雙圈者，
例如：迂腐部〈引月令〉（同註17，第39冊，頁13。）。
〔註29〕同註17，第39冊，頁47。
〔註30〕同註17，第39冊，頁543。
〔註31〕同註17，分見於第39、40冊，頁76、1209。

于改名的狀況。

　　2. 詳明事件始末

　　塞語部〈蔡元定地理〉：「蔡元定善地理，每與鄉人卜葬改定，其間吉凶不能皆驗。及貶，^{坐朱晦庵黨，}^{爲胡紘所劾}有贈詩者曰：掘盡人家好丘隴，冤魂欲訴更無由。先生若有堯夫術，何不先言去道州？」〔註32〕此處以夾注說明蔡元定被貶，係因受朱晦庵黨之累，遭胡紘彈劾所致。

　　又如佻達部〈王敬弘〉：「王敬弘嘗往何氏看女，^{敬弘女，適何}^{尚之弟述之}值尚之不在，寄齋中臥。俄頃尚之還，敬弘使二婢守閣，不聽尚之前，直語云：『正熱不堪相見，君可且去。』尚之遂移於他室。」〔註33〕此處以夾注說明王敬弘之女適何尚之弟述之，因此敬弘前往探視。

　　3. 標示故事出處

　　馮夢龍標示故事出處，有三種方式：

　　（1）文首加註

　　將故事出處置於開端，是《古今譚概》最常見的方式，常以「○○○」或「○○○云」起始。例如貪穢部〈麻鞋一屋〉：

　　　《顏氏家訓》：鄴下一領軍貪甚，及籍沒，麻鞋亦滿一屋。〔註34〕

又貪穢部〈如意〉：

　　　《歸田錄》云：國初，通判常與知州爭權，每云：「我是郡監。」有

　　　錢昆者，浙人，嗜蟹，常求補外曰：「但得有蟹，無通判處則可。」

　　　東坡詩云：「欲問君王乞符竹，但憂無蟹有監州。」〔註35〕

　　（2）文末加註

　　故事出處標示於文末，常以「見○○○」作結。例如迂腐部〈讀父書〉：

　　　顧愷讀父書，每句應諾。^{見《韻}^{府》}〔註36〕

又談資部〈妓對〉：

　　　有郡丞席上作對，屬云：「酒熱不須湯盞湯。」一妓對曰：「廳涼無

　　　用扇車扇。」見《文酒清話》〔註37〕

―――――――――――――――――

〔註32〕同註17，第40冊，頁1018。

〔註33〕同註17，第39冊，頁486。

〔註34〕同註17，第39冊，頁614。

〔註35〕同註17，第39冊，頁597。

〔註36〕同註17，第39冊，頁44。

〔註37〕同註17，第40冊，頁1242。

（3）題名顯示

故事出處直接於篇題處點出。《古今譚概》收錄的篇題多半由馮夢龍自訂，即使同出自某書中，故事名稱亦有所不同。此外，另有少數狀況如怪誕部〈酉陽雜俎載箚青事〉、譎知部〈朝野僉載兩孝子事〉與〈耳譚二譎僧〉，便直接於篇題加上《酉陽雜俎》、《耳譚》及《朝野僉載》。〔註38〕

除上述三種情況，尚有而將出處於文末加小字註呈現者，如汰侈部〈燭圍〉：「封涉家宴，使羣婢各執一燭，四面行立，呼爲燭圍。《長安後記》」〔註39〕另有一特例，則是專愚部〈迂仙別記〉吳下張夷令所輯，余摘其尤廿四條 於篇名下加小字註的方式。

4. 校釋異字難詞

酬嘲部〈酬外祖戲〉：「王彧子絢，年六歲，讀《論語》至『周監於二代』，外祖何偃曰：『可改爺爺乎文哉。』或、郁同音○蜀間，呼父爲爺」〔註40〕文中以夾注方式，解釋「或」之音讀爲「郁」，「爺」實爲「父」之意。又癖嗜部〈譽人癖〉：「因過胡人前，彈指云：蘭闍蘭闍。……蘭闍，胡語褒譽之稱」〔註41〕與微詞部〈明文　天話〉：「公天人，所言皆天話也。吳下謂大言曰天話。」〔註42〕分別解釋胡語「蘭闍」與吳地方言「天話」之意。

5. 校訂疑誤

無術部〈班固王僧孺〉：「昨買得《王僧孺集》，誤以孺爲　孺大有道理。」〔註43〕說明正確書名應爲《王僧孺集》。又機警部〈江南妓〉文末作「見《西堂紀聞》。《譴浪》作歐文忠公事，或誤。」〔註44〕說明該故事之正確出處。

6. 補充說明

巧言部〈吳妓張蘭〉：「吳妓張蘭，色麗而年已娘行。一日，客攜遊山，陸龍石戲曰：『老便老，還是箇小娘。』陸有太醫箚付，張應聲曰：『小便小，也是箇老爹。』眾皆鼓掌。《耳談》作杜生張好兒事」〔註45〕說明此事於《耳談》中角色易

〔註38〕同註17，分見於第39、40冊，頁67、831、842。
〔註39〕同註17，第39冊，頁584。
〔註40〕同註17，第40冊，頁998。
〔註41〕同註17，第39冊，頁416。
〔註42〕同註17，第40冊，頁1295。
〔註43〕同註17，第39冊，頁263。
〔註44〕同註17，第40冊，頁957。
〔註45〕同註17，第40冊，頁1202。

作杜生與張好兒。又口碑部〈昭宗尊號〉:「人戲上尊號曰:避賢招難存三奉五皇帝。^{三,謂一后二昭儀;五,謂朱全忠、王行瑜、李克用、李茂貞、韓建五鎮。}」〔註46〕此處說明「三」、「五」所代表的對象。

小說評點從註釋的功能到作爲一種文學批評的形式,到了明萬曆年間更發展出獨特的功能,評點不再只是一種文學批評,也是融合批評鑑賞、理論建構、文本修飾和形式修訂爲一體的綜合活動。〔註47〕晚明自著自評的情況很多,因此評點除對文本的再創活動,更包含作者的思想感情、審美趣味及生命體驗,增加文本的可讀性與趣味性。

今歸納《古今譚概》馮氏批點之特色如下:

一、抒發己見

對書中的人物事件有感而發,而予以評論,是一般評點者最常使用的方法。馮夢龍除於小序、按語上寄託評論興感外,亦常在故事後添加增補。將原有的題旨作縱向深掘,體現其廣博見聞基礎上的再創性。例如顔甲部〈譽詞成句〉中,記述黔郡刺史新任公讌,伶人致譽詞,刺史喜問撰詞者,伶人對曰:「此郡中迎官成句。」馮氏補充:

> 凡府縣官臨去任,有遺愛者,百姓爭爲脫靴,著於儀門,以代甘棠之思。近有爲貪令脫靴者,令訝曰:「我何德而煩汝?」答曰:「是舊規。」近吾邑又有僞爲脫靴,而以敝靴易去其佳者,蓋銜恨之極也。尤可笑。〔註48〕

將輯錄的內容深化,除說明官場迎送陋習,又藉百姓「僞爲脫靴」淋漓表露受貪官迫害之甚的心態。

又癖嗜部〈笑癖 哭癖〉中,記唐衢進士不第,每見人文章有歎傷、與人言論或宴席酒酣言事,總「涕泗不能已」。馮氏遂於文末評論:

> 許伯哭世,迂也,然其題目大;阮籍哭途,狂也,然其意趣遠。至唐衢,直自傷不遇而已,眞所謂「一哭不如一哭。」〔註49〕

〔註46〕同註17,第40冊,頁1326。
〔註47〕參見譚帆:〈中國古代小說評點的文本價值〉,《學術月刊》,1996年12期,1996年,頁284～289。
〔註48〕同註17,第39冊,頁717。
〔註49〕同註17,第39冊,頁422。

由唐衢聯想到許伯、阮籍，旁徵博引展現哭的不同性質、境界。

二、評論精短

　　中國的文論史論家很重視文字的精鍊，「字少意多」、「文約事豐」（劉知幾《史通》）幾乎成為作文的基本要求和優良傳統。因此，屬筆記體的《古今譚概》評論的篇幅自然符合此準則。

　　馮夢龍評論文字的精短與李贄有所不同。李偏重印象式的抒感，在形式上尚未形成完整的短文，在《初潭集》中往往以「趣」、「癡語」、「妙妙」、「好道學」等評論。馮氏則超出一般的印象式評語格式，具有較深刻的思想內涵。例如文戲部小序：

> 迂士主文而諱戲，俗士逐戲而離文，其能以文爲戲者，必才士也。
> 尼父之戲也，以俎豆；鄧艾之戲也，以戰陣；晦翁之戲也，以八卦；
> 何獨文人而不然？且夫視文如戲，則文之興益豪；而雖戲必文，則
> 戲之途亦窄，或亦砭迂鍼俗之一助云爾。〔註50〕

不足百字，卻能清楚說明不同的娛樂觀、娛樂功能。又將儒家、兵家、理學家的例證拈出，要言不煩，深中肯綮。又如癖嗜部〈石〉中，記米元章愛石軼事，編後按語以袁石公語作評價：「陶之菊，林之梅，米之石，非愛菊、梅與石也，皆吾愛吾也。」〔註51〕寥寥數語，深刻揭示文人託物寄情、清高自賞的心態；由物反照自身，即珍惜其自身價值。議論警策簡潔，發人深省。又顏甲部〈廖恩無過〉，記嘯聚山林的廖恩被朝廷招撫出降，其出身履歷上寫道：「歷任以來，竝無公私過犯。」而爲見者哂笑。馮夢龍評曰：「人但知廖恩可笑，孰知薦刻中說清說廉，墓誌上稱功稱德，皆是廖恩腳色。安然不慚，獨何也？」〔註52〕鞭撻之語雖不多，然針砭面極廣，分量十足。

三、分析辯證

　　馮夢龍分析評介人事時，能掌握事物的多元面向，避免片面妄斷。例如對貪穢現象的看法，馮氏力排當時士人恥談錢財的偏見，強調物質利益的重要性。在貪穢部小序中指出：

〔註50〕同註17，第40冊，頁1101。
〔註51〕同註17，第39冊，頁410。
〔註52〕同註17，第39冊，頁704。

人生於財，死於財，榮辱於財。無錢對菊，彭澤令亦當敗興。儻孔

氏絕糧而死，還稱大聖人否？無怪乎世俗之營營矣。〔註53〕

又如書中多處肯定武則天的開明，容悅部雖有〈天后好諂〉〔註54〕的記載，
也有不受佞臣諂媚的明智。顏甲部〈天后時三疏〉，寫武則天時拜官不可勝數，
張鷟、沈全交等人作謠嘲諷，御史紀先知欲彈劾治罪，則天笑曰：「但使卿等
不濫，何慮天下人語？不須與罪。」又拾遺張德生男，私宰羊飲宴同僚，遭
補闕杜肅懷肉上表告狀。則天尚提醒張德：「朕禁屠宰，吉凶不預。卿自今召
客，亦須擇人。」馮氏因此作按語：「天后作事，往往有大快人意者，宜卓老
稱為聖主也。」〔註55〕

此外，對佻達的士人亦非一概排斥，由佻達部小序中能看到「其中儘有
魁傑駿雄，高人才子，或潛見各途，能不盡見」，肯定其才能可「淘俗士之肺
腸」。〔註56〕即使對殘疾者亦由「形神之異」肯定其特長，指出：「項籍之瞳，
不如左右之眇；嗇夫之口，不如咎繇之喑；鄭鄩之長，不如晏嬰之短；夷光
之艷，不如無鹽之陋；慶忌之足，不如婁公之跛。」〔註57〕

書中雖多是奇異詭怪、可資談笑的人事，馮氏卻能全面公允地評論，從
眾多材料中擷發嚴肅的人生態度和理論思辨，從而使《古今譚概》卓然超越
一般搜奇博笑的作品。

四、巧於措詞

身為明代傑出的文學家，馮夢龍擅於運用藝術表現技巧，使評論的文字
活潑多采，富理趣諧韻。

巧譬妙喻，是其評論中常用的說理方式。例如迂腐部小序云：「天下事，
被豪爽人決裂者尚少，被迂腐人擔誤者最多。何也？豪爽人縱有疏畧，譬諸
鉛刀雖鈍，尚賴一割。迂腐，則塵飯土羹而已。」〔註58〕分別以「鉛刀」、「塵
飯土羹」，比喻豪爽、迂腐之人。譎知部則指出「人心之知，猶日月之光。糞
壤也而光及焉，曲穴也而光入焉。」因此，「小人以之機械，君子以之神明」

〔註53〕同註17，第39冊，頁595。
〔註54〕同註17，第39冊，頁662～663。
〔註55〕同註17，第39冊，頁706～707。
〔註56〕同註17，第39冊，頁455。
〔註57〕同註17，第40冊，頁779。
〔註58〕同註17，第39冊，頁7。

便成爲運用「有善有不善」的關鍵。〔註59〕以「日月之光」，生動比喻小人與君子的智慧。而荒唐部〈天帝召歌〉記賀道養工卜筮，其施巫術救活歌女，以爲「此非死，天帝召之歌耳」。馮氏以「人想天樂，天帝復想人歌，正如中土人願生西方，西方人聞我中國衣冠禮樂之盛，復願來生生中國也」評論此一死而復生之奇事。〔註60〕以「中土人」與「西方人」恰如其分的比喻，清晰揭示事物的本質。

諧謔笑罵，亦屢見於評論中，充分流露馮夢龍的個性特質。荒唐部〈梁武前生是蟮〉中，記一僧遭武帝誤殺，死前已悟前因：「前却爲沙彌時，以鍫劚地，誤斷一曲蟮，帝時爲蟮，今此報也。」馮氏評以「前生殺蟮，今生償命，輪迴報應，毫釐不漏矣。但不知曲蟮前世有何積德，今世便得皇帝做。」〔註61〕以調侃之筆，批駁因果報應的荒謬，饒富意趣。

有些小序、按語的文字，在說理的完整性上具有短文的格局，加之語言的犀利、揭露的深刻和幽默的文學氣息，使讀者猶如閱讀一篇微型雜文。例如酬嘲部〈東坡佛印〉，記蘇軾以「時聞啄木鳥，疑是叩門僧」、「鳥宿池邊樹，僧敲月下門」等詩句，「以鳥對僧」戲謔佛印，佛印則以「所以老僧今日得對學士」回應。馮夢龍於文末按語，再加東坡、佛印與蘇小妹三人相謔故事補充說明，使內容更豐富多元：

> 又舊傳佛印嘗訪坡公，公不在，值小妹臥紗帷中，佛印曰：「碧紗櫥裏臥佳人，煙籠芍藥。」小妹應聲曰：「清水池中洗和尚，水浸葫蘆。」佛印笑曰：「和尚得對佳人，已出望外矣。」按此乃後人好事者之爲。公雖曠遠，印不應直入臥閨也。又傳小妹夏月晝寢，坡公過之，妹戲吟曰：「露出琵琶腿，請君彈一彈。」公應曰：「理上去不得，要彈也不難。」亦可笑。〔註62〕

有些按語也是理趣兼善的小品，例如雅浪部〈海蜇〉一文，雖僅寥寥數句：

> 王敏道食海蜇，曰：「人何苦嗜之哉？一響而已。」〔註63〕

馮夢龍據此發抒饒富哲理的雋語：

> 歲中紙爆，亦只一響。好事者乃以紗絹裝花爲飾，每枚價至數十錢，

〔註59〕同註17，第40冊，頁829。

〔註60〕同註17，第40冊，頁1464。

〔註61〕同註17，第40冊，頁1463～1464。

〔註62〕同註17，第40冊，頁983。

〔註63〕同註17，第40冊，頁1081。

更為可笑。○萬錢之費，不過一飽；長夜之歡，不過一醉。回想紛陳，皆海蜃耳。夫玉樓金谷，能得幾時？花貌紅顏，本非常住。而蚩氓馳逐不休，無非爭此一響而已，豈不愚哉！〔註64〕

五、糾謬考訂

除了評論之外，其間文字亦涉及考訂。例如馮夢龍於儇弄部〈晶飯毳飯〉的評語中明言：「此條見《魏語錄》，他書作蘇、黃相謔，殊誤。」查證江少虞《宋朝事實類苑》卷六十七談諧戲謔（五）「機辨」，收錄郭震、任介以「晶飯」、「毳飯」相戲謔的故事，引自《魏王語錄》。茲錄《古今譚概》與《宋朝事實類苑》於下，比較其異同：

《古今譚概》	《宋朝事實類苑》
進士郭震、任介，皆西蜀豪逸之士。一日，郭致簡於任曰：「來日請餐晶飯。」任往，乃設白飯一盂，白蘿蔔、白鹽各一楪。蓋以三白為晶也。後數日，任亦召郭食毳飯。郭謂：「必有毛物相戲。」及至，並不設食。郭曰：「何也？」任曰：「飯也毛，蘿蔔也毛，鹽也毛，只此便是毳飯。」郭大笑而別。<small>晶，音孝，蜀音無曰毛。</small> 〔註65〕	文潞公說，頃年進士郭震、任介皆西蜀豪逸之士。一日，郭致簡於任曰：「來日請湌晶飯。」任不曉厥旨，但如約以往。將日中，方具糯飯一盂，蘆菔、鹽各一盤，餘更別無物。任曰：「何者為晶飯？」郭曰：「飯白，蘆菔白，鹽白，豈不是晶飯？」任更不復校，強勉食之而退。任一日復致簡於郭曰：「來日請餐毳飯。」郭亦不曉厥旨，亦如約以往。迨過日中，迄無一物，郭問之，任答云：「昨日已曾上聞。」郭曰：「何也？」任曰：「飰飯也毛，【音謨。】蘆菔也毛，鹽也毛，只此便是毳飯。」郭大噱而退。蜀人至今為口談。【並魏王語錄。】〔註66〕

馮夢龍採錄此段，稍加刪削，僅個別字句略異。例如「糯飯」作「白飯」，且文末無「蜀人至今為口談」句。因此，如評語所言「此條見《魏（王）語錄》」無誤。再者，馮氏言「他書作蘇、黃相謔，殊誤」，此事眾說紛紜，另有朱弁《曲洧舊聞》卷六作蘇東坡、劉貢父互謔事，而曾慥《高齋漫錄》以劉貢父為錢穆父。

綜上所述，馮夢龍在《古今譚概》中的評論有感而發，刺世嫉邪，形象

〔註64〕同註63。

〔註65〕同註17，第40冊，頁886。

〔註66〕參見〔宋〕江少虞：《宋朝事實類苑》（上海：上海古籍出版社，1981年7月）卷第六十七談諧戲謔「機辨」，頁894～895。

鮮明，文心斐然，餘味無窮。這些小序、按語，確具畫龍點睛之效。

第三節　編纂方式

　　馮夢龍編纂《古今譚概》的方式，包括摘錄和纂輯。態度審慎，不率意妄從。例如酬嘲部〈地諱〉條，[註67]《舊雨紀談》謂李西涯、河南公子事，而《耳譚》謂高中雲、張泰岳事。馮氏面對此狀況並非模稜兩可兼而取之，而是經過考訂，斷語《耳譚》記載的訛誤。他每將所蒐羅的資料，削其浮文，存其始末，加以整理。篇幅長者達千字，[註68] 短的不足十字，[註69] 按條立目。經過整理的故事，內容更生動、幽默、深刻，語言更簡潔、通俗、質樸。[註70] 其狀況可歸納爲五種：[註71] 一、基本照錄，文字小異；二、剪

[註67] 同註17，第40冊，頁1002～1003。

[註68] 若以「一則故事」其下收錄諸多故事者，例如專愚部〈迁仙別記〉計二十四條故事（不含述評、批點），長達1476字：若以「一條故事」而言，最長者爲汰侈部〈廚娘〉，共計706字。馮夢龍不惜以長篇鉅幅描寫京都一廚娘烹調用料奢侈、作工細膩之狀，例如：「其治蔥蘁，取蔥輒煨過湯沸，悉去鬚葉，視樸之大小，分寸而裁截之。又除其外數重，取心條之細，似蘁之黃者，以淡酒醢浸漬，餘棄不惜。凡所無備，馨香脆美，濟楚細膩，難以盡其形容。食者舉筯無餘，俱各相顧稱好」。（同註17，第39冊，頁177～186、577～580。）

[註69] 最短的故事見迂腐部〈讀父書〉：「顧愷讀父書，每句應諾。見《韻府》。」全文（不含注語）僅9字。（同註17，第39冊，頁44。）

[註70] 馮夢龍對於摘錄的舊文，極少給予大幅修改，多爲個別字句的潤色。即使變動幅度不太，然經其慧心巧手，每每有畫龍點睛之妙。例如癖嗜部〈好好先生〉條（同註17，第39冊，頁416。）與《世說新語》〈言語第二〉引錄的〈司馬徽別傳〉（參見徐震堮：《世說新語校箋》，臺北：文史哲出版社，1985年7月，頁36～37。）相較，便不難領略二者之別。迻錄原文，表列於下，比較《古今譚概》與《世說新語》遣詞用字之異：

《古今譚概》	《世說新語》
後漢司馬徽不談人短，與人語，美惡皆言好。有人問徽：「安否？」答曰：「好。」有人自陳子死，答曰：「大好。」妻責之曰：「人以君有德，故此相告，何聞人子死，反亦言好？」徽曰：「如卿之言，亦大好。」今人稱「好好先生」本此。	（司馬徽）居荊州，知劉表性暗，必害善人，乃括囊不談議時人。有以人物問徽者，初不辨其高下，每輒言「佳」。其婦諫曰：「人質所疑，君宜辯論，而一皆言『佳』，豈人所咨君之意乎？」徽曰：「如君所言，亦復佳。」

首先，馮夢龍將《世說新語》的敘述文字改以對話形式表達，達到更簡潔易懂的狀況；再者，將「佳」字改爲更口語、淺白的「好」字，使人物間的對答更生動，司馬徽的個性更鮮明，更符合笑話的書寫模式。

裁鎔鑄，削除浮文；三、加工改寫，演化成文。四、抄撮纂輯，擅加訛增；五、徵引文獻，合併爲一。茲舉例條列說明如下：

一、基本照錄，文字小異

《古今譚概》對所輯入的部分材料，幾乎完整抄錄而不做任何增損，乃因此類資料內容精審，敘事簡要，無需大幅刪動，並可藉以保存史料的完整性，亦可見馮氏編纂的謹嚴態度。由於古籍輾轉傳抄，差異難免，加以版本傳刻或有校勘未精，或取用版本有異，是以產生不少異文。例如劉義慶《世說新語》〈言語第二〉記鄧艾口吃一事：

> 鄧艾口喫，語稱艾艾。晉文王戲之曰：「卿云艾艾，定是幾艾？」對曰：「鳳兮鳳兮，故是一鳳。」〔註72〕

《古今譚概》輯入委蛻部〈口吃〉時，將「口喫」作「口吃」，而「卿云艾艾」變爲「卿言艾艾」。〔註73〕

根據上述所論的條件，則馮氏編纂《古今譚概》時，往往有據書直錄者。例如嗜癖部〈好獵〉中的〈元吉〉條，〔註74〕與所徵引《舊唐書》卷六十四〈高祖二十二子傳〉，〔註75〕文字悉同；〈禽癖〉中的〈衛懿公〉條，〔註76〕與《左傳》魯閔公二年傳文，〔註77〕字句相同。又如容悅部〈熨衣〉，〔註78〕與所引《南史》卷三十列傳第二十〈何尚之傳〉，〔註79〕文字基本相同。又閨誡部〈王夷甫〉，〔註80〕與所採錄《世說新語》〈規箴第十〉，〔註81〕文亦悉同。

〔註71〕以下五種狀況，前三種係參酌劉德權校點《古今譚概》前言的分析（福州：海峽文藝出版社，1985 年 11 月，頁 4），後二種則是筆者翻檢爬梳全書後所得。

〔註72〕參見徐震堮：《世說新語校箋》（臺北：文史哲出版社，1985 年 7 月），頁 42～43。

〔註73〕同註17，第 40 冊，頁 802。

〔註74〕同註17，第 39 冊，頁 405。

〔註75〕參見〔後晉〕劉昫：《舊唐書》（臺北：鼎文書局，1976 年 10 月）卷六十四〈高祖二十二子傳〉〈巢王元吉〉，頁 2420。

〔註76〕同註17，第 39 冊，頁 405。

〔註77〕參見《左傳》卷第十一「魯閔公二年」，收錄於《十三經注疏》（臺中：藍燈文化事業公司，版次不明）6，頁 191。

〔註78〕同註17，第 39 冊，頁 665。

〔註79〕參見〔唐〕李延壽：《南史》（臺北：鼎文書局，1994 年 9 月）卷三十列傳第二十〈何尚之傳〉，頁 796。

〔註80〕同註17，第 39 冊，頁 758。

委蛻部〈貌寢陋〉第一條，〔註82〕記載裴佶因貌寢，得以在朱泚之亂時佯裝
爲奴逃過一劫。其文字與所引錄的《唐國史補》卷上〔註83〕悉同。譎知部〈日
者〉，〔註84〕與《南唐近事》所載日者以「國君頭上有黃雲」辨識李德誠爲國
君之事，〔註85〕文字皆同。雜志部〈算簹穀筍詩〉，〔註86〕記蘇軾以竹爲詩一
事，與《苕溪漁隱叢話》前集卷三九〈東坡二〉條，〔註87〕文字相同。

可見馮氏所徵引者，包括經書、史籍、筆記小說與詩話，有爲數不少的
篇章幾乎不加更動完整採錄。此類所謂直錄的引文方式，乃是根據原始的出
處，據書直錄，決不輕易改動文字，是以具有較高的參考價值。〔註88〕試舉
《左傳》引證的內容：

　　齊慶封好田而耆酒，與慶舍政，則以其內實，遷于盧蒲嫳氏，易內
　　而飲酒。〔註89〕

進一步檢視閨誡部〈易內〉〔註90〕中所引錄的內容，除「嗜酒」、「飲」作「耆
酒」、「飲酒」外，其餘不論是順序或內容皆與《春秋左傳正義》卷第三十八
「襄公二十八年」相同。此種徵引方式，文句與原典相同，使讀者不致誤會
其正確內容，是較佳的引文方式。

二、剪裁鎔鑄，削除浮文

古人編纂書籍時，「簡化」往往是最常用的方法之一。由於史料素材多爲
繁雜瑣碎，不符合「世說體」小說的特性。馮夢龍爲使文句加簡潔生動，對
原典進行適度剪裁，去其浮文，存其始末。此類所謂「約引」，或可稱爲「撮

〔註81〕 同註 72，頁 306〜307。
〔註82〕 同註 17，第 40 冊，頁 785。
〔註83〕 參見〔唐〕李肇：《新校唐國史補》（臺北：世界書局，1959 年 9 月）卷上，
　　　　頁 25〜26。
〔註84〕 同註 17，第 40 冊，頁 854〜855。
〔註85〕 參見〔宋〕鄭文寶：《南唐近事》，收錄於《宋元筆記小說大觀》（上海：上海
　　　　古籍出版社，2007 年 3 月）第 1 冊，頁 279。
〔註86〕 同註 17，第 40 冊，頁 1581。
〔註87〕 參見〔宋〕胡仔：《苕溪漁隱叢話》（北京：人民文學出版社，1962 年 6 月）
　　　　前集卷第三十九〈東坡二〉，頁 263。
〔註88〕 參見楊果霖：〈《經義考》引文方式分析〉，《中國文化大學學報》第 5 期，2000
　　　　年 3 月，頁 189。
〔註89〕 同註 77，卷第三十八「襄公二十八年」，頁 654。
〔註90〕 同註 17，第 39 冊，頁 772。

引」，乃是古代較常用的引文方式。此類的引文方式，乃是主觀的擷取資料，將有利於考證的資料留下，卻刪去較爲次要的內容也便於節省篇幅。然而，此舉卻易使文句不易通讀，甚且內容不全，致使喪失不少的參考價值。〔註91〕茲試舉數例，以明其梗概：

有關鄧差的敘述，見《太平廣記》卷第三百六十「妖怪二」〈鄧差〉條（出《廣古今五行記》）：

> 梁鄧差，南郡臨沮人，於麥城耕地，得古銅數斛，因此大富。行值雨，止於皀莢樹下。遇一老公，謂差曰：「君雖富，明年舍神若出。方衰耗之後，君必因火味獲殃。」差以爲此叟假稱邪術，妄求施與，都不採錄。明年，宅內見一物，青黑色，似鱉而非，可長二尺許。自出自入，或隱或見，伸縮舉頭，狗見，輒圍繞共吠，吠則縮頭，家人亦不敢觸，如此者百餘日。後有人種作，黃昏從外入，見之，謂是蚖，乃以鎌斫之，傷其足血，曳腳入稻積下，因失所在。自後遭火。兒姪喪亡，官役連及。差又於道逢估人，先不相識，道邊相對共食，羅布甘美，味皆珍味。二人呼差同飲，謂曰：「觀君二人，遊行商估，勢在不豐，何爲頓爾珍羞美食？」估人曰：「寸光可惜，人生在世，終止爲身口耳。一朝病死，安能復進甘美乎？終不如臨沮鄧生，平生不用，爲守錢奴耳。」差亦不告姓名，默然歸，至家，宰鶩以自食，動筋齪骨，哽其喉，病而死。〔註92〕

馮夢龍改寫收入貧儉部〈孫景卿鄧差〉條中：

> 《廣行五記》：鄧差，南郡臨沮人，大富。道逢賈人，相對共食，羅布殊品，呼差與焉。差曰：「君遠行商賈，勢不在豐，何爲頓爾珍羞美食？」賈人曰：「人生在世，終止爲身口耳。一朝病死，安能復進甘味乎？終不如臨沮鄧生，平生不用，爲守錢奴爾。」差不告姓名，歸至家，宰鵝自食，動筋齪骨，鯁其喉而死。〔註93〕

此經剪裁，行文較簡。刪略不信老叟提醒，致家毀人亡遭災厄一段。僅擇道逢估人一段，藉對方嘲誚鄧差爲守錢奴，使之幡然覺悟。返家宰鵝自食，卻

〔註91〕同註88，頁190。

〔註92〕參見〔宋〕李昉等編：《太平廣記》（臺北：明倫出版社，1971年10月）第四冊，頁2860。

〔註93〕同註17，第39冊，頁563。

遭骨哽而亡。馮夢龍作此刪削改變，更凸顯其儉嗇所致的悲劇下場，也符合收錄於「貧儉」部的主旨。

又如貪穢部〈偷鞋刺史〉條，雖輯自《朝野僉載》卷一，經馮夢龍加工改寫，更簡潔深刻：

> 鄭仁凱性貪穢，嘗爲密州刺史。家奴告以鞋敝，即呼吏新鞋者，令之上樹摘果，俾奴竊其鞋而去。吏訴之，仁凱曰：「刺史不是守鞋人。」
> 〔註 94〕

反觀《朝野僉載》所載：

> 鄭仁凱爲密州刺史，有小奴告以履穿，凱曰：「阿翁爲汝經營鞋。」有頃，門夫著鞋者至，凱廳前樹上有鸐窠。鸐，啄木也。遣門夫上樹取其子。門夫脫鞋而緣之，凱令奴著鞋而去，門夫竟至徒跣。凱有德色。〔註 95〕

平鋪直述，交代情節。其間，鉅細靡遺鋪衍用計取鞋的過程，並不厭其煩解釋「鸐，啄木也」，僅文末以「凱有德色」點出鄭仁凱自覺施恩於小奴而面露得意之色。冗贅的敘述，削弱主角貪穢的形象。反觀《古今譚概》以五十字，扼要陳述內容，節奏明快。尤以文末鄭仁凱答辯「刺史不是守鞋人」，推委卸責，使其貪吝厚顏的面目，躍然紙上。

再以《南史》卷二十八列傳第十八〈褚澄傳〉爲例說明：

> 建元中，爲吳郡太守，百姓李道念以公事到郡，澄見謂曰：「汝有重疾。」答曰：「舊有冷疾，至今五年，醫不差。」澄爲診脈，謂曰：「汝病非冷非熱，當是食白瀹雞子過多所致。」令取蘇一升煮服之。始一服，乃吐出一物，如升，涎裹之動，開看是雞雛，羽翅爪距具足，能行走。澄曰：「此未盡。」更服所餘藥，又吐得如向者雞十三頭，而病都差，當時稱妙。〔註 96〕

此爲史傳文筆，敘事詳明。然其敘事重點，記李道念的醫病之事。此事經馮氏改寫見於妖異部〈食雞子疾〉：

> 褚澄彥回弟善醫術。一人有冷疾，澄爲胗脉，云是食白　雞子過多

〔註 94〕同註 17，第 39 冊，頁 602。
〔註 95〕參見〔唐〕張鷟：《朝野僉載》（北京：北京出版社，2000 年 3 月）卷一，頁 1761。
〔註 96〕同註 79，卷二十八列傳第十八〈褚澄傳〉，頁 756。

所致。令取蘇子一升煮服之。始一服，乃出一物如升，開看是雛雞，
翅距具足，能行走。澄曰：「未也。」更服之，又吐，得如向者雞二
十頭，乃愈。〔註97〕

二者字句稍異。例如「蘇」作「蘇子」，又如「此未盡」作「未也」、「又吐得
如向者雞十三頭」作「又吐得向者雞二十頭」。再者，《古今譚概》轉爲以褚
澄善醫爲敘事重心。文辭精簡，敘事要約，直切重點。同時，馮氏對於歷代
文獻的改編，並非單純簡省冗詞贅語，更要求改寫的重點須符合該部卷篇題。
試再舉一例，以觀其變化之跡。《漢書》卷六十六公孫劉田王楊蔡陳鄭傳第三
十六〈陳萬年傳〉：

萬年廉平，內行修，然善事人，賂遺外戚許、史，傾家自盡，尤事
樂陵侯史高。丞相丙吉病，中二千石上謁問疾。遣家丞出謝，謝已
皆去，萬年獨留，昏夜乃歸。及吉病甚，上自臨，問以大臣行能。
吉薦于定國、杜延年及萬年。萬年竟代定國 爲御史大夫，八歲病卒。
子咸字子康，年十八，以萬年任爲郎。有異材，抗直，數言事，刺
譏近臣，書數十上，遷爲左曹。萬年嘗病，召咸教戒於牀下，語至
夜半，咸睡，頭觸屏風。萬年大怒，欲杖之，曰：「乃公教戒汝，汝
反睡，不聽吾言，何也？」咸叩頭謝曰：「具曉所言，大要教咸諂也。」
萬年乃不復言。〔註98〕

馮夢龍將此事改編置於容悅部〈教諂〉：

陳太僕萬年內行脩美，然善事人。丞相丙吉病，中二千石上謁問疾，
遣家丞出謝，謝已，皆去，萬年獨留，昏夜乃歸，吉薦之爲御史大
夫。一留之效如此。子咸，字子康，年十八，有異材，抗直敢言。
萬年嘗病，召咸教戒於牀下。語至夜半，咸睡，頭觸屏風，萬年大
怒，欲杖之，曰：「乃公教戒，汝乃不聽耶！」咸叩頭謝曰：「具曉
所言，大要教咸諂也。」萬年乃不復言。〔註99〕

二者相較，《古今譚概》稍有刪削，字句略異，例如無「賂遺外戚許、史，傾
家自盡，尤事樂陵侯史高」等句。馮氏明顯將敘寫陳萬年「善事人」的具體

〔註97〕同註17，第40冊，頁1495。
〔註98〕參見〔漢〕班固撰、〔唐〕顏師古注：《漢書》（臺北：世界書局，1978年11
月），頁2899～2900。
〔註99〕同註17，第39冊，頁668。

行徑省略，而著墨於病中仍不忘召子教戒，語至夜半。陳萬年用心良苦，耳提面命，諄諄「教語」，與其子陳咸抗直敢言的個性、叩頭稱謝的慧黠反應，形成強烈反差，更符合為人父者「教語」的主旨與必要性。

馮夢龍改寫的部分，不僅止於正文，包括評語部分亦然。有關張元的事蹟，見《北史》卷八十四列傳七十二〈孝行〉〈張元傳〉：

> 元性謙謹，有孝行，微涉經史，然精釋典。年六歲，其祖以其夏中熱，欲將元就井浴。元固不肯從。謂其貪戲，乃以杖擊其頭曰：「汝何為不肯浴？」 元對曰：「衣以蓋形，為覆其褻。元不能褻露其體於白日之下。」祖異而捨之。南鄰有二杏樹，杏熟多落元園中。諸小兒競取而食之。元所得者，送還其主。〔註100〕

迂腐部〈別駕拾桑〉的評語〈張元〉條，馮氏引史實以張元拾杏還主呼應趙軌拾椹歸鄰，印證兩人性皆廉潔：

> 後周張元性廉潔，南鄰有杏二樹，杏熟，多落元園中，悉拾以還主。
> 〔註101〕

字句稍異，其文字較原典更簡明扼要，例如「諸小兒競取而食之。元所得者，送還其主」簡化為「悉拾以還主」。

綜上所論，顯見馮夢龍駕馭文字的功力，能將繁瑣字句壓縮剪裁，僅截取核心部分，使內容更簡潔精鍊。其次，馮氏對文句的精簡，不只單純的簡化，更配合該部卷的分類旨要，使其自然呈現該類目的篇題旨意。此種編纂方式，已突破原先文獻的內涵，進而賦予改編作品具創新理念。是以作品不只局限傳抄舊作的層次，而能過渡到纂輯、編述的層次，此為馮氏賦予舊作全新的編排方式，藉此更可見其作品實有深遠的特殊價值。

三、加工改寫，演化成文

《古今譚概》雖以簡約為宗，然有時欲表達作品的完整性，或使內容更生動傳神，不惜以較長的篇幅，細膩的描寫事件發展始末。例如李勣與封道弘的故事，載於《太平廣記》卷第二百四十八「詼諧四」〈李勣〉條（出《啟顏錄》）：

〔註100〕參見〔唐〕李延壽：《北史》（臺北：鼎文書局，1976 年 11 月）卷八十四列傳七十二「孝行」〈張元傳〉，頁 2833～2834。
〔註101〕同註 17，第 39 冊，頁 56。

> 曹明抄本曹作唐左司郎中封道弘，身形長大，而齆甚悶。道弘將入閣奏
> 事，英公李勣在後，謂道弘曰：「封道弘，你臀斟酌坐得即休，何須
> 爾許大。」〔註102〕

馮夢龍採入委蛻部〈臀大〉條，稍事改易，加入李勣與封道弘的對話、動作，使二人形貌栩栩如生：

> 唐左司郎中封道弘臀最大，嘗入內奏事，步履蹣跚，李勣後曳道弘
> 曰：「一言語公。」道弘驚轉，斂容曰：「敬聞教。」勣曰：「尊臀斟
> 酌坐得即休，何須爾許大？」〔註103〕

運用「後曳」、「驚轉」、「斂容」等連貫而下的舉止神貌變化，營造出人意表的結局。對比封道弘原本期待「聞教」的心情，產生引人發噱的效果。

《隋書》卷四十七列傳第十二〈柳機傳〉中，記載楊素於隋文帝賜宴上戲嘲柳機、柳昂一事：

> 初，機在周，與族人文城公昂俱歷顯要。及此，機、昂並為外職，
> 楊素時為納言，方用事，因上賜宴，素戲機曰：「二柳俱摧，孤楊獨
> 聳。」坐者歡笑，機竟無言。〔註104〕

楊素戲謔柳機「二柳俱摧，孤楊獨聳」時，柳機完全無招架之力，相對於「坐者歡笑」，只能「竟無言」。而馮夢龍錄入酬嘲部〈二柳孤楊〉：

> 柳機、柳昂在周朝，俱歷要任。隋文帝受禪，並為外職。時楊素方
> 用事，戲語機云：「二柳俱摧。」機曰：「不若孤楊獨聳。」〔註105〕

不僅斟酌精鍊文字，更改動內容。利用對話的形式，當楊素以「二柳俱摧」相譏，柳機立即回應「不若孤楊獨聳」。化被動挨嘲為主動出擊，也為柳機的角色注入血肉生命，塑造捷辯的形象。

此經改寫，便饒富深意。從文學的角度而言，二者的韻味不同。前者陷入嘲弄以致窘困的情境，後者則帶有詼諧戲謔意味。馮夢龍安排柳機以自嘲口吻化解尷尬氣氛，展現語言藝術魅力，其文情境較《隋書》略勝一籌。從寫作心態而論，馮夢龍將原本楊素對柳機、柳昂的嘲諷，改為彼此的對應語。其動機或許欲藉相互對答的方式，達到抑制楊素跋扈氣勢的平衡效果。故柳

〔註102〕同註92，第三冊，頁1925。
〔註103〕同註17，第40冊，頁807。
〔註104〕參見〔唐〕魏徵等撰《隋書》（臺北：鼎文書局，1975年3月）卷四十七列
　　　　傳第十二〈柳機傳〉，頁1272。
〔註105〕同註17，第40冊，頁993。

機的自嘲，看似奉承楊素，實具深刻諷刺意味。可知馮氏編纂《古今譚概》
時，富有作者深刻的寄意。在輯錄的過程中，也表達對歷史人物的針砭褒貶。

四、抄撮纂輯，擅加訛增

　　《古今譚概》中常可見馮夢龍標示出自某處，卻查無該段文字的狀況。
此類所謂「訛增」，乃是指編者在輯錄的過程中，擅自加入一些附屬的文句，
使其中的文句，與原文的內容不符。〔註106〕

　　例如貧儉部〈裴璩〉：

> 裴司徒璩靳嗇，其廉問江西日，凡什器屏帳皆新，特置閒屋貯之，
> 未嘗施用。每有宴會，轉於朝士家借。《北夢瑣言》。〔註107〕

此則馮夢龍雖於文末標註出自《北夢瑣言》，然查核該書卷五，可知此條僅摘
錄一部分，自「在番禺時」句後皆刪削，個別字稍異：

> 唐裴司徒璩，性靳嗇，廉問江西日，凡什器圖障，皆新其製，閒屋
> 緘貯，未嘗施用，每有宴會，即於朝士家借之。在番禺時，鍾愛一
> 女，選滎陽鄭進士以婿之。才過禮期，遽屬秋薦，不免隨計，無何
> 到京，尋報物故。五教念女及婿，不勝悲痛，而鄭偶笑之。蓋夫婦
> 之愛未深，不解思慮，非有他故也。大凡士族女郎，無改醮之禮，
> 五教念女早寡，不能忘情，乃召門生故吏而告之，因別適人。亂倫
> 再醮，自河東始也。元禎少監、蘇涯中丞、賜紫楊玭少尹與五教親
> 吏別駕說皆同。〔註108〕

再檢示《太平廣記》卷第一百六十五「吝嗇」〈裴璩〉條（出《北夢瑣言》）：

> 唐裴司徒璩性靳嗇，廉問江西日，凡什器圖障皆新其制，閒屋貯之，
> 未嘗施用。每有宴会，即于朝士家借之。每有宴會，即於朝士家借
> 之。〔註109〕

採引範圍相當，僅文字稍異，例如「凡什器屏障皆新」作「凡什器圖障皆新
其制」。可見馮夢龍應以《太平廣記》為本，而非引自《北夢瑣言》原文。

　　又如閨誡部〈不樂富貴〉：

〔註106〕同註88，頁192。
〔註107〕同註17，第39冊，頁556。
〔註108〕參見〔宋〕孫光憲撰，林青、賀軍平校注：《北夢瑣言》（西安：三秦出版社，
　　　　2003年1月）卷第五，頁92～93。
〔註109〕同註92，第二冊，頁1211。

《韓非子》云：衛人有夫妻禱者，而祝曰：「使我無故得百束布。」

其夫曰：「何少也？」對曰：「益是，子將以買妾。」上浴都尉王琰

以功封，其妻大哭於家。人問之，曰：「如此富貴，必更取妾矣。」

〔註110〕

翻查《韓非子》〈內儲說下〉〈六微〉：

衛人有夫妻禱者，而祝曰：「使我無故，得百束布。」其夫曰：「何

少也？」對曰：「益是，子將以買妾。」〔註111〕

其中，〈王琰〉事見《藝文類聚》卷三十五人部十九〈妒〉，〔註112〕末句稍異，

「如此富貴，必更取妾矣」作「爲琰富貴更取妾故也」。而「《典論》曰：上

洛都尉王琰，以功封，其妻哭於家，爲琰富貴更取妾故也。」因此，標示出

自《韓非子》，有關王琰事，實出自《典論》。

再如妖異部〈犬貓異〉第一條：

《廣記》：唐左軍容使嚴遵美，一旦發狂，手足舞蹈，家人咸訝。猫

謂犬曰：「軍容改常也，顛發也。」犬曰：「莫管他，從他。」〔註113〕

《太平廣記》卷第一百四十五「徵應十一」〈嚴遵美〉（出《北夢瑣言》），僅

節錄其中一段：

唐左軍容使嚴遵美，閣官中仁人也。嘗言北司爲供奉官，胯衫給事，

無秉簡之儀。又云：「樞密使廨署，三間屋書櫃而已，亦無視事之廳。

堂狀後帖黃，指揮公事，乃楊復泰。泰明抄本作恭奪宰相權也。遵

美嘗發狂，手足舞蹈之。旁有一貓一犬，貓謂犬曰：「軍容改常也。」

犬曰：「何用管。」俄而舞定，且異貓犬之言。遇昭宗播遷鳳翔，乃

求致仕漢中，尋徙于劍南青城山下，葺別墅以居之。年過八十而終。

其忠正謙約，與西門李玄爲季孟。于時誅宦官，唯西川不奉詔，由

是脫禍。家有北司治亂記八卷，備載閣官忠好惡，蓋巷伯之流也，

未必俱爲邪僻。良由南班輕忌大過，以致怨怨，蓋邦國不幸也。先

是路岩自成都移鎮渚宮，所乘馬忽作人語，且曰：「蘆荻花，此花開

〔註110〕同註17，第39冊，頁770～771。

〔註111〕參見賴炎元、傅武光注譯《新譯韓非子》（臺北：三民書局股份有限公司，2007

年5月）〈內儲說下〉〈六微〉，頁377。

〔註112〕參見〔唐〕歐陽詢等奉敕編《藝文類聚》（臺北：文光出版社，1974年8月）

卷三十五人部十九〈妒〉，頁614。

〔註113〕同註17，第40冊，頁1478。

後路無家。」不久及禍。然畜類之語，豈有物憑之乎？石言於晉，殆斯比也。〔註114〕

再翻檢「遵美」條見《北夢瑣言》卷十，僅節錄其中一段：

> 唐左軍容使嚴遵美，於閹宦中仁人也。自言北司爲供奉官，褲衫給事，無秉簡入侍之儀。又云樞密使廨署，三間屋書櫃而已，亦無視事廳堂。狀後貼黃，指揮公事，乃是楊復恭奪宰相權也。自是常思退休，一旦發狂，手足舞蹈，家人咸訝。傍有一貓一犬，貓謂犬曰：「軍容改常也，顛發也。」犬曰：「莫詈他，從他。」〔註115〕

因此，馮夢龍標示出自《太平廣記》，經比對文字後，實與《北夢瑣言》較近。

五、徵引文獻，合併爲一

《古今譚概》中常可見馮夢將兩筆相同主題的資料併爲一條。此類所謂「併合」，即是在徵引文獻的過程中，將兩筆不同的資料，合併爲一。〔註116〕

例如貧儉部〈王戎〉：「王戎從子婚，與一單衣，後更責之。家有好李，賣之，恐人得種，恆鑽其核。」〔註117〕取自劉義慶《世說新語》〈儉嗇第二十九〉：「王戎儉吝，其從子婚，與一單衣，後更責之。」〔註118〕與「王戎有好李，賣之，恐人得其種，恆鑽其核。」〔註119〕合兩則而成，文亦悉同。

而顏甲部〈奠金別用〉，記丁諷一事：

> 丁諷好色病廢，常令女侍扶掖見客。客出不能送，每令一婢傳謝。故賓客造訪者益多，既而有傳諷死者，京師諸公競往致奠，意有窺覦。諷出謝曰：「酒堪充飲，奠金且留別用。異日不幸，勿煩再費。」
> 〔註120〕

則是由孔平仲《孔氏談苑》卷二，有關丁諷的兩則故事合併改寫而成，字句較簡略。

> 丁諷病廢，常令兩女奴掖侍見客於堂中。諷之病以好色，既廢亡賴，

〔註114〕同註92，第二冊，頁1043。
〔註115〕同註107，卷第十，頁186～187。
〔註116〕同註88，頁200。
〔註117〕同註17，第39冊，頁553～554。
〔註118〕同註72，頁465。
〔註119〕同註72，頁466。
〔註120〕同註17，第39冊，頁745。

益求妙年殊質，以厭其心。客出不能送，又令一婢子送至中門曰：「謝訪。」以故賓客之至者加多，乃愈於未病時，蓋其來不專爲諷也。〔註121〕

丁諷以館職病風廢於家，一旦，有妄傳諷死者，京師諸公競致奠儀，紙酒塞門。諷曰：「酒且留之，紙錢一任別作使用。」諷方乏資，由是獲美醞盈室焉。〔註122〕

上述兩例，是將同一主角的不同事蹟併合。

馮夢龍另取陶穀《清異錄》「女行門」〈補闕燈檠〉與「禽名門」〈黑鳳凰〉，兩條合併：

冀時儒李大壯，畏服小君，萬一不遵號令，則叱令正坐，爲繪區髻中安燈盌，燃燈火。大壯屏氣定體，如枯木土偶。人譚目之曰「補闕燈檠」。〔註123〕

禮部郎康凝，畏妻甚有聲。妻嘗病，求烏鴉爲藥，而積雪未消，難以網捕。妻大怒，欲加捶楚，凝畏懼，涉泥出郊，用粒食引致之，僅獲一枚。同省劉尚賢戲之曰：「聖人以鳳凰來儀爲瑞，君獲此免禍，可謂黑鳳凰矣。」〔註124〕

成爲閨誡部〈李大壯〉：

吳儒李大壯，畏服小君。萬一不遵號令，則叱令正坐，爲繪區髻，中安燈盌然燈，大壯屏氣定體，如枯木土偶，人目之曰「補闕燈檠」。

又嘗值妻病，求鴉爲藥，大壯積雪中，多方引致，僅獲一枚。友人戲之曰：「聖人以鳳凰來儀爲瑞，君獲此免禍，可謂黑鳳凰矣。」〔註125〕

前者字句小異，例如「燃燈火」，《古今譚概》作「然燈」；後者內容稍異，《古今譚概》將「畏妻的康凝」易爲「李大壯」，「劉尚賢」則刪去其名爲「友人」。

又如委蛻部〈姚張綽號〉：

魏光乘任左拾遺，題品朝士。丞相姚元之長大行急，目爲「趍蛇鸛」，

〔註121〕參見〔宋〕孔平仲：《孔氏談苑》卷二，收錄於《宋元筆記小說大觀》（上海：上海古籍出版社，2001年12月）第2冊，頁2251～2252。

〔註122〕同註121，卷二，頁2252。

〔註123〕參見陶穀《清異錄》卷上「女行門」〈補闕燈檠〉，收錄於《宋元筆記小說大觀》（上海：上海古籍出版社，2007年3月）第1冊，頁20。

〔註124〕同註123，卷上「禽名門」〈黑鳳凰〉，頁61。

〔註125〕同註17，第39冊，頁756。

坐此貶。左司郎中張元一腹粗脚短，項縮眼突，吉頊目爲「逆流蝦
蟆」。〔註126〕

結合張鷟《朝野僉載》卷四兩則而成，分別嘲弄姚元崇與張元一的形貌：

唐兵部尚書姚元崇長大行急，魏光乘目爲「趨蛇鸛鵲」。〔註127〕

周張元一腹粗而脚短，項縮而眼跌，吉頊目爲「逆流蝦蟆」。〔註128〕

前者僅節引開頭部分，後者全錄，個別字句稍異。例如「姚元之」，《朝野僉
載》原作「姚元崇」。又如「趨蛇鸛」，《朝野僉載》原作「趨蛇鸛鵲」，及「頂
縮眼突」原作「項縮而眼跌」。

委蛻部〈身短面長〉，則戲謔桑維翰與陳保極的身高：

桑維翰身短面長，每引鏡自歎曰：「七尺之軀，何如一尺之面？」後
登第，同榜四人，陳保極戲謂人曰：「今歲有三箇半人及第。」以桑
短，謂之半人。〔註129〕

取自《舊五代史》卷八十九「晉書」十五列傳四〈桑維翰傳〉及卷九十六「晉
書」二十二列傳十一〈陳保極傳〉，兩則合併，個別字句稍異：

維翰身短面廣，殆非常人，既壯，每對鑑自歎曰：「七尺之身，安如
一尺之面？」由是慨然有公輔之望。〔註130〕

初，桑維翰登第之歲，保極時在秦王幕下，因戲謂同輩曰：「近知今
歲有三箇半人及第。」蓋其年收四人，保極以維翰短陋，故謂之半
人也。〔註131〕

以上三例，則是將不同人物的相同主題事件併合。

　　歸結上述五種編纂方式可知，馮夢龍在取材的過程中，並非一味抄錄。
爲表達創作意圖及思想傾向，從大量資料中進行選擇、加工、提煉，以組成
其作品。同時，在引用的過程，也符合晚明文人喜好遣興文字，而不好正史
的傾向。〔註132〕故取材以篇幅短小集中，內容以傳達精華爲要。將主旨部分

〔註126〕同註17，第40冊，頁782～783。

〔註127〕同註95，卷四，頁1799。

〔註128〕同註95，卷四，頁1797。

〔註129〕同註17，第40冊，頁787。

〔註130〕參見〔宋〕薛居正等撰《舊五代史》（臺北：鼎文書局，1985年12月）卷八
十九「晉書」十五列傳四〈桑維翰傳〉，頁1161。

〔註131〕同註130，卷九十六「晉書」二十二列傳十一〈陳保極傳〉，頁1272。

〔註132〕同註15，頁10。

增文，以凸顯致用的效果，至於周邊的時、地記錄，則減文略敘。記錄過程中，在不偏離原作情況下，將語序梳理編寫成較具起伏的故事型態，並適切呈現自我思想，使讀者在閱讀簡明流暢的文字時，更迅速掌握其文意。

第四節　題材來源

　　《古今譚概》基本上不是馮夢龍的創作，而是前有所承，再增益個人眼見耳聞及閱讀所得，才構成此書豐富的內容。由雜志部小序中所載：

　　　　史書所載，採之不盡；稗官所述，閱之不盡；客座所聞，錄之不盡。
〔註133〕

可見「史書所載」、「稗官所述」、「客座所聞」成爲馮夢龍記錄採擷的資料來源。史書記載，是正式的官方記錄；稗官野史，彌補正史的不足；客座所聞，則是當下見聞未及做書面記載者。取材多元，自古迄今，涵括書面與時聞。計引經、史、子部書籍超過三百七十種，其中馮夢龍編纂時，在正文及批點注語中已標明部分故事援引出處，據此整理出所參酌的書籍，囊括經、史、子、集、類書、小說雜俎、稗史野聞、評論、方志、佛經與道書等，超過一百八十種。〔註134〕小說、子部占大部，正史、野史次之。時代上自先秦，下

〔註133〕同註17，第40冊，頁1561。
〔註134〕馮夢龍標注所援引之典籍，依出現之先後順序，包括：《雜俎》（後亦有作《五雜俎》者，應作《五雜組》）、〈厭勝章〉、《韻府》（即《韻府群玉》）、《國朝餘史》、《錢氏私誌》、《物理論》、《風俗通》、《南史》、《酉陽雜俎》、《笑林評》、《朝野異聞》、《獪園》、《夷堅支》（即《夷堅志》）、《幸蜀記》、《清波雜志》、《呂氏春秋》、《稗史》、《韓非子》、徐渭《諧史》、《北史》、《北夢瑣言》、《迂仙別記》、《交趾異物志》、《水經注》、《歸田錄》、《元史》、《謔浪》、《續笑林》（應爲《續笑林評》）、《國史補》（即《唐國史補》）、〈讀山海經〉（收錄於《陶淵明集》）、曹元寵〈題村學堂圖〉、《猥談》、《麈史》、《漢書》、《唐書》（舊唐書）、《清夜錄》、《芝田錄》、《玉壺清話》、《廣記》（即《太平廣記》）、《耳譚》（《耳談》）、《悅生堂隨抄》、《湖海搜奇》、《雪溪紀聞》、《乾𦠆子》、《古今詩話》、《嶺南志》、《皇明世說》、《史譚錄》、《語林》、《挑燈集異》、《癸辛雜志》、《雲仙散錄》、《明艮記》、《類說》、《渭南集》、《左傳》、《宦遊紀聞》、《涇林續記》、《宋書》、《續陽秋》、《詩品》、《梁史》、《綱目》、《輟耕錄》、《敘聞錄》、《搔首集》、《三輔決錄》、《廣行五記》、《長安後記》、《唐宋遺史》、《五代史補》、《顏氏家訓》、《邸報》、《朝野僉載》、《典論》、《晉史》、《南部新書》、《詩話》、《花木考》、《宋史》、《金樓子》、《雙槐歲抄》（應作《雙槐歲鈔》）、《綱目分註》、《啓顏錄》、《煙霞小說》、《王氏見聞錄》、《妬女記》、《莊子》、《荀子》、《穀梁傳》、《桯史》、《異苑》、《戒庵漫筆》（即《戒庵老人漫筆》）、《志

迄晚明，引書數量龐大，其中部分書籍今已散佚。凡此得知，《古今譚概》中所見篇章或情節多非首見，泰半源自歷代典籍，其中包括為數可觀的笑話書。馮夢龍自此取材，篩選輯錄，將同一主題或相似情節者蒐羅整編，針對情節與文字摘錄、改寫、兼備縱向時間的因襲發展〔註135〕與橫向空間的傳鈔增刪，〔註136〕成就一集聚歷代笑話精華、系統井然的笑書鉅作。

歸納《古今譚概》題材的主要來源，有四：一是摘錄歷代典籍，從歷代筆記小說、類書，如《世說新語》、《太平廣記》及笑話書中略加改動而成；二是捃摭史書傳記，對正史等典籍的人物情節進行刪削縮略而成；三是徵引當朝著作，直接取材於明代的作品；四是親身耳聞目見，多半為馮夢龍將耳濡目染之史事、傳聞，敘寫成文。

第一類摘錄歷代典籍，是承繼歷代筆記小說的主要部分，其中《世說新

奇》、《玉堂閒話》、《新漢縣圖記》（應作《新津縣圖經》）、《西堂紀聞》、《湖海奇聞》、《趙后外傳》、《魏語錄》、《荻樓雜抄》、《說苑》、《舊雨記談》、《鬼董》、《樗齋雅謔》、《列子》、《閒燕嘗談》（應作《閒燕常談》）、《松牕雜錄》、《妝樓記》、《文酒清話》、栢子庭〈可憎詩〉、孫楚〈反金人銘〉（收錄於《藝文類聚》）、沈石田〈化鬚疏〉、《唐闕史》、《諧史》（即《雪濤諧史》）、《豫章詩話》、《談藪》、《古今詩格》、《博異記》、《孔叢子》、《行都紀事》、《佛經》（指《六度集經》）、《水南翰記》、《外史檮杌》、《馬氏日抄》、《諧藪》、《雲溪友議》、《神仙傳》、《宣室記》、《三水小牘》、《靈鬼志》、《古今說海》、《妖亂志》、《搜神記》、《道書》、《法苑珠林》、《廣異記》、《續仙傳》、《幽怪錄》、《志怪錄》、《神異經》、《廣博物志》、《白虎通》、《博物志》、《北齊書》、《大金國志》、《丹鉛要錄》、《筆談》（即《夢溪筆談》）、《麈談》、《江湖紀聞》、《述異記》、《說儲》、《文昌雜錄》、《清異錄》、《百緣經》、《南海異事》、《南楚新聞》、《嬴蟲集》、《夷俗記》、《博物志補》、《天寶實錄》、《隋書》、《墨子》、《山海經》、《魏志》、《蘇州府志》、《抱朴子》、《崇明志》、《使琉球錄》、《淮南子》、《嶺南異物志》、葛洪〈遐觀賦〉、《南越志》、《物類相感志》、《神異記》、《四異記》、《東坡志林》、《鶴林玉露》、《清暇錄》、《清波雜誌》、《文海披沙》、《涷水記聞》、《平江記事》。

〔註135〕劉兆祐〈古代笑話知多少〉一文中以為：一般來說，早期的笑話書，可賴以改寫的資料較少，以自創的笑話為主。後來由於圖書資料的豐富，是以晚期的笑話書多半從歷代圖書中採錄改寫而來。（收錄於《國文天地》第 5 卷第 10 期，1990 年 3 月，頁 21。）

〔註136〕就通俗笑話傳播方式的角度而言，「通俗笑話的著作權具有共享的特點」，其在口頭傳播時便有著各種不同的版本，即使轉變成書面文字，編纂者依舊有其改編或再創的權利，再加上商業的勃興、出版的發達，文人因應商機投入笑話的搜集與編纂，也造成許多笑話的反覆入選。（參見陳如江、徐侗纂集：《明清通俗笑話集》（上海：上海人民出版社，1996 年 4 月）前言，頁 6～8。）

語》是以言談為主的「瑣言體」小說，《太平廣記》則屬於筆記、傳奇小說的類書。筆記小說的主要功能在「資談助」，故以「廣異聞」為其審美追求。且其呈現方式多短篇簡牘，不同於正史的長篇鉅作。因此，無法兼顧全面的描述，往往只取事件的片斷表達其精神與神韻。例如謬誤部〈不誤為誤〉第一條：

> 後唐劉夫人，少因兵亂，與父相失。及貴寵，其父劉山叟負藥囊詣宮門請見。^{此時不肯舍却藥囊，亦可笑}時諸嬪御爭以門第相尚，后恐為己辱，即曰：「妾離家時，父已亡歿，安得有是？」命驅出杖之。帝嘗於宮中敝服攜筐，裝劉山叟尋女，以為戲笑。〔註137〕

此條敘寫後唐莊宗劉王后之事，節引自孫光憲《北夢瑣言》卷十八：

> 莊宗劉皇后，魏州成安人，家世寒微。太祖攻魏州，取成安，得后，時年五六歲，歸晉陽宮，為太后侍者，教吹笙。及笄，姿色絕眾，聲伎亦所長。太后賜莊宗，為韓國夫人侍者。後誕皇子繼岌，寵待日隆。它日，成安人劉叟詣鄴宮見上，稱夫人之父。有內臣劉建豐認之，即昔日黃鬚丈人，后之父也。劉氏方與嫡夫人爭寵，皆以門族誇尚。劉氏恥為寒家，白莊宗曰：「妾去鄉之時，妾父歿於亂兵，是時環尸而哭。妾固無父，是何由舍翁，詐偽及此。」乃於宮門笞之。其實后即叟之長女也。莊宗好俳優，宮中暇日，自負著囊藥篋，令繼岌破帽相隨，似后父劉叟以醫卜為業也。后方晝眠，岌造其臥內，自稱劉衙推訪女。后大恚，笞繼岌。然為太后不禮，復以韓夫人居正，無以發明，大臣希旨請冊劉氏為皇后。議者以后出於寒賤，好興利聚財。初在鄴都，令人設法稊販，所鬻樵蘇果茹，亦以皇后為名。正位之後，凡貢奉先入後宮，唯寫佛經施尼師，它無所賜。闕下諸軍困乏，以至妻子餓殍，宰相請出內庫俵給，后將出妝具銀盆兩口，皇子滿喜等三人，令鬻以贍軍。一旦作亂，亡國滅族，與夫褒姒、妲己無異也。先是，莊宗自為俳優，名曰「李天下」，雜於塗粉優雜之間，時為諸優樸扶摑搭，竟為嬲婦恩伶之傾玷，有國者得不以為前鑑。劉后以囊盛金合犀帶四，欲於太原造寺為尼，沿路復通皇弟存渥，同簀而寢。明宗聞其穢，即令自殺。〔註138〕

〔註137〕同註17，第39冊，頁230。
〔註138〕同註108，卷第十八，頁284～285。

又雜志部〈奇蹇〉，記盧嬰事奇蹇，所到之處人家必遭禍：

> 昔淮南盧嬰平生奇蹇，謂至人家，其家必遭禍，或小兒墮井，幼女
> 失火。王休佑所執木手板，得者必不祥。近雍瞻若野王，多能而貧
> 甚。始客魯，魯人皆避畏之，呼爲「耗神」。已造一訟者及病者家，
> 二家俱敗死。比至京，京中復聞斯語。會二人博，而雍坐負者傍，
> 或語負者，謂勝者教之，負者怒，毆之幾死。〔註139〕

事見《太平廣記》卷第八十六「異人六」〈盧嬰〉條（出《獨異志》），此僅摘引
數句：

> 淮南有居客盧嬰者，氣質文學，俱爲郡中絕。人悉以盧三郎呼之。
> 但甚奇蹇，若在群聚中，主人必有橫禍，或小兒墮井，幼女入火。
> 既久有驗，人皆捐之。時元伯和爲郡守，始至，愛其材氣，特開中
> 堂設宴。眾客咸集，食畢。伯和戲問左右曰：「小兒墮井乎？」曰：
> 「否。」「小女入火乎？」曰：「否。」伯和謂坐客曰：「眾君不勝故
> 也。」頃之合飲，群客相目惴惴然。是日，軍吏圍宅，擒伯和棄市。
> 時節度使陳少遊，甚異之，復見其才貌。謂曰：「此人一舉，非摩天
> 不盡其才。」即厚以金帛寵薦之。行至潼關，西望煙塵，有東馳者
> 曰：「朱泚作亂，上幸奉天縣矣。」出《獨異志》〔註140〕

馮夢龍除由筆記、類書中摘取材料外，也嘗試直接引錄歷代笑話書的精華，
例如苦海部〈高敖曹〉：

> 高敖曹嘗爲雜詩三首。其一：「塚子地握槊，星宿天圍棋。開壞竇張
> 口，卷席牀剝皮。」其二「相送重相送，相送至橋頭。培堆兩眼淚，
> 難按滿胸愁。」其三：「桃生毛彈子，瓠長棒槌兒。牆欹壁凸肚，河
> 凍水生皮。」〔註141〕

錄自《太平廣記》卷第二百五十八「嗤鄙一」〈高敖曹〉條（出《啓顏錄》）：

> 高敖曹常爲雜詩三首云：「塚子地握槊，星宿天圍棋。開罐竇張口，
> 卷席牀剝皮。」又：「相送重相送，相送至橋頭。培堆兩眼淚，難按
> 滿胸愁。」又：「桃生毛彈子，瓠長棒槌兒。牆欹壁亞肚，河凍水生
> 皮。」〔註142〕

〔註139〕同註17，第40冊，頁1567～1568。
〔註140〕同註92，第一冊，頁564～565。
〔註141〕同註17，第39冊，頁294。
〔註142〕同註92，第三冊，頁2009。

除「凸肚」作「亞肚」外，文字悉同。

第二類捃摭史書傳記，從「史」的角度而言，世說體著作與史傳關係密切。始自《世說新語》，修史者即或多或少與材世說體文本，足見其具裨補正史之效，似乎是修史者參考的對象。然而迄於明代文人雅好小品，長篇議論的史書不受青睞。作者取材史書，摘錄佳言軼事，擷引史書精華，成爲另類的小品閱讀。馮夢龍處於明季，《古今譚概》的編纂便由正史中汲取養分，淬鍊而成。

從史書取材，重新編輯剪裁，分門別類，是馮氏慣用方式。例如《後漢書》卷五十二崔駰列傳第四十二〈崔烈傳〉，記載崔烈事：

> 烈時因傅母入錢五百萬，得爲司徒。及拜日，天子臨軒，百僚畢會。帝顧謂親倖者曰：「悔不小靳，可至千萬。」程夫人於傍應曰：「崔公冀州名士，豈肯買官？賴我得是，反不知姝邪！」烈於是聲譽衰減。久之不自安，從容問其子鈞曰：「吾居三公，於議者何如？」鈞曰：「大人少有英稱，歷位 卿守，論者不謂不當爲三公；而今登其位，天下失望。」烈曰：「何爲然也？」鈞曰：「論者嫌其銅臭。」〔註143〕

馮氏節錄部分，取爲貪穢部〈銅臭〉：

> 崔烈入錢五百萬，爲司徒。及辭帝，帝曰：「悔不少靳，可至千萬。」子均字孔平，亦有時名。烈問均曰：「我作公，天下謂何如？」對曰：「大人少大高名，不謂不當爲公。但海內嫌其銅臭。」〔註144〕

重新編輯組合，使文辭更精簡扼要。

第三類徵引當朝著作。晚明以來文人雅好《世說》，〔註145〕群起仿效。王世貞取《何氏語林》材料與《世說》，合刊爲《世說新語補》；李贄合《焦氏類林》與《世說》成《初潭集》。凡此種種皆可說明在《世說》熱潮中，文人由時代相近之文本取材，透過編輯，呈現自我理念。而躬逢其盛的馮夢龍不僅大量引錄、改寫《世說新語》，更援引當代的《何氏語林》、《初潭集》等

〔註143〕參見〔南朝宋〕范曄：《後漢書》（臺北：鼎文書局，1977年9月） 卷五十二崔駰列傳第四十二〈崔烈傳〉，頁1731。

〔註144〕同註17，第39冊，頁619。

〔註145〕晚明世說體著作之序言，例如：姚汝紹〈焦氏類林序〉、韓敬〈清言序〉、錢謙益〈玉劍尊聞序〉、江東偉〈芙蓉鏡寓言自序〉等，皆表示自身對《世說新語》之偏好。（同註2，頁13～16）。

世說體著作，成爲纂輯《古今譚概》的資料來源。例如迂腐部〈滅竈〉〔註146〕引用《何氏語林》卷一〈德行〉，〔註147〕文亦悉同。又癡絕部〈驕癡〉第一條、矜嫚部〈郭忠恕畫卷〉、汰侈部〈金蓮盆〉，〔註148〕皆完全照錄。〔註149〕而迂腐部〈仇管省過〉、癡絕部〈畏癡〉第一條及〈愛癡〉第二條、謬誤部〈雞舌香〉等，〔註150〕則全出自《初潭集》。〔註151〕

第四類親身耳聞目見，除取材史料典籍外，馮夢龍亦將自身經驗或聽聞當地的風俗人情趣事採錄記載成篇。有關馮夢龍親歷耳聞的部分，書中隨處可見，例如：

> 蘇人好遊，袁中郎詩云：「蘇人三件大奇事，六月荷花二十四，中秋無月虎丘山，重陽有雨治平寺。」（癡絕部〈蘇州癡〉）〔註152〕

> 葑門老儒朱野航頗攻詩，舘於王氏。與主人晚酌罷，主人入內。適月上，朱得句云：「萬事不如盃在手，一年幾見月當頭。」喜極發狂，大叫叩扉，呼主人起。舉家皇駭，疑是火盜。及出問，始知，乃取酒更酌。（癡絕部〈喜得句〉）〔註153〕

前者以詩爲證，說明蘇人好遊；後者寫葑門的朱野航喜得詩句的癡狂行徑。蘇州當地的風俗人情趣事，對馮氏而言，幾乎隨口能出，信手拈來。又如：

> 近諺云：葉仲子一日論制字之妙，因及疾病二字：「從丙從矢，蓋言丙燥矢急，燥急，疾病之所自起也。」友人故以痔字難之，沈伯玉笑曰：「因此地時有僧人往來，故從寺。」眾方烘堂。一少年不解，向葉問之。葉徐曰：「異日汝當自解。」眾復烘堂。（儇弄部〈痔字〉）
> 〔註154〕

〔註146〕同註17，第39冊，頁54。

〔註147〕參見〔明〕何良俊：《何氏語林》卷一〈德行第一上〉，收錄於《筆記小說大觀》三十七編（臺北：新興書局有限公司，1984年6月），頁5。

〔註148〕同註17，第39冊，頁109～110、520～521、575。

〔註149〕同註147，卷二十五〈任誕第二十五〉、卷二十六〈簡傲第二十六〉、卷二十九〈侈汰三十二〉，頁8、18、22。

〔註150〕同註17，第39冊，頁57～58、108、119、208。

〔註151〕參見〔明〕李贄：《初潭集》（臺北：漢京文化事業有限公司，1982年12月）卷之二十〈道學〉、卷之十八〈師友八〉「三鄙人」、卷之一〈夫婦一〉「三喪偶」，頁340、304、13～14。

〔註152〕同註17，第39冊，頁105。

〔註153〕同註17，第39冊，頁111。

〔註154〕同註17，第40冊，頁917～918。

馮夢龍以「近謔云」爲始，談及同時之人葉仲子、沈伯玉論制字之妙。再如
文戲部〈廣文嘲語〉：

> 廣文先生之貧，自古記之。近日士風日趨於薄，有某學先生者，人
> 饋之肉，乃瘟豬也。先生嘲之曰：「秀才送禮，言之可羞，瘦肉一方，
> 堯舜其猶。」
>
> 又有以銅銀爲贄者，又嘲之曰：「薄俗送禮，不過五分，啓封視之，
> 堯舜與人。」或作破云：「時官之責門人也，言必稱堯舜焉。」〔註155〕

又非族部〈嚙虎〉：

> 近歲有壯士守水碓，爲虎攫而坐之。碓輪如飛，虎視良久。士且甦，
> 手足皆被壓，不可動。適見虎勢翹然近口，因極力嚙之。虎驚，大
> 吼躍走，其人遂得脫。〔註156〕

以上述二則爲例，既云「近日」、「近歲」，又未注明爲某書或某人言，是知此
事發生距馮氏著此書之年歲不遠，當非歷代典籍所載。同時，書中亦有馮氏
明言者，例如微詞部〈三星〉：

> 北京吏部前諸小兒賣食物者，常云：「相公每都是三星的，纔得到此。」
> 予初不知，問之，曰：「舉人進士是福星，歲貢是壽星，納監的是財
> 星也。」〔註157〕

文中已明言爲馮氏所作，自不待辨。又引述《邸報》所載，萬曆年間兩起鼈
腹中藏有老人、比丘之異聞：

> 萬曆己卯，嚴州建德縣有漁者獲一鼈，重八斤。一酒家買之懸室中，
> 夜半常作人聲，明日割烹之，腹有老人長六寸許，五官皆具，首戴
> 皮帽，大異之。以聞於縣與郡，郡守楊公廷詰時入覲，命以木匣盛
> 之，攜至京師，諸貴人傳觀焉。又丁未年，遂昌縣民宋甲剖一鼈，
> 中有比丘端坐，握摩尼珠，衫履斬然。俱見邸報。（妖異部〈鼈異〉）
> 〔註158〕

而雜志部〈鑱頭會〉：

> 國初，惡頑民竄入緇流，聚犯數十人掘泥埋其身，十五竝列，特露

〔註155〕同註17，第40冊，頁1111。
〔註156〕同註17，第40冊，頁1551。
〔註157〕同註17，第40冊，頁1309～1310。
〔註158〕同註17，第40冊，頁1485～1486。

其頂，用大斧削之，一削去頭數顆，名鏟頭會。後因神僧示化，屢
鏟復生，遂罷斯會。〔註159〕

馮夢龍詳實記錄朱元璋用以對付「頑民竄入緇流」的刑罰。「鏟頭會」一事屬
實，神僧施法示化純係傳說，百姓附會此故事，表現對朱元璋殘酷行徑的不
滿情緒。馮氏採輯時事，收錄親身耳聞目見之軼聞雜事，使《古今譚概》之
時代色彩更鮮明。

〔註159〕同註17，第40冊，頁1594～1595。

第六章 《古今譚概》的內容與意涵析探

　　笑話在文學作品中，具有獨特的想像力和荒誕的言行，從而在誘人推究作品的諷刺立意和幽默的同時，讓人從中得到啓發，獲得審美快感，完成表現功能。因此，除巧言善辯能直接傳達詼諧意趣外，因生理缺陷造成言行、外觀上的怪異，而引人發噱，或渲染愚闇、貪吝、訛詐等人性偏執面，都能化爲笑話的素材。

　　《古今譚概》一書取材歷代正史，兼收多種稗官野史、筆記叢談，按內容分爲三十六類，一卷一類。所取多爲眞人實事，上自歷代君主，下至市井百姓，不論昏主暴君、貪官汙吏、土豪劣紳、地痞無賴、文人雅士、智人勇者，都鮮活生動，歷歷在目。經由馮夢龍纂評，組成一幅奇譎可笑的浮世百態。大體可歸整爲五大類：（一）迂腐、怪誕、癡絕、專愚、謬誤、無術、不韻、癖嗜、越情、佻達、矜嫚、貧儉、汰侈、貪穢、鷙忍、容悅、顏甲部，記載人物的特異性格，具嘲諷譏刺意味；（二）閨誡部，記載妒婦、懼內等夫妻關係；（三）委蛻部，記載人物的特異形貌，並藉以反襯人物的非凡言行；（四）苦海、譎知、儇弄、機警、酬嘲、塞語、雅浪、文戲、巧言、談資、微詞、口碑部，記載機智妙語等言行與文字遊戲；（五）靈蹟、荒唐、妖異、非族、雜志部，記載怪異現象與奇風異俗。因此本章試依馮氏的內容主題，將其重新歸納整理出：嘲弄形貌缺憾、譏誚人性之偏、批判君臣醜態、瓦解權威形象、反映文學旨趣、呈顯制度風氣、敘述奇聞異事等七類，分類時又

依各節內容的繁簡情況，再設若干細目加以討論。

第一節　嘲弄形貌缺憾

《文心雕龍·諧讔》載：「魏晉滑稽，盛相驅扇。遂乃應瑒之鼻，方之於盜削卵，張華之形，比乎握舂杵。曾是莠言，有虧德音，豈非溺者之妄笑，胥靡之狂歌歟？」〔註1〕可見自魏晉始，對生理形貌缺陷挖苦的主題，已成爲歷代笑書的趨勢。

在《古今譚概》委蛻部中有四十餘則偏向生理形貌的調笑故事，〔註2〕例如〈偉妓〉一則中，蘇軾以「舞袖蹁躚，影搖千尺龍蛇動；歌喉宛轉，聲撼半天風雨寒」戲嘲侍姬「軀甚偉」。又如〈短而傴〉中，崔善因身短而傴，被嘲「崔子曲如鈎，隨例得封侯。髆上全無項，胸前別有頭。」〈短小〉一文中，則見何尚之與顏延之二人以猿、猴互謔彼此身材短小：

> 尚書令何尚之與太常顏延之少相好狎，二人竝短小，何嘗謂顏爲猿，顏目何爲猴。同遊太子西池，顏問路人曰：「吾二人誰似猿？」路人

〔註1〕參見〔梁〕劉勰撰、王更生譯注：《文心雕龍讀本》（臺北：文史哲出版社，1985年3月），頁257。

〔註2〕《古今譚概》委蛻部收錄與外貌相關的軼事頗多，表列整理如下：

部位		篇　　名
臉		〈身短面長〉、〈面狹長〉、〈西字臉〉、〈面黑〉、〈政和、景泰二榜〉第二條
頭		〈中古冠〉、〈縮頭〉、〈尖頭〉
毛髮		〈禿〉、〈白髮白鬢〉、〈麻胡〉、〈青衣鬚出〉、〈詠白髮〉、〈大小鬚孫〉、〈惡疾〉、〈政和、景泰二榜〉第一條
眼		〈偏盲〉、〈假睛〉
耳		〈聾〉、〈卷耳〉、〈三耳秀才〉
牙		〈沒牙兒〉
外貌	體肥	〈體重〉、〈肥〉、〈垂腹〉、〈偉妓〉
	軀短	〈短〉、〈短小〉、〈短而傴〉、〈身短面長〉
	貌醜	〈貌寢陋〉、〈貌類猴〉
	形陋	〈姚張綽號〉、〈臀大〉、〈三短〉、〈人病〉、〈禿眇跛僂同聘〉、〈三無〉、〈夫婦〉第一條
	膚黑	〈黑白不均〉
	異相	〈異相〉、〈婦人異相〉
口吃		〈口吃〉

指何爲似。顏方矜喜，路人曰：「彼似猿，君乃眞猴。」二人俱大笑。
〔註3〕

而〈面黑〉一則，記載焦芳因面黑而長，遭李西涯（東陽）戲謔爲驢：

焦閣老芳，面黑而長，如驢。嘗謂西涯曰：「君善相，煩一看。」李久之，乃曰：「左相像馬尚書，右相像盧侍郎，必至此地位。」馬與盧合，乃一驢字，始知其戲。〔註4〕

此外，酬嘲部中亦收錄若干以形貌相謔之故事。〔註5〕例如〈羊蟹〉中，楊誠齋（萬里）戲呼矮小的尤延之（袤）爲「蜻蜓」，並以「有腸可食何須恨，猶勝無腸可食人」暗指其「無腸公子」之蟹。又如〈蘇小妹〉一則，蘇軾以「蓮步未離香閣下，梅妝先露畫屏前」戲稱小妹額廣而如凸，蘇小妹則應以「欲扣齒牙無覓處，忽聞毛裏有聲傳」謔其多鬚髯。

又文戲部〈千文歇後詩〉：

《啓顏錄》：唐封抱一任櫟陽尉，有客過之，面黃身短，又患眼及鼻塞，抱一用《千字文》語嘲之，曰：「面作天地玄，鼻有雁門紫，既無左達承，何勞周談彼？」〔註6〕

封抱一取《千字文》運用歇後格的藏詞技巧，分別隱去「黃」、「塞」、「明」、「短」字，嘲戲人面黃、鼻塞、眼病、身短。

〔註3〕參見〔明〕馮夢龍：《古今譚概》，收錄於《馮夢龍全集》（上海：上海古籍出版社，1993年6月）第40冊，頁783～784。

〔註4〕同註3，第40冊，頁789～790。

〔註5〕《古今譚概》酬嘲部收錄彼此以形貌相戲謔的軼事，表列如下：

篇　　名	內　　　容
〈羊蟹〉	楊誠齋嘗戲呼尤延之爲「蜻蜓」，延之呼誠齋爲「羊」。
〈梁寶趙神德〉	梁寶面黑、趙神德目赤，互以朱砂、墨相謔。
〈歐陽長孫〉	長孫無忌、歐陽詢，互以獼猴、面圓圓相謔。
〈補唇先生〉	方干、李主簿，互以目有瞖、唇缺相謔。
〈王琪張亢〉	王琪瘦小、張亢肥大，互以太牢、獼猴相謔。
〈吳原豐王玉峰〉	吳原豐麻臉鬍鬚，王玉峰面歪而眼多白，互以「羊肚石倒栽蒲艸」、「海螺杯斜嵌珍珠」相謔。
〈蘇小妹〉	蘇軾、蘇小妹，互以額廣而如凸、多鬚髯相謔。
〈多髯〉	秦鳳陋而多髯，魏博少年如美人，互以夫人、水艸大王相謔。

〔註6〕同註3，第40冊，頁1109。

　　因此，不論是目盲、耳聾、無齒、多鬚、少鬚、無眉、禿髮、黑臉、面長、貌寢、大臀、駝背、跛足、矮小、肥胖等身體缺憾，或期期艾艾的口吃木訥者，都成爲笑話中調侃的對象。

　　姚一葦（西元 1922～1997 年）在《美的範疇論》中認爲滑稽有三大類，其中之一稱爲滑稽形象。「所謂滑稽形象乃指一種被誇張或被扭曲的形象，足以使吾人產生滑稽感者」〔註7〕身體殘陋者，由於形象異常，加上舉止較爲笨拙、可笑，便因人類心理上常具有的優越感和攻擊性，遂成爲被嘲弄對象。此類笑話即是以語文呈現一種丑角似的滑稽形象，以惹人發笑。

　　人性喜美色，厭惡醜陋，但外在的美醜並非取決一個人的標準。馮夢龍在委蛻部卷首小序便點明其旨：

> 項籍之瞳，不如左丘之眇。齧夫之口，不如各緜之瘖。鄭顥之長，不如晏嬰之短。夷光之艷，不如無鹽之陋。慶忌之足，不如婁公之跛。語曰：「豹留皮，人留名。」此言形神之異也。故瞽極生巧，足或刺繡；憤極忘死，胸或發聲。是皆有神行焉。借以爲笑，可。執以爲可笑，則不可。〔註8〕

一連列舉項羽與左丘明、小吏與皋陶、狄人與晏嬰、西施與無鹽、慶忌與婁公五組例子，極力說明外觀的高、美、足快捷、滔滔辯才、視力雙瞳，都不及雖無極佳外觀條件卻具內涵修養有德有智者。因此，委蛻部收錄的五十七則故事以描述人的特殊體貌爲主。但不全然爲對生理形貌的調笑嘲弄，其中並含括有道德寓意者數則，例如〈貌寢陋〉一則中的第三條，記載少女鄭畋的故事：

> 鄭畋少女，好羅隱詩，常欲委身。一日。隱謁畋，畋命其女隱簾窺之。見其寢陋，遂終身不讀江東篇什。舉子或以此謔隱，答曰：「以貌取人，失之子羽。」眾皆啓齒。〔註9〕

描述鄭畋女兒親見羅隱容貌寢陋後，終身不再讀其詩。既顯示其膚淺，亦藉以提醒勿以貌取人。又〈三短〉是描述北魏李諧「因瘻而舉頤，因跛而緩步，因蹇而徐言」的形貌缺陷，雖因此舉止不便，然善才辯，由史書記載可知：

> 先是，南北初和，李諧、盧元明首通使命，二人才器，並爲鄰國所

〔註7〕參見姚一葦：《美的範疇論》（臺北：臺灣開明書店，1989 年 5 月），頁 228。
〔註8〕同註3，第 40 冊，頁 779。
〔註9〕同註3，第 40 冊，頁 785。

重。〔註10〕

> 諧爲人短小，六指，因癭而舉頤，因跛而緩步，因謇而徐言，人言
> 李諧善用三短。文集十餘卷。〔註11〕

故馮夢龍以「善用，三短亦致妍。不善用，三長反爲累」，肯定李諧之長才。
而〈人疴〉一則的道德意義更勝於前述故事：

> 大曆中，東都天津橋有乞兒，無兩手，以右足夾筆，寫經乞錢。欲
> 書時，先用擲筆高尺許，以足接之，未嘗失落。書字端楷，若有神
> 助。

> 《戒庵漫筆》：嘉靖間，有丏婦，年二十許，自云常州人。幼患風，
> 雙手拳攣在胸，不能舉動，兩膝曼轉，著地而行，由膝之下，雙腳
> 虛擎向上，遂能以雙腳指紡綿花，撚線、穿針、縫紉、飲食，凡事
> 與手不異。曾在予家試之，果然。後四五年再來，生一兒，頗壯偉。
> 又能以腳戲弄，左右丟擲，及以筯夾飯食餵之，甚便。

> 《儋園》：京師有丏婦，年四十餘，全無兩臂，兩肩如削。每梳頭鬢，
> 右足夾櫛，左足綰髮，及繫衣洗面，亦如之。輕便比手無異。或擲
> 錢贈，亟伸足取貫繩上，略無礙滯。又段文曄言：景德中，至岳下，
> 見一婦人無雙肩，但用兩足刺繡鞋襪，纖緻與巧手相若。衣服頗潔，
> 每止處，觀者如堵，競以錢投之。〔註12〕

第一條故事中的乞兒無雙手，卻能以足夾筆，書字端楷；第二條故事中的丏
婦手不能舉，卻能以雙足紡織、縫紉、飲食、育兒，與手無異；第三條故事
中的兩位婦人皆無雙臂，卻以足代手，梳頭綰髮、繫衣洗面、刺繡鞋襪無一
不能。三者均善用雙腳，殘而不廢，展現堅忍不拔的意志力，克服不便之事。
馮夢龍對此加以評論：

> 錢象先曰：「世有無藉之人，手足俱完，且不能自食，不如此二婦人
> 之足也，悲夫！」子猶曰：「俗眼愛奇僻，雖好不如醜。但求布施多，
> 何須手足有。重瞳困簞瓢，駬駬貴無偶。由來公道衰，千秋一漂母。

〔註10〕參見〔北齊〕魏收：《魏書》（臺北：鼎文書局，1980年3月）卷一百四列傳
　　　　第九十二〈自序〉，頁2325。
〔註11〕參見〔唐〕李延壽：《北史》（臺北：鼎文書局，1976年11月）卷四十三列傳
　　　　第三十一〈李諧〉，頁1604。
〔註12〕同註3，第40冊，頁813～815。

　　　　假髻先入宮，吾亦願蓬首。」〔註13〕

認爲四肢健全卻不能自食其力之人，倒不如故事中殘缺不便的主角。並以此
警示世人勿以外在評論人事，應首重內在爲要。

第二節　譏誚人性之偏

　　純粹嘲誚生理缺陷的故事，可令人解頤，但記載人性上的偏執，更能引
人興趣，成爲笑書中不可或缺的題材。《古今譚概》中以大量篇幅纂錄諷刺人
性的部分，馮夢龍特重於此，分爲：慳吝貪婪、奢靡浪費、殘酷無道、虛僞
造作、心機詭譎、妒貪淫色。並於每部類首以小序論述己見，闡述人生哲理，
期能有補時規、勸懲教化。

一、愚騃迂緩

　　專愚部中大量載錄昏忘愚昧的故事，例如〈宋人鄭人等〉、〈迂仙別記〉
等奠定俳調趣味的傾向。例如〈宋人鄭人等〉：

　　　　魏人夜暴疾，命門人鑽火，是夕陰暝，督促頗急。門人忿然曰：「君
　　　　責人亦大無理！今暗如漆，須得火照之，可覓鑽火具耳！」〔註14〕

愚人的可笑，在其癡鈍的言行舉止。陳蒲清認爲：「生活故事和笑話趣聞之間
沒有絕對界線，也可以說，滑稽調笑的生活故事便是笑話趣聞。在各類故事
中，笑話趣聞最容易被加工爲寓言，特別是其中的愚人笑話。」〔註15〕此類
題材特徵，表現在角色某種不合宜、不諧調的趣味性上，包括：見識、動作、
表情、姿態、言語、裝扮等方面。又如：

　　　　漢人過吳，吳人設笋。問知是竹，歸而煮其床簀，不熟。曰：「吳人
　　　　轣轆，欺我如此！」〔註16〕

嘲弄漢人（漢中一代人氏）因不識笋，而以床簀代替的孤陋闇昧行徑。正是
以挪揄人性的弱點，達到令人莞爾的目的。

〔註13〕同註3，第40冊，頁815～816。
〔註14〕同註3，第39冊，頁173。
〔註15〕參見陳蒲清：《寓言文學理論‧歷史與應用》（臺北：駱駝出版社，1992年10
　　　　月），頁71。
〔註16〕同註3，第39冊，專愚部〈宋人鄭人等〉第八條，頁174。

二、貧儉慳吝

　　馮夢龍在貧儉部小序中提出「貧者，士之常也；儉者，人之性也。貧不得不儉，而儉者不必貧，故曰性也。然則儉不可乎？曰：吝不可耳。夫儉非即吝，而吝必托之於儉，儉而吝，則雖堆金積玉，與貧乞兒何異」，〔註17〕由此可知其認同節儉，但對託言於儉、實行慳吝者，不以為然，認為此舉與貧乞兒無異。例如〈小宰羊〉一文：

　　　　時戩為青陽丞，潔以勤民，肉味不知，日市豆腐數箇。邑人呼豆腐
　　　　為小宰羊。〔註18〕

青陽縣令時戩三餐不吃肉，只吃豆腐。對此行徑，馮氏僅以「如此羊，定不怕踏破菜園。然丞亦有小俸入，何處支銷」嘲諷幽默一語帶過；而唐代裴璩「其廉問江西日，凡什器屏帳皆新，特置閒屋貯之，未嘗施用。每有宴會，轉於朝士家借」，反被評為「還是無福受用」，正合於馮氏所謂「儉而吝，則雖堆金積玉，與貧乞兒何異」之觀點。

　　貧儉部中亦載不少清儉的行徑，例如〈歸廉泉〉：

　　　　吳人歸副使廉泉大道富吝俱極。暑月，暴水日中浴之，省爨薪也。
　　　　生平家食，未嘗御肉，客至，未嘗畱款。一日，有內親從遠方來，
　　　　必欲同飯，乃解袖中帨角上五錢，使人於熟店批數片肉。肉至，無
　　　　醬，復解一錢市得，便嫌其不佳，使還之，仍取錢。已，問：「醬楪
　　　　何在？尚有餘鹹味，足消此肉也。」幼兒見食條糖者而泣，值粗入
　　　　時，孔母奉內命，將米半升易糖。公適自外來見之，詰其故，乃取
　　　　糖一根，自折少許嘗之，復折少許置兒口，謂曰：「味止此耳，何泣
　　　　為？」即還糖取米。賣者言糖已損，乃手撮數粒償之。〔註19〕

省爨薪、未嘗御肉、未嘗畱款、以醬楪餘味消肉，以層遞手法明白呈現歸大道（廉泉）的儉吝作為。他為滿足幼兒欲食糖，將半升米易糖，僅折少許置兒口，即還糖取米，並手撮數粒還賣者以償其糖損，歸廉泉奉行慳吝已達登峰造極之境。

　　又如鄭餘慶宴客時「分付廚家，爛蒸去毛，莫抝折項」，眾人以為必蒸鵝

〔註17〕同註3，第39冊，頁543。
〔註18〕同註3，第39冊，頁545～546。。
〔註19〕同註3，第39冊，頁561～562。

鴨之類，竟是粟飯一碗，蒸葫蘆一枚〔註 20〕；王罷設食，不許去薄餅緣、削瓜皮而侵肉稍厚；翟參政宴客「以惡草具進」〔註 21〕；虞玩之其屐「著已三十年」，〔註 22〕皆爲儉吝之人。而〈變家風〉、〈陳孟賢〉、〈食韭〉等篇則以戲謔語氣，笑說吝嗇過度的故事。晁美叔稱范文正公「鹽豉棋子上有肉兩簇」，是變清苦儉約家風〔註 23〕；陳家竈神衣獨白，乃因陳孟賢「自三餐外，不延一客」〔註 24〕；庾景行食惟韭菹、瀹韭、生韭，任昉以「韭」、「九」諧音，戲稱其「一食常有二十七種」〔註 25〕；即便是有名的大將軍王導也節儉至「帳下有甘果，不忍食。至春爛敗」。〔註 26〕

三、貪婪奢靡

對於人性之貪，馮夢龍於貪穢部中提及「人生於財，死於財，榮辱於財」，即便是陶潛、孔子等人，也不得不因酒、食而屈服於利益錢財。更莫怪「世俗之營營」。然其話峰一轉，面對人生慨歎，道出「究竟人壽幾何，一生喫着，亦自有限，到散場時，毫釐將不去。只落得子孫爭嚷多，眼淚少。死而無知，直是枉卻」，並舉陸念先與徐少宰之事，論陸念先之用心所在。〔註 27〕同時，拈出「貪念致禍」的中心思想，以〈欺心報〉、〈死友〉、〈太倉庫偷兒〉、〈神仙酒〉、〈負絹布〉爲例說明。〈欺心報〉一文：

> 《耳譚》：李士衡奉使高麗，武人余英副焉。所得禮幣及諸贈遺，士衡皆不關意。余英慮船漏，以士衡之物藉船底，己物置其上。無何，

〔註 20〕同註 3，第 39 冊，貪儉部〈鄭餘慶〉，頁 548～549。
〔註 21〕同註 3，第 39 冊，貪儉部〈王罷〉，頁 549～550。
〔註 22〕同註 3，第 39 冊，貪儉部〈虞玩之〉，頁 556。
〔註 23〕同註 3，第 39 冊，貪儉部〈變家風〉，頁 550～551。
〔註 24〕同註 3，第 39 冊，貪儉部〈陳孟賢〉，頁 551～552。
〔註 25〕同註 3，第 40 冊，貪儉部〈食韭〉，頁 552。
〔註 26〕同註 3，第 39 冊，貪儉部〈王導〉，頁 553。
〔註 27〕參見《古今譚概》貪穢部小序：人生於財，死於財，榮辱於財。無錢對菊，彭澤令亦當敗興。儻孔氏絕糧而死，還稱大聖人否？無怪乎世俗之營營矣。究竟人壽幾何，一生喫着，亦自有限，到散場時，毫釐將不去。只落得子孫爭嚷多，眼淚少。死而無知，直是枉卻；如其有知，懊悔又不知如何也？吾蘇陸念先應徐少宰記室聘，比就館，絕不作一字，徐無如何，乃爲道地遊塞上，抵大帥某，以三十鎰爲壽。既去戟門，陸對金大慟曰：「以汝故。獲禍者多矣，吾何用汝爲？」即投之澗水中。人笑其癡，孰知正爲癡人說法乎？（同註 3，第 39 冊，頁 595～596。）

遇大風，船幾覆。舟人請減所載，倉忙不暇揀擇，信手拈出棄之中流，舟始定。蓋皆余英物也。〔註28〕

李士衡出使高麗，余英因一念之私「以士衡之物籍船底，己物置其上」，反而使得自己的物品全被丟入海中。〈死友〉一則，劉尚賢與張明時「二人約爲死友，實以利合」，兩人貪銀筍起私心，暗中各自以毒酒、斧頭殺害對方，導致雙雙死亡〔註29〕；〈太倉庫偷兒〉敘述兩小偷先後從水竇中潛入偷物，未料「俱不能退，兩頂相抵槁死，而寶在其中」，爲了貪圖財寶而喪失生命〔註30〕；〈神仙酒〉則記載老媪太過貪心，致美酒井被道人變回原狀。〔註31〕以上四則故事皆因貪而以悲劇或是不如人意收場。〈負絹布〉後魏章武王元融與陳留侯李崇負絹過任，李崇傷腰、王融損足。前燕宋該性貪，自負布百匹，「重不能勝，乃至僵項」。最後馮夢龍以「凡人財帛宮亦有天限，人但知多負者力過則蹶，而不知多藏者祿過則絕也」作結，爲貪念下註腳，慨嘆人性的貪婪。〔註32〕

〔註28〕 同註3，第39冊，頁615～616。

〔註29〕 參見《古今譚概》貪穢部〈死友〉：
《耳譚》：孝感縣民劉尚賢、張明時， 二人約爲死友，實以利合也。偶夜行，見火燐燐，識其地，掘之，見銀筍蠹起，二人大喜，謂宜具牲醴祭禱，然後鑿取。劉已置毒盞中，令張服之；張亦腰斧而來，乘醉擊劉死。而不知己已中毒也。兩人者皆死，其家人往視銀筍，濯濯無跡。萬曆乙未年事。
（同註3，第39冊，頁616。）

〔註30〕 參見《古今譚概》貪穢部〈太倉庫偷兒〉：
太倉庫，於萬曆戊戌中，有偷兒從水竇中入。寶隘，攢以首，無完膚矣。亦得一大寶置頂際，如前出，至寶之半，不意復有偷兒入，俱不能退，兩頂相抵槁死，而寶在其中。久之，擁水不流，治瀆始見。見邸報。
（同註3，第39冊，頁616～617。）

〔註31〕 參見《古今譚概》貪穢部〈神仙酒〉：
《獪園》：浙東桐廬縣，舊有酒井。相傳有道人詣一酒肆中取飲，飲畢輒去，釀家亦不索直。久之，道人謂主媪曰：「數費媪酒，無以報，有少藥投井中，可不釀而得美酒。」乃從漁鼓中瀉出藥二九，色黃而堅，如龍眼大，投井中而去。明日井泉騰沸，挹之皆甘醴，香味逾於造者，俗呼爲「神仙酒」。其家用此致富。凡三十年，而道人復來，闔門敬禮，道人從容問曰：「君家自有此井以來，所入子錢幾何？」主媪曰：「酒則美矣，奈乏糟粕飼豬，亦一欠事。」道人歎息，以手採井中，藥即躍出，置漁鼓中，井復如舊。
（同註3，第39冊，頁617～618。）

〔註32〕 參見《古今譚概》貪穢部〈負絹布〉：
後魏胡太后幸藏庫，見布絹充盈，恣從官所取。唯章武王融，興陳雷侯李崇負絹過任，遂至顛仆。崇傷腰，融損足。太后使侍者奪其絹，令其空出，時人笑焉。

此外，〈如意〉載一女子擇偶貪的決定爲「東家食、西家宿」，又舉過往四人言志之事，藉由笑談軼事反映人性之貪鄙。〔註33〕尤有甚者，〈錢當酒〉中的五奴竟以「但多與我錢，雖喫飽亦醉，不須酒也。」爲由，讓妻子被人狎侮，其貪念令人匪夷所思。〔註34〕

馮夢龍於《古今譚概》中亦記錄當代內臣、將領競爲奢靡的行徑，〔註35〕並舉了晉代石崇、後魏河間王、章武王競相汰侈爲例，云：「人之侈心，豈有收底哉！自非茂德，鮮克令終」，〔註36〕對於奢侈豪靡的行徑，多採負面評價，例如北宋末年王黼：

> 王黼宅與一寺爲鄰。有一僧，每日在黼宅溝中取流出雪色飯顆，漉出、洗淨、曬乾。不知幾年，積成一囷。靖康城破，黼宅骨肉絕食，此僧即用所囷之米，復用水浸蒸熟，送入黼宅，老幼賴之無饑。〔註37〕

馮氏即評以「若無溝中飯，早作溝中瘠。此又是奢侈人得便宜處」。汰侈部中記載競奢淫穢之事尚有昔日「肉臺盤」、「肉屏風」、「肉障」、「肉陣」、「唾壺」、「香唾盂」、「淫籌」等，〔註38〕可見傳統敦厚淳樸之風已被奢豪淫靡取代。

燕宋該性貪，太祖欲厭其貪，賜布百匹，令自負歸。重不能勝，乃至僵項。（同註3，第39冊，頁609。）

〔註33〕參見《古今譚概》貪穢部〈如意〉：
《風俗通》云：齊人有女，二家同往求之。東家子醜而富，西家子好而貧，父母不能決，使其女偏袒示意。女便兩袒，母問其故，答曰：「欲東家食，西家宿。」昔有四人言志。一云：「吾願腰纏萬貫。」一云：「願爲揚州刺史。」一云：「願跨鶴仙遊。」末一人云：「吾志亦與諸君不殊，但願腰纏十萬貫，騎鶴上揚州耳。」故坡仙題竹云：「若對此君仍大嚼，世間那有揚州鶴？」余觀今人口譚賢聖，耽耽窺權要之津；手握牙籌，沾沾博慷慨之譽。惰農望歲，敗子怨天，大率此類也。何獨笑齊女哉！
（同註3，第39冊，頁596～597。）

〔註34〕參見《古今譚概》貪穢部〈錢當酒〉：
蘇五奴妻善歌舞，亦有姿色。有邀請其妻者，五奴輒隨之。人欲醉五奴以狎其妻，多勸之酒。五奴曰：「但多與我錢，雖喫飽亦醉，不須酒也。」
（同註3，第39冊，頁601～602。）

〔註35〕參見《古今譚概》汰侈部〈大卵　大饅頭〉：
正德時，守備、中貴人競爲奢靡。有取雞卵或鵝鴨卵破之，不知何術分黃白，而以牛胞刮淨，裹其外，約斗許大，熟而獻客，曰：「此駝鳥卵也。」又作饅頭大於斗，蒸熟而當席破之，中有二百許小饅頭，各有餡而皆熟。《朝野異聞》。
（同註3，第39冊，頁581～582。）

〔註36〕同註3，第39冊，汰侈部小序，頁571。
〔註37〕同註3，第39冊，汰侈部〈王黼〉，頁589～590。
〔註38〕以上各事，分見於《古今譚概》汰侈部。

四、心機詭譎

　　人性的詭譎事例，多見於譎知部中。馮夢龍並於小序中提及對「智」的看法：

> 人心之知，猶日月之光。糞壤也而光及焉，曲穴也而光入焉。知不廢譎，而有善有不善，亦宜耳。小人以之機械，君子以之神明。總是心靈，惟人所設，不得謂知偏屬君子，而譎偏歸小人也。

馮氏點明人的心靈智慧猶如日月的光芒，即便如糞壤、曲穴依然可以照射得到，意謂智慧無論好壞，亦包含欺瞞巧騙的譎智在內。君子、小人思考不同，因而使用的對象事物有善、不善之別。

　　譎知部中，馮氏搜羅諸多關於玩弄心機、譎詭計謀的故事。例如〈點豎子〉：

> 西鄰母有好李，苦窺園者，設穽牆下，置糞穢其中。點豎子呼類竊李，登垣，陷穽間，穢及其衣領，猶仰首於其曹：「來來！此有佳李！」其一人復墜，方發口，點豎子遽掩其兩唇，呼「來來」不已。俄一人又墜，二子相與詬病，點豎子曰：「假令三子者，有一人不墜穽中，其笑我終無已時。」

點豎子自墜陷阱中，為免日後遭友伴訕笑，竟不惜用詭計，令同伴亦接連掉入陷阱，此即人性中惡意的譎騙巧詐。又如〈朝野僉載兩孝子事〉：

> 東海孝子郭純喪母，每哭，則羣烏大集。使檢有實，旌表門閭。後訊，乃是每哭即撒餅於地，羣烏爭來食之。其後數如此。烏聞哭聲，

〈楊國忠妓〉：

楊國忠凡有客設酒，令妓女各執其事，號「肉臺盤」；冬月，令妓女圍之，號「肉屏風」；又選妾肥大者於前遮風，謂之「肉障」、「肉陣」。

（同註 3，第 39 冊，頁 583～584。）

〈唾壺〉：

符朗常與朝士宴。時賢竝用唾壺，朗欲夸之，使小兒跪而張口，唾而含出。南宋謝景仁裕性整潔。每唾，輒唾左右人衣，事畢，即聽一日澣濯。每欲唾，左右爭來受之。

嚴世蕃吐唾，皆美婢以口承之。方發聲，婢口已巧就，謂曰「香唾盂」。

（同註 3，第 39 冊，頁 584～585。）

〈淫籌〉：

嚴氏籍沒時，郡司某奉臺使檄往，見榻下堆棄新白綾汗巾無數，不省其故。袖其一，出以咨眾。有知者掩口曰：「此穢巾，每與婦人合，輒棄其一，歲終數之，為淫籌焉。」

（同註 3，第 39 冊，頁 586～587。）

莫不競湊，非有靈也。

郭純以撒餅吸引群鳥爭食，製造孝感動天的假象，而受人推薦表揚。又〈乾
紅貓〉中孫三用計改造普通的貓，高價賣給朝廷：

《夷堅志》：臨安北門外西巷，有賣熟肉翁孫三者，每出必戒其妻曰：
「照管貓兒，都城竝無此種，莫使外人聞見。或被竊，絕我命矣！
我老無子，此與我子無異也。」日日申言不已。鄰里數聞其語，心
竊異之，覓一見不得。一日，忽拽索出，到門，妻急抱回。見者皆
駭。貓乾紅深色，尾足毛鬣盡然，無不歎羨。孫三歸，痛箠厥妻。
已而浸浸達於內侍之耳，即遣人啖以厚直。孫峻拒。內侍求之甚力，
反覆數四，竟以錢三百千取去。孫涕淚，復箠其妻，竟日嗟悵。內
侍得貓喜極，欲調馴然後進御。已而色澤漸淡，才及半月，全成白
貓。走訪孫氏，既徙居矣。蓋用染馬纓絆之法，積日為偽。前之告
戒箠怒，悉姦計也。

此類詐欺計謀者，如〈貸金〉熟識的遊客用計騙了一候選京邸的士人〔註39〕、
〈一錢窞百金〉盜賊詐騙盜取他人物品〔註40〕、〈乘驢婦〉三婦人偷驢〔註41〕、

〔註39〕參見《古今譚概》譎知部〈貸金〉：
《耳譚》：嘉靖間，一士人候選京邸。有官矣，然久客橐空，欲貸千金。與所故
游客談，數日報命曰：「某中貴允爾五百。」士人猶恨少。客曰：「凡貸者，例
以厚贄先，內相家性，苟得其歡，何不可？」士人拮据凑貸器幣，約值百金，
為期入謁。及門，堂軒麗巨，蒼頭盧兒，皆曳綺編。兩壁米袋充棟，皆有「御
用」字。夕之，主人出。主人橫肥，以兩童子頭抵背而行，享禮微笑，許貸八
百。盧兒曰：「已晚，須明日。」主人曰：「可。」士人既出，喜不自任。校復
屬耳：「當早至，我俟於此。」明日至，寥然空宅，堂下兩堆煤土，皆袋所傾。
問主宅者，曰：「昨有內相賃宅半日，知是誰何？」客亦滅迹，方知中詐。
（同註3，第40冊，頁836～837。）
〔註40〕參見《古今譚概》譎知部〈一錢窞百金〉：
《湖海奇聞》：肷篋惟京師為最黠。有盜能以一錢窞百金者，作貴游衣冠，先
詣馬市，呼賣胡秣者，與一錢，戒曰：「吾即乘馬，爾以胡秣待」，其人許諾，
乃謂馬主：「吾欲市駿馬，試可，乃已。」馬主謹奉羈的，其人設胡秣而上，
盜上馬疾馳而去。馬主追之。盜逕扣官店，維馬於門，云：「吾某太監家人，
欲段匹若干，以馬為質，用則奉價。」店觀其良馬，不之疑，如數畀之。負
而去。俄而馬主迹至店，與之爭馬成訟。有司不能決，為平分其馬價云。
（同註3，第40冊，頁837～838。）
〔註41〕參見《古今譚概》譎知部〈乘驢婦〉：
《耳譚》：有三婦人顧驢騎行，一男子隨之。忽少婦欲下驢擇便地，呼二婦曰：
「緩行俟我。」方其下驢，男子佐之，少婦即與調謔若相悅者。已乘驢，曰：

〈丹客〉以丹術之名行詐騙之實〔註42〕、〈竊磬〉與〈僞跛僞躄〉寫小偷用計盜竊等。〔註43〕此外，關於用智取勝的故事亦收錄於此部，例如胡汲仲智取盜衣賊、劉宰計取盜釵賊、陳述古、用計辨盜、王卞以智贏過壯士等，均為善用智慧的故事。〔註44〕

「我心痛，不能急行。」男子既不欲強少婦，追二婦又不可得，乃憩道傍，而不知少婦反走久矣。是日三驢皆失。

（同註3，第40冊，頁838。）

〔註42〕參見《古今譚概》譎知部〈丹客〉：

客有以丹術行騙局者，假造銀器，盛輿從，復典妓為妾，日飲於西湖。鷗首所羅列器皿，望之皆朱提白鏹。一富翁見而心艷之，前揖問曰：「公何術而富若此？」客曰：「丹成，特長物耳。」富翁送延客并其妾至家，出二千金為母，使煉之。客入鉛藥，煉十餘日，密約一長鬚突至，詒曰：「家懽內艱，盍急往。」客大哭，謂主人曰：「事出無奈何，煩主君同余婢守爐，余不日來耳。」客實竊丹去，又囑妓私與主媾。而不悟也。遂墮計中，與妓綢繆數宵而客至。啟爐視之，佯驚曰：「敗矣，汝侵余妾，丹已壞矣！」主君無以應，復出厚鏹醻客。客作怏怏狀去，主君猶以得遣為幸。

嘉靖中，松江一監生，博學有口，而酷信丹術。有丹士先以小試取信，乃大出其金而盡竊之。生慚憤，甚欲廣遊以冀一遇。忽一日，值於吳之閶門。丹士不俟啟齒，即邀飲肆中，殷勤謝過。既而謀曰：「石儕得金，隨手費去。今東山一大姓，業有成約，俟吾師來舉事。君肯權作吾師，取償於彼易易耳。」生急於得金，許之。乃令剪髮為頭陀，事以師禮。大姓接其談鋒，深相欽服，日與款接，而以丹事委其徒輩，且謂師在無慮也。一旦復竊金去，執其師，欲訟之官。生號泣自明，僅而得釋。及歸，親知見其髮種種，皆訕笑焉。

（同註3，第40冊，頁840～842。）

〔註43〕參見《古今譚概》譎知部〈竊磬〉、〈僞跛僞躄〉：

鄉一老媼，向誦經，有古銅磬。一賊以石塊作包，負之至媼門外。人問何物，曰：「銅磬，將鬻耳。」入門，見無人，棄石於地，負磬反向門內曰：「欲買磬乎？」曰：「家自有。」賊包磬復負而出，內外皆不覺。

（同註3，第40冊，頁848～849。）

閶門有匠，鑒金於肆。忽一士人巾服甚偉，跛曳而來，自語曰：「暴令以小過毒撻我，我必報之。」因袖出一大膏藥，薰於鑪次，若將以治瘡者。俟其鎔化，急糊匠面孔，匠畏熱，援以手，其人已持金犇去。又一家，門集米袋。忽有躄者垂腹甚大，盤旋其足而來，坐米袋上。眾所共觀，不知何由。匿米一袋於胯下，復盤旋而去。後失米，始知之，蓋其腹襯塞而成，而躄亦僞也。

（同註3，第40冊，頁849。）

〔註44〕以上故事，分見《古今譚概》譎知部〈詰盜智〉、〈智勝力〉：

胡汲仲在寧海日，偶出行，有羣媼聚庵誦經。一媼以失衣來訴。汲仲命以牟麥寘羣媼掌中，令合掌繞佛，誦經如故。汲仲閉目端坐，且曰：「吾令神督之，若是盜衣者，行數周，麥當芽。」中一媼屢開視其掌，遂命縛之，果盜衣者。

五、悍妬淫佚

馮夢龍在《古今譚概》閨誡部首特別針對女性淫、妬之事加以論述：

女德之凶，無大於淫、妬，然妬以爲淫地也。譬如出仕者，中無貪欲，則必不忌賢而嫉能矣。然丈夫多懼內，自天子以至於庶人，皆不免焉，則又何也？語曰：「當斷不斷，反受其亂。」〔註45〕

馮氏將淫、妬列爲「女德之凶」，並認爲「妬以爲淫地」，勸誡天下懼內丈夫當斷絕婦女之妬性，以免遭受其亂。閨誡部主論女德，三十三則故事中，除末五則記載淫佚外，餘均爲悍婦妬妻事蹟。

（一）悍婦妬妻

1. 悍　婦

篇名	人物	家庭身分	施暴對象	行爲方式
潘妃	東昏侯之寵妃潘妃	寵妃	東昏侯	呵杖
畏婦除官	楊弘武之妻韋氏	正室	楊弘武	掌授官職，若不從，恐有後患。
李大壯	李大壯之小君	正室	李大壯	叱令正坐，爲綰匾髻，中安燈盌然燈，屏氣定體，如枯木土偶，人目之曰「補闕燈檠」。
水香勸盞	扈戴之細君	正室	扈戴	欲出，則謁假於細君。滴水於地，水不乾，須歸。若去遠，則然香印，掐至某所，以爲還家之驗。

劉宰之令泰興也，富室亡金釵，惟二僕婦在，置之有司，咸以爲冤。命各持一蘆，曰：「非盜釵者，當自若；果盜，則長於今二寸。」明旦視之，一自若，一去其蘆二寸矣。訊之，具伏。

王卞於軍中置宴，一角抵夫甚魁岸，負大力，諸健卒與較，悉不敵。坐間一秀才，自言能勝之，乃以左指略展，魁岸者輒倒。卞以爲神，叩其故。秀才云：「此人怕醬，預得之同伴。先入廚，求得少許醬，彼見輒倒耳。」

（同註3，第40冊，頁851～853。）

王卞於軍中置宴，一角抵夫甚魁岸，負大力，諸健卒與較，悉不敵。坐間一秀才，自言能勝之，乃以左指略展，魁岸者輒倒。卞以爲神，叩其故。秀才云：「此人怕醬，預得之同伴。先入廚，求得少許醬，彼見輒倒耳。」

（同註3，第40冊，頁857。）

〔註45〕同註3，第39冊，頁753。

王夷甫	王夷甫之婦、郭泰寧女郭氏	正室	王夷甫	聚歛無厭，干預人事。
安鴻漸	安鴻漸之妻	正室	安鴻漸	來日早臨棺，須見淚。
擊僧	張氏族宗伯公兄之妻	正室	張一山、寺僧	持竹竿驅下樹，用鐵索繫之柱。追至寺，以大杖擊僧。
二洪之樂	洪適之妻、洪邁之妻	正室	洪適、洪邁	家有聲妓，往往不能快意。
賀喪妻	解縉及友人之夫人	正室	解縉及友人	四德俱無，七出咸備。

　　馮夢龍於閨誡部中所錄九則悍婦故事，言婦女「悍」者皆單純指稱行為之兇狠強勢。且相對於對悍婦口頭言詞的寫意式筆觸，更集中筆力況寫其具體行為表現，例如杖打、鐵索繫鎖等對外在肢體之橫施暴力。

　2. 妒　婦

篇名	人物	家庭身分	施暴對象	行為方式
臙脂虎	陸慎言之妻朱氏	正室	陸慎言	使陸慎言政不在己
九錫	王丞相之妻曹夫人	正室	王導	將黃門及婢二十人，持食刀自出尋討藏於別館之妾。
王中令	王鐸之夫人	正室	王鐸	黃巢漸以南來，夫人又自北至，則不如降黃巢。
為婢取水	周益公之夫人	正室	周益公	夫人窺於屏內，曰：「好箇相公！為婢取水。」
車武子婦	車武子之妻	正室	車武子	婦出窺，疑有所私，拔刀徑上牀發被。
謝太傅夫人	謝太傅之夫人劉氏	正室	謝安	不得立妓妾
李福	李福之妻裴氏	正室	李福	以藥投兒溺中進之，治腹痛。
妒畫	鄱陽王之妃、劉瑱之妹劉氏	正室	鄱陽王	見殷蒨畫王與寵妃照鏡狀，如欲偶寢，妃唾罵曰：「故宜早死。」病亦尋愈。
妒婦津	劉伯玉之妻段氏	正室	劉伯玉、渡水之美婦	自沈而死。有婦人渡此水者，皆毀妝而濟。不爾，風波暴發。
人雞相妒	胡泰之母	正室	胡泰父繼室	託生為雌雞，飛啄後妻，詬誶不已。

不樂富貴	衛人之妻 王琰之妻	正室 正室	衛人 王琰	祝禱無故得百束布 王琰以功封，其妻大哭於家。
競寵	郭尙父之姬	妾	郭尙父	一姬畜怒猶盛，歌未發，遽引滿置觴於席，曰：「酒盡，不須歌矣。」

相對於「悍」之不可赦，「悍婦」絕對是必須施以懲戒之對象。閨誡部十二則妬婦故事中，寫「妬」的態度似乎較寬容。上自丞相夫人，下至庶人之妻，除非因妬成悍，直接對某人身體採取攻擊與侵犯，如胡泰之母死後託生為雌雞，卻「飛啄後妻，詬詈不已」而遭「後妻逐入炕下，撲殺之」，否則不會出現反制的動作。又如王丞相曹夫人即使有捉刀討伐之勢，但只及於作勢階段，並未或來不及造成真正傷害，頂多只是引為笑談而已。「妬婦」形象雖然仍多出自一種負面情緒的書寫，但畢竟較少嚴重到被施以懲罰的地步，因為其行為尚未嚴重違反自班昭《女誡》以來要求婦女行為以「順」為主的性格基調。〔註46〕男性書寫下的妬婦形象，由於視「妬」作為一種動機意義大於行為的蠻悍與否，因此多以一種譏嘲或調侃方式描述，甚至會因為書寫者時代性別文化之差異，婦女因妬行表現方式之粗糙拙劣或巧妙慧黠，而被解讀為天性之態度有關。

　3. 悍妬婦女

篇名	人物	家庭身分	施暴對象	行為方式
宜城公主	唐代裴選之妻 宜城公主	正室	裴選、外寵	截耳劓鼻，剝其陰皮，縵駙馬面上，令出廳判事。
裴談	裴談之妻	正室	裴談	如生菩薩、九子魔母、鳩盤荼
四畏堂	王欽若之夫人	正室	王欽若	不畜姬侍
池水清	韓伸之妻	正室	韓伸、友人	妻率女僕持棒毒撻

〔註46〕例如：
　　為人妻者，其德有六：一曰柔順，二曰清潔，三曰不妒，四曰儉約，五曰恭謹，六曰勤勞。……故婦人專以柔順為德，不以強辯為美也。（〔宋〕司馬光《家範·妻》）
　　夫孝敬貞順，專一無邪者，婦人之紀綱，閨房之大節也。（〔宋〕李氏《誡女書》）
　　婦人者，伏於人者也。（〔明〕呂坤《閨範》）
　　以上閨誡皆引自沈時蓉等：《華夏女子庭訓》（臺北：萬卷樓圖書股份有限公司，2003年4月），頁56、58、88。

妒無鬚人	荀氏婦庾氏	正室	荀氏	不容無鬚人與荀語
妒花	阮宣武之妻、武歷陽之女	正室	阮宣武	阮宣武歎美桃花，妻便大怒，使婢取刀砍樹，摧折其花。
任瓌二姬	任瓌之妻柳氏	正室	二姬	爛二艷姬髮禿盡

　　閨誡部所收九則悍妒婦女故事中，突出「妒意」的可怕，以呼應「悍」之特質。例如宜城公主以「截耳劓鼻，剝其陰皮」的激烈手段凌虐外寵，再以之「縵駙馬面上，令出廳判事」懲戒丈夫；任瓌之妻以「爛其髮禿盡」對待太宗賜任尚書瓌二艷姬，帝怒，敕柳：「飲之，立死。如不妒，即不須飲。」柳氏「竟飲盡，無他」。

　　悍妒婦女的論述其實正是一種性別論述，之所以被書寫成負面形象，是因其所存處於男性制定行為規範的社會中。其悍行必須被導正，甚至懲戒，其妒性必須被扭轉，是因種種表現觸犯男性所制定的規章。而導正、懲戒、扭轉的方式不是靠婦女本身的醒悟，而是賴外在制裁力量的介入。例如謔知部〈制妒婦〉：

> 《藝文類聚》：京邑士人婦大妒，嘗以長繩繫夫腳，喚便牽繩。士密與巫嫗謀，因婦眠，士以繩繫羊，緣牆走避。婦覺，牽繩而羊至，大驚。召問巫，巫曰：「先人怪娘積惡，故郎君變羊，能悔，可祈請。」婦因抱羊痛哭，悔誓。巫乃令七日齋，舉家大小悉詣神前禱祝。士徐徐還，婦見，泣曰：「多日作羊，不辛苦耶？」士曰：「猶憶噉草不美，時作腹痛。」婦愈悲哀。後暑復妒，士即伏地作羊鳴。婦驚起，永謝不敢。〔註47〕

因妻善妒，夫與巫者聯手使出妙招。且「後暑復妒，士即伏地作羊鳴」，使其妻「永謝不敢」。

　　綜觀上述，中國傳統婚姻關係中妻妾成群的男女失衡狀態，是男女關係產生對立緊張的引爆點，而一般人慣以嘲諷取笑的態度看待「懼內──妒婦」的兩性關係。「妒」屬行為發生的動機層次，「悍」屬行為的具體表現方式。則行事之強勢兇悍，或者是後天行為養成的結果；為生存而妒競排擠，而宜乎為一種生物本能。妒婦往往不必如悍婦動輒被懲罰，而是朝一「妒情可哂」的角度加以敘寫，不必及於懲罰。且上述悍婦妒妻的家庭身分，除潘妃與郭尚父之姬外，在婚姻關係中皆為明媒正娶。在正室地位加持下，更強化其悍

─────────────────────

〔註47〕同註3，第40冊，頁858～859。

妬的行徑。

（二）淫佚悖禮

篇名	人物	身分	行為方式
面首	山陰公主	南朝宋文帝姊、何戢之妻	婦淫：置面首三十人
唐無家法	韋后	唐中宗之后	婦淫：與武三思通
	楊貴妃	唐玄宗之妃	婦淫：安祿山與之狎語
易內	慶封、盧蒲嫳	齊景公之臣	夫婦淫：慶封與盧蒲嫳交換妻妾作樂
不禁內	徐之才之妻 韓熙載之妻妾	徐之才之妻 韓熙載之妻妾	婦淫：與男子私 婦淫：與諸生淫、夜奔客寢
劉氏詩題	劉氏	許義方之妻	婦淫：作〈月夜招鄰僧閒話〉詩

婦女的嫉妒性格與夫婦的淫佚是馮夢龍列出之醜態，目的即為提醒為人妻妾婢媵者勿犯於此。同時，藉由對淫佚悖禮行為的刻意描寫、大膽揭露，欲顛覆懸解一元中心文化，使官方／傳統文化宰制下的禮教制度獲得釋放空間。閨誡部中大力嘲諷悍妒淫佚，看似獨立事件的書寫，互不關涉，實則欲將多元文化現象公諸於世，類於西方狂歡理論中強調的「對肉體感官的弘揚，對神學、權威、專制的顛覆與嘲諷」。

第三節　批判君臣醜態

一、君主帝王

《古今譚概》中收錄許多關於君主帝王的事蹟，尤以迂腐、怪誕、專愚、鷙忍四部數量最多，依其內容細分如下。

（一）昏庸愚昧

在位者的治理能力，攸關國運的興衰榮敗。自古君王昏庸亂政，用人不善，導致亡國之例屢見不鮮。《古今譚概》所錄自漢至明代均有，而明代尤甚。據《明通鑑》：「自萬曆二十年來，深居大內，大小臣工，莫能相見，朝夕左

右，不過宦侍之流。」〔註48〕以致「職業盡弛，上下解體」。可見神宗不問國事，致朝政日趨腐敗，官僚運作深受影響。馮夢龍遂於專愚部首則便載〈昏主〉七條，論述君主昏庸之事，以昭借鑑：

> 劉玄稱帝，羣臣列位，低頭以手刮席，汗流不止。
>
> 司馬文王問劉禪思蜀否，禪曰：「此間樂，不思。」郤正教禪：「若再問，宜泣對曰：『先墓在蜀，無日不思。』」會王復問，禪如正言，因閉眼。愚態。王曰：「何乃似郤正語？」禪驚視曰：「誠如尊命。」愚態宛然。
>
> 晉惠帝在華林園聞蝦蟇聲，問左右曰：「此鳴者爲官乎，爲私乎？」侍中賈胤對曰：「在官地爲官，在私地爲私。」時天下荒饉，百姓多餓死，帝聞之曰：「何不食肉糜？」
>
> 晉陽失守，齊後主出奔，斛律孝卿請帝親勞將士，爲帝撰辭，且曰：「宜慷慨流涕，感激人心。」眾既集，帝不復記所受言，遂大笑，左右亦羣咍，將士莫不解體。
>
> 王太后疾篤，使呼宋主子業。子業曰：「病人間多鬼，那可往？」太后怒，謂侍者：「取刀來剖我腹，那得生寧馨兒！」
>
> 隋兵入臺城，羣臣勸依梁武見侯景故事，後主曰：「吾自有計。」乃挾宮人十餘，出景陽殿，欲投井中。袁憲及夏侯公韻苦諫，不從，以身蔽井，後主與爭，久之方得入。軍人呼井，不應。欲下石，乃聞叫聲。以繩引之，怪其太重，乃與張貴妃、孔貴嬪同束而上。後人名爲「辱井」。初賀若弼拔京口，彼人密啓告急，叔寶爲飲酒，遂不省之。高熲至，猶見啓在牀上，未開封也。叔寶既謁隋主，願得一官號。隋主曰：「叔寶全無心肝。」
>
> 楊玄感敗，帝命推其黨與，曰：「玄感一呼而從者十萬，益知天下人不欲多，多則相聚爲盜耳。不盡加誅，無以懲後。」由是所殺三萬餘人。帝後至東都，顧盼街衢，謂侍臣曰：「猶大有人在。」〔註49〕

馮夢龍直接列舉劉玄、劉禪、晉惠帝、齊後主、宋主子業、陳後主、隋煬帝的事蹟，加以嘲諷批判，並以「天愚可開，人愚不可開」痛斥對庸君誤國的不恥。

〔註48〕參見〔清〕夏燮：《明通鑑》（上海：上海古籍出版社，1990年12月），頁58。
〔註49〕同註3，第39冊，頁141～144。

　除〈昏主〉所載七主之外，周赧王逃債、宋明帝埋錢，亦不遑多讓：

> 周赧王爲諸侯所侵偪，名爲天子，實與家人無異。賃於民，無以償，
> 乃登臺避之，因名曰「逃債臺」。

> 宋明帝或奢費過度，府藏空虛，乃令小黃門於殿內埋錢，以爲私藏。
> （〈逃債　埋錢〉）〔註50〕

二事分見於《史記》與《南史》，馮氏以此於史有徵的荒誕行徑，凸顯周赧王、宋明帝昏瞶的負面形象。

（二）殘酷暴虐

　《古今譚概》鷙忍部中收錄許多暴君殘虐不仁的事蹟。例如〈以人命戲〉：

> 《漢書》：江都王建專爲淫虐，遊章臺宮，令四女子乘小船，建以足
> 蹈覆其船，四人皆溺，二人死。後遊雷波，天大風，建使郎二人乘
> 小船入波中。船覆，兩郎溺，攀船，乍見乍沒，建臨觀大笑，令勿
> 救。宮人姬八子姬妾官名。有過，輒令嬴立擊鼓，或置樹上，久者
> 三十日乃得衣，或縱狼令齧殺之，建觀而大笑。又欲令人與禽獸交
> 而生子，強令宮人嬴而四據，與牂羊及狗交。

> 北齊文宣淫暴。楊愔雖宰輔，每吏進廁籌。又嘗置愔棺中，載以輬
> 車，幾下釘者數四。每視朝，羣臣多無故行誅。乃簡取罪人隨駕，
> 號爲「供御囚」，手自刃殺，持以爲戲。

> 齊主問南陽王綽：「在州何事最樂？」對曰：「多聚蝎於皿器，置狙
> 其中，觀之極樂。」帝即命索蝎一斗置浴斛，使人裸臥斛中，呼號
> 宛轉。帝與綽喜噱不已，因讓綽曰：「如此樂事，何不馳驛奏聞？」

> 唐成王千里使嶺南，取大虵長八九尺，以繩縛口，橫於門限之下。州
> 縣參謁，呼令入門，忽踏虵驚惶僵仆，被虵繞數匝，良久解之，以爲
> 戲笑。又取龜及鼈，令人脫衣，縱龜等齧其體，終不肯放，死而後已。
> 其人痛號欲絕，王與姬妾共看，以爲玩樂。然後以竹刺龜鼈口，或用
> 文炙背，乃得放。人被驚者皆失魂，至死不平復矣。〔註51〕

漢代江都王笑看人溺水，並迫宮人與禽獸交合；北齊文宣帝每簡取罪人隨駕，任其手自刃殺爲戲；北齊後主以臨觀蝎螫裸人時呼號宛轉爲樂；唐成王及姬

〔註50〕同註3，第39冊，頁145。
〔註51〕同註3，第39冊，頁625～628。

妄以共看人遭虵繞、龜齧爲戲，其行皆暴殘無度。

此外，〈水獄〉中發明水獄凌虐罪人的南漢高祖劉龑、〈剖視腸腹〉中欲剖人肚腸測酒量、蒜氣的閩主王曦與宋後廢帝劉昱、〈針〉中劉表以針刺人驗醉醒，均是君主之暴行。〔註 52〕馮夢龍輯錄之用意，除蒐羅記事外，亦欲揭露君主殘酷無道之行徑。

二、朝臣官僚

《古今譚概》記載官吏作爲的故事，於各部卷中皆可見。藉由將相公卿貪鄙庸愚的醜態，反映民間疾苦，黎庶之悲，更具諷刺反省以古鑑今之意。馮夢龍仕途坎坷，除個性外，亦與當時買官鬻爵風氣有關。因此，個性高傲睥睨，不願當科貢官，不屑買官求榮，便於書中刻意揭露官場百態。

（一）貪官汙吏醜態

《古今譚概》貪穢部三十八則故事中，屬貪官汙吏者達三十則之多。馮夢龍除一一揭露官吏的醜惡嘴臉，並以爲借鏡，教誡世人反省檢視自身行爲，勿沉淪陷溺與之同類。

1. 僞廉納賄

貪穢部中收錄數則歷來官吏僞善實賄的現象。以〈張鷺鷥〉爲例：

> 開寶中，神泉縣令張某，外廉而內實貪。一日，自榜縣門云，「某
> 月某日，是知縣生日，告示門內典級諸色人，不得輒有獻送。」
> 有一曹吏與眾議曰：「宰君明言生日，意令我輩知也。言『不得獻
> 送』是謙也。」眾曰：「然。」至日各持縑獻之，命曰「壽衣。」
> 宰一無所拒，感領而已。復告之曰：「後月某日是縣君生日，更莫
> 將來。」無不嗤者。眾進士以〈鷺鷥詩〉諷之云：「飛來似鶴，下
> 處卻尋魚。」〔註 53〕

神泉縣令張鷺鷥「外廉而內實貪」，榜示昭告夫妻二人的生日，雖言明「不得輒有獻送」，實際卻貪圖贈禮。〈裴佶姑夫〉一文亦爲同類：

> 唐裴佶嘗話：少時姑夫爲朝官，有雅望。佶至宅，會其退朝，深歎
> 曰：「崔昭何人，眾口稱美，必行賄也。如此安得不亂？」言未訖，

〔註 52〕以上三則故事，分別見於《古今譚概》鷙忍部，頁 628～629。（同註 3，第 39
　　　　 冊）
〔註 53〕同註 3，第 39 冊，頁 606～607。

> 門者報壽州崔使君候謁。姑夫怒，呵門者，將鞭之。良久，束帶強
> 見。須臾，命茶甚急，又命酒饌，又命秫爲飯。佶姑曰：「何前倨而
> 後恭？」及入門，有德色，揖佶曰：「憩學中。」酷似。佶未下階，
> 出懷中一紙，乃贈官絁千匹。〔註54〕

裴佶姑夫慨歎崔照行賄，看似爲高風亮節之朝官。然對照崔照到訪時，其先
「束帶強見」後卻「又命酒饌，又命秫爲飯」前倨後恭的表現，關鍵竟是收
受「絁千匹」。藉由此等五十步笑百步的行爲，爲其「清廉」進行神聖脫冕的
儀式，更加凸顯其貪鄙形象。

2. 貪墨盜竊

身爲朝廷命官，卻貪贓偷盜。例如〈偷鞋刺史〉中，密州刺史鄭仁凱偷
竊他人新鞋，還辯稱「刺史不是守鞋人」；〈銀佛〉裡，蘇監察將一尺以下銀
佛悉納袖中，被譏爲「蘇扛佛」。又如〈匿金叵羅〉：

> 魏神武帝宴僚屬，於坐失金叵羅。竇太后令飲者皆脫帽，果在祖孝
> 徵髻中，見者以爲深恥，孝徵怡然自若。又孝徵飲司馬世雲家，藏
> 銅疊三面，爲廚人搜出。〔註55〕

祖孝徵先後偷金叵羅、藏銅疊三面，卻毫無愧色。以「見者以爲深恥」對照
「孝徵怡然自若」，更顯其行之卑劣無恥。

而〈獻羅漢〉一文：

> 曹翰下江南日，盡取其金帛寶貨連百餘舟，私盜以歸。無以爲名，
> 乃取廬山東林寺羅漢，每舟載十餘尊獻之，詔賜相國寺。時謂之「押
> 扛羅漢」。〔註56〕

馮夢龍對於曹翰之行事提出「子孫爲乞丐時，百餘舟安在」的諷語，直指稱
其貪盜。又〈盜偽輦〉中，參軍王鎮惡性貪，「盜取府庫無算。劉裕念其功，
不問。又盜泓偽輦」，其囂張行徑更甚曹翰。

3. 鬻官受賂

貪穢部中亦收錄官吏收受錢行賄之事。相較於「僞廉納賄」一項中官吏
僞善而實賄的現象，此項所錄則以明目張膽受賄的行徑爲區隔。例如〈一門
貪鄙〉中提及唐代吏部侍郎崔湜貪縱，其父崔挹爲國子監司業官，亦收受選

〔註54〕同註3，第39冊，頁611～612。
〔註55〕同註3，第39冊，頁602～603。
〔註56〕同註3，第39冊，頁604。

－180－

人錢,「兄憑弟力,父挾子威,咸受囑求,贓汙狼籍」,一家人貪婪甚篤。又如〈錢癆〉一文:

> 嚴相嵩父子聚賄滿百萬,輒置酒一高會。凡五高會矣,而漁獵猶不止。京師名之曰「錢癆」。〔註57〕

嚴嵩父子聚賄,漁獵不止。此外,容悅部〈張昌宗 元載〉一則亦載:

> 天后寵幸張昌宗,其弟昌儀為洛陽令,請囑無不從者。嘗早朝,有選人姓薛,以金五千兩并狀賂之。昌儀受金,以狀授天官侍郎張錫。數日,錫失其狀,以問昌儀。昌儀曰:「我亦不記,但姓薛者即與之。」錫懼,退索在銓姓薛者六十餘人,悉雷註官。

> 元載弄權舞智,政以賄成。有丈人來從載求官,但贈河北一書而遣之。丈人不悅,行至幽州,私發書視之,無一言,惟置名而已。丈人不得已,試謁判官。聞有載書,大驚,立白節度使,遣夫校以箱受書,館之上舍,贈絹千匹。〔註58〕

張昌儀與元載,一是「請囑無不從者」,一是「弄權舞智,政以賄成」,令馮夢龍不禁慨嘆「此等權勢,不得不諂。有此等諂人,那得不要權勢」。

除了收賄外,〈銅臭〉一文中亦可見買官之事:

> 崔烈入錢五百萬,為司徒。及辭帝,帝曰:「悔不少靳,可至千萬。」

> 子均字孔平,亦有時名。烈問均曰:「我作公,天下謂何如?」對曰:「大人少大高名,不謂不當為公。但海內嫌其銅臭。」〔註59〕

崔烈以五百萬買得司徒之官,而遭「銅臭」之譏。然更甚者,東漢桓帝竟答以「悔不少靳,可至千萬」。上行下效,竟致賣官鬻爵風氣猖獗至此。

4. 貪墨聚斂

為官者除收賄、偷盜、買官外,還有巧立名目聚斂剝削民膏民脂的惡行惡狀。例如唐代新昌縣令夏侯彪「抱雞養竹」之說〔註60〕、前燕太傅慕容評

〔註57〕 同註3,第39冊,頁614。
〔註58〕 同註3,第39冊,頁669~670。
〔註59〕 同註3,第39冊,頁619。
〔註60〕 參見《古今譚概》貪穢部〈抱雞養竹〉:《廣記》:唐新昌縣令夏侯彪之初下車,問里正曰:「雞卵一錢幾顆?」曰:「三顆。」彪之乃遣取十千錢,令買三萬顆。謂里正曰:「未便要,且寄雞母抱之,遂成三萬頭雞。經數月長成,令縣吏與我賣,一雞三十錢,半年之間成三十萬。」又問:「竹筍一錢幾莖?」曰:「五莖。」又取十千錢付之,買得五萬莖。謂里正曰:「吾未須筍,且林中養之。至秋竹成,一莖十丈,積成五十萬。」其貪鄙不道,皆此類。(同註3,

賣水給士卒「入絹一疋，得水二石」〔註61〕之舉、解賓王離開漕運使職時，「凡有行衙所在，竹皆伐賣之」之事。〔註62〕又如〈科錢造像〉一則中的竇知範：

> 唐瀛州饒陽縣令竇知範貪污。有一里正死，範集里正二百人爲之造像，各科錢一貫。既納錢二百千，範曰：「里正地下受罪，先須救急，我先造得一像，且以貸之。」於袖中出像，僅五寸許。〔註63〕

瀛州饒陽縣令竇知範，以爲過世的某里正造像爲由，募集各鄉里正共收錢二十萬，竟只做出一個五寸小的人像。馮夢龍遂於文末以「此令乃化緣和尚現宰官身者」，諷刺竇氏假塑像之名行詐斂之實。

而〈張趙徵錢名〉一文中引錄《唐宋遺史》與《五代史補》，亦舉官吏強徵百姓錢財的例證：

> 《唐宋遺史》：張崇帥廬州，不法，民苦之。既入覲，人謂：「渠伊必不來。」後還，徵渠伊錢。人不敢言，但捋鬚而已。崇又徵捋鬚錢。《五代史補》：趙在禮自采石移永興，人曰：「眼中拔却釘矣。」後在禮還任，每日徵拔釘錢。〔註64〕

張崇、趙在禮二人魚肉百姓，舉凡「渠伊錢」、「捋鬚錢」、「拔釘錢」處處與民徵錢，令百姓敢怒不敢言。

除巧立名目徵取錢財的貪官，尙有逼迫刁難百姓送錢的無道官吏。例如〈取油客子金〉中，黷貨無厭的簡州刺史安重霸：

> 蜀簡州刺史安重霸黷貨無厭。州民有油客子者，姓鄧，能棊，其力纔瞻。安召與對敵，只令立侍。每落子，俾其退立於西北牖下，俟我算路，乃進。終日不下十數子而已。鄧生久立，饑倦不堪。次日又召，或諷鄧生曰：「此侯賄，本不爲棊，何不獻効而自求退？」鄧生然之，以中金數鋌獲免。〔註65〕

第 39 冊，頁 599。）

〔註61〕 參見《古今譚概》貪穢部〈鬻水〉：
前燕太傅慕容評屯兵潞川，以拒王猛。鄣固山泉，鬻水與軍，入絹一疋，得水二石。積錢帛如山，士卒怨憤而敗。
（同註3，第 39 冊，頁 600～601。）

〔註62〕 參見《古今譚概》貪穢部〈假子猶〉：解賓王作利漕，將代還，凡有行衙所在，竹皆伐賣之。時人呼爲假子獸。解、假，同音。（同註3，第 39 冊，頁 601。）

〔註63〕 同註3，第 39 冊，頁 605。

〔註64〕 同註3，第 39 冊，頁 608。

〔註65〕 同註3，第 39 冊，頁 606。

以下棋爲由刁難小民，待其奉金數鋌後，始免陪棋之累。

（二）庸官愚闇無能

官吏若是迂腐行政，亂立刑罰，自身能力不足，易導致朝政敗壞。《古今譚概》中便輯錄不少諷刺庸官迂腐治政的事例。

1. 愚魯昏忘

迂腐部中有不少迂緩愚闇專的官吏，例如〈罰人食肉〉：

> 李載仁，唐之後也。避亂江陵，高季興署觀察推官。性迂緩，不食豬肉。一日將赴召，方上馬，部曲相毆。載仁怒，命急於廚中取餅及豬肉，令丟者對餐之，復戒曰：「如敢再犯，必於豬肉中加之以酥。」
> 〔註66〕

專愚部中亦多載愚魯昏忘的官吏，例如〈呆刺史〉：

> 周定州刺史孫彥高被突厥圍城，不敢詣廳，文符須徵發者於小牖接入，鎖州宅門。及報賊登壘，乃身入櫃中，令奴曰：「牢掌鑰匙，賊來慎勿與。」〔註67〕

又如〈呆諭德〉中的崔阡、〈呆參軍〉中的獨孤守忠、〈呆縣丞〉中的郭務靜與馬信、〈呆主簿〉中的馬主簿，或不識朝典，或愚不諳事，皆屬之。〔註68〕

而〈性忘〉則記善忘的閻玄一與張藏用：

> 唐三原令閻玄一性忘。曾至州，於主人舍坐，州史前過，以爲縣典也，呼欲杖之。史曰：「某州佐也。」玄一慚謝。須史縣典至，玄一疑即州佐也，執手引坐。典曰：「某縣佐也。」又慚而止。
>
> 唐臨朐丞張藏用善忘。嘗召一匠不至，大怒，使擒之。匠既到，適鄰邑令遣人齎牒來。藏用讀畢，便令剝齎牒者，笞之至十。起謝杖，因請其罪。藏用方悔其誤，乃命里正持一器飲之，而更視他事。少頃，忽見里正，指酒曰：「此何物？」里正曰：「酒也。」藏用曰：「何妨飲之。」里正拜飲，藏用遂入衙齋。齎牒人竟不得飲，扶杖而出。
>
> 〔註69〕

〔註66〕同註3，第39冊，頁31。
〔註67〕同註3，第39冊，頁151。
〔註68〕以上四則故事，分別見於《古今譚概》專愚部，頁150～153。（同註3，第39冊）
〔註69〕同註3，第39冊，頁161～162。

閣玄一善忘，不辨縣典與縣佐。而張藏用亦因記性差，誤打鄰邑送齎牒者，又誤賞里正酒。又〈性糊塗〉所載四則笑話，亦同屬昏忘之例：一爲沂州刺史李元晶要笞打郤承明，卻誤打劉琮；二爲唐代刺史鄧悰未分青紅皂白，誤打司公某甲；三爲北齊時王皓性愚，遍尋不獲覆雪的坐騎，待融雪，始知「我馬尙在」；四爲揚州司馬季文禮誤拿書信哭訴喪姊。

上述各則都是藉嘲謔官吏的愚魯昏忘，顚覆官吏高高在上的形象。

2. 刑政苛虐

歷史上酷吏濫刑杖罰、荼毒蒼生時有所聞，其刑罰之殘忍令人喪膽。唐代的獨孤莊、周興、來俊臣，即以施用酷刑聞名者：

> 周瀛州刺史獨孤莊酷虐。有賊問不承，莊引前曰：「若健兒也，能吐，且釋汝。」賊竝吐之。有頃，莊曰：「將我作具來。」乃一銕鉤，長尺餘，甚利，以繩掛於樹間，謂賊曰：「汝不聞『健兒鉤下死？』」令以胲鉤之，遣壯士挈其繩，則鉤出於腦矣。謂司法曰：「此法何如？」答曰：「弔民伐罪，深得其宜。」莊大笑。（鷙忍部〈弔民伐罪〉）〔註70〕

武則天朝瀛州刺史獨孤莊「有賊問不承」，先誘其坦白從寬，待其吐實，即以銕鉤鉤出於腦，其刑名爲「弔民伐罪」。另有唐代刑部侍郎周興喜法外立刑：

> 周興性酷，每法外立刑，人號「牛頭阿婆」。百姓怨謗，興乃牓門判曰：「被告之人問皆稱枉，斬決之後咸息無言。」（鷙忍部〈周興〉）〔註71〕

馮夢龍並收錄周興有罪而與來俊臣對話的故事，再舉薛文傑嫌古制疏闊，乃爲閩王建造檻車，卻致「首被其毒」，諷喻作惡者終將自食惡果：

> 周興有罪，詔來俊臣鞫之。俊臣方與興對食，謂興曰：「囚多不承，奈何？」興曰：「此易耳，內囚大甕中，熾炭周之，何事不承？」俊臣命取甕熾炭，徐起揖興曰：「有內狀推兄，請入甕。」《南部新書》云：江融爲左史，後羅織受誅，其屍起而復坐者三，雖斷其頭，似怒不息。無何，周興敗。
>
> 陳錫玄曰：「薛文傑爲閩王鑄造檻車，謂古制疎闊，乃更其制，令上下通，中以鐵芒內向，動輒觸之。文傑首被其毒。文傑嘗誣殺吳

〔註70〕同註3，第39冊，頁631。
〔註71〕同註3，第39冊，頁631～632。

英，後因英軍士憤怒，即以檻車送之。盧多遜之貶朱崖也，李符白趙普，請改竄春州，普不答。及符被貶，竟得春州，不浹旬死。語曰：「張機者中於機，設檻者中於檻。」作發之弊，豈獨一商君知悔耶？〔註72〕

又如梁邵陵王綸令稱其躁虐者吞鱣以死、隋燕榮以新製之荊條笞箠無過者號爲「試荊」、崔弘度因侍者未食即言鱉美味遂加杖打，皆爲暴虐之例。

　　對待罪犯，酷吏更極盡凶殘之能事。來紹宰郜陽時「創鐵繩千條，或有問不承，則急縛之，仍以其半搯手，往往委頓。每虐威一奮，百囚俱斷，轟響震驚，時號爲『肉雷』」。〔註73〕李匡達性情殘忍，「一日不斷刑則慘然不樂」，且將拷打犯人的聲音視爲「一部肉鼓吹」。〔註74〕

　　3. 驕矜自大

　　《古今譚概》矜嫚部中，收錄若干爲官者傲慢無禮、犯上不敬的事例。例如〈報栗〉一則：

　　　　梁蕭琛預御筵醉伏，武帝以棗投琛，琛便取栗擲帝，正中面。帝動
　　　　色，琛曰：「陛下投臣以赤心，臣敢不報以戰慄。」〔註75〕

蕭琛於筵中醉，竟取栗擲武帝。雖回應以「陛下投臣以赤心，臣敢不報以戰慄」，卻仍有逾越君臣分際之嫌。又如〈參軍倉鶻〉：

　　　　五代徐知訓狎侮吳王，無復君臣之禮，嘗與王爲優，自爲參軍，使
　　　　王爲倉鶻。《綱目》。〔註76〕

徐知訓與吳王粉墨登場，扮參軍、倉鶻爲戲。狎侮戲弄吳王，全無君臣之禮。又〈狗腳朕〉：

　　　　高澄侍宴，以大觴屬孝靜帝，帝不勝忿，曰：「自古無不亡之國，朕
　　　　安用生爲！」澄怒曰：「朕！朕！狗腳朕！」〔註77〕

高澄之父高歡，戰功彪炳，位高權大。高澄後任大丞相大將軍之職，仗父勢便對魏靜帝常有不敬之舉，甚至以「狗腳朕」怒罵君王。馮夢龍評其「始乎

〔註72〕同註3，第39冊，頁632～633。
〔註73〕參見《古今譚概》鷙忍部〈肉雷〉，頁633。（同註3，第39冊）
〔註74〕參見《古今譚概》鷙忍部〈肉鼓吹〉：
　　　　李匡達性忍，一日不斷刑則慘然不樂。嘗聞捶楚之聲，曰：「此一部肉鼓吹也。」
　　　　（同註3，第39冊，頁633～634。）
〔註75〕同註3，第39冊，頁536。
〔註76〕同註3，第39冊，頁536～537。
〔註77〕同註3，第39冊，頁537。

謔，卒乎罵，漸不可長，信然」，可知馮氏對於當官者欺上犯下，無君臣之禮，頗有微詞。

此外，坐享高官厚祿卻尸位素餐者，對國家亦無裨益。例如汰侈部〈杜邠公〉：

> 杜邠公悰，厚自奉養，常言平生不稱意有三事：其一，爲澧州刺史；
> 其二，貶司農卿；其三，自西川移鎮廣陵，舟次瞿塘，爲駭浪所驚，
> 呼喚不暇，渴甚，自潑湯茶喫也。〔註78〕

杜悰習於優渥豪門，任官未斷一案，任囚犯殍殆。馮夢龍因而責評「朝廷將富貴付此等人，那得不亂」。

4. 厚顏諂媚

《古今譚概》容悅部收錄諸多官僚爲求進爵加祿而阿諛奉承之例。貪權諂媚的方式眾多，或以巧言奉承，或以行動表現，不一而足。〈冒族〉中蔡嶷拜蔡京爲叔祖，諂媚阿諛；〈雞鳴犬吠〉中府尹學雞狗吠叫，討韓原歡心。更有改姓、獻妾、貢女、送妻，甚至不惜諛足、洗鳥、咽唾、作馬鐙、嘗穢、諂馬等。爲求勢巴結，無所不用其極，做出令人汗顏的鄙行，正是對官場醜態的揭露與抨擊。〔註79〕

〔註78〕同註3，第39冊，頁571～572。
〔註79〕以上故事分見於《古今譚概》容悅部：
〈改姓〉：
令狐相綯奮自單族，每欲繁其宗黨，與崔、盧抗衡。人有投者，不恡通族，繇是遠近爭趨，至有姓胡冒令者。進士溫庭筠戲爲詞曰：「自從元老登庸後，天下諸胡悉帶令。」又有不得官者，欲進狀請改姓令狐。尤可笑。
〈獻妾〉：
錦衣廖鵬，以驕橫得罪，有旨封其宅舍，限五日逐去。其妾四面觀音者，請見朱寧而解之。寧一見喜甚，留之五日，則寂然無趣行者矣，治事如初。寧自是常過鵬宿，從容語鵬：「曷贈我？」鵬曰：「捐以侍父，則不獲效一夕杯酒敬。奈何不若爲父外館？」寧益愛暱之。
〈貢女〉：
唐進士宇文翃有女國色，不輕許人。時寶璠年踰耳順，方謀繼室，翃以其兄諫議正有氣焰，遂以女女璠。
〈奪妻〉：
劉太常介，繼娶美艷。冢宰張綵欲奪之，乃問介曰：「我有所求，肯從我，始言之。」介曰：「一身之外，皆可奉公。」綵曰：「我所求者，新嫂也。敢謝諾。」少頃，強輿歸矣。
〈諛足〉：
宋彭生爲李憲洗足，曰：「中尉足何香也！」憲以足蹴其項曰：「奴不亦諂乎？」

　　馮夢龍並於篇首收錄〈天后好諂〉、〈赤心石〉、〈代犧圖〉、〈霍獻可郭弘霸〉等數則描述武后好諂之事。以〈天后好諂〉爲例：

> 襄州胡延慶以丹漆書龜腹曰「天子萬萬年」進之，鳳閣侍郎李昭德以刀刮之竝盡，奏請付法。則天曰：「此非惡心也。」捨而不問。

> 朱前疑上書則天云：「臣夢見陛下御宇八百歲。」后大喜，即授拾遺。又刑寺繫囚將決，乃共商於獄牆內外作大人跡，長五尺。至夜分，眾大叫，內使推問，對云：「有聖人現，身長三丈，面黃金色，云：『汝等皆坐寃，然勿憂，天子萬年，即有恩赦。』」后令把火照視，有巨跡，遂大赦天下，改爲大足元年。〔註80〕

文中胡延慶、朱前疑及囚犯分別以「天子萬萬年」、「陛下御宇八百歲」、「天子萬年」等令武則天心喜之言，而得到利益，似乎在在顯出武后好聽諂言。然武后實有知人之明，狄仁傑、婁師德、姚崇、宋璟、張柬之、桓彥範、敬暉、李多祚、裴懷古、魏知古等賢才皆由其拔擢。可見馮夢龍列記諸多武后事，僅以「捏鼻頭即得官，掘地孔即免罪，以天后之英明，豈不知其僞？正謂此非惡心耳」批評武后好諂，重點實在於批判存有媚骨之小人。

　　因此，馮夢龍於容悅部小序中便以猚猶譬喻善於逢迎之輩，並舉汲黯、

〈洗鳥〉：
大學士萬安老而陰痿，徽人倪進賢以藥劑湯洗之，得爲庶吉士，授御史。時人目爲「洗鳥御史」。
〈咽唾〉：
曰陸眘本出西邊，初爲厙辱官家奴。諸大人會集，皆持唾壺，惟厙辱官獨無，乃唾入陸眘口，陸眘悉咽之，曰：「願使主君之智慧祿相盡攜入我腹中。」
〈作馬鐙〉：
唐張岌諂事薛師懷義，掌擎黃幰，隨薛師後，於馬傍伏地，爲其馬鐙。世廟時，嚴世蕃用事，戲呼王華曰「華馬」，王即伏地候乘。而白郎中亦其狎客也，即伏地作馬杌。嚴因踐而乘之。
〈嘗穢〉：
魏元忠病，御史郭弘霸往候，視便溺，即染指嘗，賀曰：「甘者病不瘳，今味苦，當愈。」魏惡而暴之。又嘗來俊臣糞穢。
和士開爲尚書，威權日盛，偶患傷，醫云：「應服黃龍湯。」士開有難色。有候之者，請先嘗，一舉而盡。
〈諂馬〉：
趙元楷爲交河道行軍大總管，諂事元帥侯君集。君集馬病顙瘡，元楷指沾其膿嗅之。
（同註3，第39冊，頁671～672、677～678、683～685。）

〔註80〕同註3，第39冊，頁662～663。

王祥、朱序與薛廷珪，有氣節不諂諛，深獲禮遇敬重。張令滔、陶穀奴顏卑膝，反為所輕遭摒棄。列舉對比不諂者與諂諛者的結果，其警世教誡之意極深切。

《古今譚概》中，為顛覆差異、反對一元封閉，常透過提升與降格手法，使代表主流／官方文化的官吏，不斷在歡笑中被嘲諷、咒罵，造成「上下錯置」的特殊情況：代表下層／民間文化的力量似乎主導主流／官方文化。若從巴赫汀的觀念理解，世界是一直不斷變動的未完成性，所有的事物都是二元的相對。而官方的中心話語卻無法表現這種變遷，因為中心話語時刻要用封閉、完成與獨白的話語形式，來鞏固和加強自身的權威性神話。〔註81〕因此，書中不斷利用各種諧謔形象顛覆官吏的嚴肅性，使一切僵化、呆板、穩定的東西予以相對化。同時，此類批判君臣醜態的笑話，也正反映百姓受壓抑、難以自在發洩。即佛洛依德所謂以攻擊、譏刺為目的的「敵意笑話」。〔註82〕

第四節　瓦解權威形象

在中國傳統社會中，儒士文人得志居官出將入相，理當兼善天下，成為位高權重的政治權威。即使無法晉身仕途，亦為平民百姓眼中飽讀詩書、見識廣博的知識權威。或為人師，得以傳道、授業、解惑，便是知識傳遞的象徵，具知書達理的形象，更是智慧啓蒙的關鍵。而懸壺濟世、行醫救人的醫者，當具慈悲為懷的本心，專業精湛的醫術。至於僧尼道士等方外之士，講四大皆空、無欲無求，在世俗觀念中是崇高神聖，不可輕慢褻瀆。皆因具專業知能、道德修養，成為某種文化權威的代表。但在《古今譚概》中，此類人物都被卸除神聖光環，使其形象和社會地位存在著有趣的反差。利用大眾的反差心態、懷疑心理，使之成為笑話中的主角。進行為神聖脫冕的儀式，解構其嚴肅性與專業性。

笑話之所以令人覺得可笑，一是人物之行為違背了他自許以及社會所公認而應有之角色與形象。另一則是暴露了真相，把社會上某些不可明言之事

〔註81〕參見劉康：《對話的喧聲——巴赫汀文化理論述評》（臺北：麥田出版股份有限公司，1995年5月），頁283。
〔註82〕參見王溢嘉：〈一笑解千愁——《笑林廣記》的剖析〉，《古典今看——從孔明到潘金蓮》（臺北：野鵝出版社，1992年3月），頁153～154。

－188－

物、觀念及心態等，巧妙表達，令人洞見其荒謬之本質。〔註 83〕歷史發展至明代，信古崇聖觀念產生動搖，嘲弄權威人物的傾向日趨明顯，象徵某種體制、習俗、權力和尊嚴的權威性人物便成為嘲弄的主要對象。此類權威形象者即因自身的缺點與不足，成為被挖苦嘲諷的對象。〔註 84〕而《古今譚概》正是藉著笑話的遮掩，直接打破其所構築的正面形象，〔註 85〕只選擇顛覆規範的角色。

一、胸無點墨、荒疏無知的官僚

中國傳統社會中代表統治領導階層的官吏，在文人筆下，卻呈顯出為官者不識古人、讀寫錯別字，甚且剽竊成文，留下眾多笑柄。《古今譚概》無術部中收錄不少腹笥甚窘的官僚，例如〈司馬相如宮刑〉：

> 相國袁太冲同二縉紳在賓館中坐久，一公曰：「司馬相如日擁文君，好不樂甚。」一公曰：「宮刑時却自苦也。」袁閉目搖首曰：「溫公喫一嚇。」司馬遷，司馬溫公。〔註 86〕

縉紳及宰相竟不辨司馬遷與司馬光。又〈字誤〉：

> 韓昶是吏部子，雖教有義方，而性頗闇劣。嘗為集賢校理，史傳有「金根車」，箱輪皆以金。昶以為誤，悉改為「銀」。
>
> 桓玄簒位，尚書誤「春蒐」為「春菟」。
>
> 李林甫無學術，典選部時，選人嚴迥判語，用「杕杜」二字。林甫不識，謂吏部侍郎韋陟曰：「此云『杕杜』，何也？」陟俛首不敢言。

〔註 83〕 參見龔鵬程：〈腐儒、白丁、酸秀才——市井笑談裡的讀書人〉，收錄於《人物類型與中國市井文化》（臺北：臺灣學生書局，1995 年 1 月），頁 5。同時，龔鵬程認為對於角色理論而言，笑話有揭露功能，並可顯現角色的自我悖反狀態。

〔註 84〕 例如周作人即在《明清笑話四種・引言》中指出塾師成為被挖苦嘲諷的對象：「這本來是過去中國社會上的一個大問題，教育與衛生都搞不好，結果誤人子弟，害死病人，使得大家痛心疾首，在笑話上便首先表現出來了。」這由側面反映出普遍的社會心理，也同時體現於小說家筆下。（參見周啟明：《花煞》，長沙：湖南文藝出版社，1998 年 9 月，頁 747。）

〔註 85〕 例如塾師的正面形象，由《禪真後史》的敘述可見：「凡人家請師長，必須有才、有法、有守的方好。……凡為師長的飽學不腐，謂之真才；善教不套，謂之得法；誠實不僞，謂之有守。」（參見〔明〕方汝浩：《禪真後史》（臺北：天一出版社，1975 年 5 月）第一回，頁 4～5。）

〔註 86〕 同註 3，第 39 冊，頁 263～264。

太常少卿姜度，林甫妻舅也。度妻誕子，林甫手書賀之：「聞有弄麞之喜。」客視之掩口。

《唐書》：吏部侍郎蕭炅，素不學，嘗讀「伏臘」爲「伏獵」。嚴挺之曰：「省中豈容有伏獵侍郎？」儔多。《清夜錄》：哲宗朝，謝悰試賢良方正，賜進士出身，悰辭云：「敕命未敢祗受。」乃以「抵」爲「祗」，以「授」爲「受」，劉安世奏曰：「唐有伏獵侍郎，今有抵授賢良。」

李建勳罷相江南，出鎮豫章。一日遊西山田間茅舍，有老叟教村童，公觴於其廬。賓僚有曰：「梨號五臟刀斧，不宜多食。」叟笑曰：「《鶡冠》云「五臟刀斧」，乃離別之離，非梨也。」就架取小帙振拂以呈，公大歎服。〔註87〕

第一條中，所謂的「金根車」爲秦始皇所創，乃帝王所乘以黃金爲飾的根車。蔡邕在《獨斷》卷下有詳盡描述：「上所乘曰金根車，駕六馬，有五色安車、五色立車各一，皆駕四馬，是爲五時副車。」韓昶不識「金根車」，竟誤改爲「金銀車」。第二條中，「春蒐」爲春季的狩獵，尚書竟誤爲「春菟」。第三條中，李林甫無學術，不識「杕杜」之意，又誤「弄璋」爲「弄麞」。第四條中，蕭炅讀「伏臘」爲「伏獵」，謝悰錯將「祗受」作「抵授」。第五條中，「離號五臟刀斧」，而李建勳的賓僚卻將「離」字誤爲「梨」。

又如無術部〈襲舊〉：

唐陽滔在中書，文皆抄襲。時命制敕甚急，而令史持庫鑰他適，苦無舊本檢閱，乃斲牕躍入得之。時號爲「斲牕舍人」。

桓帝時，有辟公府掾者，倩人作奏記。人不爲作，因語曰：「梁國葛龔先作記文可用。」遂從人言謄寫，不去葛龔名姓。府公大驚，罷歸。

時人語曰：「作奏雖工，宜去葛龔。」〔註88〕

前者陽滔身居中書舍人要職，卻不擅文墨，每以抄襲應付；後者身爲公府掾，襲用他人奏記，竟連原作姓名一併抄錄。二者的權威專業形象因此瓦解。

二、不學無術、地位卑下的師者

〔註87〕同註3，第39冊，頁266～268。
〔註88〕同註3，第39冊，頁283～284。

（一）才學淺陋，誤人子弟

《古今譚概》中以「愚師」為題材，顛覆師者在社會上博學多聞形象的笑話，例如謬誤部〈五字皆錯〉：

> 曹元寵《題村學堂圖》云：「此老方捫蝨，眾雛爭附火。想當訓誨間，都都平丈我。」昔有宿儒過村學中，聞其訓「都都平丈我」，知其訛也，校正也。學童皆駭散。時人為之語曰：「都都平丈我，學生滿堂坐。郁郁乎文哉，學生都不來。」〔註89〕

社師將「郁郁乎文哉」誤為「都都平丈我」。藉郁／都、乎／平、文／丈、哉／我，字形之近似而產生訛誤，譏嘲社師學識淺陋，誤人子弟。本應「傳道、受業、解惑」的師者，不僅讀別字，還誤導弟子。錯讀《論語》和宿儒指正的動作便是進行為神聖脫冕的儀式，徹底消除社師的專業形象，造成令人發噱的效果。

（二）師道不復，地位卑下

《古今譚概》中除譏刺師者的學識外，也藉以凸顯師道不復，地位卑下的狀況。例如專愚部〈拙對〉：

> 《諧史》：河南一士夫，延師教子，其子不慧。出對曰：「門前綠水流將去。」子對云：「屋裏青山跳出來。」士夫甚怒。一日，士夫偕館賓詣一道觀拜客，道士有號彭青山者，腳跛，聞士夫至，跳出相迎。館賓謂士夫曰：「昨令公子所謂『屋裏青山跳出來』，信有之矣。」士夫乃大笑。〔註90〕

因此，當延師教子卻不見成效時，館賓便得承受來自主家的壓力，甚且擔心職位不保，得適時為學生的「拙對」合理化。此外，束脩是為師者的主要經濟來源之一。但因其不受尊重，連帶使其收入菲薄。由文戲部〈廣文嘲語〉，即可探知師者受制於人的無奈：

> 廣文先生之貧，自古記之。近日士風日趨於薄，有某學先生者，人饋之肉，乃瘟豬也。先生嘲之曰：「秀才送禮，言之可羞，瘦肉一方，堯舜其猶。」又有以銅銀為贄者，又嘲之曰：「薄俗送禮，不過五分，啟封視之，堯舜與人。」或作破云：「時官之責門人也，言必稱堯舜

〔註89〕同註3，第39冊，頁220～221。
〔註90〕同註3，第39冊，頁155～156。

焉。」〔註91〕

「堯舜其猶」、「堯舜與人」，運用歇後格的藏詞技巧，揭示出「堯舜其猶言病諸」（《論語・雍也第六》）、「堯舜與人言同耳」（《孟子・離婁下》），再利用諧音將其改易成「堯舜其猶言病豬」和「堯舜與人言銅耳」。「束脩」、「病豬」、「銅銀」與「堯舜」並列，是一種俗與雅的並列，顛覆了堯舜的聖賢形象，使其成為斤斤計較錢財的慳吝之人。

為師者不但不得主家尊重，更有甚者，竟遭弟子嘲戲：

> 翟永齡常州人，初入泮官。師長日以五更升堂講課，同輩苦之。永齡因伏短牆下，伺其走過，疾取其帽置土地神頭。師遍覓得之，以為怪，大懼，不復蚤行。

> 翟永齡平日不詣學官，師怒，罰作一文，以「牛何之」命題。翟操筆立就，結云：「按『何之』二字，兩見於《孟子》之書，一曰『先生將何之』，一曰『牛何之』，然則先生也，牛也，一而二，二而一者也。」（儇弄部〈翟永齡〉）〔註92〕

前者，翟永齡取走師長之帽戴於土地神頭上，藉此捉弄得免五更即上課；後者，翟永齡藉巧智妙引《孟子》中「先生將何之」及「牛何之」兩處出現「何之」一詞，而推衍出「先生」等同「牛」。此舉不僅反擊師長的責罰，更運用文字遊戲將師長與畜生相擬，進行直接而辛辣的嘲謔，使教師的形象卑下化。

此外，教學的過程中，也可見師者以淺顯生動的方式講解嚴肅的聖賢經典。言行顛覆了孔子以來為人師者的形象，借用經典文句鬆動經典的嚴肅性。使情節與人物產生極不協調的狀態，透過懸殊的錯置，將故事張力擴大，造成令人噴飯的效果。例如不韻部〈楊安國進講〉：

> 楊安國言動鄙樸。嘗侍講仁宗，一日講「一簞食，一瓢飲」，乃操東音曰：「顏回甚窮，但有一籮粟米飯、一葫蘆漿水。」又講「自行束脩以上」一章，遽啟曰：「官家，昔孔子教人也須要錢。」帝哂之。

〔註93〕

屬士人身分的馮夢龍，透過纂輯的作品對師者淺陋鄙俚毫不留情的譏謔嘲

〔註91〕同註3，第40冊，頁1111。
〔註92〕同註3，第40冊，頁900～901。
〔註93〕同註3，第39冊，頁354～355。

諷，爲其形象脫下神聖冠冕，除藉以反映世俗的視野觀點，說明學識對爲師者的重要外，此種在笑話中刻意的逾矩與戲嘲，更有知識階層自艾自憐自虐的「鏡視自我」〔註94〕功能。

三、醫術拙劣、草菅人命的醫者

　　傳統評價醫生有「上工」、「良工」、「大醫」之別，「上工」指醫術高明，「良工」是醫德可風，「大醫」則集二者之長。就醫術而言，據《左傳》成公十年及昭公元年記載，秦國醫緩、醫和兩位名醫醫技高超，已採灸法、針刺和服藥等多種治療手法。又《史記》卷一百五〈扁鵲倉公列傳第四十五〉中，扁鵲擅長望、聞、問、切等診斷方式及各種食療法。就醫德而言，唐代沈亞之〈表醫者郭常〉〔註95〕一文中，記述郭常治癒某商賈重病而謝絕厚酬的事蹟，表彰其體恤病人、不慕財利的高尚醫德。而《舊唐書》卷一百九十一列傳第一百四十一〈方伎〉中，述及孫思邈長期在民間行醫採藥、著書立說，提出「膽欲大而心欲小，智欲圓而行欲方」的原則，實爲兼具醫術與醫德的大醫典型。到明代小說中對醫者的稱呼更趨多樣，普通稱醫生、郎中，較尊重的稱爲醫家、醫官，更高明者則是太醫、國手。然其社會地位，甚少受到應有的重視。〔註96〕且因明代對於醫學養成教育的重視不若前朝，〔註97〕連帶對醫者的醫術也受到質疑。由以下兩則故事中對醫者的描述，即可窺知，雅浪部〈喫衣着飯〉：

　　　　楊醫官傳食絹方，爲神仙上藥。又一方，有寒疾者，蓋稻席，當愈。
　　　　或嘲之曰：「君喫衣着飯，大是奇方。」〔註98〕

〔註94〕同註83，頁17。
〔註95〕參見〔清〕清仁宗敕編：《欽定全唐文》（臺北：匯文書局，1961年12月）卷七三八。
〔註96〕《明史》卷二百九十九列傳第一百八十七〈方伎〉序言中，以爲醫家是爲技藝之類能士，結合巫覡近於誇張，所以此類「夫藝人術士，匪能登乎道德之途」，且將其視爲「小道」。（參見〔清〕張廷玉等撰：《新校本明史并附編六種》，臺北：鼎文書局，1982年11月，頁7633。）
〔註97〕在《中國大百科全書》（北京：中國大百科全書出版社，1992年9月）第四十四冊《中國傳統醫學卷》中，提及明代的醫學養成制度：「明代醫學，考試重於教育，各縣雖有醫學訓科，而設官不給祿，與陰陽學同。故此時期，醫學教育呈衰落的趨勢。」，頁134。
〔註98〕同註3，第40冊，頁1056。

楊醫官的食絹、蓋稻席，皆屬怪異的醫療方法。又謬誤部〈醫誤〉：

> 金華戴元禮，國初名醫。嘗被召至南京，見一醫家，迎求溢戶，酬
> 應不閒。戴意必深於術者，注目焉，按方發劑，皆無他異。退而怪
> 之，日往視焉。偶一人求藥者既去，追而告之曰：「臨煎時，下錫一
> 塊。」麾之去。戴始大異之，念無以錫入煎劑法，特叩之。答曰：「是
> 古方。」戴求得其書，乃「餳」字耳。戴急爲正之。〔註99〕

餳，是麥芽糖。《本草綱目》卷二十五「穀部」〈飴餳〉載：「集解：韓保昇曰：
『飴，即軟餳也，北人謂之餳。』時珍曰：『飴餳用麥糵或穀芽同諸米熬煎而
成，古人寒食多食餳，故醫方亦收用之。』」此醫家「錫」、「餳」不分，囑病
患以錫入煎劑，可謂草菅人命。

四、觸犯清規、違反戒律的僧衆

因明代對僧人度牒的發放和管理有過度浮濫和鬆散的情形，再加上明中
葉後社會問題嚴重，人民因生計困窘而遁入佛門，出家成了謀生解困的普遍
管道，僧人數量激增，呈現良莠不齊現象。大部分僧人不修習佛典戒律，「成
爲人們求子、求福、保平安，祈求現世功利和來世功利的工具」。〔註100〕僧道
的大量湧入城市，勢必造成宗教的世俗化，可在三方面得到體現。一是僧道
與士大夫相交，出入於公卿之門；二是僧道不守祖風，喝酒吃肉，娶妻生子，
甚至闖寡門，嫖娼妓；三是僧道的無賴化。〔註101〕因此，《古今譚概》中的僧
衆形象，或添加誇張渲染的文學效果，或進行醜化想像之能事，可歸結如下：

（一）淫 欲

色欲乃人類本性，甚難杜絕根禁。「十重戒」〔註102〕之「淫戒」指的是
「與人、非人、以道及非道一切欲行。論者有謂若爲在家菩薩，此戒應改爲

〔註99〕同註3，第39冊，頁209～210。
〔註100〕參見余岢、解慶蘭：《金瓶梅與佛道》（北京：北京燕山出版社，1998年7月），
頁17。
〔註101〕參見陳寶良：《明代社會生活史》（北京：中國社會科學出版社，2004年3月），
頁135～136。
〔註102〕據慈怡主編《佛光大辭典》解釋「十重禁戒」爲：「乃屬於大乘菩薩嚴厲禁止
作犯之十種波羅夷罪。又稱十重波羅提木叉、十波羅夷、十不可悔戒、十重
禁、十重戒、十無盡戒、十重。」（高雄：佛光出版社，1989年），頁241～
244。

『邪淫戒』。〔註103〕而淫戒是出家人「四波羅夷」〔註104〕中的首戒要求,在「十三僧殘」〔註105〕中亦有多種不同的淫戒規定,要求僧人必須遵守戒律。此戒對出家修行者而言,代表與塵俗關係的斷絕,以及自我的超高標準要求,因此受到世人更嚴格的檢視。僧人若無法克制色欲本能,便會遭受嚴厲譴責。例如靈蹟部〈二小兒登肩〉,高僧藉闡教之名犯戒並使人產子:

> 天竺僧鳩摩羅什闡教於秦,一日,忽下高座,謂秦主興曰:「有二小兒登吾肩,愁障須婦人。」興遂以宮女進之,一交而生二子。……

又鷙忍部〈兇僧〉,亦載僧犯淫戒的故事:

> 僧慧林談經吳門,村中有孀婦,素佞佛,製禪履餽之。僧疑婦悅己,夜持刀踰垣而入,直逼婦榻,婦不從,斬婦頭及其一婢,復踰垣而去。適婦死之前一日,有族伯索逋稅,與婦鬥,鄰疑伯之殺婦也,訟於太倉丞陸楷。陸訊之急,遂誣服,索其首不得,苛掠不已。伯之女方十四,痛父甚,乃自經,囑父斷己首代之。時婦已死月餘,女首淋漓若生。陸訊其故,伯不得已,以實對。陸心悸,遂發病,夢有神告曰:「古剎慧林。」以其名訪之,果談經僧也,已逃矣。遣捕密偵,獲於鎮江。自云已殺女子五十輩矣,搜其囊,得婦首,漆而與俱,每興至,則熟視。其淫暴如此。

僧人慧林因淫欲薰心而殺害二女,又導致一孝女自殺,直到太倉丞陸楷夜夢凶手姓名,始破解懸案。最後並提及此僧殺害婦女後,又將其頭顱以漆保存好,興至則熟視,作者因此以「淫暴如此」評之。

(二)貪 盜

「十重戒」之第二條「盜戒」為「強、搶、竊盜任何財物(即使一針一草)」,〔註106〕對於錢財以偷盜搶等不正當方式取用,即屬犯盜戒。僧寺常因離塵禪修之需,多建造於僻靜荒遠之地,而商旅人士行走他方時,也會選擇具安全信賴感的僧寺,以為投宿借居之所。但位於荒郊野地的僧寺,若其中

〔註103〕參見勞政武:《佛教戒律學》(北京:宗教文化出版社,2003 年 3 月),頁 243。
〔註104〕四波羅夷:又曰四重、四棄、四極重感墮罪,比丘犯四戒之罪。(參見丁福保:《佛學大辭典》,臺北:財團法人佛陀教育基金會,2002 年 7 月,頁 1536。)
〔註105〕十三僧殘:一失精戒,二觸女人戒,三麤語戒,四嘆身索供養戒,五媒嫁戒,六有主房戒,七無主房戒,八無根謗戒,九假根謗戒,十破僧違戒,十一助破僧違諫戒,十二汙家擯謗違諫戒,十三惡性拒僧違戒。(同前註,頁 2485。)
〔註106〕同註 103,頁 243。

僧人見來客多金而意圖不軌,便易生劫財的案件。例如雜志部〈鑳頭會〉,即記載惡僧劫財:

> 僧家奸惡,不可枚舉。近日吾蘇葑門外,有鄉民於所親借銀三兩完官,適是日官宂,免比限,民姑以銀歸,將還所親,偶為同行相識者述之。時天已暮矣,忽見衛有挑包客僧隨其後,意彼已竊聞,然猶來甚疑也。既出城里許,同行者別去,顧僧猶在後,心稍懼。復里許,新月慘淡,回首失僧,詳視,乃在井亭中解衣。民懼甚,前有石橋,急詣橋下自門匿。微窺之,見僧裸體時鐵箍棒,疾馳上橋,左右視,大聲曰:「何處去了?」復下橋前馳。民潛出退走,至井亭,見僧包裹衣服作一堆,度僧去遠,急束縛負之而趨,從他道直走閶門,就飯店宿,取酒痛飲而臥。黎明,聞街前念佛聲云:「夜來被劫,乞布施僧衣遮體。」牎隙窺之,見裸體者,即所遇僧也。解其包,有白金二十兩許。民同僧去,潛攜歸焉。嗚呼,如此惡僧,人那得知?那得不鑳頭?〔註107〕

(三)殺 生

「殺戒」是佛教十重戒中的第一條戒律,不殺生概指一切有形之生命體都不得傷害。荒唐部〈梁武前生是蟮〉:

> 梁有樺頭師者極精進,為武帝所敬信。一日,敕使喚至,帝方與人弈,欲殺一段,應聲曰:「殺卻!」使遽傳命斬之。弈罷召師,使者曰:「已得旨殺卻矣。」帝驚歎,因問:「死時何言?」使曰:「師云:『前劫為沙彌時,以鍪劚地,誤斷一曲蟮,帝時為蟮,今此報也。』」〔註108〕

梁武帝誤殺樺頭師,其臨刑時自述當小沙彌時,曾在鋤地時誤殺蚯蚓,此蚯蚓後轉世為梁武帝。因此武帝在不自覺情形下,替前世的自己報仇。馮夢龍於文末評此事件:「前生殺蟮,今生償命,輪迴報應,毫釐不漏矣」鋤地誤殺生,竟導致日後的殺頭報應,是僧犯戒類型故事中的嚴懲之例。

(四)酒 肉

〔註107〕同註3,第40冊,頁1595~1596。
〔註108〕同註3,第40冊,頁1463~1464。

在佛教戒律中，「飲酒戒」和「肉戒」同屬「四十八輕戒」，〔註109〕僧人若觸犯「不飲酒戒」，可藉由懺悔改過再行受戒。而小說中僧眾飲酒、吃肉的行徑，往往成為其特異獨行的形象表徵。例如雅浪部〈破僧戒〉：

> 虎丘僧人長於酒肉，彼之視腐菜，如持戒者之視魚肉，不勝額之蹙也。一日，友人小集，有楚客長齋，特設素供。楚客意僧必持戒，揖與共席，吳興凌彼岸笑語之曰：「毋為此僧破戒。」〔註110〕

因此，吳興凌氏戲稱虎丘僧人把素持齋反是破戒。有時僧人飲酒、吃肉反具有教化眾生的意味，例如靈蹟部〈香闍黎〉：

> 香闍黎者，莫測其來，止益州青城山寺。時俗每至三月三日，必往出遊賞，多將酒肉酣樂。香屢勸之，不斷。後因三月，又如前集。香令人穿坑，方丈許，忽曰：「檀越等常自飲噉，未曾見及，今日須餐一頓。」諸人爭奉殽酒，隨得隨盡，若填巨壑。至晚曰：「我大醉飽，扶我就坑，不爾汙地。」及至坑所，張口大吐。雞肉自口出，即能飛鳴。羊肉自口出，即能馳走。酒漿亂瀉，將欲滿坑。魚蝦鵝鴨，游泳交錯。眾咸驚嗟，誓斷宰殺。〔註111〕

所以《古今譚概》中記載僧人飲酒、吃肉行徑時，並不因此否決其修行人格。但若因而導致觸犯其他罪行時，才會使其蒙上負面形象。

（五）妄 語

僧人以不實的言語欺騙他人，即犯「妄語戒」。為廣收信徒、騙取錢財而犯妄語戒，最常見的類型當屬以坐關不食之法自誇道行，獲取信徒們的崇拜信仰。以謬知部〈耳譚二謬僧〉為例：

> 有僧異貌，能絕粒，瓢衲之外，絲粟俱無。坐徽商木筏上，旬日不食不饑。商試之，放其筏中流，又旬日，亦如此。乃相率禮拜，稱為活佛，競相供養。曰：「無用供養，我，某山寺頭陀，以大殿毀，欲從檀越乞布施，作無量功德。」因出疏，令各占甲乙畢，仍期某月日入寺相見。及期，眾往詣寺，絕無此僧，殿即毀，亦無乞施者。方與僧駭之，忽見伽藍貌酷似僧，懷中有簿，即前疏。眾詫神異，喜施千金，恐洩語有損功德，戒勿相傳。後乃知始塑像時，因僧異貌，遂肖之，

〔註109〕同註103，頁244。
〔註110〕同註3，第40冊，頁1085。
〔註111〕同註3，第40冊，頁1367～1368。

作此伎倆。而不食，乃以乾牛肉彎大數珠數十顆暗啖之。皆奸僧所爲。

閩鄉一村僧，見田家牛肥碩，日伺牛在野，置鹽己首，俾牛餂之，夕遂閒習。僧一夕至田家，泣告曰：「君牛乃吾父後身。父以夢告我，我欲贖歸。」主驅牛出，牛見僧，即餂僧首。主遂以牛與僧。僧歸殺牛，丸其肉，置空竹杖中，又以坐關不食欺人焉。後有孟知縣者，詢僧便溺，始窮其詐。〔註112〕

第一條僧妄言具不食之術，實乃暗啖乾牛肉彎。第二條僧以鹽誘牛舔己首，對農家謊稱其爲己父之前身，藉以騙取牛隻，再殺牛製造成肉丸，藏於竹杖中，妄稱具不食異術以行騙。因此，故事涵蓋觸犯妄語戒、殺戒和肉戒三種戒律。

《古今譚概》中輯錄不少僧人犯戒的故事，間接反映明代中後期逐利與縱慾的社會風氣。因明中後期的商業活動熱絡，形成經濟消費型態的社會發展。逐利與奢侈之風的盛行，〔註113〕遂成爲嘉靖萬曆時期的社會風向，形成「金銀人格化的傾向」。〔註114〕在追求金錢物欲滿足之同時，人心的縱欲傾向亦隨之而來，「人情以放蕩爲快，世風以侈靡相高」〔註115〕成爲明代社會現象的寫照。

因此總括此類故事意涵，不僅足以凸顯俗世眼中的宗教弊病，也是社會道德意識的認知呈現。就佛教立場而言，僧犯戒故事雖具有毀損僧人形象的污穢性，但其中不乏因果報應的教化意義，仍深具警惕勸世的宗教作用。

第五節　反映文學旨趣

所謂的「文學旨趣」，係指文學所表現出來的主旨及其意趣。《古今譚概》三十六部類中，苦海部、儇弄部、機警部、酬嘲部、塞語部、雅浪部、文戲部、巧言部、談資部與微詞部皆屬此類。而這些故事中，大體是戲謔文雅、

〔註112〕同註3，第 40 冊，頁 842～844。

〔註113〕參見楊國楨、陳支平：《明史新編》（臺北：昭明出版社，1997 年 9 月），頁 401。

〔註114〕參見牛建強：《明代中後期社會變遷研究》（臺北：文津出版社，1997 年 8 月），頁 35。

〔註115〕參見〔明〕張瀚：《松窗夢語》（北京：中華書局，1997 年 11 月）卷七「風俗紀」，頁 139。

機智應對、巧言溝通等內容。本節即由展露捷智妙才、蘊含藝文典故兩方面，加以探討。

一、展露捷智妙才

　　「笑」是「狂歡化文本」〔註116〕最大的特色，相對於官方中心語言的神聖化與莊嚴化，「狂歡化文本」以玩世不恭之態度與官方中心語言相抗衡，以其離心力量消解政治意識形態中心。作為一部「世說體」的笑話書，《古今譚概》對人事物不完全是嘲諷。相對於對形貌、人性的負面譏諷，在言簡意賅、文意雋永特色的影響下，輯錄的對話不乏精當之語。或巧言譬喻，或佳語名句，或捷悟夙慧，或排調輕詆，呈現對捷悟智慧、巧言妙辯的正面欣賞。記載歷史、生活上慧黠之人對典籍的妙談，以製造新奇感受，是此類笑話的最終目的。

　　機智是滑稽的形態之一，常被定義為「敏捷地把握要點的才能」、「靈活的悟性」。〔註117〕「機智的言詞之能引起發笑不是由於卑抑或殘陋，而是由於出人意外與戲謔的成分，使對方或第三者感到尷尬，故稍具傷人程度，但傷人的程度不大，正是吾人所謂的謔而不虐。其次，此種語言是理性的，出自一種靈敏的、迅速的反應，為一種思想的遊戲與語言的遊戲。」〔註118〕《古今譚概》儇弄部、機警部、酬嘲部、塞語部、雅浪部中，多為此類笑話的展現。利用一問一答的對話模式，將笑料逐一鋪陳凸顯。未必以揭露醜惡矛盾為旨，鬥智取樂、無傷大雅的戲謔反占多數篇幅。

　　以急智解決窘境，甚至扭轉乾坤者，晏子乃箇中翹楚：

　　　　晏子使楚，楚人以晏子短，為小門於大門之側而延之。晏子曰：「臣
　　　　不使狗國，安得從狗門入？」儐者更道從大門入，見楚王。王曰：「齊
　　　　無人耶？」晏子對曰：「臨淄三百里，張袂成陰，揮汗成雨，何為無

〔註116〕「狂歡化」，指的是「藝術形象的語言，也就是說轉為文學的語言。狂歡節轉
　　　　　為文學的語言，這就是我們所謂的狂歡化。」（同註81，頁265。）而巴赫汀
　　　　　所謂的「狂歡化的文本」具有「眾聲喧嘩」的特色，其語言內部具有向心與
　　　　　離心兩種力量在拉扯，這種局面造成了話語的解體，但不製造新的權威，而
　　　　　是讓向心與離心語言同時共生。（同註81，頁275。）
〔註117〕參見王夢鷗：《文藝美學》（臺北：遠行出版社，1976年3月）三「意境論」，
　　　　　頁213。
〔註118〕同註7，頁233。

人？」王曰：「然則何爲而使乎？」對曰：「齊命使各有所主，其賢者使使賢王，不肖者使使不肖王。嬰最不肖故使楚矣。」（機警部〈晏子馬氏語相似〉）〔註119〕

又如機警部〈隋士〉：

> 隋一士慧而吃，楊素喜與之譚。一日設難曰：「儻忽命公作將軍，城最小，兵不過一千，糧僅充數日，城外敵兵數萬，公何以處之？」士曰：「有有救兵否？」曰：「只緣無救，所以策公。」士曰：「審審如公言，不免致敗。」素大笑。素又問：「坑深一丈，公入其中，何法得出？」士沈思曰：「有有梯否？」公曰：「有梯，何須更問？」士又沈思曰：「是白白日，是是夜地？」素曰：「亦何須辨白日夜地？」士曰：「若若不是夜地，眼不瞎，何何爲陷入。」素大笑。又值臘月，素問：「家人被虵傷，若爲醫治？」士曰：「取取五五月五日南牆下雪雪塗之，即愈。」素曰：「五月何得有雪？」士曰：「若若五月無雪，臘月何處有虵？」素復大笑。〔註120〕

楊素每提出一艱難問題，都被口吃人採以謬制謬之法輕易破解。例如楊素以臘月被蛇傷的謬論議題詰問，隋士卻答以五月盛夏之雪醫治。文中呈現的是吃人敏捷的辯才，也是一場純娛樂的文字遊戲，表現文士純熟的言語技巧。

以敏才捷智，博君一粲者，則東方朔、徐之才、侯白、蘇軾、劉貢父、石中立、解縉，皆爲辯捷的典型人物。

東方朔「口諧倡辯」、「應諧似優」，〔註121〕竊飲漢武帝的不死之酒，竟能以「臣所飲，不死之酒也。殺臣，臣亦不死。臣死，酒亦不驗」的一番說詞，豁免死罪。〔註122〕

徐之才爲江南丹陽人，發言辯捷，後仕北魏、北齊，以狎戲得寵。例如北齊武成生齼牙，徐之才稱「此是智牙，主聰明長壽」，博得龍心大悅。〔註123〕

〔註119〕同註3，第40冊，頁927。

〔註120〕同註3，第40冊，頁941～942。

〔註121〕參見〔漢〕班固撰、〔唐〕顏師古注：《漢書》（臺北：世界書局，1978年11月）卷六十五〈東方朔傳〉第三十五贊，頁2873。

〔註122〕參見《古今譚概》機警部〈東方朔〉：

> 武帝時，有獻不死之酒者，東方朔竊飲之。帝怒，欲殺朔。朔曰：「臣所飲，不死之酒也。殺臣，臣亦不死。臣死，酒亦不驗。」

（同註3，第40冊，頁933～934。）

〔註123〕參見《古今譚概》容悅部〈諛語〉：

又酬嘲部〈師公〉：

> 徐之才父祖並善醫，世傳其業。祖孝徵戲之才爲師公，之才曰：「既
> 爲汝師，復爲汝公，在三之義，頓居其兩。」眾大笑。〔註124〕

君、父、師爲人之三尊，徐之才便藉以戲謔三尊中己已佔師、父二尊。又〈徐之才〉：

> 魏收戲徐之才曰：「君面似小家方相。」之才曰：「若爾，便是卿之
> 葬具。」〔註125〕

魏收戲嘲徐之長相，徐立即反唇相譏，展現其機辯之才。

　　侯白爲魏郡臨漳人，滑稽辯俊，好爲誹諧雜說。機警部〈侯白〉一則共收四條故事，首先利用「槐」、「回」諧音，割裂原典，曲解《論語》「子在，回何敢死」；其次以人名「出六斤」，「斟酌只應是六斤半」的邏輯推理，推衍出其人應名爲「六斤半」，因而成爲致笑因素；再者侯白以「旁臥放氣，一錢不直」譏誚陳朝使者，展現其機辯，也藉以打擊陳朝使者囂張氣燄；最後利用譬喻、雙關，以「刺蝟」、「橡斗」暗指楊素父子，並以「且來遭見賢尊，願郎君且避道」，盼能全身而退。〔註126〕

> 北齊武成生殷牙，諸醫以實對，帝怒。徐之才曰：「此是智牙，主聰明長壽。」
> 帝大悅。
> 　（同註3，第39冊，頁667。）

〔註124〕同註3，第40冊，頁984。

〔註125〕同註3，第40冊，酬嘲部，頁990。

〔註126〕參見《古今譚概》機警部〈侯白〉：

> 隋侯白嘗與楊素竝馬，見路傍有槐樹，顀顇欲死。素曰：「侯秀才道理過人，
> 能令此樹活否？」白曰：「取槐子懸樹枝，即活。」素問其說，答曰：「《論語》
> 云：『子在，回何敢死？』」回，槐同音。
> 開皇中，有人姓出名六斤，欲參楊素。齎名紙至省門，遇侯白，請爲題其姓。
> 乃書曰「六斤半」。名既入，素召其人問曰：「卿姓六名斤半耶？」答曰：「是
> 出六斤。」曰：「何爲六斤半？」曰：「向請侯秀才題之，當是錯矣。」即召
> 白至，謂曰：「卿何謂錯題人姓名？」對曰：「不錯。」素曰：「若不錯，何因
> 姓出名六斤，請卿題之，乃言六斤半？」對曰：「向在省門會卒，無處覓秤，
> 既聞道是出六斤，斟酌只應是六斤半。」
> 陳常令人聘。隋不知其使機辯深淺，密令侯白變服，爲賤人供承。客果輕之，
> 乃傍臥放氣，問白曰：「汝國馬價貴賤如何？」白曰：「馬有數等，若伎倆筋
> 腳好，形容不惡，堪乘騎者，直二十千已上。若形容麤壯，雖無伎倆，堪馱
> 物，直四五千已上。若彌尾燥蹄，絕無伎倆，傍臥放氣，一錢不直。」使者
> 大驚，問其姓名，知是侯白，方媿謝。
> 侯白在散官隸屬，楊素愛其能劇譚。每上番日，即令譚戲弄，或從旦至晚始

蘇軾爲古文八大家之一，才敏善謔。是晚明人推崇備至的人格典型，[註127]
其豪邁任眞的性格正符合晚明人忌板實、忌正經的隨性適意特質。曾與姜制之
以藥名行酒令，展現其才學：

> 蘇子瞻與姜制之飲，姜舉令云：「坐中各要一物是藥名。」乃指子瞻
> 曰：「蘇子。」子瞻應聲曰：「君亦藥名也。若非半夏，定是厚朴。」
> 衆請其故，子瞻曰：「非半夏非厚朴，何故曰『姜制之』？」（巧言
> 部〈蘇子瞻姜制之〉）[註128]

又嘗引經據典戲謔劉貢父的形貌：

> 劉貢父晚年得惡疾，鬚眉墮落，鼻梁斷壞。一日，與蘇東坡會飲，
> 蘇引古人一聯戲曰：「大風起兮眉飛揚，安得猛士兮守鼻梁。」（委
> 蛻部〈惡疾〉）[註129]

> 劉貢父晚得癩疾，鼻陷，……子瞻亦曰：「少壯讀書，頗知故事。孔
> 子常出，顏、仲二子行而過市，而卒遇其師，子路趫捷，躍而升木。
> 顏淵懦緩，顧無所之，就市中所謂石幢子者避之。既去，市人以賢
> 者所至，遂更其名曰『避孔子塔』。」坐者絕倒。（酬嘲部〈蘇劉〉）
> [註130]

利用諧擬手法，將漢高祖〈大風歌〉：「大風起兮雲飛揚，威加海內兮歸故鄉，
安得猛士兮守四方。」及孔子與弟子故事曲解歪讀，戲嘲劉貢父因癩病而眉
落鼻陷之貌。而劉貢父亦曾運用相同手法，戲諧沈括就浴：

> 沈括字存中，方就浴，劉貢父遽哭之曰：「存中可憐已矣。」衆驚問
> 之，曰：「死矣盆成括。」（巧言部〈四書語〉）[註131]

得歸。纔出省門，即逢素子玄感，乃云：「侯秀才可與玄感説一箇好話。」白
被雷連，不獲已，乃云：「有一大蟲，欲向野中覓肉，見一刺蝟仰臥，謂是肉
臠，便欲銜之。忽被蝟卷着鼻，驚走不知休息，直至山中，困乏，不覺昏睡。
刺蝟乃放鼻而去。大蟲忽起，歡喜，走至橡樹下，低頭見橡斗，乃側身語云：
『旦來遭見賢尊，願郎君且避道。』」
（同註3，第40冊，頁942～945。）
[註127] 參見陳萬益：〈蘇東坡與晚明小品〉，收錄於《晚明小品與明季文人生活》（臺
北：大安出版社，1997年10月）。
[註128] 同註3，第40冊，頁1175。
[註129] 同註3，第40冊，頁809～810。
[註130] 同註3，第40冊，頁967～968。
[註131] 同註3，第40冊，頁1188。

《孟子・盡心下》：「盆成括仕於齊。孟子曰：『死矣盆成括！』」劉貢父割裂原典，僅取「死矣盆成括」，造成出人意表的效果。

　　石中立，在宋仁宗時為相，性情曠達詼諧。曾以「吾輩皆員外郎，敢比園內獅子」，取「員外郎」、「園外狼」諧音，對比「園內獅」，戲謔任官待遇不如上南園所蓄獅子。〔註132〕亦曾以「昔時名畫有戴松牛，韓幹馬，今又有章得象也」，笑謔章得象之名。〔註133〕並以「只消一把清涼散」，藉「散」、「傘」諧音，一語道破劉子儀稱疾不出的癥結。〔註134〕

　　明代解縉才調宏達，尤善詼諧。談資部〈隨口對〉中，展現其捷智妙對：

> 文皇嘗謂解學士曰：「有一書句，甚難其對，曰『色難』。」解應聲
> 曰：「容易。」文皇不悟，顧謂解曰：「既云易矣，何久不屬對？」
> 解曰：「適已對矣。」文皇始悟，為之大笑。〔註135〕

以「容易」對「色難」，不論用字、平仄皆巧妙無疵，博得文皇（明成祖）啟顏大樂。而機警部〈解縉〉一例：

> 解縉嘗從遊內苑。上登橋，問縉：「當作何語？」對曰：「此謂一步
> 高一步。」及下橋，又問之。對曰：「此謂後邊又高似前邊。」上大
> 悅。一日，上謂縉曰：「卿知宮中夜來有喜乎？可作一詩。」縉方吟
> 曰：「君王昨夜降金龍。」上遽曰：「是女兒。」即應曰：「化作嫦娥
> 下九重。」上曰：「已死矣。」又應曰：「料是世間留不住。」上曰：
> 「已投之水矣。」又應曰：「翻身跳入水晶宮。」上本欲詭言以困之，
> 既得詩，深歎其敏。〔註136〕

〔註132〕參見《古今譚概》巧言部〈石員外〉：
　　　　石中立員外嘗與同列觀上南園所蓄獅子。主者曰：「縣官日破肉十觔飼之。」
　　　　同列曰：「吾儕反不及此。」石曰：「吾輩皆員外郎，敢比園內獅子？」
　　　　（同註3，第40冊，頁1182。）
〔註133〕參見《古今譚概》巧言部〈章得象〉：
　　　　章郇公得象與石資政中立素相善，而石喜談謔，嘗戲章云：「昔時名畫有戴松
　　　　牛，韓幹馬，今又有章得象也。」
　　　　（同註3，第40冊，頁1175～1176。）
〔註134〕參見《古今譚概》微詞部〈清涼散〉：
　　　　劉子儀不能大用，稱疾不出。朝士問疾，劉云：「虛熱上攻。」石文定在坐，
　　　　云：「只消一把清涼散。」兩府用清涼傘也。
　　　　（同註3，第40冊，頁1274。）
〔註135〕同註3，第40冊，頁1239。
〔註136〕同註3，第40冊，頁950～951。

其詩作透過語言文字的巧妙安排及扭曲變異，產生令君王侻目解頤之效。

此外，《古今譚概》中亦收錄不少夙慧小兒的聰敏事蹟，孔文舉、王絢、張玄祖、梁國楊氏子、虞寄、何妥、賈嘉隱、王元澤等皆屬之。〔註137〕例如機警部〈賈嘉隱〉：

> 賈嘉隱年七歲，以神童召見。時長孫無忌、徐勣於朝堂立語，徐戲之曰：「吾所倚何樹？」賈曰：「松樹。」徐曰：「此槐也，何言松？」賈云：「以公配木，何得非松？」長孫復問：「吾所倚何樹？」曰：「槐樹。」公曰：「汝不能復矯對耶？」賈曰：「何煩矯對，但取其鬼木耳。」徐歎曰：「此小兒作獠面，何得如此聰明！」賈云：「胡頭尚為宰相，獠面何廢聰明？」徐狀胡，故譃之。〔註138〕

賈嘉隱年僅七歲，於朝堂面對長孫無忌、徐勣，便能從容應對，被視為神童。又如〈王元澤〉：

> 王元澤雱，安石子。數歲時，客有以一獐一鹿同器以獻，問元澤：「何者是獐？何者是鹿？」元澤實未識，良久對曰：「獐邊者是鹿，鹿邊者是獐。」客大奇之。〔註139〕

王元澤雖不辨獐與鹿，卻能以機智的回答，令人嘖嘖稱奇。

而俳優諷諫時事、滑稽調笑的故事，也是此類笑話的又一重要來源。司馬遷於《史記》中特立〈滑稽列傳〉，視俳優為「不流世俗，不爭勢力，上下無所凝滯，人莫之害，以道之用」的「豈不亦偉哉」之大丈夫。此輩雖「最下且賤」，卻「談言微中」、「談笑諷諫」且「合於大道」。石動筩、黃幡綽、李可及、敬新磨等，皆可視為典型代表。

石動筩是北齊神武帝至文宣帝時的當紅俳優，常故意曲解經典，製造論辯高潮，以供戲噱。例如〈石動筩〉〔註140〕、〈四書語〉〔註141〕二則，都是在違

〔註137〕夙慧小兒的聰敏事蹟，分見於機警部〈孔文舉〉、〈賈嘉隱〉、〈王元澤〉及酬嘲部〈張玄祖〉、〈楊梅孔雀〉、〈虞寄〉、〈何顗〉、〈酬外祖戲〉。（同註3，第40冊，頁935～937、990～992、998。）

〔註138〕同註3，第40冊，頁936～937。

〔註139〕同註3，第40冊，頁937。

〔註140〕參見《古今譚概》儇弄部〈石動筩〉：
　　　　高祖稱郭璞詩絕佳。石動筩曰：「臣詩勝郭一倍。」上大不怡，詰之曰：「那見勝處？」動筩曰：「璞《游仙詩》云：『青溪千餘仞，中有一道士。』臣則曰：『青溪二千仞，中有兩道士。』不勝一倍乎？」上大笑。
　　　　（同註3，第40冊，頁870～871。）

反客觀規律的情況下，出人意料地展開情節。石動筩曾在北齊高祖前自誇能作出勝郭璞一倍的好詩，即改〈遊仙詩〉「青溪千餘仞，中有一道士」爲「青溪二千仞，中有兩道士」。又故意跟儒學博士曲解《論語‧先進》篇「冠者五六人，童子六七人」，推衍出冠者三十人、未冠者四十二人，合計七十二人之數，輕易解決一個繁難的問題。其採「以經解經」的方法，用乘法解讀，並利用數目上的巧合性製造解經笑料。此類笑話，藉由「諧擬」手法對原典歪讀，博君一粲。反映中國人好講古事的特性，也是中國「記人」傳統的表現。而李可及分別引《金剛經》、《道德經》、《論語》等經典，割裂原典，妙解釋迦、太上老君與文宣王之性別，〔註142〕此舉亦與石動筩曲解《論語‧先進》篇有異曲同功之妙。黃幡綽以機智反應稱「錯喉」爲「噴帝」，替「寧王錯喉噴上鬚」解圍，亦使明皇大悅。又以「更一轉，入流」，妙解一臨水而臥醉人的身分爲「此是年滿典史」，使君王解頤。但在玄宗幸蜀過梓潼縣時，亦能以「似言三郎郎當、三郎郎當」妙喻車鈴聲，適時巧言激勵君上振奮。〔註143〕

〔註141〕參見《古今譚概》巧言部〈四書語〉：
石動筩嘗詣國學，問博士曰：「孔門達者七十二人，幾人冠？幾人未冠？」博士曰：「經傳無文。」動筩曰：「先生讀書，豈合不解。冠者三十人，未冠者四十二人。」博士曰：「據何文解之？」動筩曰：「『冠者五六人』，五六得三十也；『童子六七人』，六七四十二也。」皆大笑。
（同註3，第40冊，頁1188。）

〔註142〕參見《古今譚概》巧言部〈李可及〉：
《唐闕史》：咸通中，優人李可及因延慶節，緇黃講論畢，次及倡優爲戲，乃襃衣博帶，齋心昇座，自稱「三教論衡」。上問「釋迦是何人？」可及曰：「婦人也。」上駭曰：「有據乎？」可及曰：「《金剛經》云：『趺坐而坐』，有夫有兒，非婦人而何？」上爲啓齒。又問：「太上老君是何人？」可及曰：「婦人也。」上曰：「此何據？」可及曰：「《道德經》云：『吾有大患，爲吾有身』，若非婦人，安得有娠乎？」又問：「文宣王何如人？」可及曰：「亦婦人也？」上曰：「此復何據？」可及曰：「《論語》云：『沽之哉，沽之哉，我待價者也』，若非婦人，何乃待嫁？」上復大笑，寵賚有加。
（同註3，第40冊，頁1193～1194。）

〔註143〕參見《古今譚概》巧言部〈黃幡綽〉：
明皇與諸王會食，寧王錯喉噴上鬚，王驚慚不遑。上顧其悚悚，欲安之。黃幡綽曰：「此非錯喉。」上曰：「何也？」對曰：「是噴帝。」上大悅。嚏，音帝。
玄宗嘗登苑北樓，望渭水，見一醉人臨水，上問左右是何人，左右不知。黃幡綽曰：「此是年滿典史。」上曰：「何以知之？」對曰：「更一轉，入流。」上笑。
玄宗小字三郎，幸蜀時，過梓潼縣，上停驛問黃幡綽曰：「車上鈴聲，頗似人

　　此外，在《古今譚概》中亦屢見以姓名、官職相戲謔，巧言部自〈投壺〉至至〈先失提舉〉皆屬此類。運用拆字分析，流露文士間遊戲文字之妙趣。戲謔，是一種偏於文人化的表現語言智慧的觀念性喜劇形態，本為中國文人生活的一部分。《詩經‧衛風‧淇奧》已有「善戲謔兮！不為虐兮！」〔註144〕之語，六朝以後，雅謔更成為文人喜歡的一種文化品格和生存境界。在《世說新語》〈言語〉、〈捷悟〉、〈排調〉、〈輕詆〉篇中皆載實人實事的捷語機辯，可見文人戲謔的生活。至《古今譚概》亦同，書中人物多有真實姓名。例如酬嘲部〈盧狄〉中，狄仁傑、盧獻互嘲彼此姓名：

　　　狄仁傑戲同官郎盧獻曰：「足下配馬乃作驢。」獻曰：「中劈明公，
　　　乃成二犬。」傑曰：「狄字犬傍火也。」獻曰：「犬邊有火，是煮熟
　　　狗。」〔註145〕

而巧言部〈王盧〉一則，〔註146〕徐之才以「有言則訐，近犬則狂，加頸足為馬，拖角尾成羊。」嘲王昕之姓，使其無以對。又以「卿姓在亡為虐，在丘為虛，生男為虜，配馬成驢。」嘲盧元明之姓。

　　書中還有大量以言語遊戲為樂的故事，例如巧言部自〈陸陳謔語〉以下，多數以套用儒釋典籍、成語、歇後語等玩笑取樂。雖記滑稽可笑之事，但已汲取經典、詩文、佛經資料為書寫題材，呈顯鮮明的文人特色。馮夢龍認為「其能以文為戲者，必才士也」，〔註147〕遂輯錄古人以詩文相嘲的玩笑戲謔故事為「文戲部」。由〈成語詩〉至〈《千文》歇後詩〉，皆以古詩、改用他人詩句或以古人詩文、成語、歇後語入詩的故事；〈諸理齋詩〉至〈吃語詩〉，多為主角觸景生情興感創作之詩；〈反酒箴〉至〈輓卦〉，改用、套用前人文章之作；〈賦書舍人〉以下各則，多屬主角嘲諷時事之作。再將古人「可以侈目，可以解頤」的酒令、對子、燈謎、字謎等「聰明之所寄」，集為「談資部」。〔註148〕本卷輯

　　　語。」對曰：「似言三郎郎當。三郎郎當。」後因名琅璫驛。
　　　（同註3，第40冊，頁1167～1168。）
〔註144〕參見裴普賢：《詩經評註讀本》（臺北：三民書局股份有限公司，1986年9月）
　　　　（上），頁211。
〔註145〕同註3，第40冊，頁993～994。
〔註146〕同註3，第40冊，頁1170～1171。
〔註147〕同註3，第40冊，文戲部小序，頁1101。
〔註148〕參見《古今譚概》談資部小序：「古人有酒令，句有對，燈有謎，字有離合，
　　　　皆聰明之所寄也。工者不勝書，書其趣者，可以侈目，可以解頤。集談資第
　　　　二十九。」（同註3，第40冊，頁1209。）

錄古人的文字遊戲之作，由〈李先主雪〉至〈薛濤令〉，皆趣味酒令；〈各言土產〉至〈朱雲楚〉，皆精彩對子；〈古人姓名謎〉至〈祝枝山謎〉爲燈謎。其中，如〈陳亞謎〉、〈辛未狀元〉、〈招飲答謎〉、〈開元寺〉、〈大明寺〉、〈皇華驛〉等屬字謎，即馮氏所謂「字有離合」。例如〈古人姓名謎〉：

> 元祐間，士夫好事者，取達官姓名爲詩謎，如「長空雪霽見虹霓，行盡天涯遇帝畿。天子手中執玉簡，秀才不肯著麻衣。」謂韓絳、馮京、王珪、曾布也。又取古人而傳以今事，如「人人皆帶子瞻帽，君實新來轉一官。門狀送還王介甫，潞公身上不曾寒。」謂仲長統、司馬遷、謝安石、溫彥博。
>
> 「佳人佯醉索人扶，露出胸前白玉膚。夏入帳中尋不見，任他風雨滿江湖」隱賈島、李白、羅隱、潘閬名謎。〔註149〕

又如〈招飲答謎〉：

> 《古今詩格》：有遺書招客云：「板戶公堂，斫脚露喪。」答云：「斑犬良賦，趙龜空肚。」板戶，木門，「閑」字；公堂，官舍，「舘」字；斫脚，斬足，「蹔」字；露喪，尸出，「屈」字，謂「閑舘蹔屈」也。斑犬，文苟，「敬」字，良賦，尚田，「當」字，趙龜走卜，「赴」字，空肚，欠食，「飲」字，謂「敬當赴飲」也。〔註150〕

文中主客雙方分別利用「析字」手法，進行對答，雅致有意趣。

二、蘊含藝文典故

所謂的「藝文典故」，並不單純指成語的典故，大凡涉及典故用法者均可爲後代文學徵用的題材。而《古今譚概》輯錄許多歷史故事，其間不乏典故的運用。〔註151〕綜觀書中取用的典故內容，雖非原始的出典，但可見馮夢龍似乎特別重視典故的運用。例如迂腐部〈諱己名〉一則，取自《老學庵筆記》卷五：

> 田登作郡，自諱其名，觸者必怒。吏卒多被榜笞。於是舉州皆謂燈爲火。上元放燈，許人入州治遊觀，吏人遂書榜揭於市曰：「本州依例放火三日。」〔註152〕

〔註149〕同註3，第40冊，頁1242～1243。
〔註150〕同註3，第40冊，頁1244～1245。
〔註151〕參見附錄：「《古今譚概》典故徵引舉隅」。
〔註152〕同註3，第39冊，頁40～41。

此處稍加改寫，字句略異，例如無「許人入州治遊觀」句。後以「只許州官放火，不許百姓點燈」比喻在上者可爲非作歹，在下者卻受到種種的限制。

因此，爬梳全書以見馮夢龍用典豐富，其編纂方式歸結爲下列三種：

（一）基本照錄

徵用典故時，幾乎不做任何增損，以保存史料的完整性。例如專愚部〈宋人鄭人等〉：

> 鄭人有欲買履者，先自度其足，而置之其坐。至之市，而忘操之。
> 已得履，乃曰：「吾忘持度，反歸取之。」及反，市罷，遂不得履。
> 人曰：「何不試之以足？」曰：「寧信度，無自信也。」〔註153〕

鄭人買鞋，寧可相信自己事前量好腳的尺寸，也不願意親自用腳試穿。典出《韓非子》第十一卷〈外儲說左上〉，除「鄭人有且置履者」，《古今譚概》作「鄭人有欲買履者」外，文字基本相同：

> 鄭人有且置履者，先自度其足而置之其坐，至之市而忘操之，已得履，乃曰：「吾忘持度。」反歸取之，及反，市罷，遂不得履，人曰：
> 「何不試之以足？」曰：「寧信度，無自信也。」〔註154〕

後遂以「鄭人買履」譏諷墨守成規而不重視實際狀況的人。

（二）刪裁浮文

爲使文句加簡潔生動，符合「世說體」小說的特性，對原典進行適度剪裁。例如越情部〈不校侮嫚〉第一條：

> 婁相師德溫恭謹慎，與人無毫髮之際。弟授代州刺史，戒以勿與人競。弟曰：「今後人唾吾面，亦自拭之耳。」師德曰：「此我所以憂汝也。凡人唾汝面，必怒汝故，拭之，是逆其心。夫唾不久自乾，但當笑而受之。」〔註155〕

此則節錄自《太平廣記》卷第一百七十六「器量一」〈婁師德〉（出《國史異纂》）：

> 李昭德爲内史，師德爲納言，相隨入朝。婁體肥行緩，李屢顧待，不即至。乃發怒曰：「可明鈔本作巨耐殺人田舍漢。」婁聞之，乃笑

〔註153〕參見：《新譯韓非子》（臺北：三民書局股份有限公司，2007年5月）第十一卷〈外儲說左上〉，頁451～452。
〔註154〕同註3，第39冊，頁17。
〔註155〕同註3，第39冊，頁439。

曰：「師德不是田舍漢。更阿誰是？」師德弟拜代州刺使，將行，謂
之曰：「吾以不才，位居宰相。汝今又得州牧，叨遷過分，人所嫉也，
將何以全先人髮膚？」弟長跪曰：「自今後，雖有人唾某面上，某亦
不敢言，但拭之而已，以此自勉，庶不為兄憂。」師德曰：「此適為
我憂也。夫人唾汝者，發怒也。汝今拭之，是惡其唾。惡而拭，是
逆人怒也。唾不拭，將自乾，何如？」弟笑而受之。武后年，竟保
寵祿。〔註156〕

唐代婁師德勸戒弟弟，當別人吐口水在臉上時，不要擦拭，讓它自己乾掉的
故事，即演為成語「唾面自乾」，比喻逆來順受，寬容忍讓。亦用來罵人不知
羞恥。例如陸游〈聞里中有鬥者作此示之詩〉：「秋毫不能忍，平地尋干戈；
唾面聽自乾，彼忿自消磨。」

（三）演化改寫

　　為使內容更生動傳神，不惜以較長的篇幅，細膩的描寫事件發展始末，
改寫原典故。例如迂腐部〈飲食必以錢〉：

　　《風俗通》云：安陵清者郝仲山，每飲馬渭水，投三錢於水中。
　　水也不響。穎川郝子廉亦然。又郝嘗過姊家飯，密留五十錢席下
　　而去。《後漢書》：范丹嘗看姊病，設食。丹出門，留錢百文，姊
　　追送之。丹見里中芻蕘僮更相怒曰：「言汝清高，豈范史雲輩乎？」
　　丹歎曰：「吾之微志，乃在僮豎之口，不可不勉。」遂棄錢而去。
　　太過。〔註157〕

此則引自應劭《風俗通義》卷三〈愆禮〉：

　　太原郝子廉，饑不得食，寒不得衣，一介不取諸人。曾過姐飯，留
　　十五錢，默置席下去。每行水，常投一錢井中。〔註158〕

經加工改寫，敘述更詳盡，故事性更強。後以「飲馬投錢」比喻人廉潔不苟
取，例如《幼學瓊林》卷一「文臣類」：「項仲山潔己，飲馬投錢。」

　　此外，有若干典故之出處眾說紛云，尚無定論。以徵引「杜撰」出典的

〔註156〕參見〔宋〕李昉等：《太平廣記》（臺北：明倫書局，1971年10月）第二冊，
　　　　卷第一百七十六「器量一」〈婁師德〉，頁1308～1309。
〔註157〕同註3，第39冊，頁55。
〔註158〕參見〔東漢〕應劭：《風俗通義》（貴陽：貴州人民出版社，1998年7月）卷
　　　　三〈愆禮〉，頁120。

儇弄部〈石學士善謔〉為例說明如下：

> 石中立，字表臣。在中書時，盛度禁林當直，撰《張文節公神道碑》，
> 進御罷，呈中書。石卒問曰：「是誰撰？」盛不覺，對曰：「度撰。」
> 滿堂大笑。〔註159〕

與宋代文瑩《湘山野錄》卷上，個別字句稍異。例如「撰〈張文節公知白神
道碑〉」，《古今譚概》作「撰〈張文節公神道碑〉」。

> 石參政中立在中書時，盛文肅度禁林當直，撰〈張文節公知白神道
> 碑〉，進御罷，呈中書。石急問之：「是誰撰？」盛卒對曰：「度撰。」
> 對訖方悟，滿堂大笑。〔註160〕

有關「杜撰」出處，歷來說法較多，宋代王楙《野客叢書》卷二十〈杜撰〉
條，提出「杜默」之說：

> 杜默為詩，多不合律。故言事不合格者為杜撰。然又觀俗有杜田杜
> 園之說。杜之云者，猶言假耳。如言自釀薄酒曰杜酒。此正與杜撰
> 說同。〔註161〕

歷陽人杜默為詩，多不通律，卻反對循規蹈矩，因此往往鬧出許多笑話。某
次，其師石介與歐陽脩在開封為再次落第的杜默設宴告別，席間詩酒唱和。
杜默作答謝詩：「一片靈臺掛明月，萬丈詞焰飛長虹；乞取一杓鳳池水，活取
久旱泥蟠龍。」詩句可算豪放，然鄰座一考生以此詩後兩句重複用「取」字，
應改。杜默以詩貴意境，不能以詞害意為由，拒絕死守陳規陋習。因此，人
們每見其詩就說：「此杜默所撰」。後遂將「杜默所撰」簡化為「杜撰」。杜默
為詩，多不合律，故稱事不合格者為「杜撰」。後稱無事實根據，憑空捏造、
虛構為「杜撰」。

　而宋代沈作喆在《寓簡》中有「杜田、杜園」之說：「漢田何善《易》，
言《易》者本田何。何以齊諸田徙杜陵，號『杜田生』。今之俚諺謂白撰無所
本者為『杜田』，或曰『杜園』者，語轉而然也。」西漢臨淄田何曾從淳于人
光羽受《易》學，得孔門真傳，後廣收弟子，傳授今文《周易》。後來田何遷
居杜陵，取號杜田生。當時，人們認為秦「焚書坑儒」之後，《易》學已失傳，

〔註159〕同註3，第40冊，頁874。
〔註160〕參見〔宋〕文瑩：《湘山野錄》，收錄於《宋元筆記小說大觀》（上海：上海古
　　　　籍出版社，2007年3月）二，卷上，頁1391。
〔註161〕參見〔宋〕王楙：《野客叢書》，收錄於《叢書集成新編》（臺北：新文豐出版
　　　　公司，1984年6月）第12冊，卷二十〈杜撰〉，頁152。

杜田生所講授的《易》學爲「白撰」，即無所本而編撰，也稱之爲「杜田」，
或曰「杜圓」，意指信口雌黃、自圓其說。嘲笑田何的《易》學無所師承，亦
即「杜撰」。

馮夢龍亦於文末提出其見解：

> 五代廣成先生杜光庭多著神仙家書，悉出誣罔，如《感遇傳》之類。
> 故人謂妄言爲「杜撰」。或云「杜默」，非也。盛文肅公在杜默之前
> 矣。然俗有杜田、杜園、杜酒等語，恐是方言，未必有指。〔註162〕

首先，馮氏引用《五代史補》卷一〈杜光庭入道〉爲佐證，說明有關「杜光
庭」亦爲「杜撰」之說：

> 杜光庭，長安人，應「九經」舉不第。時長安有潘尊師者，道術甚
> 高，僖宗所重，光庭素所希慕，數遊其門。當僖宗之幸蜀也，觀蜀
> 中道門牢落，思得名士以主張之。駕回，詔潘尊師使於兩街，求其
> 可者。尊師奏曰：「臣觀兩街之眾，道聽塗說，一時之俊即有之，至
> 於掌教之士，恐未合應聖旨。臣於科場中識「九經」杜光庭，其人
> 性簡而氣清，量寬而識遠，且困於風塵，思欲脫屣名利久矣。以臣
> 愚思之，非光庭不可。」僖宗召而問之，一見大悅，遂令披載，仍
> 賜紫衣，號曰「廣成先生」，即日馳驛遣之。及王建據蜀，待之愈厚，
> 又號爲「天師」。光庭嘗以《道德》二經注者雖多，皆未能演暢其旨，
> 因著《廣成義》八十卷，它術稱是，識者多之。〔註163〕

杜光庭精通儒、道典籍，在四川做道士時，出於維護道教的目的，編撰神話
故事闡揚道教，存世的有《靈異記》、《神仙感遇記》、《墉城集仙記》等；對
道教儀則、應驗方面的著錄有《道德眞經廣聖義》、《道門科範大全集》、《廣
成集》等。引用許多光怪陸離的故事，又藉用佛經的編撰方法，爲道教完善
神系及理論體系。其《道藏》五千餘卷，只有《道德經》二卷爲眞，餘皆杜
氏所編撰。其中一部《老子化胡經》，述說老子騎五色神牛自函谷關西渡流沙，
先唐玄奘近千年至印度，託生爲釋迦牟尼。但此書傳爲西晉道士王浮傳，並
非杜光庭所寫。因此，後世對於沒有事實根據而拼湊成的著作，稱作「杜撰」。

其次，馮氏澄清由前述記載得見有關「杜撰」的說法，盛度應早在杜默

〔註162〕同註3，第40冊，頁874。
〔註163〕參見〔宋〕陶岳：《五代史補》，收錄於《中國野史集成》（成都：巴蜀書社，
　　　　1993年）第4冊，卷一〈杜光庭入道〉，頁330～331。

之前已流傳。至於杜田、杜園、杜酒等語,馮氏不採沈作喆在《寓簡》之說,僅認為應是方言,未必有所指。

由上述可知,《古今譚概》中不乏文藝典故的記錄,甚至引經據典以為調笑之資。藉由文字、言辭的講究,證明此書屬於知識分子階層的讀物。同時,由於歷史故事之成為典故,富含趣味性及其特殊意涵。而《古今譚概》涉及眾多典故的出處,意味此書具有一定的趣味價值。此外,這些出典的史事亦可帶給讀者全新的知識饗宴,加深閱讀的難度,建構知識分子階層的閱讀意識,跳脫笑話書單純詼諧訕笑的內容,期能「羅古今於掌上,寄春秋於舌端」,間接提升此書的參考價值。

第六節　呈顯制度風氣

時代的風俗習氣與政經制度,是百姓生活的一部分,也成為茶餘飯後的話題,是以在足資談笑的材料記錄中往往不經意記載當時的風俗習氣。《古今譚概》蒐錄不少此類故事,為後人在閱讀和研究時提供最真實而彌足珍貴的資料。

一、時代制度

(一)科舉弊病

科舉制度自隋代草創以來,打破世族門閥的政治壟斷,使貧士有為國展才的機會,造就不少英才。然相對也成為帝王禁錮文人思想於功名富貴中的工具。尤其明清以八股取士,在思想上承襲元代定程朱注疏於一尊的原則,更易使人思考僵化。迂腐部〈萬物一體〉中,二腐儒討論遇猛虎時,如何體現「萬物一體」,即為一鮮明例證:

> 一儒者譚萬物一體。忽有腐儒進曰:「設遇猛虎,此時何以一體?」
> 又一腐儒解之曰:「有道之人,尚且降龍伏虎,即遇猛虎,必能騎在
> 虎背,決不為虎所食。」周海門笑而語之曰:「騎在虎背,還是兩體。
> 定是食下虎肚,方是一體。」聞者大笑。〔註164〕

又有科舉試題怪異,抑或讀書未精,以致無法佐答或胡亂應答的笑談,例如謬誤部〈射策誤〉:

〔註164〕同註3,第39冊,頁61。

　　宋制科題有「堯舜禹湯所舉如何」，乃漢時宮中謁者，趙堯舉春，李
舜舉夏，兒湯舉秋，貢禹舉冬，各職天子所服也。又「湯周福祚」，
乃張湯、杜周也。當時士子以唐虞三代為對，遂無一人合者。〔註165〕

馮夢龍亦於文末列舉當代科考試題怪誕之例：

　　近時文宗出論題有「孔子不知孟子之事」，合場茫然不知。乃《論語》
陳司敗章圈外註也。○蘇紫溪先生視學浙中，有知人之鑑。而出題
險僻，如「一至一，二至二，三句三聖人，四句四孔子」。場中多有
閣筆而出者。〔註166〕

科舉除摧殘人才外，繁複的取士制度亦伴隨種種弊端與不公現象。《明史》卷
七十〈選舉志二〉中，列舉不少實例，並提及：「其賄買鑽營、懷挾倩代、割
卷傳遞、頂名冒籍，弊端百出，不可窮究，而關節為甚。」儘管科場禁制極
為嚴格，但作弊、挾帶小抄，時有所聞。更有公然作弊卻強詞狡辯者，足見
風氣之猖獗，例如雜志部〈科舉弊〉：

　　宋承平時，科舉之制大弊，假手者用薄紙書所為文，揉成團名曰「紙
毬」，民賣猶勝官賣。公然貨賣。〔註167〕

馮夢龍亦於文末列舉萬曆年間監生作弊之例：

　　今懷挾蠅頭本，其遺製也。萬曆辛卯，南場搜出某監生懷挾，乃用
油紙捲緊，束以細線，藏糞門中。搜者牽線頭出之，某推前一生所
棄擲。前一生辨云：「即我所擲，豈其不上不下，剛中糞門？彼亦何
為高聳其臀，以待擲耶？」監試者俱大笑。〔註168〕

笑話中尤有甚者，至死不忘科考，投胎再來，矢志登第。雜志部〈戴探花〉
即是一例：

　　莆田戴大賓，字寅仲。八歲遊泮，十三中鄉試，十四以探花登第，
亡何卒。其家以喪歸，父母悲甚，必欲發柩省視。及發，乃一白鬚
叟，大駭異之。棄屍於地，詰責其奴，奴無以自明。其夜大賓曰：「叟
吾前身也。上帝憫其苦學，自首不第，托生汝家，暫享榮名，以酬
吾志。變形者，不忘其初也。」父母由是止哀。〔註169〕

〔註165〕同註3，第39冊，頁222。

〔註166〕同註165，頁222～223。

〔註167〕同註3，第40冊，頁1592。

〔註168〕同註167。

〔註169〕同註3，第40冊，頁1576～1577。

知堂老人（周作人）在《明清笑話四種・引言》中論及笑話對塾師、庸醫等知識分子的鞭撻時，也將之歸結爲科舉取士所造成的結果：「這個根源是和以前的科舉制度分不開的。自從明朝規定以八股取士，『萬般皆下品，惟有讀書高』，大家都向著這條路奔去，讀通了的及第上進，可以做官，眞實本領也只會做文詩罷了。讀不通的結果別的事都不會做，只好去教或行醫，騙飯來吃，以極無用的來擔任這兩項重大任數，爲害眞眞不小。」〔註170〕可見經由笑話所表現出的科舉弊病，不僅制度本身的問題，其所衍生的社會問題亦相當廣泛。

（二）其他制度

至於其他制度的記錄，《古今譚概》中刻意書記而嘲謔者不多，或有爲了欲嘲謔之主題意識的陳述而附帶說明者，列舉一二言之。例如微詞部〈納粟〉：

> 岐山王生循故例納粟三千斛，授官助教。以厚價市駿馬騎乘，每不愜意。醫者李生故稱壯健，以爲價賤。王怪問之，李曰：「馱得三千斛穀，豈非壯健耶？」〔註171〕

此爲嘲諷「捐納」的笑話。捐納，又稱貲選、開納，或捐輸、捐例，亦即賣官鬻爵。通常由朝廷條訂事例，定出價格，公開出售，並成爲製度。此制度和科舉制度並行，形成另一做官的管道。

又口碑部〈金鼓詩〉一則，旨在諷官盜相差無幾。其中，並提及至正年間迎官解賊所使用的金鼓音節慣例：

> 至正間，風紀之司，贓汚狼籍。是時金皷音節迎送廉訪使，例用二聲皷，一聲鑼。起解強盜，則用一聲鼓，一聲鑼。有輕薄子爲詩嘲曰：「解賊一金幷一皷，迎官兩皷一聲鑼。金鼓看來都一樣，官人與賊不爭多。」〔註172〕

「官人與賊不爭多」，刻意將官與賊的地位等同，顛覆二者的差異。透過降格手法，使代表主流、掌權的官吏被嘲諷譏刺，意圖瓦解爲官者應從公爲民的形象，並對朝綱不振加以撻伐。

〔註170〕參見周啓明：〈《明清笑話四種》引言〉，收錄於《花煞》，《周作人文類編》⑥（長沙：湖南文藝出版社，1998 年 9 月），頁 747。
〔註171〕同註3，第 40 冊，頁 1297～1298。
〔註172〕同註3，第 40 冊，頁 1353。

二、風氣習俗

《古今譚概》雖非特地以註記某時某地的風氣與習俗為尚，然因不少故事由時人相傳、搜集而來，加上馮夢龍的附註點評也會對相關現象做出說明，尤其某些特殊風氣是一時一地的特殊現象，經戲謔嘲諷手法表現更顯生動，是以呈顯特殊風氣亦為主題之一。

（一）神鬼數術

馮夢龍對於迷信巫術而不信醫術的陋習頗為不滿，曾於《壽寧待志》卷上〈風俗〉中指出：

> 俗信巫不信醫，每病必召巫師迎神，鄰人競以鑼鼓相助，謂之「打
> 尪」，猶示「驅祟」。皆靡酒肉於病家，不打尪則鄰人寂寞，輒謗為
> 薄。當打尪時，或舉家競觀，病人骨冷而猶未知者。自余示禁且捐
> 俸施藥，人稍知就醫，然鄉村此風不能盡革也。〔註173〕

壽寧窮困落後，民間有許多惡俗，迷信鬼神、信巫不信醫便是其一。因此，《古今譚概》中收錄許多巫術相關篇目，並兼諷刺陋習。而馮夢龍的鬼神觀，亦可於其中窺略。

1. 迂詭習俗

自創悖合常理的詭異習俗，以專愚部〈不知忌日〉為例：

> 權隴襃不知忌日，謂府吏曰：「何名私忌？」對曰：「父母亡日，請假，
> 布衣蔬食，獨坐房中不出。」權至母忌日，於房中靜坐，有青狗突入，
> 大怒曰：「衝破我忌日。」更陳牒，改作明朝好作忌日。〔註174〕

權龍襃不懂何謂忌日，竟因母忌日遭青狗闖入，擅改隔日為忌日。馮夢龍對此特別立兩段評論：

> 依桓玄不立忌日，惟立忌時，更便。或謂桓玄非禮，余笑曰：「今士
> 君子之輩，不忌日，不忌時，專一忌刻，又何也？」○金熙宗時，
> 移書宋境曰：「皇帝生日，本是七月，今為南朝使人冒暑不便，已權
> 作九月一日。」若生日可權，忌日亦可改矣。
>
> 唐文宗開成元年，詔曰：「去年重陽取十九日，今改九月十三日為重

〔註173〕參見〔明〕馮夢龍：《壽寧待誌》，收錄於《馮夢龍全集》（南京：江蘇古籍出版社，1993年3月）第17冊，卷上〈風俗〉，頁32。
〔註174〕同註3，第39冊，頁159～160。

陽。」又張説上〈大衍曆序〉，宋璟上〈千秋表〉，并以八月五日爲
端午。蘇子瞻云：「菊花開時即重九。」在海南藝菊九畹，以十一月
望與客泛酒作重九。古人不拘類如此。在今日，則爲笑話矣。〔註175〕
馮夢龍先舉桓玄不設忌日、只設忌時之説，譏誚「今士君子之輩，不忌日，
不忌時，專一忌刻，又何也」。又提起金熙宗時，向宋遞交文書，因爲皇帝生
日在七月不便南朝使臣，便改生日爲九月一日。這則歷史故事，馮氏言「若
生日可權，忌日亦可改矣」。可見其對更改忌日，有諷刺嘲笑之意。

2. 鬼神巫覡

馮夢龍輯錄晉朝杜子恭、孫泰、孫恩事件，名爲〈左道〉，收入專愚部，
並於文末「妖黨及妓妾皆謂之水仙，相隨溺者以百數」句後，加上批語「至
死不悟」。可見其對杜子恭等人的「異術」，以及對於天師道信仰上，相信信
奉天師道即可成仙，投水者成水仙，被誅者亦稱蟬蛻，相信能役使鬼神，請
神兵相助等信仰及崇拜者的觀念有所質疑。另於〈事魔喫菜法〉中提及方臘
之亂。〔註176〕宋宣和二年，方臘自稱爲聖公，承天應命，以鬼神咒語香煽惑，
燒殺劫掠，藉著摩尼教作亂。《古今譚概》收入此事亦可知馮氏之用心。

對於憲宗迎佛骨一事，馮夢龍於〈佛骨〉一文中除敘述始末，並評「佛
牙是金剛鑽，佛骨又是何物」，顯見其對於鬼神迷信之斥。〔註177〕又〈醒神〉
記載：

> 萬曆壬辰間，一老人號「醒神」。自云數百歲，曾見高皇張三丰，又
> 自詭爲王越，至今不死，又云歷海外諸國萬餘里。陳眉公曰：「聽醒
> 神語，是一本活《西遊記》。」〔註178〕

評其「假托如醒神之流，必非有道之士耳」。馮夢龍不否認鬼神的存在，但厭

〔註175〕同註174，頁160～161。
〔註176〕參見《古今譚概》專愚部〈事魔喫菜法〉：
事魔食菜法，其魁爲魔王，佐者曰魔翁、魔母，以張角爲祖。雖死湯鑊，不
敢言角字。謂人生爲苦。若殺之，是救其苦也，謂之度人。度人多，則可以
成佛。即身被殺，又謂得度。由是輕生嗜殺。方臘之亂，其徒肆起。
（同註3，第39冊，頁169～170。）
方臘之亂，可參考《宋史》列傳第二百二十七〈方臘傳〉。
〔註177〕參見《古今譚概》專愚部〈佛骨〉：
唐懿宗遣使迎佛骨。有言憲宗迎佛骨，尋晏駕者。上曰：「朕生得見之，死亦
無恨。」比至京，降樓膜拜，流涕沾臆。
（同註3，第39冊，頁170。）
〔註178〕同註3，第40冊，頁1430。。

斥太過於迷信，或假神道之名，行欺瞞之實。因此，藉由以下兩則收錄於譎
知部中用計揭露巫覡行騙的故事，得以印證。

> 夏山爲巫，自謂靈異。范汝興戲曰：「明日吾握糖餌，令汝商之。言
> 而中，人益信汝。」巫唯唯。及明降神，觀者如堵。范握狗矢問之，
> 巫曰：「此糖餌耳。」范佯拜曰：「眞神明也。」即令食之。巫恐事
> 洩，忍穢立盡。（〈巫〉）〔註179〕

> 京師閭閻多信女巫。有武人陳五者，厭其家崇信之篤，莫能治。一
> 日含青李於腮，詒家人瘡腫痛甚，不食而臥者竟日。其妻憂甚，召
> 女巫治之。巫降謂：「五所患是名疔瘡，以其素不敬神，神不與救。」
> 家人羅拜懇祈，然後許之。五佯作呻吟甚急，語家人云：「必得神師
> 入視救我可也。」巫入按視，五乃從容吐青李視之，捽巫，批其頰
> 而叱之門外。自此家人無信崇者。（〈女巫〉）〔註180〕

可見巫與覡均無神力，一不能洞穿陳五含青李詐病，一不能識破范汝興手握
狗屎而非糖餌，終雙雙自食惡果。

3. 修鍊丹術

煉丹是神仙道教嘗試控制自然的一種努力，企圖藉煉丹服食成仙，達到
長生不老的境地。在人們夢寐不死、企求長生的大前提下，舉凡可以延年益
壽、駐顏美容的祕方，都被無限制的追求。煉丹、服散，只是其中較著稱的
幾種。此種心態，在譎知部〈京都道人〉一文中可窺見：

> 北宋時，有道人至京都，稱得丹砂之妙，顏如弱冠，自言三百餘歲。
> 貴賤咸爭慕之，輸貨求丹、橫經請益者，門如市肆。時有朝士數人
> 造其第，飲啜方酣，閽者報曰：「郎君從莊上來，欲參觀。」道士作
> 色叱之。坐客或曰：「賢郎遠來，何妨一見？」道士顰蹙移時，乃曰：
> 「但令入來。」俄見一老叟，鬚髮如銀，昏耄傴僂，趨前而拜。拜
> 訖，叱入中門，徐謂坐客曰：「小兒愚駿，不肯服食丹砂，以至此。
> 都未及百歲，枯槁如斯，常日斥至村墅間耳。」坐客愈更神之。後
> 有人私詰道者親知，乃云：「傴僂者即其父也。」〔註181〕

又譎知部〈丹客〉有人以丹術行騙，並租借妓女爲妾，「客實竊丹去，又囑

〔註179〕同註3，第40冊，頁846。
〔註180〕同註3，第40冊，頁846〜847。
〔註181〕同註3，第40冊，頁838〜839。

妓私與主媾」一同欺騙富翁詐取金子。嘉靖年間，一監生「博學有口，而酷信丹術。有丹士先以小試取信，乃大出其金而盡竊之」。馮夢龍嘲諷其「以金易色，尚未全輸，但纏頭過費耳。若送却頭髮，博師父一聲，尤無謂也」。〔註182〕此外，專愚部〈方士〉也列出許多修鍊仙人、丹術，以冀求長生不老的迂腐信仰。〔註183〕

（二）禁忌避諱

《古今譚概》中載有禁忌避諱過甚情況，包括：忌文書慎所有凶敗喪亡之字者，如宋文帝、謝在杭、華濟之等；諱特殊字名號而更改事物稱謂者，如稱「梟」為「吐十三」、「鵲」為「喜奈何」、「蜆」為「扁螺」、「燈」為「火」者；或因諱父名而不拜官為吏、不聽樂遊山、不踐石不用石器者。〔註184〕迂

〔註182〕同註3，第40冊，頁840～842。

〔註183〕參見《古今譚概》專愚部〈方士〉：

　　客有教燕王為不死之道者，王使人學之，學未就而客死。王大怒，誅之。王不知客之欺己，而誅學者之晚也。

　　《稗史》：鍾生好仙，多方學修煉之術。每向人曰：「做得半日仙人而死，亦所瞑目。」

　　李抱貞晚喜方士，餌孫季長所治丹，至二萬丸，遂不能食，且死，以麤肪穀漆下之。疾少間，益服三十九而卒。

　　雷都一守備建玉皇閣於私第，延方士煉丹。方士知其有玉絛環，價甚高，詒曰：「玉皇好繫玉絛環。」即獻之。方士并竊丹鼎而去。時許石城作詩嘲云：「堆金積玉已如山，又向仙門學煉丹。空裏得來空裏去，玉皇原不繫絛環。」

　　（同註3，第39冊，頁170～172。）

〔註184〕參見《古今譚概》迂腐部中以下各則：

　　〈龍驤多諱〉：

　　《厭勝章》言：「梟，乃天毒所產鬼，聞者必懼殃禍，急向梟連吐十三口，然後靜坐，存北斗一時許，可禳焉。」漢蒙州剌史龍驤，武人，極諱己名，又父名喈，子名卭，亦諱之。故郡人呼梟曰吐十三，鵲曰喜奈何，蟬曰秋風。部屬私相告云：「使君祖諱飯，亦當稱甑粥耶？」

　　〈諱父名〉：

　　則天父名矱，改華州為秦州。章憲太后父名通，改通州為同州。朱溫父名誠，以其傍類戉，改戉巳為武巳。楊行密父名怤，與夫同音，凡御史大夫、光祿大夫，皆去夫字。

　　唐李賀以父名晉，終身不舉進士。

　　袁德師，給事中高之子。九日，出糕啖客，袁獨淒然不食。

　　北齊劉臻性好啖蜆，以音同父諱，呼為扁螺。

　　范曄以父名泰，不拜太子詹事。

　　呂希純以父名公著，辭著作郎。

　　劉溫叟父名岳，終身不聽樂，不遊嵩華。

腐部〈忌諱〉中列舉歷朝數例過度忌諱的可笑行徑：

> 宋文帝好忌諱，文書上有凶敗喪亡等字，悉避之。改騧字爲馬邊瓜，以騧字似禍故也。移牀修壁，使文士撰祝，設太牢祭土神。江謐言及白門，上變色曰：「白汝家門。」後梁蕭詧惡人髮白。漢汝南陳伯敬終身不言死。

> 謝在杭云：余所見縉紳中有惡鵯鳴者，日課吏卒，左右彀弓挾彈，如防敵然。值大雪即不出，惡其白也。官文書，一切史字、丁字、孝字、老字，皆禁不得用。

> 柳冕爲秀才，性多忌諱。應舉時，有語落字者，忿然見於詞色。僕夫犯之，輒加筆楚。常謂「安樂」爲「安康」。聞榜出，遣僕視之。須臾僕還，冕迎門曰：「得否？」僕曰：「秀才康了。」〔註185〕

馮夢龍並於文末引吳中俗諱，以見當時風氣：

> 民間俗諱，各處有之，而吳中爲甚。如舟行諱住，諱翻，以筯爲快兒，幡布爲抹布；諱離散，以梨爲圓果，傘爲豎笠；諱狼籍，以郎搥爲興哥；諱惱躁，以謝竈爲謝歡喜。此皆俚俗可笑處，今士大夫亦有犯俗稱快兒者。〔註186〕

此外由華濟之所言，亦可見此郡守迂闊陳腐，忌諱特甚的狀況：

> 湖友華濟之常言：其郡守某，忌諱特甚。初下車，丁長孺來謁賀，怒其姓，拒之再三。涓人解其意，改丁爲千，乃欣然出見。一日御史臺有大獄當讞，牘中有「病故」字，吏以指掩之，守見文義不續，以筆擊去吏指，忽覩此字，勃然色變，急取文書於案桌足下旋轉數次，口誦「乾元亨利貞」，合堂匿笑。〔註187〕

徐積父名石，平生不用石器，不踐石，遇石橋使人負之而趨。
〈諱己名〉：
田登作郡，怒人觸其名，犯者必笞，舉州皆謂燈爲火。值上元放燈，吏揭榜於市曰：「本州依例放火三日。」
宋宗室有名宗漢者，惡人犯其名，謂漢子曰兵士，舉宮皆然。其妻供羅漢，其子授《漢書》，宮中人曰：「今日夫人召僧供十八大阿羅兵士，太保請官教點兵士書。」
（同註3，第39冊，頁38～41。）

〔註185〕同註3，第39冊，頁35～37。
〔註186〕同註3，第39冊，頁36。
〔註187〕同註3，第39冊，頁37。

又容悅部〈敬名〉中,亦收錄數則諱名故事:

> 馮道門客講《道德》首章,有「道可道,非常道。」門客見「道」
> 字是馮名,乃曰:「不敢說,可不敢說,非常不敢說。」

> 熊安生將通名,見徐之才、和士開二人適同坐。熊以之才諱雄,士
> 開諱安,乃稱觸觸生,羣公哂之。

> 薛昂謹事蔡元長,至戒家人避其名。與賓客會飲,有犯京字者,必
> 舉罰,平日家人輩誤犯,必加叱詈。或自犯,則自批其頰,以示戒。
> 宣和末,有朝士新買一婢,頗熟事,因會客,命出侑樽。一客語及
> 「京」字,婢遽請罰酒。問其故,曰:「犯太師諱。」一座駭愕,詢
> 之,則薛太尉家婢也。

> 方巨山名岳,爲趙相南仲幕客,趙父名方,乃改姓万。已而又爲丘
> 山甫端明屬,丘名岳,於是復改名爲万山。

> 王彥父名師古,嘗自諱硯爲墨池,鼓爲皮棚,犯者必校。一日,有
> 李彥古往謁,刺云:「永州司戶參軍李墨池皮棚謹袛候參。」彥大喜,
> 示其子弟曰:「奉人當如此矣。」

> 章惇拜相。安惇爲從官,因嫌名,見時但稱享。或作詩嘲曰:「富貴
> 只圖安享在,何須損却一生名。」〔註188〕

因諱名,爲避馮道名,一律以「不敢說」代之;熊安生爲避徐之才與和士開
之諱,自稱觸觸生;薛昂及家人若犯諱,皆批頰懲戒;方巨山名岳,爲避諱
改名万山;王彥父名師古,遂自諱「硯爲墨池,鼓爲皮棚」;安惇爲從官,避
章惇之諱,改稱「安享」。

(三)特殊風潮

《古今譚概》不韻部〈別號〉一則,記錄當時有好取道號、別稱之風氣。
風氣之盛,無論男女老少皆有別號。所取以命名者,遍及松蘭泉石,無所不包:

> 《猥談》云:道號別稱,古人間自寓懷,非爲敬名設也,今則無人
> 不號矣。松蘭泉石,一坐百犯。又兄山則弟也水,伯松則仲叔必竹
> 梅,父此物則子孫引此物於不已。愚哉!向見一嫠媼,自稱「冰壺
> 老拙」,則婦人亦有號矣。又嘉興女郎朱氏,能詩,自號「靜庵」。

〔註188〕同註3,第39冊,頁678~680。

見《說聽》。又江西一令訊盜,盜忽對曰:「守愚不敢。」令不解,

傍一胥云:「守愚,其號也。」〔註189〕

另有好爲刺青,以成風潮者。在怪誕部〈酉陽雜俎載箚青事〉中,有大量記載。有鏤身達七十一處的宋元素,亦有通箚白居易詩三十餘首的葛清。或刺文字,或紋圖案,不一而足:

> 上都市肆惡少好爲箚青。有張幹者,箚左膊曰「生不怕京兆尹」,右膊曰「死不畏閻羅王」。又有王力奴,以錢五千召箚工,於胸腹爲山池、亭院、草木、飛走,無不畢具,細若設色。京兆尹薛元賞悉杖殺之。痛快。又高陵縣捉得鏤身者宋元素,箚七十一處,刺左臂曰:「昔日已前家未貧,千金不惜結交親。及至恓惶覓知己,行盡關山無一人。」右膊箚葫蘆,上箚出人首如傀儡戲所謂郭公者。縣吏不解,問之,言葫蘆精也。

> 蜀市人趙高,滿背鏤毘沙門天王,吏欲杖其背,見天王輒止,恃此轉爲坊市患。李夷簡擒而杖之,叱杖子打天王,盡則已。痛快。經旬日,高袒衣歷門叫呼,乞脩理天王功德錢。

> 段成式門下騶路神通背刺天王像,自言能得神力。每朔望,具乳糜,焚香袒坐,使妻兒供養其背而拜焉。該死。

> 貞元中,荊州市中有鬻箚者,製爲印,更怪。上簇針爲衆物狀,如蟾蝎鳥獸,隨人所欲印之。刷以石墨,精細如畫焉。

> 荊州街男子葛清,自頸已下,通箚白居易詩,段成式嘗與荊客陳至吁觀之,令其自解,背上亦能闇記。反手指其箚處,至「不是花中偏愛菊」,則有一人持杯臨菊叢;「黃夾纈窠寒有葉」,則指一樹,樹上掛纈窠,窠紋絕細。凡箚三十餘首,體無完膚。陳至呼爲《白舍人行詩圖》。

> 蜀小將韋少卿,少不喜書,嗜好箚青。其季父嘗令解衣,視胷上箚一樹,樹杪集鳥數千,其下懸鏡,鏡鼻繫索,有人止於側牽之。叔不解,問焉。少卿笑曰:「叔不曾讀張燕公詩云『挽鏡寒鴉集』耶?」叔大笑不已。〔註190〕

〔註189〕同註3,第39冊,頁365～366。

〔註190〕同註3,第39冊,頁67～70。

（四）地方俗儀

中國民間各地各有不同慣俗，例如謬誤部〈鬼誤〉中，引《譴浪》所載提及「楚俗信鬼，有病必禱」的習俗：

> 楚俗信鬼，有病必禱焉。嘗夜禱於北郭門外，好事者遇之，竊匿身於莽，而投以砂礫，禱者恐，稍遠去，益投，益遠去，迺攫其肉而食焉。人以為靈也，禱益盛。而北郭門之靈鬼遂著。其後禱者不失肉，即反謂鬼不享而憂之。〔註191〕

楚俗以為有病必備肉祝禱，後因好事者戲弄，誤傳北郭門之鬼靈。因而其後禱者若不失肉，則以為鬼不享而擔憂。又如不韻部〈俗禮〉：

> 北方民家吉凶輒有相禮者，謂之「白席」。〔註192〕

記北方俗禮，遇有吉凶事宜，以白席相禮者。再如貧儉部〈子孫榼〉，記江西人有為求儉約而為子孫榼事：

> 江西俗儉，果榼作數格，惟中一味，或果或菜可食，餘悉充以雕木，謂之「子孫榼」。〔註193〕

第七節　敘述奇聞異事

奇聞異事的記錄，滿足讀者「奇」與「趣」的閱讀期待，在《古今譚概》中形成一特殊主題，主要見於靈蹟部、荒唐部、妖異部、非族部與雜志部部分條目。靈蹟部一卷所載多為神奇故事，自〈頂穴　乳穴〉至〈臨安術士〉皆為神怪傳奇故事，〈神畫〉以下，則是記載各種絕技；荒唐部中，除《妖亂志》呂用之事〉至〈卜東方朔〉敘述裝神弄鬼之事，〈藻兼〉以下各則，則為荒誕奇異之事；妖異部一卷，皆為志怪。自〈草異〉至〈冰柱〉記自然界或器物的怪異故事，〈牛犬言〉至〈鬼畏面具〉是關於動物的怪異故事，〈鬼張〉至〈鬼姑神〉屬鬼故事。以下各則多與人事有關，自〈蛤精疾〉至〈飲不飲〉，記飲食方面。自〈腸癢〉至〈活玉寶〉，記怪病與怪現象。〈一胎六十年〉以下，則為怪胎記載；非族部一卷，則記錄異國、異族的奇風異俗與物產；雜志部〈勇可習〉至〈戴探花〉各則，亦多屬奇聞怪事。就其所輯錄的

〔註191〕同註3，第39冊，頁198～199。
〔註192〕同註3，第39冊，頁352。
〔註193〕同註3，第39冊，頁557。

繁雜內容，可略分兩大類概述其要：

一、風俗產物

　　《古今譚概》中記載中土及異國外邦的風俗產物。不僅搜奇志異，且以豐富的想像力刻意渲染，使內容呈現多彩多姿的不同面貌。除描述各地的山川景物、風俗習慣的特色外，並記錄殊方異物的由來、命名、特徵等。因此，以下分為風土人情、奇珍異物兩方面加以討論。

（一）風土人情

　　中土因幅員廣闊，與異國外邦在風土民情上皆各具一格。二者不論是地理環境、生活方式、居民形貌、技能巧藝，都別具特色。以下就此四方面，分別說明。

　　1. 地理環境

　　中土與殊方異邦在地理環境上，常有特殊的景觀。例如：

> 辰州東有三山，鼎足直上，各數千丈。古老傳曰：鄧夸父與日競走，
> 至此煮飯。此三山者，夸父支鼎之石也。（荒唐部〈夸父支鼎石〉）
> 〔註194〕

> 秦始皇欲過海觀日出處，作石橋於海上。有神人驅石去不速，鞭之
> 流血。今石橋色猶赤云。（荒唐部〈鞭石〉）〔註195〕

> 南海之濱，有鼉市焉。鼉暴背海隅，邊幅廣脩不知幾百里也。居民
> 眠為石洲，漸創茆茨，鱗列成市，亦不知幾何時也。異時有穴其肩
> 為鐵冶者，天旱火熾，鼉不勝熱，怒而移去。沒者凡數千家。（非族
> 部〈鼉市〉）〔註196〕

以上三則，分別說明夸父支鼎石、鞭石、鼉市的由來與樣貌。

　　2. 生活狀況

　　遠方國度的生活情形，在食衣住行各方面，都染上一層神祕色彩。非族部中收錄多則記載，例如：

> 西夷有白狼國者，依山以居，疊石為室，如浮圖然，以梯上下，貨

〔註194〕同註3，第40冊，頁1458。
〔註195〕同註3，第40冊，頁1458～1459。
〔註196〕同註3，第40冊，頁1545～1546。

藏於上，人居於中，畜圈於下。見《綱目》。(〈白狼國〉) 〔註197〕

麻逸國，族尚節義。夫死，其婦削髮絕食，與夫屍同寢。多與垃逝者。逾七日不死，則親戚勸以飲食。(〈麻逸〉) 〔註198〕

爪哇國凡主翁死。殯之日，妻妾奴婢皆帶草花滿頭，披五色手巾，隨屍至海邊或野地，舁屍俾眾犬食，食盡為好。食不盡，則悲歌泣號，積柴於傍，眾婦坐其上，良久，縱火燒柴而死。蓋殉葬之禮也。(〈爪哇〉) 〔註199〕

白狼國位於今四川省境，人民依山疊石而居。麻逸國婦人尚節義，有殉夫之舉。爪哇國則是主翁死，妻妾奴婢皆自焚殉葬。

3. 居民形貌

外邦的人民，在外貌、裝扮上各具特色，和中土有相當的差異。荒唐部與非族部皆有相關記載，例如：

西北海外有人長二千里，兩腳中間相去千里，腹圍一千六百里。但日飲天酒五斗，即甘露也。名曰「無路之人」。

南方有人長七尺，朱衣縞帶，赤蛇繞項。惟食惡鬼，朝吞三千，暮吞八百，名曰「赤郭」。(荒唐部〈神異經四事〉) 〔註200〕

聶耳國，其人與獸相類，在無腹國東。其人虎文，耳長過腰，手捧耳而行。(非族部〈聶耳國〉) 〔註201〕

4. 技能巧藝

靈蹟部中輯錄具有各種特殊技藝之異人，例如〈張芬〉一則，描述唐代多力善彈者張芬的特殊技能：

張芬曾為韋皋行軍，多力善彈，每塗牆方丈，彈成「天下太平」字。字體端嚴，如人摸成。曾有一客於宴席上以籌梡中菉豆擊蠅，十不失一，一座驚笑。芬曰：「無費吾豆。」遂指起蠅，拈其後腳，略無脫者。〔註202〕

〔註197〕同註3，第40冊，頁1526。
〔註198〕同註3，第40冊，頁1528。
〔註199〕同註3，第40冊，頁1530～1531。
〔註200〕同註3，第40冊，頁1457～1458。
〔註201〕同註3，第40冊，頁1531～1532。
〔註202〕同註3，第40冊，頁1408。

又〈河北將軍〉，記唐德宗朝善射箭、擊鞠的夏將軍事蹟：

> 建中初，有河北將軍姓夏，彎弓數百斤。常於毬場中累錢十餘，走
> 馬以擊鞠杖擊之，一擊一錢飛起，高六七丈。其妙如此。又於新泥
> 牆安棘刺數十，取爛豆，相去一丈，擲豆貫於刺上，百不差一。又
> 能走馬書一紙。〔註203〕

而〈木僧〉中的唐人楊務廉有巧思，擅於製作活動木僧：

> 將作大匠楊務廉甚有巧思，常於沁州市內刻木作僧，手執一碗，自
> 能行乞。碗中投錢，關鍵忽發，自然作聲云：「布施」。市人競觀，
> 欲其作聲，施者日盈數千。〔註204〕

此外，隋末有督君謨善閉目而射，志其目則中目，志其口則中口（〈神射〉）；
徐州人張成善疾走，日行五百里（〈善走〉）；魏時有句驪客善用鍼，能以鍼貫
髮（〈鍼髮〉）；吳人顧四刻桃核作小舸子，大可二寸許，篷、檣、舵、櫓、繂、
索莫不悉具（〈雕刻絕藝〉）；杭州一弄百禽者擅「蝦蟆說法」（〈蟲戲〉），《古
今譚概》中載有各類具技能巧藝者。

（二）奇珍異物

中國地大物博，蟲魚鳥獸、花草樹木、珠玉礦石，種類繁多。同時，漢
魏以後與西域及海外貿易往來發達，各種殊方異物也藉以流傳到中土。因此，
《古今譚概》中除廣泛蒐羅琳琅滿目的物品外，也刻意想像編造，描述各式
各樣引人入勝的新鮮事物。本節試將各種奇珍異物略分為動物、植物、雜物
三大類，加以討論說明。

1. 動物類

荒唐部〈神異經四事〉：

> 閻浮提中及四天下有金翅鳥，名伽樓羅王。此鳥業報，應食諸龍，
> 日食一龍王及五百小龍。此鳥兩翅相去六千餘里，以翅搏海水搩龍，
> 見而取食之。龍取袈裟戴於頂上，乃得免。
>
> 如意珠，是摩竭大魚腦中出，魚身長二十八萬里，此珠名「金鋼堅」。
>
> 〔註205〕

〔註203〕同註3，第40冊，頁1408～1409。
〔註204〕同註3，第40冊，頁1411。
〔註205〕同註3，第40冊，頁1456～1457。

非族部〈橫公魚〉：

> 北方荒外有石湖，出橫公魚，夜化爲人，刺之不入，煮之不死，以
> 烏梅二十七煮之即爛，可已邪病。〔註206〕

非族部〈在此〉：

> 太倉董氏嘗捕得一鼈，人首，出水作歎息聲，懼而殺之。按《酉陽
> 雜俎》名曰「在此」。鼈身人首鳴則若云「在此」，故以名之。〔註207〕

2. 植物類

荒唐部〈樹生兒〉：

> 《廣博物志》：海中有銀山，其樹名「女樹」。天明時皆生嬰兒，日
> 出能行，至食時皆成少年，日中盛壯年，日晚老年，日沒死。日出
> 復然。〔註208〕

非族部〈大食國木花〉：

> 大食國西南二千里外，山谷間有木，生花如人首，與語輒笑，則落。
> 〔註209〕

3. 雜物類

荒唐部〈奇酒〉：

> 張茂先《博物志》云：昔有人名玄石，從中山酒家，與之千日酒而
> 亡語其節。歸日尚醉，而家人不知，以爲死也，棺斂葬之。酒家經
> 千日忽悟，而往告之，發塚適醒。
>
> 齊人田及之，能爲千日酒，飲過一升，醉臥千日。有故人趙英飲之，
> 踰量而去，其家以屍埋之。及之計千日當醒，往至其家，破塚出之，
> 尚有酒氣。
>
> 构樓國有水仙樹，腹中有水，謂之仙漿。飲者七日醉。〔註210〕

二、神怪靈異

（一）奇能異術

〔註206〕同註3，第40冊，頁1545。
〔註207〕同註3，第40冊，頁1546。
〔註208〕同註3，第40冊，頁1459。
〔註209〕同註3，第40冊，頁1525。
〔註210〕同註3，第40冊，頁1461～1462。

　　蒐錄擁有異於常人者的奇能異術、特異功能，此類神怪異事主要集中於靈蹟部。例如散聖長老具有使雞卵紛然躍落而無損之能力：

> 《猗圍》：江長老者，桂源江副使盈科之族也。受良常山上眞祕法，號「散聖長老」。能取生雞卵二十枚，置白中杵之，雞卵紛然躍起，復內白中。如是者數四，無一損壞。（〈散聖長老〉）〔註211〕

宋代隱士申屠有涯能使自身形伸縮變化自如：

> 申屠有涯放曠雲泉，常攜一瓶，時躍身入瓶中。時人號爲「瓶隱」。（〈瓶隱〉）〔註212〕

另有外國道人（〈外國道人〉）、揚州丐者胡媚兒（〈胡媚兒〉），或腹能藏人，或隱身入瓶，皆擅奇幻法術。《古今譚概》更詳述方朔偷桃法（〈方朔偷桃法〉）、小兒斷頭復生（〈幻戲〉）等幻術。

　　又有因言語得罪而似爲奇能異術所懲者，受懲者往往在知錯悔悟後，才能解除罪愆。例如孤月僧以異術懲戒罵僧不避之女，使其無法順利通行：

> 僧孤月擅異術，行橋上，會女歸乘肩輿至，罵僧不避。頃之，舁夫下橋復上，往返數度，猶不能去。旁人曰：「必汝犯月大師耳，可拜祈之。」僧曰：「吾有何能，爾自行耳。」言訖，舁夫足輕如故。（〈孤月〉）〔註213〕

唐代軒轅集施法令笑其貌古之宮人立即變老，待其道歉始復原：

> 羅浮先生軒轅集善飲，雖百斗不醉，夜則垂髮盆中，其酒瀝瀝而出。唐宣宗召入內庭，坐御榻前，有宮人笑集貌古，須臾變成老嫗。遂令謝先生，而貌復故。（〈軒轅集〉）〔註214〕

唐代陳復休爲酒妓所侮，亦以法術令妓生髯數尺：

> 陳復休者號陳七子，嘗於巴南太守筵中，爲酒妓所侮。陳笑視其面，須臾，妓者髯長數尺，泣訴於守，爲祈謝。陳呪酒一杯，使飲之，髯便脫落。（〈陳七子〉）〔註215〕

有以奇能異術解圍救困，甚而緝兇行罰者，例如〈杖虎〉一文中的于子仁：

> 于子仁湖廣武岡州人，洪武乙丑進士。知登州府。部有訴其家人傷

〔註211〕同註3，第40冊，頁1369～1370。
〔註212〕同註3，第40冊，頁1379。
〔註213〕同註3，第40冊，頁1369。
〔註214〕同註3，第40冊，頁1373。
〔註215〕同註3，第40冊，頁1373～1374。

於虎者，子仁命卒持牒入山捕虎。卒泣不肯行，子仁笞之。更命他
兩卒。兩卒不得已，入山，焚其牒，火方息而隨至，弭耳帖尾，隨
行入城，觀者如堵。虎至庭下，伏不動。子仁屬聲叱責，杖之百而
舍之。虎復循故道而去。〔註216〕

（二）奇疾怪病

身患奇疾怪病者，或真實發生，或傳聞得知，但由於病況的奇殊，也往
往令閱聽人甚覺不可思議。荒唐部、妖異部便輯錄不少事例，例如引錄唐牛
僧孺《幽怪錄》的巴嫗故事：

伶人刁俊朝妻巴嫗，項瘤如數斛囊，作琴瑟笙磬音。妻欲以刃決拆
之，瘤忽拆裂，一猱跳出，有黃冠叩門曰：「予太山猱也，本是老猴
精，解致風雨，與老蛟往還，天誅蛟，搜索黨與，故匿夫人之額。
於鳳皇山神處，得起亡膏，塗之即愈。」如言果驗。（荒唐部〈巴嫗
項瘤〉）〔註217〕

荒唐部〈志怪錄二事〉中，一嫗一叟皆因治耳，始知耳中藏有絹帛五穀、金
銀器皿：

往年斟門一嫗，年踰五十，令人剔其耳，耳中得少絹帛屑，以為偶
遺落其中，亦不異之。已而每治耳，必得少物，絲線穀粟稻穗之屬，
為品甚多，始大駭怪，而無如之何。久亦任之，不為驚異，且每收
置之。迨年七八十而卒，核其所得耳物，凡一斛焉。

永樂中，吳城有一老父偶治耳，於其中得五穀金銀器皿等諸物，凡
得一斛。後更治之，無所得，視其中潔淨，唯正中有一小木椅，製
甚精妙。椅上坐一人，長數分，亦甚有精氣，其後亦無他異。〔註218〕

妖異部〈張鍔〉，則記宋代張鍔因嗜酒而得奇疾：

秘書丞張鍔嗜酒，得奇疾，中身而分，左常苦寒，右常苦熱，雖盛
暑隆冬，着襪袴紗綿相半。〔註219〕

而妖異部〈腹中擊鼓〉中，陳主簿之妻則患腹脹有擊鼓聲之異疾：

陳子直主簿之妻有異疾，每腹脹，則中有聲如擊鼓，遠聞於外，腹

〔註216〕同註3，第40冊，頁1377～1378。
〔註217〕同註3，第40冊，頁1453～1454。
〔註218〕同註3，第40冊，頁1454～1455。
〔註219〕同註3，第40冊，頁1497。

消則聲止。一月一作。〔註220〕

（三）搜奇志怪

《古今譚概》中，馮夢龍又以輕鬆態度採錄雖屬傳聞，未必親眼得見，卻言之鑿鑿的故事，以爲「言固有習聞而不覺其害於理者，可笑也。既可笑，又欲不害理，難矣」〔註221〕可見此類事物本就荒唐不合情理，與其嚴肅看待如章子厚，不如坡仙強人妄言以爲笑樂。有以凡俗信仰的仙佛爲主角者，現實信仰中的仙佛神聖不可侵犯，落入笑話書中卻如同凡眾般現出窘狀，具有人情味。例如：

> 唐代州西有大槐樹，震雷擊之，中裂數丈，雷公爲樹所夾，狂吼彌日。眾披靡不敢近。狄仁傑爲都督，逼而問之，乃云：「樹有乖龍，所由令我逐之，落勢不堪，爲樹所夾，若相救者，當厚報德。」仁傑乃命鋸匠破樹，方得出。（荒唐部〈雷公〉）〔註222〕

> 國初，某天官見一謁選者短而髯，曰：「此土地也。」其人歸，暴死，赴部土地任。而其地已有土地，不納。相鬧，夜復見夢於天官曰：「天曹一語，冥已除註，第赴任無所，奈何？」天官訝然，知己有是語，而不虞以死授也，命於承發科另立土地廟。至今吏部有二土地，而此獨靈顯。（荒唐部〈土地相鬧〉）〔註223〕

此外，書中亦多鬼怪的記錄。妖異部〈無鬼論〉一則：

> 阮瞻素執無鬼論。忽有客通名詣瞻，寒溫畢，聊談名理良久。及鬼神事，反覆甚苦，客遂屈，作色曰：「鬼神古聖所傳，君何得獨言無？即僕便是鬼。」於是變爲異形，須臾消滅。〔註224〕

以素執無鬼論的阮瞻遇鬼的親身體驗，說明鬼的存在。馮夢龍並於文末引明代來斯行《客邸塵談》中所記〔註225〕爲評，認爲「相傳世間人鬼半，但人不

〔註220〕同註3，第40冊，頁1499。
〔註221〕同註3，第40冊，荒唐部小序，頁1421。。
〔註222〕同註3，第40冊，頁1444～1445。
〔註223〕同註3，第40冊，頁1445～1446。
〔註224〕同註3，第40冊，頁1490～1491。
〔註225〕參見妖異部〈無鬼論〉文末馮夢龍評語：
《塵談》云：閩僕順童雨夜暮歸，見一人持燈就傘，偕行良久，語童曰：「聞此地有鬼，汝曾遇否？」童笑曰：「吾行此多年，未之見也。」將適通衢，寄傘者曰：「汝試看我面。」視之，乃無頷頰者。僕狂叫而走。相傳世間人鬼半，但人不見鬼耳。

見鬼耳」。人死爲鬼，鬼的行徑雖與人，但多單純過於人，例如妖異部〈藥鬼〉：

> 劉池苟家有鬼，常夜來竊食。劉患之，乃煮野葛汁二升瀉粥上，覆
> 以盂。其夜鬼來發盂啖粥，須臾在屋上吐，遂絕。〔註226〕

劉池苟即成功以野葛汁治鬼。

（同註3，第40冊，頁1491。）
〔註226〕同註3，第40冊，頁1492。

第七章　《古今譚概》作品的評價

第一節　《古今譚概》的價值

一、保存遺文

　　馮夢龍在《古今譚概》中參酌引用眾多典籍，其中有部分已散失亡佚，因此其具有保存佚書之功用與價值。以笑話書為例，其所引之邯鄲淳《笑林》、侯白《啓顏錄》，尚存於《太平廣記》中。例如無術部〈公羊傳〉於故事首標示出自《太平廣記》卷第二百六十「嗤鄙三」〈公羊傳〉條（出《笑林》），字句基本相同：

> 有甲欲謁見邑宰，問左右曰：「令何所好？」或語曰：「好《公羊傳》。」後入見，令問：「君讀何書？」答曰：「唯業《公羊傳》。」試問：「誰殺陳他者？」甲良久對曰：「平生實不殺陳他。」令察謬誤，因復戲之曰：「君不殺陳他，請是誰殺？」於是大怖，徒跣走出，人問其故，乃大語曰：「見明府，便以死事見訪，後直不敢復來，遇赦當出耳。」
> 〔註1〕

貧儉部〈漢世老人〉於故事首標示出自《太平廣記》卷第一百六十五「吝嗇」〈漢世老人〉條（出《笑林》），個別字句稍異。例如「漢世老人家富儉吝」，《太平廣記》作「漢世有人，年老無子，家富，性儉嗇」，又如《古今譚概》

〔註1〕參見〔宋〕李昉：《太平廣記》（臺北：明倫書局，1971年10月）第三冊，卷第二百六十「嗤鄙三」〈公羊傳〉，頁2026。

無「貨財充於內帑矣」句。又如苦海部〈高敖曹〉引自《太平廣記》卷第二百五十八「嗤鄙一」〈高敖曹〉條（出《啟顏錄》），除「凸肚」，《太平廣記》作「亞肚」外，文字悉同：

> 高敖曹常為雜詩三首云：「塚子地握槊，星宿天圍棋。開罈甕張口，卷席牀剝皮。」又：「相送重相送，相送至橋頭。培堆兩眼淚，難按滿胸愁。」又：「桃生毛彈子，瓠長棒槌兒。牆欹壁亞肚，河凍水生皮。」〔註2〕

顏甲部〈方相侄〉於故事首標示出自《啟顏錄》，略加刪削，字句稍異。例如「唐有士人姓方」，《啟顏錄》作「唐有姓房人」：

> 唐有姓房人，好矜門地，但有姓房為官，必認云親屬。知識疾其如此，乃謂之曰：「豐邑公相豐邑坊在上都，是凶肆，出方相也，是君何親？」曰：「是下原有姓字。據明抄本刪某乙再從伯父。」人大笑曰：「君既是方相侄兒，只堪嚇鬼。」〔註3〕

又《迂仙別記》、《樗齋雅謔》等書，皆賴《古今譚概》得以保存。尤以張夷令所輯《迂仙別記》，馮氏摘取達二十四則之多，收錄於專愚部〈迂仙別記〉中，使已亡佚之書得以保存。又如《朝野異聞》一書不易見，馮夢龍將輯錄所得分置於《古今譚概》怪誕部〈朝野異聞載何顏學問〉二條、癖嗜部〈王弇州《朝野異聞》〉七條、汰侈部〈大卵大饅頭〉一條等處，共計十條，可藉以了解此書之內容。

二、足資考證

《古今譚概》之尾評中，保留許多馮夢龍生平、思想及其他相關資料，有助更深入了解馮氏之種種。

（一）《古今譚概》之成書時間

靈蹟部〈孫道人〉中載有：

> 孫道人有異術。嘗畫墨圈於掌中，遙擲人面，雖洗之不去。頃之以手揮曰：「當移着某人臂上。」雖重裘之內，而圈已在臂矣。嘗至吳中，為小妓所侮，孫顧賣桃人擔云：「借汝一桃。」遂拾以擲其面。

〔註2〕同註1，第三冊，頁2009。
〔註3〕同註1，第三冊，頁2027。

> 妓右頰遽赤腫如桃大，楚不可忍。哀祈再四，乃索杯呪之，取下仍
> 是一桃，妓腫遂消。此萬曆己酉年間事。〔註4〕

文末言明此爲「萬曆己酉年間事」，是知馮夢龍作此書不得早於萬曆三十七年
（西元1609年）。再由不韻部〈宣水〉尾評所載：

> 余寓麻城時，或呼金華酒爲「金酒」，余笑曰：「然則貴縣之狗亦當
> 呼『麻狗』矣。」坐客有臉麻者，相視一笑。○今村子言吹簫。必
> 曰「品簫」，言彈琴必曰「操琴」，言着棋必曰「下棋」，言踢毬必曰
> 「蹴毬」，務學雅言，反呈俗態。〔註5〕

可知《古今譚概》一書當作於馮氏寓居麻城之後。

（二）馮夢龍之思想

在《古今譚概》尾評中，多處提及李卓吾，尊稱其爲「卓老」，並引其言。
例如迂腐部〈許子伯哭〉中，寫許子伯因憂「漢無統嗣，幸臣專朝，世俗衰
薄，賢者放退」，而「據地悲哭」。尾評便以「卓老曰：人以爲澹，我以爲趣。」
戲謔「許伯哭世」，馮夢龍並以「若遇許子伯，淚眼成湘江。」呼應李卓吾之
說。又如佻達部〈盜〉一則，引「李卓吾曰：擊楫渡江，誓清中原，使石勒
畏避者，此盜也。俗儒豈知！」藉以諷刺祖逖縱容手下打家劫舍。〈張徐州〉
則引「卓老曰：張建封易得，裴寬難逢。」評論裴、張兩人的作爲。又顏甲
部〈天后時三疏〉中，馮氏以「宜卓老稱爲聖主也」，評論「天后作事，往往
有大快人意者」。而微詞部〈遠志〉中，則舉「李卓老云：郝言誤矣！宜云處
則爲小草，出則爲遠志。」

糾正郝隆所言之誤。

而深受李贄思想影響的馮夢龍，其思想亦多見於尾評中。例如迂腐部〈諫
折柳〉：

> 程頤爲講官，一日，講罷，未退，上偶起憑檻，戲折柳枝。頤進曰：
> 「方春發生，不可無故摧折。」必然。上擲枝於地，不樂而罷。〔註6〕

馮氏於文末評以「遇了孟夫子，好貨好色都自不妨。遇了程夫子，柳條也動
一些不得。苦哉！苦哉！」可見其反對迂腐、假道學，肯定人欲。對宋明理

〔註4〕參見〔明〕馮夢龍：《古今譚概》，收錄於《馮夢龍全集》（上海：上海古籍出
版社，1993年6月）第40冊，頁1374～1375。
〔註5〕同註4，第39冊，頁356～357。
〔註6〕同註4，第39冊，頁13。

學過度禁錮人欲之不當，予以抨擊。並於妖異部〈石中男女〉尾評中，提出「石猶有情，人何以免？」主張合理之情欲宣洩。又如無術部〈金熙宗赦草〉：

> 金熙宗亶皇統十一年夏，龍見宮中，雷雨大至，破柱而去。亶懼，欲肆赦以禳之，召掌制學士張鈞視草，中有「顧茲寡昧」及「渺子小子」之言。文成奏御，譯者不解謙沖之義，乃曰：「漢兒強知識，托文字以罵上耳。」亶驚問故，譯釋之曰：「寡者，孤獨無親。昧者，不曉人事。渺為瞎眼。小子為小孩兒。」亶大怒，遂誅鈞。〔註7〕

馮氏以「此等皇帝，真是不曉事瞎眼小孩兒也。」為評，對無道昏君提出嚴厲批判。在君主極權專政時代，此等言論足見其反抗專制傳統之前衛思想。

三、反映時俗

《古今譚概》中，記載不少明末的社會時尚與地方習俗，其所反映的社會民情，可供後世參考。試舉其大者列述如下：

（一）社會風氣

無術部〈襲舊〉一則，敘述楊滔因為文皆抄襲，而得「斷膇舍人」之號：

> 唐陽滔在中書，文皆抄襲。時命制敕甚急，而令史持庫鑰他適，苦無舊本檢閱，乃斷膇躍入得之。時號為「斷膇舍人」。〔註8〕

馮夢龍於文末評以「觀斷膇辛苦，方知近來懷挾蠅頭本兒之貴。」有關「蠅頭小抄」之記錄，亦見於雜志部〈科舉弊〉：

> 宋承平時，科舉之制大弊，假手者用薄紙書所為文，揉成團名曰「紙毯」，民賣猶勝官賣。公然貨賣。〔註9〕

馮氏除記述宋代科舉作弊用之小抄——「紙毯」外，並於文末以「今懷挾蠅頭本，其遺製也。」作評。同時，於尾評中列舉明萬曆年間科考舞弊事件加以印證：

> 萬曆辛卯，南場搜出某監生懷挾，乃用油紙捲緊，束以細線，藏糞門中。搜者牽線頭出之，某推前一生所棄擲。前一生辨云：「即我所擲，豈其不上不下，剛中糞門？彼亦何為高聳其臀，以待擲耶？」

〔註7〕 同註4，第39冊，頁253。
〔註8〕 同註4，第39冊，頁283。
〔註9〕 同註4，第40冊，頁1592。

監試者俱大笑。〔註10〕

則知明代挾帶蠅頭小抄作弊之風氣，甚囂於科場之上。明代科場防弊措施雖嚴密，然搶替、傳遞、冒籍、頂名、賄買、割卷、挾帶、鑽營等舞弊現象仍層出不窮。由《明史》卷七十〈選舉二〉中所載，亦能窺知一二：

> 其指摘科場事者，前後非一，往往北闈爲甚，他省次之。其賄買鑽營、懷挾倩代、割卷傳遞、頂名冒籍，弊端百出，不可窮究，而關節爲甚。事屬曖昧，或快恩仇報復，蓋亦有之。其他小小得失，無足道也。〔註11〕

（二）民間習俗

非族部〈蜜唧唧〉：

> 右江西南多獠民，好爲蜜唧唧。鼠胎未瞬，通身赤蠕者，漬之以蜜，置盤中，猶聶聶而行。以箸挾取咬之，唧唧作聲，故曰蜜唧唧。〔註12〕

尾評云：「吳人以酒噴蜈蚣食之，或入酒未深者，纔舉箸，皆走出盤外。此與蜜唧唧何異？」可知吳俗有將蜈蚣漬酒食用之習。在馮夢龍眼中，此殘忍野蠻行徑與獠民食用「蜜唧唧」無異。

3. 特殊稱謂

迂腐部〈忌諱〉第一條之尾評：

> 民間俗諱，各處有之，而吳中爲甚。如舟行諱住，諱翻，以箸爲快兒，幡布爲抹布；諱離散，以梨爲圓果，傘爲豎笠；諱狼籍，以郎擖爲興哥；諱惱躁，以謝竈爲謝歡喜。此皆俚俗可笑處，今士大夫亦有犯俗稱快兒者。〔註13〕

其他如苦海部〈前人詩文之病〉尾評云：「吳人多謂梅子爲曹公，嘗望梅止渴也。又謂鵝爲右軍。士寫禮帖云：『醋浸曹公一甓，湯燖右軍兩隻。』見者大笑。」〔註14〕塞語部〈仙福〉尾評中之小注云：「吳俗，小兒輩遇可羞事，必

〔註10〕 同註9。
〔註11〕 參見〔清〕張廷玉等撰：《明史》（臺北：鼎文書局，1982年11月）卷七十志第四十六「選舉二」，頁1705。
〔註12〕 同註4，第40冊，頁1516～1517。
〔註13〕 同註4，第39冊，頁36。
〔註14〕 同註4，第39冊，頁325。

齊拍手叫『阿癉癉』。」〔註 15〕微詞部〈明文　天話〉第二條文末小注：「吳下謂大言曰天話。」〔註 16〕

第二節　《古今譚概》的缺失

一、分類的失當

「世說體」小說是以記人敘事爲主，而其分類方式則依每門的主旨編排歸類。由於史料繁瑣，加以類目的編排安置、取決標準係依編纂者的主觀意識，因而在分類上易生混淆失當的現象。即使是「世說體」代表之《世說新語》，亦不免有分類上的缺漏。王思任於〈世說新語序〉中，即有所評論：

> 前宋劉義慶撰《世說新語》，崇羅晉事而暎帶漢魏間十數人。門户自開，科條另定，其中頓置不安、微傳未的，吾不能爲之諱；然而小摘短拈、冷提忙點，每奏一語，幾欲起王謝桓劉諸人之骨，一一呵活眼前而毫無追憾者。

王氏對《世說新語》的語言藝術特色大加讚賞，然對其分類缺失，亦客觀評斷。又馬森在《世說新語研究》中，對《世說新語》的分類方式提出更具體的闡釋：

> 《世說新語》以記人爲主，記事爲副，故其分門亦以人爲準。然細別之，其分類之標準，甚不一致。有以人之行爲爲準者，如〈德行門〉、〈言語門〉、〈政事門〉、〈文學門〉等；有以人之性情爲準者，如〈方正門〉、〈雅量門〉、〈豪爽門〉、〈任誕門〉等；有以人與人之關係爲準者，如〈規箴門〉、〈寵禮門〉、〈輕詆門〉、〈惑溺門〉等。
> 頭緒紛紜，界域混淆，故事中多有分置不當之處。〔註 17〕

馬氏仔細辨明《世說新語》各門類取決標準，一一挑舉分類失當條目，並予以適當歸類。可見分類之恰當與否，存乎一心，同一條目可能出現多種不同的安置方式。因此，檢視《古今譚概》一書，除輯錄「志怪」部分不論，與《世說新語》多記高士名流趣譚軼事之性質可謂相近。且二書俱分爲三十六

〔註 15〕同註 4，第 40 冊，頁 1016。
〔註 16〕同註 4，第 40 冊，頁 1295。
〔註 17〕參見馬森：《世說新語研究》，臺灣師範大學國文研究所碩士論文，1959 年 6 月，頁 80～81。

部，就內容而言，《古今譚概》輯自《世說新語》者極眾，有許多相似處。以矜嫚部〈壞面〉為例說明，就蔡子叔之行徑而言，馮夢龍以為實自負輕慢，故歸於矜嫚部。然此條於《世說新語》則歸入「雅量」：

《古今譚概》	《世說新語》
支道林還東，時賢竝送於征虜亭。蔡子叔蔡系濟陽人。前至，坐近林公。謝萬石後來，坐小遠。蔡暫起，謝移就其處。蔡還，便合褥舉謝擲地，自復坐。謝冠幘俱脫，振衣就席，徐謂蔡曰：「卿奇人，殆壞我面。」蔡答曰：「我本不為卿面作計。」〔註18〕	支道林還東，時賢並送於征虜亭。蔡子叔前至，坐近林公。謝萬石後來，坐小遠。蔡暫起，謝移就其處。蔡還，見謝在焉，因合褥舉謝擲地，自復坐。謝冠幘傾脫，乃徐起振衣就席，神意甚平，不覺瞋沮。坐定，謂蔡曰：「卿奇人，殆壞我面。」蔡答曰：「我本不為卿面作計。」其後，二人俱不介意。〔註19〕

　　二者文字大致相同，然《世說新語》文末尚有「其後，二人俱不介意」句。若依《世說新語》原文之意分類，當置《古今譚概》之「越情部」或「佻達部」較適宜，以彰顯蔡子叔與謝萬石二人之不計前嫌。而馮夢龍刪去末句而裁以新意，歸置「矜嫚部」中，其主觀斟酌之意甚明。《世說新語》同一部類中之內容，常為《古今譚概》取用而分置不同部類，除二書分部之性質不盡相同外，馮氏個人之判定亦為主要原因。

　　因此，儘管馮夢龍將龐雜的故事軼聞概分為三十六部，亦有部分條目在歸類上仍待商榷。下文試舉數例，以探討其間可能分類多方的現象。例如：

　　怪誕部載古人服飾、行為、風俗、文學等方面的怪誕事蹟，然〈潔疾〉、〈倪雲林事〉，〔註20〕載潔癖；〈陳公戒酒〉、〈浴酒〉二則，〔註21〕記載主角的放蕩不羈。前者陳鎬應父命戒酒，卻訂製一大盌，「可容二斤許，鑴八字於內云：父命戒酒，止飲三杯。」後者石裕以「吾平生飲酒，恨毛髮未識其味」為由，取酒沐浴；〈解語神柩〉、〈陸舟〉二則，〔註22〕除呈顯苗耘與張思光的不拘小節外，並反映其清貧之狀。以上各則所述，均與怪誕之主題不甚吻合。此外，〈蘇湛引過〉、〈飼犬〉、〈暴城隍〉等篇，〔註23〕或因屬下有過引咎自撻，

〔註18〕同註4，第39冊，頁524～525。
〔註19〕參見徐震堮：《世說新語校箋》（臺北：文史哲出版社，1985年7月）卷中〈雅量第六〉，頁207。
〔註20〕同註4，第39冊，頁81～90。
〔註21〕同註4，第39冊，頁92～94。
〔註22〕同註4，第39冊，頁99～100。
〔註23〕同註4，第39冊，頁79、81、95。

或疑主人以犬見待而推案飼犬，或與城隍對坐烈日下禱雨等行徑，似應歸入迂腐部更符合其主旨。

癡絕部中雖未品評造成「癡」的原因，卻可由所輯錄〈畏癡〉、〈驕癡〉、〈愚癡〉、〈妬癡〉、〈愛癡〉、〈嗔癡〉、〈貪癡〉……等篇目中理解，〔註24〕「癡」為沈湎於某事物而表現出之呆憨。然〈惡癡〉、〈風流箭〉兩則，〔註25〕前者敘述齊文宣、隋煬帝、東昏侯等君王的肆行淫暴；後者記載唐敬宗造「風流箭」與嬪妃狎戲，似皆與主題不吻合。

貪穢部所收多為貪婪、聚斂財物之事，藉以諷刺巧取豪奪或貪汙受賄之官吏。例如前燕太傅慕容評鬻水與軍、蜀簡州刺史安重霸黷貨無厭，取油客子金、嚴相嵩父子聚賄無度，被譏為「錢癆」。然〈死友〉、〈太倉庫偷兒〉二則，〔註26〕分別記載明代孝感縣民劉尚賢、張明時與偷兒的盜竊事件，與主題不甚吻合。

「鷙忍」有兇殘之意，此部所錄自〈高昂〉以上各則，〔註27〕均為無人性的殘暴事例，與主題相符。然〈王述〉、〈王思〉、〈斬石人　罵伍胥〉、〈投溷〉、〈碎碑〉等則，〔註28〕寫脾氣暴躁；〈獨步來〉，〔註29〕表現狂傲；〈忿徹樂〉，〔註30〕記社交中的不禮貌行為；〈截腸塞瘡〉、〈杜伏威〉、〈任城王〉、〈桓石虔〉等則，〔註31〕表現勇悍，最後兩則則載武藝超群，均與「鷙忍」無甚關聯。

顏甲部所輯為厚顏無恥之事例，前半多為對不知廉恥、有違道德行徑之譏刺。〈王建〉至〈林逋孫鶴山後〉，〔註32〕記拆穿謊言之事。〈李慶遠〉以下各則，〔註33〕多譏諷攀附名人。〈冒詩并冒表丈〉以下各則，〔註34〕嘲誚剽竊詩文等事。其中，〈誤認從叔〉、〈鮑當〉〔註35〕記無心之過，〈山東好人〉、〈罵

〔註24〕同註4，第39冊，頁108～111、115～120、123～128。
〔註25〕同註4，第39冊，頁128～133。
〔註26〕同註4，第39冊，頁616～617。
〔註27〕同註4，第39冊，頁625～643。
〔註28〕同註4，第39冊，頁645、648、649～650。
〔註29〕同註4，第39冊，頁650～651。
〔註30〕同註4，第39冊，頁651。
〔註31〕同註4，第39冊，頁651～653。
〔註32〕同註4，第39冊，頁716～721。
〔註33〕同註4，第39冊，頁722～730。
〔註34〕同註4，第39冊，頁730～749。
〔註35〕同註4，第39冊，頁721～722。

武弁〉〔註36〕寫出言不遜,均非「顏甲」之屬。

塞語部所纂錄,多是指出他人言談舉止之疵,從而令人無言以對之事例。例如〈禁釀具〉〔註37〕中,蜀先主禁釀酒,檢得釀具者,將議罰。簡雍以男子「有淫具,欲行淫」為由諫先主,使其收回成命。然此部中如〈關僧〉、〈重袈裟〉、〈爭姓族〉、〈舉人大帽〉等則,〔註38〕或寫歐陽脩與僧人辯「僧哥」之名,或寫趙悅道之闇者與士人辯僧、士之輕重,或寫諸葛恢與王導爭姓族之先後,或寫王化與舉人辯乘轎與戴大帽,皆為相互嘲諷之事,似應歸入酬嘲部較適合。

上述部卷之分類雖尚有所存疑,部分故事無法明確界定應歸何部。然類目安置,原屬編纂者主觀認知。由於個人對事件觀點之別,便產生不同的歸類結果。而此類歧見,僅為一種相對性而非絕對性。換言之,同一事件可能會有兩種以上之分類型式,端視編纂者之處理狀況而定。因此,《古今譚概》內容龐雜,故事歸屬不易。本節所論的分類失當,實則為一相對性之討論,而難提出絕對性之疏誤。

二、錯誤的記載

《古今譚概》搜羅既富,部卷繁多,其中不免有所掛漏。試舉正文失實之處,條列如下:

(一)形近誤書

馮夢龍纂輯時,易因字形近似而生誤。例如怪誕部〈潔疾〉載:「必刑儀新楚。」〔註39〕據《南齊書》卷四十三列傳第二十四、《南史》卷二十四列傳第十四〈王思遠傳〉,均作「形儀新楚」。〔註40〕則見馮氏因「形」、「刑」相近而誤記。又汰侈部〈李後主姬〉:「易以臘燭」,〔註41〕「臘」應為「蠟」之字誤。而酬嘲部〈月賦秋月詩〉:「延之作秋月詩」〔註42〕查《南史》卷二十

〔註36〕同註4,第39冊,頁727~729。
〔註37〕同註4,第40冊,頁1013。
〔註38〕同註4,第40冊,頁1019~1021、1033、1036~1037。
〔註39〕同註4,第39冊,頁82~83。
〔註40〕參見〔梁〕蕭子顯:《南齊書》卷四十三列傳第二十四〈王思遠傳〉(臺北:鼎文書局,1975年3月,頁766)、〔唐〕李延壽:《南史》卷二十四列傳第十四〈王思遠傳〉(臺北:鼎文書局,1994年9月,頁661)。
〔註41〕同註4,第39冊,頁583。
〔註42〕同註4,第40冊,頁966。

列傳第十〈謝莊傳〉，作「延之作秋胡詩」，〔註43〕又《先秦漢魏晉南北朝詩》「宋詩」卷五載顏延之此詩作〈秋胡行〉。〔註44〕因此，「秋月」疑誤。

（二）顛倒闕文

無術部〈宋鴻貴讀律〉：「宋鴻貴仕齊爲北平府參軍」〔註45〕據《北史》卷二十六列傳第十四〈宋隱傳〉附宋鴻貴，應作「平北府參軍」。〔註46〕矜嫚部原目〈殘客〉後有〈羅君章〉，查正文無此目，實爲〈殘客〉中一條的錯置。〔註47〕汰侈部〈吳饌〉：「而眞守無錫人」〔註48〕《文海披沙》作「眞定守」，〔註49〕且本則首亦作「眞定守」，應據添改作「眞定守」。同部〈李後主姬〉，原題爲〈李後主〉，據目錄補闕。〔註50〕相同情形亦見於巧言部〈三菓一藥〉，原目錄作〈三菓藥〉，查內容有「劉以三菓一藥調之」，據以「三菓一藥」爲題。〔註51〕

（三）錯寫人名

馮夢龍書寫人名時，可能因形近或音近而致誤。此類情形多見於迂腐部中，例如〈迂腐有種〉載：「唐昭宗時，鄭棨爲相。……後棨孫珏，相梁末帝。」〔註52〕然查《舊五代史》卷五十八「唐書」三十四列傳第十〈鄭珏傳〉載「鄭珏，昭宗朝宰相綮之姪孫」，〔註53〕又《新五代史》卷五十四雜傳第四十二〈鄭珏傳〉載「鄭珏，唐宰相綮之諸孫也」〔註54〕因此，「鄭棨」應改作「鄭綮」。

〔註43〕參見〔唐〕李延壽：《南史》（臺北：鼎文書局，1994年9月）卷二十列傳第十〈謝莊傳〉，頁554。

〔註44〕參見逯欽立：《先秦漢魏晉南北朝詩》（臺北：學海出版社，1984年5月）〈宋詩卷五〉，頁128～129。

〔註45〕同註4，第39冊，頁257。

〔註46〕參見〔唐〕李延壽：《北史》（臺北：鼎文書局，1976年11月）卷二十六列傳第十四〈宋隱傳〉附宋鴻貴，頁940。

〔註47〕同註4，第39冊，頁521～522。

〔註48〕同註4，第39冊，頁582。

〔註49〕參見〔明〕謝肇淛：《文海披沙》，卷七〈奢僭之報〉條，239頁。（收錄於《四庫全書存目叢書》子部雜家類第108冊，臺南：莊嚴文化事業有限公司，1995年9月）

〔註50〕同註4，第39冊，頁583。

〔註51〕同註4，第40冊，頁1168～1169。

〔註52〕同註4，第39冊，頁19。

〔註53〕參見〔宋〕薛居正等撰：《舊五代史》（臺北：鼎文書局，1985年12月）卷五十八「唐書」三十四列傳第十〈鄭珏傳〉，頁778

〔註54〕參見〔宋〕歐陽脩：《新五代史》（臺北：鼎文書局，1985年1月）卷五十四

又〈舒太守笑〉載:「舒玉性軮經史。」〔註55〕據《宋史》卷三百二十七〈王安石傳〉中所記,王安石卒後,崇寧三年曾「追封舒王」,推斷「舒玉」應作「舒王」。〔註56〕另有〈孝泌〉載:「江泌,字士深。」〔註57〕然據《南史》卷七十三列傳第六十三〈孝義上〉〈江泌傳〉與《南齊書》卷五十五列傳第三十六〈孝義〉〈江泌傳〉,皆作「江泌,字士清」。〔註58〕可見馮夢龍將「清」誤書爲「深」。相同狀況亦見於〈匍匐圖〉,〔註59〕將「李覯」誤作「李遘」。李覯,字泰伯,《宋史》卷四百三十二有傳,〔註60〕《倦遊雜錄》亦作「李覯」,因據以改正。〈卻衣〉載「軒惟行名軝」,〔註61〕然據《明史》卷一百五十八〈軒輗傳〉,〔註62〕應作「軒輗」。怪誕部各則,亦見相類狀況。例如〈異服〉載「北齊宋道暉」,〔註63〕而《北史》卷八十二列傳第七十〈儒林下〉〈熊安生傳〉作「安生與同郡宗道暉、張暉、紀顯敬、徐遵明等爲祖師」,〔註64〕可見因「宋」、「宗」近而生誤,應改作「宗道暉」。

此外,書寫人名時亦有因漏字而致誤之情形。例如迂腐部〈諱父名〉提及「則天父名韰」、「李賀以父名晉」,〔註65〕然檢視《唐書》,前者於《舊唐書》卷六、《新唐書》卷四〈則天皇后〉均作「士韰」,〔註66〕後者於《舊唐書》卷一百三十七、《新唐書》卷二百三〈李賀傳〉均作「晉肅」。〔註67〕而

雜傳第四十二〈鄭珏傳〉,頁 619。

〔註55〕 同註4,第 39 冊,頁 22。

〔註56〕 據此欒保群點校之《古今譚概》將其改題爲〈王安石笑〉。(參見欒保群點校:《古今譚概》,北京:中華書局,2007 年 8 月,頁 6。)

〔註57〕 同註4,第 39 冊,頁 23。

〔註58〕 參見〔唐〕李延壽:《南史》卷七十二列傳第六十三〈孝義上〉〈江泌傳〉(臺北:鼎文書局,1994 年 9 月,頁 1827)、〔梁〕蕭子顯:《南齊書》卷五十五列傳第三十六〈孝義〉〈江泌傳〉(臺北:鼎文書局,1975 年 3 月,頁 965)。

〔註59〕 同註4,第 39 冊,頁 53～54。

〔註60〕 參見〔元〕脫脫等撰:《宋史》(臺北:鼎文書局,1976 年 11 月)卷四百三十二列傳第一百九十一〈儒林二〉〈李覯〉,頁 12839。

〔註61〕 同註4,第 39 冊,頁 56。

〔註62〕 同註11,卷一百五十八列傳第四十六〈軒輗傳〉作「軒輗,字惟行」,頁 4323。

〔註63〕 同註4,第 39 冊,頁 73。

〔註64〕 同註46,卷八十二列傳第七十〈儒林下〉〈熊安生傳〉,頁 2745。

〔註65〕 同註4,第 39 冊,頁 38～39。

〔註66〕 參見〔後晉〕劉昫:《舊唐書》卷六本紀第六〈則天皇后〉(臺北:鼎文書局,1976 年 10 月,頁 115)、〔宋〕歐陽脩、宋祁:《新唐書》卷四本紀第四〈則天皇后〉(臺北:鼎文書局,1985 年 2 月,頁 81)。

〔註67〕 參見〔後晉〕劉昫:《舊唐書》卷一百三十七列傳第八十七〈李賀傳〉(臺北:

同則評語中，馮夢龍亦舉韓愈諱父名之例：「韓昌黎曰：『父名晉，不舉進士，若父名仁，子遂不得爲人乎？』」〔註68〕然檢韓愈〈諱辯〉，文作：「父名晉肅，子不得舉進士；若父名仁，子不得爲人乎？」〔註69〕則其父之名應爲「晉肅」而非「晉」。

馮氏書寫人名時，除因形近、漏字而致誤外，尚有下列錯誤：

癖嗜部〈好佛〉：「張子正《宦遊紀聞》。」〔註70〕然《粟香室叢書・藏說小萃》中收錄「張惟正《宦遊紀聞》」，〔註71〕查《江陰縣志》〈鄉賢傳〉載：「張誼字惟正。」〔註72〕據此推知，「張子正」實應作「張惟正」。又有同部〈富貴癖〉作「內史林德林。」〔註73〕翻檢《太平廣記》引《啓顏錄》作「李德林」，〔註74〕查《隋書》卷四十二、《北史》卷七十二〈李德林傳〉，〔註75〕德林爲內史上士，則應改爲「李德林」。

而口碑部〈陳和叔孔仲譽〉一則，改寫自《東軒筆錄》卷六。臚列原文，以見二者之別：

《古今譚概》	《東軒筆錄》
陳和叔爲舉子，通率少檢，後舉制科，驟爲質樸，時號「熱熱顏回」。時孔仲譽對制策，言天下有可歎息痛哭者。既被	陳繹晚爲敦樸之狀，時謂之「熱熱顏回」。熙寧中，臺州推官孔仲舉制科，庭試對策，言時事有可痛哭太息者，執政惡而黜

鼎文書局，1976 年 10 月，頁 3772）、〔宋〕歐陽脩、宋祁：《新唐書》卷二百三列傳第一百二十八〈文藝下〉〈李賀傳〉（臺北：鼎文書局，1985 年 2 月，頁 5788）。

〔註68〕 同註4，第 39 冊，頁 39。

〔註69〕 參見〔唐〕韓愈撰，〔清〕馬永昶校注，〔民國〕馬茂元編：《韓昌黎文集校注》（臺北：頂淵文化事業有限公司，2005 年 11 月）〈諱辯〉，頁 34。

〔註70〕 同註4，第 39 冊，頁 417。

〔註71〕 參見〈宦遊紀聞序〉：「邑誌列傳云：張誼字惟正，……余偶於業醫者案頭得公所著《宦遊紀聞》一冊。……公字子更爲惟，似亦沒年事俱仍之。後學李如一書。」（收錄於〔明〕李如一：《藏說小萃》甲集，明萬曆丙午（西元 1606 年）原刊本。）

〔註72〕 參見《江蘇省江陰縣志》卷之十六「人物一」〈崇祀鄉賢傳〉，頁 1642。（收錄於《中國方志叢書》第 456 號，臺北：成文出版社有限公司，1983 年 3 月。）

〔註73〕 同註4，第 39 冊，頁 419。

〔註74〕 同註1，第三冊，卷第二百五十三「嘲誚一」〈盧思道〉條，頁 1968～1969。

〔註75〕 參見〔唐〕魏徵等撰：《隋書》卷四十二列傳第七〈李德林傳〉（臺北：鼎文書局，1975 年 3 月，頁 1198）、〔唐〕李延壽：《北史》卷七十二列傳第六十〈李德林傳〉（臺北：鼎文書局，1976 年 11 月，頁 2505）。

斥，和叔曰：「孔生眞杜園賈誼也。」王平甫聞之曰：「『杜園賈誼』，好對『熱熟顏回』。」〔註76〕	之。繹時爲翰林學士，語於眾曰：「文仲狂躁，眞杜園賈誼也。」王平甫笑曰：「杜園賈誼，可對熱熟顏回。」合坐大噱，繹有慚色。杜園、熱熟，皆當時鄙語。〔註77〕

　　《古今譚概》題爲「孔仲譽」，文中則作「孔仲舉對制策」，查《東軒筆錄》原句作「孔文仲舉制科」，「譽」字涉「舉」字而誤，可見馮夢龍將「孔文仲」誤作「孔仲譽」。誤書人名，亦見於靈蹟部〈笞老〉。〔註78〕此則引自《酉陽雜俎》卷五〈怪術〉，〔註79〕稍加剪裁。卻將首句「長壽寺僧晉」，誤爲「長壽寺僧笞」。

　　再者，酬嘲部〈崔季珪〉記載崔季珪夙慧之事：

> 冀州崔季珪琰，九歲應秀才舉。時陳元方爲州刺史，嫌其幼，琰曰：「昔項橐八歲爲孔子師，今自恨年已過矣。」元方戲之曰：「卿宗與崔杼近遠？」琰曰：「如明公之與陳恒。」〔註80〕

馮夢龍此條不知所據何本，「崔季珪」〔註81〕出現於《世說新語》「容止」第十四：

> 魏武將見匈奴使，自以形陋，不足雄遠國，使崔季珪代，帝自捉刀立床頭。既畢，令間諜問曰：「魏王何如？」匈奴使答曰：「魏王雅望非常，然床頭捉刀人，此乃英雄也。」魏武聞之，追殺此使。〔註82〕

再查《世說新語》「言語」第二：

〔註76〕同註4，第40冊，頁1321～1322。

〔註77〕參見〔宋〕魏泰：《東軒筆錄》（鄭州：大象出版社，2006年1月）卷六，頁47。

〔註78〕同註4，第40冊，頁1368～1369。

〔註79〕參見〔唐〕段成式：《酉陽雜俎》（臺北：漢京文化事業有限公司，1983年10月）卷五〈怪術〉，頁56。

〔註80〕同註4，第40冊，頁994～995。

〔註81〕崔琰字季珪，清河東武城人（今河北武城東北）。聲姿高暢，眉目疏朗，須長四尺，甚有威重，少好擊劍，尚武事。及長，誦論語、韓詩。結公孫方等，師叢鄭玄。袁紹聞之。紹出兵黎陽襲許都，琰諫阻，紹不聽。未幾，果敗於官渡。紹卒，二子交爭，爭欲得琰。琰稱疾固辭，獲罪，賴陰夔、陳琳救得免。太祖破袁氏，闢琰爲別駕從事。曹操徵并州，留琰傅曹丕於鄴。魏初，拜尚書。主曹丕爲太子。操貴其公亮，遷中尉。建安二十一年，曹操加魏王，以爲意指不遜。罰琰爲隸，後賜琰死。

〔註82〕同註19，頁333。

> 崔正熊詣都郡。都郡將姓陳，問正熊：「君去崔杼幾世？」答曰：「民
> 去崔杼，如明府之去陳恆。」〔註83〕

所記事件內容與《古今譚概》相同，但主人翁是「崔正熊」〔註84〕而非「崔
季珪」。此事李贄《初潭集》卷十五〈嘲笑〉亦載。〔註85〕可見馮夢龍誤引人
物，主角應為「崔豹」而非「崔琰」。將事件主角張冠李戴之例，亦見於酬嘲
部〈殷何二子〉：

> 殷淳與何勖共食蓴羹盡，勖曰：「益殷蓴羹。」勖司空無忌子也，淳
> 徐輟筯曰：「何無忌憚？」〔註86〕

查《南史》卷二十七列傳第十七〈殷景仁傳從祖弟淳〉：

> （淳）子孚有父風。嘗與侍中何勖共食，孚羹盡，勖云：「益殷蓴羹。」
> 勖司空無忌子也，孚徐輟箸曰：「何無忌諱。」〔註87〕

比對《古今譚概》與《南史》二書所載，有「殷淳」作「殷孚」之別，實乃
馮夢龍將殷孚事誤作其父殷淳事。

三、引書的漏誤

《古今譚概》計引經、史、子部書籍超過三百七十種，其中標明援引出
處者達一百八十種。小說、子部占大部，正史、野史次之。時代上自先秦，
下迄晚明，引書數量龐大。基本上都有材料來源，對於錯謬的記載選錄時能
指出，例如機警部〈江南妓〉文末注：「見《西堂紀聞》。《譙浪》作歐文忠公
事，或誤。」〔註88〕然因馮夢龍係集錄群書而成，所引諸書多有可疑之處，
以下將所知見者略述如次：

（一）引書名稱紛雜
1. 名稱繁簡不一
例如《太平廣記》作《廣記》，無術部〈中官通文〉及〈公羊傳〉、靈蹟

〔註83〕同註19，頁49。
〔註84〕據《晉百官名》載：「崔豹字正熊，燕國人。」晉惠帝時官至太傅僕，撰有《古
今注》。
〔註85〕參見〔明〕李贄：《初潭集》（臺北：漢京文化事業有限公司，1982年12月）
卷之十五「師友五」〈二嘲笑〉，頁225。
〔註86〕同註4，第40冊，頁996。
〔註87〕同註43，卷二十七列傳第十七〈殷景仁傳〉附殷孚，頁740。
〔註88〕同註4，第40冊，頁957。

部〈鍼髮〉。〔註89〕又如佻達部〈陶彭澤〉第三條文末標示出《晉陽秋》，此即南朝宋檀道鸞《續晉陽秋》。〔註90〕而明代李詡的《戒庵老人漫筆》，馮夢龍於委蛻部〈人疴〉、口碑部〈倭房公〉中，皆作《戒菴漫筆》。〔註91〕又妖異部〈無鬼論〉文末引《塵談》作評，〔註92〕此即明代來斯行所撰之《客邸塵談》。

2. 同書異名並引

例如儇弄部的〈捕獺狸〉，馮夢龍標示引錄自《趙后外傳》。〔註93〕今是書有《飛燕外傳》、《趙飛燕外傳》、《趙后外傳》等異名。然據版本之時代先後言：《飛燕外傳》之稱較為少見晚出，故當由《趙飛燕外傳》之簡稱而來。而《趙飛燕外傳》雖所見較多，然所稱述之書，則為明清以後眾作。是則《趙后外傳》之稱，恐為本名。按北宋司馬光《資治通鑑》，及始節引其書之《紺珠集》，均稱其為《趙后外傳》，與《古今逸史》同，故若依時代著錄來考察，當以《趙后外傳》為其舊稱。後世或因其為后無狀而貶斥，或欲與秦醇之《趙后遺事》相別，故改稱《趙飛燕外傳》，後又省稱為《飛燕外傳》，此當為其書名源流之梗概。

《趙飛燕外傳》在成書作者及年代上，此作出於後人偽托當屬無疑。至於成書年代的考證，由其內容中所使用的專有名詞，以及文獻的記載，可能介於晚唐、五代至北宋。不過由於傳鈔脫衍，內容舛誤，關於其確切年代，仍待更進一步的資料佐證。

又如荒唐部〈巴嫗項癭〉，馮夢龍標示引錄自《幽怪錄》。〔註94〕是書牛僧孺撰，《新唐書・藝文志》、《崇文總目》、《通志》、《宋書・藝文志》皆著錄。而繆荃孫《藝風堂藏書記》載有明初松溪書林陳應翔刻《幽怪錄》。而「玄怪」之改「幽怪」，係因宋人避始祖玄朗名諱使然，《玄怪錄》、《幽怪錄》二名自宋以來即並用。

3. 同名之書未冠作者姓名以區隔

例如儇弄部〈箕仙〉，文末僅標示「見《詩話》」，以致讀者易生混淆。

〔註89〕同註4，分見於第39、40冊，頁277、279、1412。
〔註90〕同註4，第39冊，頁478。
〔註91〕同註4，分見於第40冊，頁814、1348。
〔註92〕同註4，第40冊，頁1491。
〔註93〕同註4，第40冊，頁871。
〔註94〕同註4，第40冊，頁1453。

〔註95〕又馮夢龍於巧言部〈醫訣語〉文首標示出自《諧史》，〔註96〕實乃明代江盈科之《雪濤諧史》。未清楚注明，易與宋代沈俶之《諧史》混淆。

4. 疑有引自甲書而注出乙書者

以雜志部〈晚達〉一則為例，馮夢龍雖於文末標示出自《鶴林玉露》，就其所引文字觀察，實錄自《七修類稿》。臚列《古今譚概》、《鶴林玉露》與《七修類稿》原文，表列如下，以見其異同：

《古今譚概》	《鶴林玉露》乙編卷六〈中興賦聯〉	《七修類稿》卷三十一「詩文類」〈陳修〉
紹興中，黃公度榜第三名陳修。唱名時，高宗問：「年幾何？」對曰：「七十三矣。」問：「有幾子？」對曰：「未娶。」遂詔宮人施氏嫁之。時人戲曰：「新人若問郎年幾，五十年前二十三。」《鶴林玉露》《清暇錄》又謂詹義登科後，解嘲曰：「讀盡詩書五六擔，老來方得一青衫。逢人問我年多少，五十年前二十三。」《清波雜誌》又謂閩人韓楠，未知孰是。〔註97〕	紹興間，黃公度榜第三人陳脩，福州人，解試《四海想中興之美》賦，第五韻隔對云：「蔥嶺金堤，不日復廣輪之土；泰山玉牒，何時清封禪之塵。」時諸郡試卷多經御覽，高宗親書此聯於幅紙，黏之殿壁。及唱名，玉音云：「卿便是陳脩？」吟誦此聯，淒然出涕，問卿年幾何，對曰：「臣年七十三。」問卿有幾子，對曰：「臣尚未娶。」乃詔出內人施氏嫁之，年三十，貲奩甚厚。時人戲為之語曰：「新人若問郎年幾，五十年前二十三。」〔註98〕	紹興中，黃公度榜第三名陳修。唱名時，高宗問：「年幾何？」對曰：「七十三矣。」問：「有幾子？」對曰：「未娶。」遂詔宮人施氏嫁之。時人戲曰：「新人若問郎年紀，五十年前二十三。」此則可謂真少太公之七年矣。《清暇錄》又謂詹義登科後，解嘲曰：「讀盡詩書五六擔，老來方得一青衫。逢人問我年多少，五十年前二十三。」《清波雜誌》又以謂閩人韓南，未知孰是。未知孰是。〔註99〕

《古今譚概》所引，除「年幾」作「年紀」及「韓楠」作「韓南」外，文字與《七修類稿》悉同。

又如馮夢龍於非族部〈賣龍〉一則文末，標示「見《抱朴子》」。然比對

〔註95〕同註4，第40冊，頁916。

〔註96〕同註4，第40冊，頁1194。

〔註97〕同註4，第40冊，頁1577。

〔註98〕參見〔宋〕羅大經：《鶴林玉露》（北京：中華書局，1983年8月）乙編卷之六〈中興賦聯〉，頁222。

〔註99〕參見〔明〕郎瑛：《七修類稿》（臺北：新興書局有限公司，1983年6月）卷三十一「詩文類」〈陳修〉。

文字，馮氏應以《太平廣記》為本。試將《古今譚概》、《抱朴子》與《太平廣記》三者表列如下，以明異同：

《古今譚概》	《抱朴子》 內篇佚文	《太平廣記》 卷第四百一十八「龍一」 〈甘宗〉
秦使者甘宗所奏西域事云：外國方士能神咒者，臨川禹步吹氣，龍即浮出。初出，乃長數十丈，方士吹之，一吹則龍輒一縮，至長數寸。乃取置壺中，以少水養之。外國常苦災旱，於是方士聞旱，便齎龍往出賣之，一龍直金數十斤。舉國會斂以顧其直，戶發壺出龍，置淵中，復禹步吹之，長數十丈，須臾雨四集矣。見《抱朴子》。〔註100〕	案使者甘宗全晉文一百十七宗作崇。所奏西域事云：外國方士能神祝者，臨淵禹步吹氣，龍即浮出。其初出乃長十數丈，於是方士更一吹之，一吹則龍輒一縮。至長數寸，方士乃撥取著壺中。壺中或有四五龍，以少水養之，以疏物塞壺口。國常患旱災，於是方士聞餘國有少雨屢旱處，輒齎龍往賣之，一龍直金數十斤。舉國會斂以顧之直畢，乃發壺出一龍，著淵潭之中。因復禹步吹之，一吹一長，輒長數十丈，須臾而雲雨四集矣。 藝文類聚九十六，御覽十一，七百三十六，九百二十九。	秦使者甘宗所奏西域事云，外國方士能神咒者，臨川禹步吹氣，龍即浮出。初出，乃長數十丈。方士吹之，一吹則龍輒一縮。至長數寸，乃取置壺中，以少水養之。外國常苦旱災，於是方士聞有有原作而，據明抄本、陳校本改早處，便齎龍往，出賣之。一龍直金數十斤。舉國會斂以顧之。直畢，乃發壺出龍，置淵中。復禹步吹之，長數十丈。須臾雨四集矣。〔註101〕

《古今譚概》所引，除「災旱」作「旱災」、「於是方士聞旱」作「於是方士聞有旱處」及「舉國會斂以顧其直」作「舉國會斂以顧之」外，文字與《太平廣記》皆同。

5. 書名字誤

形似字誤，例如《雙槐歲鈔（抄）》作《雙槐歲杪》（顏甲部〈費祭酒〉、非族部〈鯢魚魶魚〉）。又如《五雜組》作《五雜俎》（妖異部〈寶母等〉）。〔註102〕

例如委蛻部〈勇士廟〉，文末標示「見《新漢縣圖記》」，然查無此書。而查《太平廣記》卷第一百九十一「驍勇一」〈朱遵〉條，文末註明出自《新津縣圖經》。茲引錄《古今譚概》與《太平廣記》之原文，比對其異同：

〔註100〕同註4，第40冊，頁1536～1537。
〔註101〕同註1，第五冊，頁3402。
〔註102〕同註4，分見於第39、40冊，頁708、1543、1505。

《古今譚概》	《太平廣記》
漢朱遵仕郡功曹，公孫述僭號，遵擁郡人不伏。述攻之，乃以兵拒，述埋車絆馬而戰死。光武追贈輔漢將軍，吳漢表爲置祠。一曰：遵失首，退至此地，絆馬訖，以手摸頭，始知失首，於是士人感而義之，乃爲置祠，號爲健兒廟。後改勇士廟。見《新漢縣圖記》。〔註103〕	漢朱遵仕郡功曹。公孫述僭號，遵擁郡人不伏。述攻之，乃以兵拒述。埋車絆馬而戰死。光武追贈輔漢將軍，吳漢表爲置祠。一曰：遵失首，退至此地，絆馬訖，以手摸頭，始知失首。於是土人感而義之，乃爲置祠，號爲健兒廟，後改勇士祠。〔註104〕

　　二者字句稍異。例如「公孫術」，《太平廣記》作「公孫述」；「士人」，《太平廣記》作「土人」；又如「勇士廟」，《太平廣記》作「勇士祠」。因此，馮夢龍可能因文字形似而誤，錯將《新津縣圖經》作《新漢縣圖記》。

　　音近而誤，例如《閒燕嘗談》當作《閒燕常談》（雅浪部〈鮎魚上竹竿〉）。〔註105〕

6. 書名模稜不確

　　例如微詞部〈寓言〉第五條，馮夢龍僅含糊標示出自《佛經》，原公案實出自釋康僧會譯《六度集經》卷第五〈忍辱度無極第三〉。引錄二書之原文，以見其繁略之異：

《古今譚概》	《六度集經》
《佛經》：昔者菩薩身爲雀王，慈心濟眾。有虎食獸，骨掛其齒，困饑將終。雀王入口啄骨，日日若茲。骨出虎活，雀飛登樹，說佛經曰：「殺爲凶虐，其惡莫大。」虎聞雀誡斂聲，勃然恚曰：「爾始離吾口，而敢多言！」雀速飛去。〔註106〕	昔者菩薩身爲雀王，慈心濟眾，有尚慈母。悲彼艱苦，情等親離。睹眾稟道，喜若己寧。愛育眾生，猶護身瘡。有虎食獸，骨柱其齒，病困將終。雀睹其然，心爲悲楚曰：「諸佛以食爲禍，其果然矣。」入口啄骨，日日若茲。雀口生瘡，身爲瘦疵。骨出虎穌，雀飛登樹，說佛經曰：「殺爲兇虐，其惡莫大，若彼殺己，豈悅之乎？當恕己度彼，即有春天之仁。仁者普慈，佑報響應。兇虐殘眾，禍尋影追，爾思吾言矣。」虎聞雀誡，勃然恚曰：「爾始離吾口，而敢多言乎？」雀睹其不可化，愴然愍之，即速飛去。佛告諸比丘：「雀王者，吾身是也。虎者，調達是也。開士世

〔註103〕同註4，第40冊，頁821。
〔註104〕同註1，卷第一百九十一「驍勇一」〈朱遵〉，頁1428。
〔註105〕同註4，第40冊，頁1059。
〔註106〕同註4，第40冊，頁1313～1314。

－248－

	世慈心濟眾，以爲惶務，猶自憂身。」菩薩法忍度無極，行忍辱如是。〔註107〕

《古今譚概》之引文較簡略，且文末無「佛告諸比丘」等說明文字。

又如荒唐部〈花中美女〉一則文末，標示「見花木考」。查「花木考」並非書名，僅係明代愼懋官所撰《華夷花木鳥獸珍玩考》之篇目。是書凡花木考六卷、鳥獸考一卷、珍玩考一卷、續考二卷。又據明萬曆辛巳（西元 1581年）吳興愼氏原刊本，其版心上方記「華夷花木考」。因此，一名《華夷花木考》。而馮氏僅標篇卷未立書名，實模稜不清，不利檢索。

（二）捨早出而引晚出之書

例如謬誤部〈廬山精〉，〔註108〕馮夢龍標示引自《稗史》，查其事早見唐代皇甫枚《三水小牘》〔註109〕（引《類說》卷之四十五）。又如無術部〈祭文 策問〉中的〈葉生〉條，〔註110〕馮夢龍標示引自《謔浪》，查其事早見宋代《籍川笑林》（引《類說》卷之四十九）〈策題〉條。〔註111〕又非族部〈倭國〉，〔註112〕馮夢龍標示引自《北史》，查其事早見《隋書》卷八十一列傳第四十六〈東夷〉〈倭國〉。〔註113〕

（三）未註出處之篇章為數眾多

《古今譚概》計引經、史、子部書籍超過三百七十種，其中標明援引出處者達一百八十種。因此，未註出處之篇章爲數眾多。〔註114〕

（四）誤植書名

例如迂腐部〈顧協〉，〔註115〕馮夢龍標示出自《北史》，然查無此條，

〔註107〕參見釋康僧會譯：《六度集經》（成都：巴蜀書社，2001 年 6 月）卷第五〈忍辱度無極第三〉，頁 204。

〔註108〕同註 4，第 39 冊，頁 201。

〔註109〕參見〔唐〕皇甫枚：《三水小牘》，收錄於《類說》（臺北：新興書局有限公司，1980 年 8 月）卷之四十五〈廬山精〉，頁 3006。

〔註110〕同註 4，第 39 冊，頁 282～283。

〔註111〕參見〔宋〕：《籍川笑林》，收錄於《類說》（臺北：新興書局有限公司，1980年 8 月）卷之四十九〈策題〉，頁 3226。

〔註112〕同註 4，第 40 冊，頁 1518。

〔註113〕參見〔唐〕魏徵等撰：《隋書》（臺北：鼎文書局，1975 年 3 月）卷八十一列傳第四十六〈東夷倭國〉，頁 1826。

〔註114〕參見第五章第四節「題材來源」註 132，馮夢龍標注所援引之典籍。

〔註115〕同註 4，第 39 冊，頁 58。

實見《南史》卷六十二列傳第五十二〈顧協〉。〔註116〕另不韻部〈不洗腳〉〔註117〕亦同,不見於《北史》,實出於《南史》卷六十四列傳第五十四〈陰子春傳〉:「身服垢汙,數年一洗,言每洗則失財敗事,云在梁州,以洗足致梁州敗。」〔註118〕此經改寫,敘述較詳。例如文末尚有「婦甚惡之,曾勸令一洗。不久,值梁州之敗,謂洗腳所致,大恨婦。遂終身不洗」等句。

　　例如怪誕部〈刺眉〉評語,〔註119〕非出自《笑林評》而係《續笑林評》。未能釐清二書之狀況,書中多次出現,包括:謬誤部〈鬼誤〉、顏甲部〈看司命〉、微詞部〈鑽彌遠〉。〔註120〕

　　例如專愚部〈蠢父　蠢子〉第三條,〔註121〕引《韓非子》,今則見《淮南子》卷十六〈說山訓〉,文作「東家母死,其子哭之不哀。西家子見之,歸謂其母曰:『社何愛速死,吾必悲哭社。』」〔註122〕查檢今傳《韓非子》一書,並無此內容。

　　例如佻達部〈傭〉文末標示「見《涇林續紀》」,〔註123〕查周元暐《涇林續記》〔註124〕並無此條,疑馮夢龍誤記。《情史》卷五〈唐寅〉條引作周復俊《涇林雜記》,〔註125〕又《古今閨媛軼事》卷四〈三笑之藍本〉〔註126〕、《曲海總目提要》卷二十〈文星現〉條〔註127〕亦作《涇林雜記》。

　　例如貪穢部〈貪位〉第三條〔註128〕文首標示出自《朝野僉載》,實未見於

〔註116〕同註43,卷六十二列傳第五十二〈顧協〉,頁1520。

〔註117〕同註4,第39冊,頁332。

〔註118〕同註43,卷六十四列傳第五十四〈陰子春傳〉,頁1555。

〔註119〕同註4,第39冊,頁72。

〔註120〕同註4,分見於第39、40冊,頁199、727、1280。

〔註121〕同註4,第39冊,頁148。

〔註122〕參見〔漢〕劉安撰、高誘註:《淮南子》,收錄於《大本原式精印四部叢刊正編》(臺北:臺灣商務印書館,1978年11月)第22冊,卷十六〈說山訓〉,頁122。

〔註123〕同註4,第39冊,頁463。

〔註124〕參見〔明〕周元暐:《涇林續記》,收錄於《百部叢書集成》(臺北:藝文印書館,1967年8月)第1071冊。

〔註125〕參見〔明〕馮夢龍:《情史》(南京:江蘇古籍出版社,1993年3月)第7冊,卷五〈唐寅〉,頁188~191。

〔註126〕參見《古今閨媛軼事》(臺北:新文豐出版公司,1978年9月)卷四〈三笑之藍本〉,頁91~94。

〔註127〕參見〔清〕黃文暘撰,董康纂輯:《曲海總目提要》(臺北:新興書局有限公司,1967年8月)卷二十〈文星現〉條,頁979~986。

〔註128〕同註4,第39冊,頁620。

此，僅於《新唐書》卷七十九列傳第四〈高祖諸子滕王元嬰〉有部分相關記載：

元嬰慚，歷旬不視事。後坐法削戶及親事帳內之半，謫置滁州。起授壽州刺史，徙隆州，復不循法。錄事參軍事裴聿諫正其失，元嬰捽辱之。聿入計具奏，帝遷聿六品上階。〔註129〕

然字句多異，亦未載「八榻將軍」事。

例如馮夢龍於容悅部〈奔喪〉及評語部分，分別標示出自《唐書》、《宋史》與《漢書》，實皆有誤。

《古今譚概》	《唐書》		《朝野僉載》
	《舊唐書》	《新唐書》	
《唐書》：高力士母喪，左金吾大將軍程伯獻、少府監馮紹正直就其喪所，被髮痛哭，甚於己親。《宋史》：梁師成妻死，蘇叔黨范溫皆衰絰臨哭，尤可笑。	《舊唐書》卷一百八十四列傳「宦官」〈高力士傳〉作「麥氏亡，伯獻於靈筵散髮，具縗絰，受賓弔答」。〔註131〕	《新唐書》卷二百七列傳第一百三十二「宦者上」〈高力士傳〉作「後麥亡，伯獻縗絰受弔」。〔註132〕	卷五，字句稍異。例如「父喪」作「遭母喪」。 將軍高力士特承玄宗恩寵。遭母喪，左金吾大將軍程伯獻、少府監馮紹正二人直就力士母喪前披髮哭，甚於己親。朝野聞之，不勝恥笑。〔註133〕
前代宦者亦有妻。漢丞相御史條奏石顯惡，免官，與妻子徒歸故郡。唐高力士娶呂玄晤妹。李輔國娶元擢女。乾妻已自可笑，況復生兒？《漢書》：靈帝崩，時市賈小民，有相聚爲宣陵孝子者，詔皆除太子舍人。北齊和士	《宋史》	《朱子語類》	
	未見	〈梁師成妻〉條見《朱子語類》卷第一百三十〈本朝四〉： 蘇東坡子過，范淳夫子溫，皆出入梁師成之門，以父事之。然以其父名（其）〔在〕籍中，亦不得官職。師成自謂東坡遺腹子，待叔黨如親兄弟，諭宅庫云：「蘇學士使一萬貫以下，不須覆。」叔黨緣是多散金，卒喪其身。又有某人亦以父事師	

〔註129〕參見〔宋〕歐陽脩、宋祁：《新唐書》（臺北：鼎文書局，1985年2月）卷七十九列傳第四〈高祖諸子滕王元嬰〉，頁3560。

〔註130〕同註4，第39冊，頁690～691。

〔註131〕參見〔後晉〕劉昫：《舊唐書》（臺北：鼎文書局，1976年10月）卷一百八十四列傳「宦官」〈高力士傳〉，頁4758。

〔註132〕參見〔宋〕歐陽脩、宋祁：《新唐書》（臺北：鼎文書局，1985年2月）卷二百七列傳第一百三十二「宦者上」〈高力士傳〉，頁5859。

〔註133〕參見〔唐〕張鷟：《朝野僉載》（北京：北京出版社，2000年）卷五，頁1820。

子舍人。北齊和士開母喪，托附者咸往奔哭，鄴中富商丁鄴、嚴興並爲義孝。〔註130〕		成。師成妻死，溫與過當以母禮喪之，方疑忌某人。不得已衰絰而往，則某人先衰絰在帷下矣！〔註134〕
	《漢書》	《後漢書》
	未見	《後漢書》卷八〈孝靈帝紀第八〉，字句稍異。 市賈民爲宣陵孝子者數十人，皆除太子舍人。〔註135〕
		《北齊書》
		《北齊書》卷二十一列傳第十三〈封隆之孝琬弟孝琰〉，文字相同。 和士開母喪，託附者咸往奔哭。鄴中富商丁鄴、嚴興等並爲義孝。〔註136〕

馮夢龍雖標示出自《唐書》，然引文較接近《朝野僉載》；標示出自《宋史》，應見於《朱子語類》。評語部分則分別出自《後漢書》、《北齊書》，而非《漢書》。

例如委蛻部〈異相〉中，引自《桯史》敘述趙南仲樣貌之異，實應出於《湖海新聞夷堅續志·前集卷一·人倫門·貴顯》〈威鎭金虜〉條，文字與《古今譚概》大致相同；而記載賈弼夢鬼易頭一事，亦不見於《異苑》，應出自《太平廣記》卷第二百七十六「夢一」〈賈弼〉條（出《幽明錄》），馮夢龍引錄時加以剪裁改易，僅取三句。

《古今譚概》	《湖海新聞夷堅續志》
《雲仙散錄》：郭汾陽每遷官，則面長二寸，額有光氣，久之乃復。《桯史》：嘉定間趙南仲爲淮閫，貌古怪，兩眼高低，一眼觀天，一眼觀地。人望而畏之，不敢仰視。《異苑》：賈弼夢鬼易其頭，遂能半面笑，半面啼。〔註137〕	〈趙南仲〉條，見於《湖海新聞夷堅續志·前集卷之一·人倫門·貴顯》〈威鎭金虜〉條，文字大致相同。 趙端明南仲，嘉定年間爲淮閫，威望表著，金人相戒不敢犯邊，皆以「趙爺爺」呼之。貌古怪，兩眼高低，一眼觀天，一

〔註134〕參見〔宋〕黎靖德：《朱子語類》（臺北：文津出版社，1986年12月）卷第一百三十〈本朝四〉，頁3119。

〔註135〕參見〔南朝宋〕范曄：《後漢書》（臺北：鼎文書局，1977年9月）卷八〈孝靈帝紀第八〉，頁339。

〔註136〕參見〔唐〕李百藥：《北齊書》（臺北：鼎文書局，1975年3月）卷二十一列傳第十三〈封隆之孝琬弟孝琰〉，頁308。

〔註137〕同註4，第40冊，頁813。

	眼觀地，人皆望而畏之，不敢仰視。〔註138〕《幽明錄》河東賈弼小名鹽兒，甚諳究世譜。義熙中，為琅琊府參軍。夜夢有一人，大鼻而䶥，揀甚多，瞤目，請之曰：「愛君之貌，欲易頭，可乎？」乃於夢中許易。明朝起，自不覺，而人悉驚走。琅琊王大驚，遣傳教呼視。弼到，琅琊遙見，起還內。弼取鏡自看，方知怪異。因還家，家人悉驚入內，婦人走藏。弼坐自陳設，良久并遣人至府檢問，方信。後能半面啼半面笑，兩手各捉一筆俱書，辭意皆美。此為異也，餘並與人同。〔註139〕

例如雅浪部〈唐宋二宗雅謔〉第一條，〔註140〕文末標示出自《松牕雜錄》，然查無此條，實引自《太平廣記》卷第二百五十一「詼諧七」〈裴休〉條（見唐代康駢《劇談錄》卷下）。〔註141〕

例如微詞部〈送吏部郎〉一則，〔註142〕馮夢龍於文首標示出自《宋書》，然實見於《南史》卷三十列傳第二十〈何尚之傳〉。《古今譚概》稍加刪節，個別字句稍異。例如「聞汝來此，傾朝相送，可有幾客？」作「相送幾客」。

> 遷吏部郎。告休定省，傾朝送別於冶渚。及至郡，叔度謂曰：「聞汝
> 來此，傾朝相送，可有幾客？」答曰：「殆數百人。」叔度笑曰：「此
> 是送吏部郎耳，非關何彥德也。昔殷浩亦嘗作豫章定省，送別者甚，
> 及廢徙東陽，船泊征虜亭積日，乃至親舊無復相窺者。」〔註143〕

例如妖異部〈銅鎗〉一則，〔註144〕馮夢龍於文首標示出自《述異記》，然實見於《孔氏志怪》。〔註145〕

〔註138〕參見佚名：《湖海新聞夷堅續志》，收錄於《續修四庫全書》子部小說家類（上海：上海古籍出版社，2002 年 3 月）第 1266 冊，前集卷之一「人倫門・貴顯」〈威鎮金虜〉，頁 166。

〔註139〕同註 1，第三冊，頁 2183。

〔註140〕同註 4，第 40 冊，頁 1061～1062。

〔註141〕同註 1，第三冊，卷第二百五十一「詼諧七」〈裴休〉，頁 1951。

〔註142〕同註 4，第 40 冊，頁 1286～1287。

〔註143〕同註 43，卷三十列傳第二十〈何尚之傳〉，頁 782。

〔註144〕同註 4，第 39、40 冊，頁 277、616、838、842～844。

〔註145〕參見《孔氏志怪》，收錄於《古小說鉤沉》（濟南：齊魯書社，1997 年 11 月），頁 133～134。

此外，明代王同軌先後撰有《耳談》十五卷、《耳談類增》五十四卷兩書，然《古今譚概》中將此二書混爲一談。例如無術部〈中官出對〉、貪穢部〈死友〉、譎智部〈乘驢婦〉與〈耳譚二譎僧〉各則，〔註146〕分別出自《耳談類增》卷三十七、五十一、五十二、五十三，〔註147〕但馮夢龍於書中一律標示出自《耳譚》。同時，又出現《耳談》與《耳譚》之別。例如文戲部〈夢鱸〉〔註148〕作《耳談》，餘皆爲《耳譚》。

（五）書已亡佚

例如《古今譚概》引唐代皇甫枚《三水小牘》一則，錄有靈蹟部〈紙月取月留月〉第二條。〔註149〕此書《直齋書錄解題》著錄三卷，已佚。所引此條係佚文，原載《琅邪代醉編》，個別文字稍異。例如：「自桂過湖」原作「自桂過明」。

又《古今譚概》引五代王仁裕《王氏見聞錄》一則，輯錄爲閨誡部〈池水清〉。〔註150〕此書《崇文總目》傳記類著錄三卷，作《王氏見聞集》；《祕書續目》小說類作《王仁裕見聞錄》，《通志略》作《王氏聞見集》，《宋志》小說類作《王氏見聞錄》，皆三卷，原書已佚。

〔註146〕同註4，第40冊，頁1496。
〔註147〕參見〔明〕王同軌：《耳談類增》，收錄於《續修四庫全書》（上海：上海古籍出版社，2002年3月）子部小說家類第1268冊，卷之三十七「雅謔篇中」〈内守備府監生答對〉、五十一「外紀逆報篇」〈劉尚賢張明時爲友〉、五十三「外紀譎餂篇下」〈男子失駟〉、五十二「外紀譎餂篇上」〈僧詐〉，頁226、315、323、319。
〔註148〕同註4，第40冊，頁1124。
〔註149〕同註4，第40冊，頁1381～1383。
〔註150〕同註4，第39冊，頁762～763。

第八章　結　論

　　本文目的在全面探究馮夢龍《古今譚概》一書。因此，經由編纂者生平、成書背景、編纂動機、閱讀效果、版本考述、編纂原則、文獻運用、內容析探、評價影響等方面的討論，希望能對此書有更深一層的認識。

　　在探討《古今譚概》內容之前，先就編纂者馮夢龍的生平、著作、文學觀以及版本問題，進行考辨、說明。關於馮氏的籍貫，或說吳縣人，或說長洲縣人，歷來說法紛紜。今據其自撰《壽寧待誌》所載：「直隸蘇州府吳縣籍長洲縣人」，推定應為長洲縣人。馮夢龍的生卒年，正史並無直接記載。因此，各書記載略有出入。引述《甲申紀事》、《甲申紀聞》、《中興實錄》與《中興偉略》四書所記，推知其生於明神宗萬曆甲戌二年（西元 1574 年）春，而由王挺〈輓馮猶龍〉詩推斷，應卒於清世祖順治丙戌三年（明紹宗隆武二年（西元 1646 年））春，享年七十三歲。至於馮夢龍之卒地，亦有在福州殉難、病逝於蘇州家中等不同說法。其中，以高洪鈞就地理位置、政治因素、出版作品、官銜職稱、家族關係等方面考證，認為馮氏最後死於福建，此說較為允當。至於馮夢龍的文學觀，因其並無通俗文學理論方面的專著，爬梳其作品之序跋和批語，歸納出通俗文學的論述，有三：（一）教化觀：強調通俗小說「觸里耳而振恆心」的社會教育作用，以及具美刺時俗、警醒社會、挽回頹風等醒世導愚的教化責任與作用，同於六經國史及釋道二教，可作為輔佐儒家的利器。（二）適俗觀：強調「諧於里耳」、「嘉惠里耳」，提出「常中出奇」的小說創作原則，直觀感性的小說書寫模式。小說內容以追求娛樂為最終指向，語言則應「文必通俗」。（三）情教觀。以「情」佐儒家經典，用「情」來感化人心，以達改善社會風氣的功效，使其理論合於「發乎情，止乎禮義」

的傳統道德規範。

馮夢龍在博覽歷代正史，兼收多種稗官野史、筆記叢談的基礎上輯撰成《古今譚概》。此書名稱記載有歧，一說為書初刊行未獲廣泛迴響，重刻並易名為《古今笑》；一說更名為《古今笑》後，又經朱石鐘等人刪訂，李漁作序，題為《古今笑史》。因此，《古今譚概》又名《譚概》、《笑史》、《古今笑》、《古笑史》、《古今笑史》。書名紛雜，也正意味《古今譚概》的複雜性，因此有必要進行書名考辨。其中，李漁認為此書「述而不作，仍古史也」，遂加一字，稱《古今笑史》。後世有伍枚對此說加以反駁：以王利器只肯定李漁序一書為《古今笑》或《笑史》、《古笑史》，並不談及《古今笑史》。加之本身在上海圖書館所見康熙刻本《古笑史》，內有李漁序，題為《序古笑史》，文中均名為《古笑史》，並無《古今笑史》一名。認為以《古今笑史》為李漁增定的書名，恐怕證據不足。因此，《古今笑》後經朱石鐘等人刪訂，李漁作序，題為《古今笑史》一說，恐難成立。

有關此書的卷數分合，馮夢龍《古今笑》先自刻於明萬曆四十八年（西元1620年），後於天啟間由葉昆池重版，易名為《古今譚概》。二書內容未變，均為三十六卷，屬同書異名的兩個不同本子。清初朱石鐘兄弟據以刪削成三十四卷，改稱《古今笑史》。不過，此書在後世流傳過程中，卷數的多寡，則出現歧異的情形，歸結版本分三十三卷本、三十四卷本和三十六卷本三個系統。至於版本問題，明刻本有三種：（1）明墨憨齋刻《古今笑》，乃一完整的三十六卷本，計有迂腐、怪誕、癡絕、專愚、謬誤、無術、苦海、不韻、癖嗜、越情、佻達、矜嫚、貧儉、汰侈、貪穢、鷙忍、容悅、顏甲、閨誡、委蛻、譎知、儇弄、機警、酬嘲、塞語、雅浪、文戲、巧言、談資、微詞、口碑、靈蹟、荒唐、妖異、非族、雜志。萬曆四十八年刻，現藏北京圖書館。（2）明末蘇州閶門葉昆池刻本，三十六卷三十六部，計有迂腐、怪誕、癡絕、專愚、謬誤、無術、苦海、不韻、癖嗜、越情、佻達、矜嫚、貧儉、汰侈、貪穢、鷙忍、容悅、顏甲、閨誡、委蛻、譎知、儇弄、機警、酬嘲、塞語、雅浪、文戲、巧言、談資、微詞、口碑、靈蹟、荒唐、妖異、非族、雜志。全書各部之下共有一千八百二十四篇，囊括二千五百多個故事。（3）日本內閣文庫著錄《古今譚概》一書，共三十三卷，分裝十冊，為明末刊本。原書三十六卷，卷各為部，現除第三十二、三十四、《笑史》三十五三部未選及外，其餘三十三部皆有選錄。由上述可知，明刻本有三十三卷與三十六卷之別。

前者今未得見，後者則有《古今笑》與《古今譚概》。清刻本則爲《古笑史》，康熙丁未（西元 1667 年）仲春，朱石鐘、朱姜玉、朱宮聲兄弟將《古今笑》加以刪削剖厥，並請李漁作〈序〉刊行。共三十四卷，計有癡絕、專愚、迂腐、怪誕、謬誤、無術、苦海、不韻、癖嗜、越情、佻達、矜嫚、貧儉、汰侈、貪穢、鷙忍、容悅、顏甲、閨誡、委蛻、譎知、儇弄、機警、酬嘲、塞語、雅浪、文戲、巧言、談資、微詞、口碑、靈蹟、荒唐、雜志。另有排印本數種，皆以明墨憨齋刻本或明末蘇州閶門葉昆池刻本爲底本。

由於晚明特殊之政治環境、經濟狀況、文哲思潮及社會風尚，使《古今譚概》不論在內容或思想上都充分反映深刻的時代特徵。在晚明腐敗頹敝的政治環境中，當百姓無力對抗時局、改善現況時，《古今譚概》中譏誚君王昏庸暴虐、臣子貪賄無能的醜態，便成爲批判病態社會、黑暗政治的途徑。而馮夢龍編纂此書，藉由笑話以遊戲態度表達「人之喜怒哀樂嗜好情欲」，以一針見血的犀利筆調嘲誚譏刺調侃可笑的眾生百態，正是在這股追求「童心」、「心靈」尊情抑理的人文思潮與詼諧文藝興盛時代背景下的產物。同時，晚明通俗文學出版，在市民階層的興起、帝王士人的喜愛、印刷技術的精良與書坊擴大銷路等各方條件齊備下，已呈現繁盛景況。馮氏生於通俗文學興盛的時代，處於人文薈萃、書籍刊印流通頻繁的蘇州，加上個人對通俗文學的努力、書坊讀者的支持擁護，使《古今譚概》能在晚明笑話書中占有一席之地。

《古今譚概》，是集史傳、雜錄笑談和現實生活中具有典型意義笑料之大成。蒐錄的故事，往往以史實或事實的眞象爲創作基礎，稍加改寫。馮夢龍編纂此書的動機，有三：一是排憂解頤，馮夢龍雖然科場失利，仍同於晚明一般文士不放棄讀書的實用目的與功利取向，但對於讀書取樂的意識卻大爲增強，藉典籍書冊中可笑事自娛。亦繼承知識分子雅謔的傳統，取現實生活中知識分子相互調侃的可笑事自娛。同時，也採錄當時民間的巷議街談奇聞軼事，以社會民情中可笑事自娛。二是諧謔反思，在嬉笑怒罵中對史述標準提出不同意見，對正史明道闡義的記載進行反思。並利用笑話割裂原典，扭曲歪讀以解構經典。較之經典，笑話似乎更能發人深省，正是從相對角度闡發對世俗所奉行的經典之懷疑。《古今譚概》中有不少對儒生的嘲諷，馮夢龍鞭辟入裡的剖析，實際上也是對自己所處的文士群體的反思。因此笑話中呈現對腐儒之譏、對白丁之嘲、對酸秀才之諷，也算是馮氏對其仕途不順，始終無法考取舉人的自我病態之披露。三是裨補時規，「本體不雅」，是笑書不

受知識分子重視的主因。因此，馮夢龍編纂《古今譚概》時即以避免淪於「空戲滑稽，德音大壞」之弊，而能「抑止昏暴」並達「微諷足觀」為宗旨。有鑑於此，「裨補時規」便成為選擇笑話的首要考量。於滑稽中藏有隱喻，蘊涵命意，且能直接承繼具「文以載道」、「經世致用」淑世目的的文論傳統。

就文本的功能性而言，馮夢龍在創作時面對「隱含讀者」——知識分子，心中已預設作品的閱讀功能，企盼讀者藉由閱讀行為，從作品中得到預期的收穫。以下就《古今譚概》的內容分為三大功能屬性：一為詼啁笑謔，藉由嬉笑怒罵皆成文章中，表現「資人諧戲」的遊戲心理及「以謔用事」的處世原則，解構生命嚴肅與深層的意義面，並得以祛除生命的苦悶與無奈。將以遊戲心態面對笑話閱讀，視為一種生活態度。二為諷諭勸懲，在《古今譚概》中「羅古今於掌上，寄春秋於舌端。美可以代輿人之誦，而刺亦不違鄉校之公」，以遊戲之筆嘲弄政治的腐敗、官僚的貪婪、人性的偏執。雖然在理論上否定現實世界，但深藏在傳統文人士大夫內心的政治熱情並未消解，只是換一種形式表現。三為徵奇志異，好奇尚異，是中國古典小說創作的一大美學特色。求新尚奇，是人類的本性。正因為讀者的喜新厭故，造就文學作品求新求變的特質。馮夢龍便於編纂創作時，在歷代典籍書冊中蒐羅「以異聞怪事為奇」的題材，開拓讀者視野，增廣其見聞。

《古今譚概》襲用《世說新語》的編輯方式，將所輯錄的內容分門安置，稱為「世說體」。全書共分三十六部，每部均有其篇目名稱，馮夢龍藉此總述自己對於此部相關的觀點，以便讀者閱讀，它們分別為：迂腐、怪誕、癡絕、專愚、謬誤、無術、苦海、不韻、癖嗜、越情、佻達、矜嫚、貧儉、汰侈、貪穢、鷙忍、容悅、顏甲、閨誡、委蛻、譎知、儇弄、機警、酬嘲、塞語、雅浪、文戲、巧言、談資、微詞、口碑、靈蹟、荒唐、妖異、非族、雜志。馮夢龍用標題區分內容，形成三十六門類。此點與其他「世說體」著作相同，以門類排比資料就會產生新的意義，是最簡單明瞭的分類法。馮氏雖採「世說體」以類相從的分類法，但在編輯時，並未採用《世說》舊有之分類部目，〔註1〕其以創新的類目，作為編輯的依據，使故事的排列匯聚突破傳統，以呈現其原則及特色。

馮夢龍選擇二千五百餘則故事，必定有其用意，而其中的評語更是發揮

〔註1〕 明仿「世說體」著作之分類名稱，參見官廷森《晚明世說體著作研究》，政治大學中國文學研究所碩士論文，1998年6月，頁20～24。

思想精髓之所。部卷前有小序，旨在說明各部要旨及所錄故事之分類大要，具總覽概觀作用。文中行間之批語，簡潔有力，有助閱讀及了解。文末的評語，類似「太史公曰」、「史臣曰」的論贊形式，是作者最主要呈現思想之所。字數短則不足十字，閨誡部〈潘妃〉：「眞正杖夫。」共計四字；長則二、三百字，例如談資部〈俗語對〉，長達三百五十八字，皆可見馮氏之思想。具有補充說明、考證注釋、點明寓意等功能，且在表達過程中，大多採互訓的方式，包括：直接評論、引他人言、迻錄俗語、藉書佐證、按語評議、徵援史實等。以同類事例作爲正文的補充，表明同類現象並非鮮見。並且在補充事例時，常會用「事類此」、「事同」、「皆此類耳」做結語。〔註2〕總而言之，馮夢龍評《古今譚概》的方式，每則間雖有差異，但整體而言，「評」是爲凸顯所舉故事的意旨。同時，《古今譚概》書中亦採用圈點方式，標示文眼、有趣之處與值得欣賞之修辭。加圈的位置，有下列二種：一是題目上加圈，表示作品的可讀性及趣味性。分爲不加圈、加一圈、加雙圈三種，可讀性及趣味性隨圈數提高。一是文旁加圈、點，用以標示作品的重點。此外，在編纂體例上並運用註解的形式，在不影響行文論述的條理下，於文中以小字成兩行書寫，作爲說明之用。內容包括：補述生平字號、詳明事件始末、標示故事出處〔註3〕、校釋異字難詞、校訂疑誤、補充說明。可知小說評點從註釋的功能到作爲一種文學批評的形式，到了明萬曆年間更發展出獨特的功能，評點不再只是一種文學批評，也是融合批評鑑賞、理論建構、文本修飾和形式修訂爲一體的綜合活動。〔註4〕晚明自著自評的情況很多，因此評點除對文本的再創活動，更包含作者的思想感情、審美趣味及生命體驗，增加文本的可讀性與趣味性。歸納《古今譚概》馮氏批點之特色，有四：（一）抒發己見：除於小序、按語上寄託評論興感外，亦常在故事後添加增補。將原有的題旨作縱向深掘，體現其廣博見聞基礎上的再創性。（二）評論精短：符合「字少意多」、「文約事豐」的基本要求和優良傳統，超出一般的印象式評語格式，具有較深刻的思想內涵。（三）分析辯證：分析評介人事時，能掌握事物的多元面向，避免片面妄斷。書中雖多是奇異詭怪、可資談笑的人事，馮氏卻能全

〔註2〕用「此類事」這些語詞在《古今譚概》的前半部較少，於後半部常見此類用語。前大半部大部分僅將類似的故事加上，並無字語做結。

〔註3〕用於標示故事出處，有文首加註、文末加註、題名顯示等三種方式。

〔註4〕參見譚帆：〈中國古代小說評點的文本價值〉，《學術月刊》，1996年12期，1996年，頁284～289。

面公允地評論，從眾多材料中擷發嚴肅的人生態度和理論思辨，從而使《古今譚概》卓然超越一般搜奇博笑的作品。（四）巧於措詞：或巧譬妙喻，富理趣諧韻；或諧謔笑罵，饒富意趣；或言語犀利，揭露深刻；或理趣兼善，饒富哲理。（五）糾謬考訂：辨正文字、內容。

馮夢龍編纂《古今譚概》的方式，包括摘錄和纂輯。態度審慎，不率意妄從。狀況可歸納爲五種：一、基本照錄，文字小異：對所輯入的部分材料，幾乎完整抄錄而不做任何增損，乃因此類資料內容精審，敍事簡要，無需大幅刪動，並可藉以保存史料的完整性，亦可見馮氏編纂的謹嚴態度。二、剪裁鎔鑄，削除浮文：爲使文句加簡潔生動，對原典進行適度剪裁，去其浮文，存其始末。依主觀的擷取資料，將有利於考證的資料留下，卻刪去較爲次要的內容也便於節省篇幅。然而，易使文句不易通讀，甚且內容不全，致使喪失不少的參考價值。〔註5〕三、加工改寫，演化成文：有時欲表達作品的完整性，或使內容更生動傳神，不惜以較長的篇幅，細膩的描寫事件發展始末。四、抄撮纂輯，擅加訛增：《古今譚概》中常可見馮氏標示出自某處，卻查無該段文字的狀況。此類「訛增」，乃是編者在輯錄的過程中，擅自加入一些附屬的文句，使其中的文句，與原文的內容不符。〔註6〕五、徵引文獻，合併爲一：《古今譚概》中常可見馮夢將兩筆相同主題的資料併爲一條。此類所謂「併合」，即是在徵引文獻的過程中，將兩筆不同的資料，合併爲一。〔註7〕歸結上述五種編纂方式可知，馮氏在取材的過程中，並非一味抄錄。爲表達創作意圖及思想傾向，從大量資料中進行選擇、加工、提煉，以組成其作品。同時，在引用的過程，也符合晚明知識分子喜好遣興文字，而不好正史的傾向。〔註8〕故取材以篇幅短小集中，內容以傳達精華爲要。將主旨部分增文，以凸顯致用的效果，至於周邊的時、地記錄，則減文略敍。記錄過程中，在不偏離原作情況下，將語序梳理編寫成較具起伏的故事型態，並適切呈現自我思想，使讀者在閱讀簡明流暢的文字時，更迅速掌握其文意。

《古今譚概》基本上不是馮夢龍的創作，而是前有所承，再增益個人眼

〔註5〕 參見楊果霖：〈「經義考」引文方式分析〉，《中國文化大學學報》第5期，2000年3月，頁190。

〔註6〕 同註5，頁192。

〔註7〕 同註5，頁200。

〔註8〕 參見官廷森：《晚明世說體著作研究》，政治大學中國文學研究所碩士論文，1998年6月，頁10。

見耳聞及閱讀所得，才構成此書豐富的內容。由雜志部小序中所載：

史書所載，採之不盡；稗官所述，閱之不盡；客座所聞，錄之不盡。

可見「史書所載」、「稗官所述」、「客座所聞」成爲馮夢龍記錄採擷的資料來源。史書記載，是正式的官方記錄；稗官野史，彌補正史的不足；客座所聞，則是當下見聞未及做書面記載者。取材多元，自古迄今，涵括書面與時間。計引經、史、子部書籍超過三百七十種，其中馮夢龍編纂時，在正文及批點注語中已標明部分故事援引出處，據此整理出所參酌的書籍，囊括經、史、子、集、類書、小說雜俎、稗史野聞、評論、方志、佛經與道書等，超過一百八十種。〔註9〕小說、子部占大部，正史、野史次之。時代上自先秦，下迄

〔註 9〕 馮夢龍標注所援引之典籍，依出現之先後順序，包括：《雜俎》（後亦有作《五雜組》者，應作《五雜組》）、〈厭勝章〉、《韻府》（即《韻府群玉》）、《國朝餘史》、《物理論》、《風俗通》、《南史》、《酉陽雜俎》、《笑林評》、《朝野異聞》、《獪園》、《夷堅支》（即《夷堅志》）、《幸蜀記》、《清波雜志》、《呂氏春秋》、《稗史》、《韓非子》、徐渭《諧史》、《北史》、《北夢瑣言》、《迂仙別記》、《交趾異物志》、《水經注》、《歸田錄》、《元史》、《謔浪》、《續笑林》（應爲《續笑林評》）、《國史補》（即《唐國史補》）、〈讀山海經〉（收錄於《陶淵明集》）、曹元寵〈題村學堂圖〉、《猥談》、《麈史》、《漢書》、《唐書》（舊唐書）、《清夜錄》、《芝田錄》、《玉壺清話》、《廣記》（即《太平廣記》）、《耳譚》（《耳談》）、《悦生堂隨抄》、《湖海搜奇》、《雪溪紀聞》、《乾膔子》、《古今詩話》、《嶺南志》、《皇明世說》、《史諱錄》、《語林》、《挑燈集異》、《癸辛雜志》、《雲仙散錄》、《明艮記》、《類說》、《渭南集》、《左傳》、《宦遊紀聞》、《涇林續記》、《宋書》、《續陽秋》、《詩品》、《梁史》、《綱目》、《輟耕錄》、《敍聞錄》、《搔首集》、《三輔決錄》、《廣行五記》、《長安後記》、《唐宋遺史》、《五代史補》、《顏氏家訓》、《邸報》、《朝野僉載》、《典論》、《晉史》、《南部新書》、《詩話》、《花木考》、《宋史》、《金樓子》、《雙槐歲抄》（應作《雙槐歲鈔》）、《綱目分註》、《啓顏錄》、《煙霞小說》、《王氏見聞錄》、《妬女記》、《莊子》、《荀子》、《穀梁傳》、《桯史》、《異苑》、《戒庵漫筆》（即《戒庵老人漫筆》）、《志奇》、《玉堂閒話》、《新漢縣圖記》（應作《新津縣圖經》）、《西堂紀聞》、《湖海奇聞》、《趙后外傳》、《魏語錄》、《荻樓雜抄》、《說苑》、《舊雨記談》、《鬼董》、《樗齋雅謔》、《列子》、《閒燕嘗談》（應作《閒燕常談》）、《松牕雜錄》、《妝樓記》、《文酒清話》、栢子庭〈可憎詩〉、孫楚〈反金人銘〉（收錄於《藝文類聚》）、沈石田〈化鬚疏〉、《唐闕史》、《諧史》（即《雪濤諧史》）、《豫章詩話》、《談藪》、《古今詩格》、《博異記》、《孔叢子》、《行都紀事》、《佛經》（指《六度集經》）、《水南翰記》、《外史檮杌》、《馬氏日抄》、《諧藪》、《雲溪友議》、《神仙傳》、《宣室記》、《三水小牘》、《靈鬼志》、《古今說海》、《妖亂志》、《搜神記》、《道書》、《法苑珠林》、《廣異記》、《續仙傳》、《幽怪錄》、《志怪錄》、《神異經》、《廣博物志》、《白虎通》、《博物志》、《北齊書》、《大金國志》、《丹鉛要錄》、《筆談》（即《夢溪筆談》）、《麈談》、《江湖紀聞》、《述異記》、《說儲》、

晚明，引書數量龐大，其中部分書籍今已散佚。凡此得知，《古今譚概》中所見篇章或情節多非首見，泰半源自歷代典籍，其中包括爲數可觀的笑話書。馮夢龍自此取材，篩選輯錄，將同一主題或相似情節者蒐羅整編，針對情節與文字摘錄、改寫，兼備縱向時間的因襲發展〔註10〕與橫向空間的傳鈔增刪，〔註11〕成就一集聚歷代笑話精華、系統井然的笑書鉅作。

歸納《古今譚概》題材的主要來源，有四：一是摘錄歷代典籍，從歷代筆記小說、類書，如《世說新語》、《太平廣記》及笑話書中略加改動而成；二是捃摭史書傳記，對正史等典籍的人物情節進行刪削縮略而成；三是徵引當朝著作，直接取材於明代的作品；四是親身耳聞目見，多半爲馮夢龍將耳濡目染之史事、傳聞，敘寫成文。

《古今譚概》一書取材歷代正史，兼收多種稗官野史、筆記叢談，按內容分爲三十六類，一卷一類。所取多爲眞人實事，上自歷代君主，下至市井百姓，不論昏主暴君、貪官污吏、土豪劣紳、地痞無賴、文人雅士、智人勇者，都鮮活生動，歷歷在目。經由馮夢龍纂評，組成一幅奇譎可笑的浮世百態。因此內容可分爲：嘲弄形貌缺憾、譏誚人性之偏、批判君臣醜態、瓦解權威形象、反映文學旨趣、呈顯制度風氣、敘述奇聞異事等七類。就嘲弄形貌缺憾而言，在委蛻部中有四十餘則偏向生理形貌的調笑故事，酬嘲部中亦收錄若干以形貌相謔之故事。可見不論是目盲、耳聾、無齒、多鬚、少鬚、無眉、禿髮、黑臉、面長、貌寢、大臀、駝背、跛足、矮小、肥胖等身體缺

《文昌雜錄》、《清異錄》、《百緣經》、《南海異事》、《南楚新聞》、《贏蟲集》、《夷俗記》、《博物志補》、《天寶實錄》、《隋書》、《墨子》、《山海經》、《魏志》、《蘇州府志》、《抱朴子》、《崇明志》、《使琉球錄》、《淮南子》、《嶺南異物志》、葛洪〈遐觀賦〉、《南越志》、《物類相感志》、《神異記》、《四異記》、《東坡志林》、《鶴林玉露》、《清暇錄》、《清波雜誌》、《文海披沙》、《涷水記聞》、《平江記事》。

〔註10〕 劉兆祐〈古代笑話知多少〉一文中以爲：一般來說，早期的笑話書，可賴以改寫的資料較少，以自創的笑話爲主。後來由於圖書資料的豐富，是以晚期的笑話書多半從歷代圖書中採錄改寫而來。（收錄於《國文天地》第5卷第10期，1990年3月，頁21。）

〔註11〕 就通俗笑話傳播方式的角度而言，「通俗笑話的著作權具有共享的特點」，其在口頭傳播時便有著各種不同的版本，即使轉變成書面文字，編纂者依舊有其改編或再創的權利，再加上商業的勃興、出版的發達，知識分子因應商機投入笑話的搜集與編纂，也造成許多笑話的反覆入選。（參見陳如江、徐侗纂集：《明清通俗笑話集》（上海：上海人民出版社，1996年4月）前言，頁6～8。）

憾，或期期艾艾的口吃木訥者，都成為笑話中調侃的對象。就譏誚人性之偏
而言，馮夢龍特重於此，以大量篇幅纂錄諷刺人性的部分，分為：慳吝貪婪、
奢靡浪費、殘酷無道、虛偽造作、心機詭譎、妒貪淫色等六項討論。並於每
部類首以小序論述己見，闡述人生哲理，期能有補時規、勸懲教化。就批判
君臣醜態而言，分君主帝王與朝臣官僚兩種身分探述。前者的事蹟，尤以迂
腐、怪誕、專愚、鷙忍四部數量最多，依其內容細分為昏庸愚昧、殘酷暴虐；
後者於各部卷中皆可見。藉由將相公卿貪鄙庸愚的醜態，反映民間疾苦，黎
庶之悲，更具諷刺反省以古鑑今之意。馮夢龍仕途坎坷，除個性外，亦與當
時買官鬻爵風氣有關。因此，個性高傲睥睨，不願當科貢官，不屑買官求榮，
便於書中刻意揭露官場百態，可分為貪官汙吏醜態與庸官愚闇無能兩種情
況。前者於貪穢部三十八則故事中，屬貪官汙吏者達三十則之多，馮夢龍又
細分偽廉納賄、貪墨盜竊、鬻官受賂、貪墨聚斂四類，一一揭露官吏的醜惡
嘴臉，並以為借鏡，教誡世人反省檢視自身行為，勿沉淪陷溺與之同類；後
者散見於迂腐、鷙忍、矜嫚、容悅部，又分為愚魯昏忘、刑政苛虐、驕矜自
大、厚顏諂媚四類。就瓦解權威形象而言，官僚胸無點墨、荒疏無知，師者
不學無術、地位卑下，醫者醫術拙劣、草菅人命，僧眾觸犯清規、違反戒律。
此類權威形象者即因自身的缺點與不足，成為被挖苦嘲諷的對象。而《古今
譚概》正是藉著笑話的遮掩，直接打破其所構築的正面形象，只選擇顛覆規
範的角色。就反映文學旨趣而言，苦海、儇弄、機警、酬嘲、塞語、雅浪、
文戲、巧言、談資與微詞部皆屬此類，大體是戲謔文雅、機智應對、巧言溝
通等內容，分為展露捷智妙才、蘊含藝文典故兩方面，加以探討。就呈顯制
度風氣而言，分為時代制度、風氣習俗兩部分。前者討論科舉弊病、賣官鬻
爵等現象；後者則包括：神鬼數術、禁忌避諱、特殊風潮、地方俗儀。就敘
述奇聞異事而言，奇聞異事的記錄，滿足讀者「奇」與「趣」的閱讀期待，
在《古今譚概》中形成一特殊主題，主要見於靈蹟、荒唐、妖異、非族與雜
志部部分條目。就其所輯錄的繁雜內容，可略分風俗產物與神怪靈異兩大類
概述其要。前者就地理環境、生活方式、居民形貌、技能巧藝等方面，觀察
異國外邦在風土人情上各具一格的特色；再就廣泛蒐羅琳琅滿目的物品外，
也刻意想像編造，描述各式各樣引人入勝的新鮮事物，將各種奇珍異物略分
為動物、植物、雜物三大類，加以討論說明。後者則由奇能異術、奇疾怪病、
搜奇志怪三方面，探究《古今譚概》中錄神怪靈異的內容。

　　馮夢龍在《古今譚概》中參酌引用眾多典籍，其中有部分已散失亡佚，因此其具有保存佚書之功用與價值。同時，書中保留許多馮夢龍生平、思想及其他相關資料，有助更深入了解馮氏之種種。並藉由所記載不少明末的社會時尚與地方習俗，其所反映的社會民情，可供後世參考。可見《古今譚概》不僅只於嘲笑戲謔，更具有保存遺文、足資考證、反映時俗等價值。但相對地，《古今譚概》也有以下缺失：（一）分類的失當：由於史料繁瑣，加以類目的編排安置、取決標準係依編纂者的主觀意識，因而在分類上易生混淆失當的現象。（二）錯誤的記載：《古今譚概》搜羅既富，部卷繁多，其中不免有所掛漏。其正文失實之處，包括：形近誤書、顛倒闕文、錯寫人名等狀況。（三）引書的漏誤：因馮夢龍係集錄群書而成，所引諸書多有可疑之處，例如：引書名稱紛雜、捨早出而引晚出之書、未註出處之篇章為數眾多、誤植書名、未見著錄、書已亡佚等情形。

　　《古今譚概》與馮夢龍其他小說相較，其文學藝術與社會風俗上的價值，雖不如「三言」等早為人們所熟知的佳作。然其融合笑話與雜錄的性質，結合詼嘲笑謔、諷諭勸懲與徵奇志異的豐富內容，「羅古今於掌上，寄春秋於舌端」，別具特色。所以，在內容、形式上的用心經營，呈現特有的風格，是值得肯定的。

引用書目

書目共分「專書」、「學位論文」與「期刊論文」三部份：

1. 專書包括古籍與近人專著。古籍包含今人輯錄、點校成果，依經、史、子、集四部序列，各類著作再依作者時代先後排序；近人專著部分，則以書名筆畫爲次。

2. 學位論文，以提交時間爲序。

3. 期刊論文，以發表先後爲序。

壹、專　書

1. 《詩經評註讀本》，裴普賢編著，臺北：三民書局股份有限公司，1986年。

2. 《左傳》，〔周〕左丘明傳，《十三經注疏》6，臺中：藍燈文化事業公司，版次不明。

3. 《麟經指月》，〔明〕馮夢龍編撰，《馮夢龍全集》第 20 冊，南京：江蘇古籍出版社，1993 年。

4. 《史記會注考證》，〔漢〕司馬遷撰〔日〕瀧川龜太郎，臺北：洪氏出版社，1986 年。

5. 《新校漢書集注》，〔漢〕班固撰〔唐〕顏師古注，臺北：世界書局，1978年。

6. 《後漢書》，〔南朝宋〕范曄撰，臺北：鼎文書局，1977 年。

7. 《北齊書》，〔唐〕李百藥撰，臺北：鼎文書局，1975 年。

8. 《南史》，〔唐〕李延壽撰，臺北：鼎文書局，1994 年。

9. 《北史》，〔唐〕李延壽撰，臺北：鼎文書局，1976 年。

10. 《隋書》，〔唐〕魏徵等撰，臺北：鼎文書局，1975 年。

11. 《舊唐書》，〔後晉〕劉昫撰，臺北：鼎文書局，1976 年。

12. 《新唐書》，〔宋〕歐陽脩、宋祁撰，臺北：鼎文書局，1985 年。

13. 《舊五代史》，〔宋〕薛居正等撰，臺北：鼎文書局，1985 年。

14. 《藏書》，〔明〕李贄撰，北京：社會科學文獻出版社，2000 年。

15. 《東林始末》，〔明〕蔣平階撰，《百部叢書集成》第 24 冊，臺北：藝文印書館，1967 年。

16. 《新校本明史并附編六種》，〔清〕張廷玉等撰，臺北：鼎文書局，1982 年。

17. 《欽定續文獻通考》，〔清〕嵇璜、曹仁虎等奉敕撰，《文津閣四庫全書》史部政書類第 209 冊，北京：商務印書館，2005 年。

18. 《明通鑒》，〔清〕夏燮撰，上海：上海古籍出版社，1990 年。

19. 《清史稿》，趙爾巽等編，臺北：新文豐出版公司，1986 年。

20. 《曲錄》，〔清〕王國維撰，臺北：藝文印書館，1957 年。

21. 《重修清史藝文志》，彭國棟纂修，臺北：臺灣商務印書館，1968 年。

22. 《嘉靖建陽縣志》，〔明〕趙文、黃璿纂修，袁鈺續修，《天一閣藏明代方志選刊》第三十一冊，上海：古籍書店，1972 年。

23. 《崇禎吳縣志》，〔明〕牛若麟纂輯，《天一閣藏明代方志選刊續編》第十八冊，上海：上海書店，1990 年。

24. 《壽寧縣志》，〔清〕趙廷機修，柳上芝纂，《中國方志叢書》第 218 號，臺北：成文出版社，1974 年。

25. 《江南通志》，〔清〕黃之雋等撰，臺北：京華書局，1967 年。

26. 《福建通志》，〔清〕郝玉麟監修，謝道承等編纂，《四庫全書》史部第 286 冊，臺北：臺灣商務印書館，1973 年。

27. 《福寧府志》，〔清〕朱珪修、李拔纂，《中國方志叢書》第 74 號，臺北：成文出版社，1967 年。

28. 《丹徒縣志》，〔清〕何紹章等修，楊履泰等纂，《中國方志叢書》第 11 號，臺北：成文出版社，1970 年。

29. 《蘇州府志》，〔清〕李皖銘等修，馮桂芬等纂，《中國方志叢書》第 5 號，臺北：成文出版社，1970 年。

30. 《黎里志》，〔清〕徐達源撰，江蘇：廣陵古籍刻印社，1989 年。

31. 《吳縣志》，吳秀之等修曹允源等纂，《中國方志叢書》第 18 號，臺北：成文出版社，1970 年。

32. 《麻城縣志前編》，余晉芳纂，臺北：中國地方文獻學會，1975 年。

33. 《南潯鎮志》，〔清〕汪日禎纂，《續修四庫全書》史部地理類第 717 冊，上海：上海古籍出版社，1995 年。

34. 《南潯志》，周慶雲纂，上海：上海書店，1992 年。

35. 《風俗通義》，〔東漢〕應劭撰，貴陽：貴州人民出版社，1998 年。

36. 《世說新語校箋》，徐震堮著，臺北：文史哲出版社，1985 年。

37. 《太平廣記》，〔宋〕李昉等編，臺北：明倫出版社，1971 年。

38. 《開顏集》，〔宋〕周文玘輯，《四庫全書存目叢書》子部 雜家第 250 冊，臺南：莊嚴文化事業有限公司，1995 年。

39. 《鶴林玉露》，〔宋〕羅大經撰，《筆記小說大觀》第二十九編，臺北：新興書局有限公司，1979 年。

40. 《水滸傳》，〔元〕施耐庵撰，臺北：三民書局股份有限公司，1991 年。

41. 《水東日記》，〔明〕葉盛撰，《筆記小說大觀》第三十六編，臺北：新興書局有限公司，1978 年。

42. 《菽園雜記》，〔明〕陸容撰，臺北：廣文書局，1970 年。

43. 《傳習錄》，〔明〕王陽明撰，臺北：三民書局股份有限公司，2004 年。

44. 《七修類稿》，〔明〕郎瑛撰，《筆記小說大觀》第三十三編，臺北：新興書局有限公司，1983 年。

45. 《西遊記》，〔明〕吳承恩撰，臺北：三民書局股份有限公司，1990 年。

46. 《松窗夢語》，〔明〕張瀚撰，北京：中華書局，1997 年。

47. 《俟後編》，〔明〕王敬臣撰，《四庫全書存目叢書》子部 雜家第 107 冊，臺南：莊嚴文化事業有限公司，1995 年。

48. 《雲合奇蹤》，〔明〕徐渭撰，《古本小說集成》第 12 冊，上海：上海古籍出版社，1992 年。

49. 《焚書》，〔明〕李贄撰，北京：社會科學文獻出版社，2000 年。

50. 《明燈道古錄》，〔明〕李贄、劉東星撰，臺北：廣文書局，1983 年。

51. 《列國志傳》，〔明〕余邵魚撰，《古今小說集成》第 67 冊，上海：上海古籍出版社，1994 年。

52. 《大宋演義中興英烈傳》，〔明〕熊大木撰，《古今小說集成》第 71 冊，上海：上海古籍出版社，1994 年。

53. 《賢博編》，〔明〕葉權撰、凌毅點校，北京：中華書局，1987 年。

54. 《汾上續談》，〔明〕朱孟震撰，《四庫全書存目叢書》子部 雜家第 104 冊，臺南：莊嚴文化事業有限公司，1995 年。

55. 《少室山房筆叢》，〔明〕胡應麟撰，臺北：世界書局，1980 年。

56. 《湧幢小品》，〔明〕朱國禎撰，《四庫全書存目叢書》子部 雜家第 106

冊，臺南：莊嚴文化事業有限公司，1995 年。

57. 《客座贅語》，〔明〕顧起元撰，《四庫全書存目叢書》子部 雜家第 243 冊，臺南：莊嚴文化事業有限公司，1995 年。

58. 《新刻耳談》，〔明〕王同軌撰，《四庫全書存目叢書》子部 雜家第 106 冊，臺南：莊嚴文化事業有限公司，1995 年。

59. 《新平妖傳》，〔明〕馮夢龍編撰，《馮夢龍全集》第 1 冊，南京：江蘇古籍出版社，1993 年。

60. 《古今小說》，〔明〕馮夢龍編撰，《馮夢龍全集》第 2 冊，南京：江蘇古籍出版社，1993 年。

61. 《警世通言》，〔明〕馮夢龍編撰，《馮夢龍全集》第 3 冊，南京：江蘇古籍出版社，1993 年。

62. 《醒世恆言》，〔明〕馮夢龍編撰，《馮夢龍全集》第 4 冊，南京：江蘇古籍出版社，1993 年。

63. 《情史》，〔明〕馮夢龍編撰，《馮夢龍全集》第 7 冊，南京：江蘇古籍出版社，1993 年。

64. 《太平廣記鈔》，〔明〕馮夢龍編撰，《馮夢龍全集》第 8、9 冊，南京：江蘇古籍出版社，1993 年。

65. 《智囊》，〔明〕馮夢龍編撰，《馮夢龍全集》第 10 冊，南京：江蘇古籍出版社，1993 年。

66. 《三教偶拈》、《廣笑府》，〔明〕馮夢龍編撰，《馮夢龍全集》第 11 冊，南京：江蘇古籍出版社，1993 年。

67. 《太霞新奏》，〔明〕馮夢龍編撰，《馮夢龍全集》第 14 冊，南京：江蘇古籍出版社，1993 年。

68. 《甲申紀事》、《壽寧待誌》、《中興偉略》，〔明〕馮夢龍編撰，《馮夢龍全集》第 17 冊，南京：江蘇古籍出版社，1993 年。

69. 《掛枝兒》、《山歌》、《折梅箋》、《牌經十三篇》、《馬吊腳例》，〔明〕馮夢龍編撰，《馮夢龍全集》第 18 冊，南京：江蘇古籍出版社，1993 年。

70. 《春秋定旨參新》、《馮夢龍年譜》，〔明〕馮夢龍編撰，《馮夢龍全集》第 22 冊，南京：江蘇古籍出版社，1993 年。

71. 《中興實錄》、《中興偉略》、《壽寧待誌》，〔明〕馮夢龍編撰，《馮夢龍全集》第 14 冊，上海：上海古籍出版社，1993 年。

72. 《智囊補》，〔明〕馮夢龍編撰，《馮夢龍全集》第 35、36 冊，上海：上海古籍出版社，1993 年。

73. 《笑府》，〔明〕馮夢龍編撰，《馮夢龍全集》第 41 冊，上海：上海古籍出版社，1993 年。

74. 《古今譚概》，〔明〕馮夢龍編纂，北京：文學古籍刊行社，1955 年。

75. 《古今譚概》，〔明〕馮夢龍撰，楊家駱主編，《中國笑話書》，臺北：世界書局，1961 年。

76. 《古今譚概》，〔明〕馮夢龍編纂，臺北：新興書局有限公司，1977 年。

77. 《古今譚概》，〔明〕馮夢龍編纂，臺北：新文豐出版公司，1979 年。

78. 《古今笑史》，〔明〕馮夢龍纂，劉英民、趙同璧、周寶中選注，石家莊：花山文藝出版社，1985 年。

79. 《古今譚概》，〔明〕馮夢龍編纂，劉德權校點，福州：海峽文藝出版社，1985 年。

80. 《笑史》，〔明〕馮夢龍編輯，卜維義、吳滌塵校點，瀋陽：春風文藝出版社，1989 年。

81. 《插圖本白話笑史（上）（下）》，〔明〕馮夢龍原著，康乾、蔚秀、宋升編譯，馬良繪圖，北京：知識出版社，1991 年。

82. 《古今譚概故事》，高路、孫亞文編寫，北京：中國國際廣播出版社，1992 年。

83. 《古今譚概》，〔明〕馮夢龍編撰，《馮夢龍全集》第 6 冊，南京：江蘇古籍出版社，1993 年。

84. 《古今譚概》，〔明〕馮夢龍編撰，《馮夢龍全集》第 39、40 冊上海：上海古籍出版社，1993 年。

85. 《談概》，〔明〕馮夢龍著，楊軍校，長春：長春出版社，1994 年。

86. 《白話古今笑》，〔明〕馮夢龍輯撰，肖望、肖遲等譯，北京：農業出版社，1994 年。

87. 《古今譚概》，〔明〕馮夢龍編纂，《四庫全書存目叢書》子部 雜家第 136 冊，臺南：莊嚴文化事業有限公司，1995 年。

88. 《古今譚概》，〔明〕馮夢龍撰，《歷代筆記小說集成》第 47～48 冊明代筆記小說第 16～17 冊，石家莊：河北教育出版社，1995 年。

89. 《古今笑》，〔明〕馮夢龍輯，陳維禮、郭俊峰主編，《中國歷代笑話集成》第二卷（上）（下），長春：時代文藝出版社，1996 年。

90. 古今笑，〔明〕馮夢龍纂輯，白嶺、箏鳴校譯，《墨憨齋三笑》，鄭州：河南人民出版社，1998 年，

91. 《古今笑》，〔明〕馮夢龍編著，趙建民校點，《明清笑話十種》，西安：三秦出版社，1998 年。

92. 《笑史》，〔明〕馮夢龍纂，馬松源主編，《馮夢龍全集》第三卷，北京：中國戲劇出版社，2000 年。

93. 《笑史（上）（下）》，〔明〕馮夢龍纂，張樹天、王槐茂主編，《馮夢龍全

集》第 9～10 冊，蒙古：內蒙古文化出版社，2000 年。

94. 《古今譚概》，〔明〕馮夢龍纂，王利器、王貞珉選編，《中國笑話大觀》，北京：北京出版社，2001 年。

95. 《古今譚概》，〔明〕馮夢龍編纂，《續修四庫全書》子部 雜家類第 1195 冊，上海：上海古籍出版社，2002 年。

96. 《古今譚概》（又名《古今笑》），〔明〕馮夢龍編纂，冀勤評注，北京：學苑出版社，2002 年。

97. 《古今譚概①②》，〔明〕馮夢龍著，魏同賢、王汝梅、孟凌君主編，孫玉祥校點，《馮夢龍文學全集》⑰⑱，瀋陽：遼海出版社，2002 年。

98. 《談概》，〔明〕馮夢龍著，楊軍等點評，《馮夢龍三大異書》第二冊，長春：長春出版社，2004 年。

99. 《古今譚概》，〔明〕馮夢龍編著，欒保群點校，北京：中華書局，2007 年。

100. 《古今笑（插圖本）》，〔明〕馮夢龍著，季靜評注，北京：中華書局，2007 年。

101. 《拍案驚奇》，〔明〕凌濛初撰，臺北：三民書局股份有限公司，1990 年。

102. 《二刻拍案驚奇》，〔明〕凌濛初撰，臺北：三民書局股份有限公司，1991 年。

103. 《陶庵夢憶》，〔明〕張岱撰，臺北：臺灣開明書店，1957 年。

104. 《禪真後史》，〔明〕方汝浩撰，臺北：天一出版社，1975 年。

105. 《明畫錄》，〔清〕徐沁撰，《明代傳記叢刊》第七十二冊，臺北：明文書局，1991 年。

106. 《堅瓠集》，〔清〕褚人穫撰，《筆記小說大觀》第二十三編，臺北：新興書局有限公司，1978 年。

107. 《檀几叢書》，〔清〕張潮編纂，上海：上海古籍出版社，1992 年。

108. 《觚賸續編》，〔清〕鈕琇撰，《筆記小說大觀》第三十編，臺北：新興書局有限公司，1979 年。

109. 《文心雕龍讀本》，〔梁〕劉勰撰，王更生譯注，臺北：文史哲出版社，1985 年。

110. 《錄鬼簿》，〔元〕鍾嗣成等著，臺北：洪氏出版社，1982 年。

111. 《王心齋全集》，〔明〕王艮撰，臺北：廣文書局，1987 年。

112. 《四友齋叢說》，〔明〕何良俊撰，《百部叢書集成》第 16 冊，臺北：藝文印書館，1966 年。

113. 《徐渭集》，〔明〕徐渭撰，北京：新華書局，1983 年。

114. 《弇州四部稿》，〔明〕王世貞撰，《文淵閣四庫全書》集部別集類第 1281

冊，臺北：臺灣商務印書館，1986年。

115. 《曲律》，〔清〕王驥德撰，《百部叢書集成》第54冊，臺北：藝文印書館，1968年。

116. 《湯顯祖詩文集》，〔明〕湯顯祖撰、徐朔方箋校，上海：上海古籍出版社，1982年。

117. 《袁宏道集箋校》，〔明〕袁宏道撰、錢伯城箋校，上海：上海古籍出版社，1981年。

118. 《珂雪齋集》，〔明〕袁中道撰、錢伯城點校，上海：上海古籍出版社，1989年。

119. 《王季重雜著》，〔明〕王思任撰，臺北：偉文圖書出版社有限公司，1977年。

120. 《牧齋初學集》，〔明〕錢謙益撰，上海：上海古籍出版社，1985年。

121. 《南詞新譜》，〔明〕沈自晉編，《善本戲曲叢刊》，臺北：臺灣學生書局，1989年。

122. 《幽媚閣文娛初集》，〔明〕鄭元勳撰，《四庫禁燬書叢刊》集部172，北京：北京出版社，2005年。

123. 《李漁全集》，〔清〕李漁撰，杭州：浙江古籍出版社，1992年。

124. 《離憂集》，〔清〕陳瑚撰，《叢書集成三編》第43冊，臺北：新文豐出版公司，1997年。

125. 《天啓崇禎兩朝遺詩小傳》，〔清〕陳濟生輯，臺北：明文書局，1991年。

126. 《曲海總目提要》，〔清〕黃文暘撰，董康輯，臺北：新興書局有限公司，1967年。

127. 《全唐文》，〔清〕董誥等編，臺北：匯文書局，1961年。

128. 《明詩綜》，〔清〕朱彝尊編，臺北：世界書局，1962年。

129. 《靜志居詩話》，〔清〕朱彝尊撰，《明代傳記叢刊》第十冊，臺北：明文書局，1991年。

130. 《御選明詩》，〔清〕張豫章等奉敕編，《文津閣四庫全書》集部總集類第1445冊，2006年。

131. 《書林清話》，〔清〕葉德輝撰，北京：古籍出版社，1957年。

132. 《書舶庸譚》，〔清〕董康撰，臺北：世界書局，1971年。

133. 《顧曲塵譚》，〔清〕吳梅撰，臺北：臺灣商務印書館，1966年。

134. 《曲諧》，〔清〕任訥撰，上海：中華書局，1931年。

135. 《士與中國文化》，余英時撰，上海：上海人民出版社，1987年。

136. 《小品高潮與晚明文化：晚明小品七十三家評述》，尹恭弘撰，臺北：華文出版社，2001年。

137. 《小說三談》，阿英撰，上海：上海古籍出版社，1979 年。

138. 《中國小說史略》，魯迅撰，濟南：齊魯書社，1997 年。

139. 《中國小說發展史概論》，王恆展撰，濟南：山東教育出版社，1999 年。

140. 《中國文言小說史稿》，侯忠義撰，北京：北京大學出版社，1994 年。

141. 《中國文學史》，章培恆、駱玉明主編，上海：上海復旦大學出版社，1996 年。

142. 《中國古代笑林四書》，尹奎友、靳永評注，濟南：山東友誼出版社，2001 年。

143. 《中國印刷史》，張秀民撰，上海：上海人民出版社，1989 年。

144. 《中國俗文學史》，門巋、張燕瑾撰，臺北：文津出版社，1995 年。

145. 《中國笑話大觀》，王利器、王貞珉選編，北京：北京出版社，2001 年。

146. 《中國笑話書》，世界書局編校，臺北：世界書局，1961 年。

147. 《中國評點文學史》，孫琴安撰，上海：上海社會科學院出版社，1999 年。

148. 《中國戲曲史》，楊宗珍撰，臺北：文星出版社，1965 年。

149. 《中國戲劇史》，鄧綏寧撰，臺北：中華文化出版事業委員會，1960 年。

150. 《文學讀解與美的再創造》，龍協濤撰，臺北：時報文化出版企業有限公司，1993 年。

151. 《文藝美學》，王夢鷗撰，臺北：遠行出版社，1976 年。

152. 《世說新語與中古文化》，寧稼雨撰，石家莊：河北教育出版社，1994 年。

153. 《江浙訪書記》，謝國楨撰，北京：三聯書局，1985 年。

154. 《佛教戒律學》，勞政武撰，北京：宗教文化出版社，2003 年。

155. 《汲古閣六十種曲敘錄》，金夢華，臺北：嘉新水泥公司文化基金會，1969 年。

158. 《所見中國古代小說戲曲版本圖錄》，吳希賢編，北京：中華全國圖書館文獻縮微複製中心，1995 年。

159. 《明代中後期社會變遷研究》，牛建強撰，臺北：文津出版社，1997 年。

160. 《明代出版史稿》，繆咏禾撰，南京：江蘇人民出版社，2000 年。

161. 《明代社會生活史》，陳寶良撰，北京：中國社會科學出版社，2004 年。

162. 《明代戲曲史》，朱尚文撰，臺南：高長印書局，1959 年。

163. 《明史新編》，傅衣凌撰，臺北：昭明出版社，1999 年。

164. 《明史新編》，楊國禎、陳支平撰，臺北：昭明出版社，1997 年。

165. 《明清小品——性靈之聲》，陳萬益撰，臺北：時報文化出版企業有限公

司，1987 年。

166. 《明清通俗笑話集》，陳如江、徐侗纂集，上海：上海人民出版社，1996年。

167. 《明清傳奇綜錄》，郭英德撰，石家莊：河北教育出版社，1997 年。

168. 《花煞》，周啓明撰，《周作人文類編》⑥，長沙：湖南文藝出版社，1998年。

169. 《金瓶梅與佛道》，余岢、解慶蘭撰，北京：北京燕山出版社，1998 年。

170. 《美的範疇論》，姚一葦撰，臺北：臺灣開明書店，1989 年。

171. 《笑話——人間的喜劇藝術》，段寶林撰，北京：北京大學出版社，1992年。

172. 《笑話裡外觀》，余德泉撰，成都：四川人民出版社，1988 年。

173. 《晚明士風與文學》，夏咸淳撰，北京：中國社會科學出版社，1997 年。

174. 《晚明小品研究》，吳承學撰，南京：江蘇古籍出版社，1999 年。

175. 《晚明小品與明季文人生活》，陳萬益撰，臺北：大安出版社，1997 年。

176. 《晚明性靈小品研究》，曹淑娟撰，臺北：文津出版社，1988 年。

177. 《通俗小說的歷史軌跡》，陳大康撰，長沙：湖南出版社，1993 年。

178. 《寓言文學理論·歷史與應用》，陳蒲清撰，臺北：駱駝出版社，1992年。

179. 《華夏女子庭訓》，沈時蓉等撰，臺北：萬卷樓圖書股份有限公司，2003年。

180. 《詞曲史》，王易撰，臺北：廣文書局，1960 年。

181. 《馮夢龍和三言》，容肇祖等撰，臺北：木鐸出版社，1983 年。

182. 《馮夢龍研究》，陸樹侖撰，上海：復旦大學出版社，1987 年。

183. 《馮夢龍研究》，聶付生撰，上海：學林出版社，2002 年。

184. 《馮夢龍散論》，陸樹侖撰，上海：上海古籍出版社，1993 年。

185. 《馮夢龍集箋》，高洪鈞編著，，天津：天津古籍出版社，，2006 年。

186. 《馮夢龍新論》，龔篤清撰，長沙：湖南人民出版社，2002 年。

187. 《馮夢龍詩文》，橘君輯注，福州：海峽文藝出版社，1985 年。

188. 《馮夢龍與通俗文學》，傅承洲撰，鄭州：大象出版社，2000 年。

189. 《畸人·情種·七品官——馮夢龍探幽》，王凌撰，福州：海峽文藝出版社，1992 年。

190. 《對話的喧聲——巴赫汀文化理論述評》，劉康撰，臺北：麥田出版股份有限公司，1995 年。

191. 《審美過程研究》，Wolfgang，Iser 撰，北京：中國人民大學出版社，1988

年。

192. 《論文學》，托爾斯泰撰，北京：人民出版社，1980 年。

193. 《歷代笑話集》，王利器輯錄，上海：上海古籍出版社，1981 年。

194. 《避諱研究》，王新華撰，濟南：齊魯書社，2007 年。

貳、學位論文

1. 《世說新語研究》，馬森撰，臺灣師範大學國文研究所碩士論文，1959 年。

2. 《馮夢龍生平及其對小說之貢獻》，胡萬川撰，政治大學中國文學研究所碩士論文，1973 年。

3. 《明代書坊之研究》，陳昭珍撰，臺灣大學圖書資訊研究所碩士論文，1984 年。

4. 《馮夢龍所輯民歌研究》，鹿憶鹿撰，東吳大學中國文學研究所碩士論文，1986 年。

5. 《馮夢龍雙雄記之研究》，張仁淑撰，政治大學中國文學研究所碩士論文，1989 年。

6. 《從晚明「世說體」著作的流行論張岱的《快園道古》》，蔡麗玲撰，清華大學中國文學研究所碩士論文，1993 年。

7. 《馮夢龍文學研究》，蔣美華撰，東吳大學中國文學研究所博士論文，1994 年。

8. 《馮夢龍編作三言的社會經濟基礎》，黃明芳撰，中山大學中國文學研究所碩士論文，1994 年。

9. 《馮夢龍詼諧寓言研究》，宋隆枝撰，中國文化大學中國文學究所碩士論文，1995 年。

10. 《中國古代葷笑話研究——以笑話書為範疇》，盧怡蓉撰，清華大學中國文學研究所碩士論文，1997 年。

11. 《晚明世說體著作研究》，官廷森撰，政治大學中國文學研究所碩士論文，1998 年。

12. 《馮夢龍「情教說」之研究》，林玉珊撰，中興大學中國文學研究所碩士論文，2000 年。

參、期刊論文

1. 〈馮夢龍與復社人物〉，胡萬川撰，《中國古典小說研究專集》1，臺北：聯經出版事業公司，1979 年。

2. 〈三言敘及眉批的作者問題〉，胡萬川撰，《中國古典小說研究專集》2，

臺北：聯經出版事業公司，1980 年。

3. 〈關於馮夢龍〉，小野四平撰，《中國古典小說研究專集》5，臺北：聯經出版事業公司，1982 年。

4. 〈馮夢龍質疑兩則〉，陳希音撰，《讀書》1982 年 9 期，1982 年。

5. 〈馮夢龍之生卒年〉，王重民撰，《中華文史論叢》1985 年第 1 輯，1985 年。

6. 〈馮夢龍社籍考〉，金德門撰，《中華文史論叢》1985 年第 1 輯，1985 年。

7. 〈馮夢龍著述考補遺〉，高洪鈞撰，《津圖學刊》1985 年第 1 期，1985 年。

8. 〈「馮夢龍著述考補」補正〉，易名撰，《文獻》1985 年第 2 期，1985 年。

9. 〈「馮夢龍著述考補」訂補〉，謝巍撰，《文獻》1985 年第 2 期，1985 年。

10. 〈關於「古今笑史」〉，伍枚撰，《讀書》1986 年 1 期，1986 年。

11. 〈馮夢龍的生平、著述及其時代特點〉，魏同賢撰，《中華文史論叢》1986 年第 2 輯，1986 年。

12. 〈馮夢龍與韻社成員名單〉，姚政撰，《中華文史論叢》1987 年第 1 期，1987 年。

13. 〈「古今笑」與「古今譚概」〉，金蘇撰，《明清小說研究》1988 年 2 期，1988 年。

14. 〈馮夢龍「情教說」試論〉，陳萬益撰，《漢學研究》6 卷 6 期，1988 年。

15. 〈馮夢龍與壽寧待志〉，馬幼垣撰，《小說戲曲研究》第三集，臺北：聯經出版事業公司，1990 年。

16. 〈古代笑話知多少〉，劉兆祐撰，《國文天地》第 5 卷第 10 期，1990 年。

17. 〈「歷代笑話集叢刊」計劃書〉，王國良撰，《國文天地》第 5 卷 10 期，1990 年。

18. 〈一笑解千愁──「笑林廣記」〉的剖析，土溢嘉撰，《古典今看──從孔明到潘金蓮》，臺北：野鵝出版社，1992 年。

19. 〈腐儒、白丁、酸秀才──市井笑談裡的讀書人〉，龔鵬程撰，《人物類型與中國市井文化》，臺北：臺灣學生書局，1995 年。

20. 〈馮夢龍身世探秘〉，高洪鈞撰，《明清小說研究》1996 年 1 期，1996 年。

21. 〈馮夢龍「笑府」研究〉，黃慶聲撰，中華學苑第 48 期，1996 年。

22. 〈中國古代小說評點的文本價值〉，譚帆撰，《學術月刊》1996 年 12 期，1996 年。

23. 〈馮夢龍的俗文學著作及其編年〉，高洪鈞撰，《天津師大學報》（社會科學版）1997 年第 1 期，1997 年。

24. 〈試論「世說新語」的編撰指向〉，鄭幸雅撰，《第二屆成功大學中國文學系系友暨南區四校中文系研究生學術論文研討會論文集》，1997 年。

25. 〈「世說新語」是志人小說觀念成熟的標誌〉，寧稼雨撰，《天津大學學報》1998 年第 5 期，1998 年。

26. 〈「世說新語」分門體例初探〉，曾文樑撰，《輔仁國文學報》第 14 期，1999 年。

27. 〈三笑姻緣的由來〉，劉洪清撰，《蘇州雜誌》1999 年第 6 期，1999 年。

28. 〈「經義考」引文方式分析〉，楊果霖撰，《中國文化大學學報》第 5 期，2000 年。

29. 〈馮夢龍卒地考辨〉，高洪鈞撰，《明清小說研究》2000 年 2 期，2000 年。

30. 〈熊廷弼與馮夢龍——師生佳話〉，千古不朽，喻蓉蓉撰，《歷史月刊》2001 年 2 月號，2001 年。

31. 〈論文學之「雅正」與「通俗」〉，王三慶撰，《第二屆通俗文學與雅正文學全國學術研討會論文集》，臺北：新文豐出版股份有限公司，2001 年。

32. 〈中國古代文言小說總集的類型特徵〉，秦川撰，《南昌大學學報》（人社版）第 32 卷第 2 期，2001 年。

33. 〈科舉危機與晚明士人社會的分化〉，劉曉東撰，《山東大學學報》（人文社會科學版）2002 年第 2 期，2002 年。

34. 〈從情史看馮夢龍「發乎情」的文學觀〉，趙修霈撰，《東吳中文研究所集刊》第 10 期，2003 年。

35. 〈論馮夢龍的出版思想〉，王朝客撰，《江西財經大學學報》2003 年第 4 期，2003 年。

36. 〈辭雖輕回，意歸義正——宋人笑書「開顏集」「雅俗之辨」釋義〉，黃東陽撰，《臺北市立教育大學學報》（人文藝術類）第 38 卷第 1 期，2007 年。

37. 〈從「解慍編」到「廣笑府」——談一部明刊笑話書的流傳與改編〉，王國良撰，《漢學研究集刊》第六期，2008 年。

附錄：「《古今譚概》典故徵引舉隅」

部卷	篇名	典故出處	涵意
迂腐	問牛	《漢書》卷七十四〈魏相丙吉傳〉第四十四： 吉又嘗出，逢清道群鬥者，死傷橫道，吉過之不問，掾史獨怪之。吉前行，逢人逐牛，牛喘吐舌。吉止駐，使騎吏問：「逐牛行幾里矣？」掾史獨謂丞相前後失問，或以譏吉，吉曰：「民鬥相殺傷，長安令、京兆尹職所當禁備逐捕，歲竟丞相課其殿最，奏行賞罰而已。宰相不親小事，非所當於道路問也。方春少陽用事，未可大熱，恐牛近行用暑故喘，此時氣失節，恐有所傷害也。三公典調和陰陽，職當憂，是以問之。」掾史乃服，以吉知大體。	以「丙吉問牛」或「問牛」稱譽官吏關心民間疾苦或借指居丞相之要職，或借以反諷官吏本末倒置，問牛不問人。
迂腐	諱己名	《老學庵筆記》卷五： 田登作郡，自諱其名，觸者必怒。吏卒多被榜笞。於是舉州皆謂燈為火。上元放燈，許人入州治遊觀，吏人遂書榜揭於市曰：「本州依例放火三日。」	後以「只許州官放火，不許百姓點燈」比喻在上者可為非作歹，在下者卻受到種種的限制。

迂腐	飲馬投錢	《風俗通義》卷三〈愆禮〉： 太原郝子廉，餓不得食，寒不得衣，一介不取諸人。曾過姐飯，留十五錢，默置席下去。每行水，常投一錢井中。	後以「飲馬投錢」比喻人廉潔不苟取。
專愚	檢覓鳳毛	《南史》卷十九列傳第九〈謝超宗傳〉： 帝大嗟賞，謂謝莊曰：「超宗殊有鳳毛，靈運復出。」時右將軍劉道隆在御坐，出候超宗曰：「聞君有異物，可見乎？」超宗曰：「懸磬之室，復有異物邪。」道隆武人無識，正觸其父名，曰：「旦侍宴，至尊說君有鳳毛。」超宗徒跣還内。道隆謂檢覓鳳毛，至闇待不得，乃去。	「檢覓鳳毛」，後稱譽人文采俊秀，能繼承其父風範。
專愚	宋人鄭人等	《韓非子》第十一卷第三十二篇〈外儲說左上〉： 鄭人有且置履者，先自度其足而置之其坐，至之市而忘操之，已得履，乃曰：「吾忘持度。」反歸取之，及反，市罷，遂不得履，人曰：「何不試之以足？」曰：「寧信度，無自信也。」	後用以「鄭人買履」，譏諷墨守成規而不重視實際狀況的人。
無術	字誤	《尚書故實》： 昌黎生者，名父子也，雖教有義方，而性頗暗劣。嘗爲集賢校理，史傳中有說金根車處，皆臆斷之，曰：「豈其誤歟？必金銀車。」悉改根字爲銀字。至除拾遺，果爲諫院不受。俄有以故人子憫之者，因闢爲鹿門從事。	後以「金根」爲文字遭謬改之典。
苦海	宋景文脩史	《芙蓉鏡寓言·輕詆》： 宋景文修唐史好以艱深之句，歐公思所以諷之。一	後以「札闥洪休」，嘲人作文用語故作艱深古奧。

		日大書其壁曰：「宵寐非禎，札闥洪休。」宋見之曰：「非夜夢不祥，題門大吉耶？何必求異如此。」	
苦海	嘲竊句	《大唐新語》卷十三第諧謔二十八： 李義府嘗賦詩曰：「鏤月成歌扇，裁雲作舞衣。自憐回雪影，好取洛川歸。」有棗強尉張懷慶，好偷名士文章，乃爲詩曰：「生情鏤月成歌扇，出意裁雲作舞衣。照鏡自憐回雲影，時來好取洛川歸。」人謂之諺曰：「活剝王昌齡，生吞郭正一。」	原指食物不加烹煮，直接吞食之意。後以「生吞活剝」比喻做學問或學習某事，只一味襲用他人的經驗或成果，而不求甚解。
癖嗜	食性異常	《南史》卷十五列傳第五〈劉穆之傳〉： 邕性嗜食瘡痂，以爲味似鰒魚。嘗詣孟靈休，靈休先患灸瘡，痂落在牀，邕取食之。靈休大驚，痂未落者，悉褫取飴邕。邕去，靈休與何勗書曰：「劉邕向顧見噉，遂舉體流血。」南康國吏二百許人，不問有罪無罪，遞與鞭，瘡痂常以給膳。	「嗜痂之癖」，原指喜食瘡痂的嗜好，後用以形容人的嗜好奇特，亦稱爲「嗜痂成癖」。
癖嗜	好好先生	《世說新語》〈言語第二〉「南郡龐士元聞司馬德操在潁川」注引〈司馬徽別傳〉： 扞徽呴居荊州，知劉表性暗，必害善人，乃括囊不談議。時人有以人物問徽者，初不辨其高下，每輒言「佳」。其婦諫曰：「人質所疑，君宜辨論，而一皆言『佳』，此人所以咨君之意乎？」徽曰：「如君所言亦覆『佳』。」其婉約遜遁如此。	後漢司馬徽不道人短，與人交談，不論美惡皆言好，今人稱「好好先生」本於此。後稱不問是非曲直、一團和氣、只求相安無事的人。多含貶義。

越情	不校侮嫚第一條	《太平廣記》卷第一百七十六「器量一」〈婁師德〉（出《國史異纂》）： 李昭德爲內史，師德爲納言，相隨入朝。婁體肥行緩，李屢顧待，不即至。乃發怒曰：「可明鈔本作巨耐殺人田舍漢。」婁聞之，乃笑曰：「師德不是田舍漢。更阿誰是？」師德弟拜代州刺使，將行，謂之曰：「吾以不才，位居宰相。汝今又得州牧，叨遽過分，人所嫉也，將何以全先人發膚？」弟長跪曰：「自今後，雖有人唾某面上，某亦不敢言，但拭之而已，以此自勉，庶不爲兄憂。」師德曰：「此適爲我憂也。夫人唾汝者，發怒也。汝今拭之，是惡其唾。惡而拭，是逆人怒也。唾不拭，將自乾，何如？」弟笑而受之。武后年，竟保寵祿。	唐代婁師德勸戒弟弟，當別人吐口水在臉上時，不要擦拭，讓它自己乾掉的故事，即演爲成語「唾面自乾」，比喻逆來順受，寬容忍讓。亦用來罵人不知羞恥。
越情	不責盜第二條	《舊唐書》卷一百六十五列傳第一百一十五〈柳公權傳〉： 公權志耽書學，不能治生，爲勳戚家碑板，問遺歲時鉅萬，多爲主藏豎海鷗、龍安所竊。別貯酒器杯盂一笥，緘縢如故，其器皆亡。訊海鷗，乃曰：「不測其亡。」公權哂曰：「銀杯羽化耳。」不復更言。所寶唯筆硯圖畫，自扃鐍之。	銀杯羽化，銀製的酒杯升天成仙。原指唐代柳公權勤學書法，疏於治生，器物多爲主藏豎海鷗等所竊，所藏酒器杯盂盡失，訊諸海鷗，答以不測其亡，權乃以杯羽化仙刺之。後比喻事物消失湮滅。
越情	不責盜第五條	《晉書》卷八十列傳第五十〈王羲之傳〉：	青氈是家傳的故物，比喻珍貴之物。後以「青氈舊物」泛指

		夜臥齋中，而有偷人入其室，盜物都盡。獻之徐曰：「偷兒，青氈我家舊物，可特置之。」偷驚走。	祖先遺留的家業或舊東西。
佻達	阮籍	《晉書》卷四十九列傳第十九〈阮籍傳〉： 籍又能爲青白眼，見禮俗之士，以白眼對之。及嵇喜來弔，籍作白眼，喜不懌而退。喜弟康聞之，乃齎酒挾琴造焉，籍大悅，乃見青眼。	「青白眼」，表示重視或輕視的眼色。
佻達	投梭	《世說新語》〈賞譽第八〉，注引《江左名士傳》，節錄部分，字句相同： 江左名士傳曰：「鯤通簡有識，不修威儀。好跡逸而心整，形濁而言清。居身若穢，動不累高。鄰家有女，嘗往挑之。女方織，以梭投折其兩齒。既歸，傲然長嘯曰：『猶不廢我嘯歌』，其不事形骸如此。」	「投梭」，晉朝謝鯤調戲鄰家的女子，卻被投擲織布機上的梭子打落了兩顆牙齒。比喻拒絕淫蕩之事。亦作「投梭之拒」、「投梭折齒」。「投梭之拒」，女子拒絕男士的引誘。又「投梭折齒」，女子拒絕男子調戲。
鷙忍	針	《晉書》卷三十四〈杜預傳〉： 錫字世瑕。少有盛名，起家長沙王乂文學，累遷太子中舍人。性亮直忠烈，屢諫愍懷太子，言辭懇切，太子患之。後置針著錫常所坐處氈中，刺之流血。	後以「如坐針氈」形容受到脅迫，處境爲難，坐立不安。
機警	晏子	《晏子春秋》卷六〈內篇雜下第六〉〈楚王欲辱晏子指盜者爲齊人晏子對以橘第十〉： 晏子將至楚，楚聞之，謂左右曰：「晏嬰，齊之習辭者也，今方來，吾欲辱之，何以也？」左右對曰：「爲其來也，臣請縛一人，過王而行，王曰：『何爲者也？』對曰：	後以「橘化爲枳」比喻同樣的東西會因環境的不同而引起變化。

		『齊人也。』王曰:『何坐?』曰:『坐盜。』」晏子至,楚王賜晏子酒,酒酣,吏二縛一人詣王,王曰:「縛者曷為者也?」對曰:「齊人也,坐盜。」王視晏子曰:「齊人固善盜乎?」晏子避席對曰:「嬰聞之,橘生淮南則為橘,生于淮北則為枳,葉徒相似,其實味不同。所以然者何?水土異也。今民生長于齊不盜,入楚則盜,得無楚之水土使民善盜耶?」王笑曰:「聖人非所與熙也,寡人反取病焉。」	
機警	孔文舉	《世說新語》〈言語第二〉:孔文舉年十歲,隨父到洛。時李元禮有盛名,為司隸校尉,詣門者皆俊才清稱及中表親戚乃通。文舉至門,謂吏曰:「我是李府君親。」既通,前坐。元禮問曰:「君與僕有何親?」對曰:「昔先君仲尼與君先人伯陽,有師資之尊,是僕與君奕世為通好也。」元禮及賓客莫不奇之。太中大夫陳韙後至,人以其語語之。韙曰:「小時了了,大未必佳!」文舉曰:「想君小時,必當了了!」韙大踧踖。	後以「小時了了,大未必佳」,表示人在幼年時聰敏捷,表現優良,長大之後未必能有所成就。
雅浪	雞肋	《晉書》卷四十九列傳第十九〈劉伶傳〉:嘗醉與俗人相忤,其人攘袂奮拳而往。伶徐曰:「雞肋不足以安尊拳。」其人笑而止。	「雞肋承拳」,後以此典戲指身體瘦弱不堪一擊。與之相應者,尚有「肋碎」、「劉伶雞肋」、「劉伶之肋」、「尊拳」等詞語。
文戲	榜後詩	《過庭錄》:吳人孫山,滑稽才子也。赴舉他郡,鄉人托以子偕往;鄉人子失意,山綴榜末,	「名落孫山」,後比喻考試不中。

		先歸。鄉人問其子得失，山曰：「解名盡處是孫山，賢郎更在孫山外。」	
文戲	詞曲	元代張明善〈水仙子〉〈鋪眉苫眼早三公曲〉： 說英雄誰是英雄，五眼雞岐山鳴鳳；兩頭蛇南陽臥龍；三腳貓渭水非熊。	按非熊即飛熊，是姜尚的號，渭水飛熊本指姜尚。文中諷只有三條腿的貓，卻被人當成飛熊。「三腳貓」，比喻技藝不精、不中用的人。